重庆市高等教育教学改革研究项目
重庆市研究生教育教学改革研究重点项目　　　　　联合资助
重庆大学第四批研究生重点课程建设项目
重庆市高等学校"三特行动计划"特色专业建设项目

公益慈善事业管理
Commonweal & Philanthropy Management

（第2版）

彭小兵　主　编
陈培峰　副主编

电子工业出版社
Publishing House of Electronics Industry
北京·BEIJING

内 容 简 介

本书介绍了公益慈善事业管理理论与实践的基本知识和前沿问题。全书共 15 章，内容涵盖公益慈善事业管理理论、管理制度的基本框架，具体包括公益慈善的概念、公益慈善发展史及其科学依据、公益慈善组织、公益慈善活动、公益慈善从业者、公益慈善资金、公益慈善文化、公益慈善伦理及公益慈善管理制度体系，揭示了中国公益慈善理论与实践凸显的各种问题。另外，本书还介绍了公益慈善实践案例，并附有大量的案例分析题目，形成了一个相对完整的公益慈善事业管理理论体系。

本书可作为高等院校公共管理、社会工作等相关专业本科生、研究生的教材，也可作为公共管理、社会工作从业者或研究人员的科研参考资料，还可以作为政府民政部门、公共服务机构、社会组织（社会团体、基金会、社会服务机构）等单位制定政策与决策的参考。

未经许可，不得以任何方式复制或抄袭本书之部分或全部内容。
版权所有，侵权必究。

图书在版编目（CIP）数据

公益慈善事业管理 / 彭小兵主编．—2 版．—北京：电子工业出版社，2018.10
ISBN 978-7-121-35181-5

Ⅰ．①公… Ⅱ．①彭… Ⅲ．①慈善事业—管理—高等学校—教材 Ⅳ．①C913.7

中国版本图书馆 CIP 数据核字（2018）第 230151 号

策划编辑：李　敏
责任编辑：李　敏
印　　刷：北京盛通数码印刷有限公司
装　　订：北京盛通数码印刷有限公司
出版发行：电子工业出版社
　　　　　北京市海淀区万寿路 173 信箱　邮编　100036
开　　本：787×1092　1/16　印张：28　字数：730 千字
版　　次：2012 年 6 月第 1 版
　　　　　2018 年 10 月第 2 版
印　　次：2025 年 1 月第 12 次印刷
定　　价：88.00 元

凡所购买电子工业出版社图书有缺损问题，请向购买书店调换。若书店售缺，请与本社发行部联系，联系及邮购电话：（010）88254888，88258888。
质量投诉请发邮件至 zlts@phei.com.cn，盗版侵权举报请发邮件至 dbqq@phei.com.cn。
本书咨询联系方式：010-88254753 或 limin@phei.com.cn。

序
PREFACE

重庆大学的彭小兵教授邀请我为他领导的合作团队编写的教材《公益慈善事业管理（第2版）》写篇序言，并给我看了该书的初稿。看到重庆市的公益慈善理论界有高校教材面世，我感到由衷高兴。早在2012年，彭小兵教授及其合作伙伴，以极其艰辛、勤奋的努力，率先在中国公益慈善理论教学的文献挖掘、整理上迈出了坚实的一步；今天，彭小兵教授的团队又在此基础上进行全面的修订、增补，为我国公益慈善教育及实务界提供了可供使用的教学培训参考书，实属难得，可喜可贺！在此我要向该书的编写团队表示由衷的敬意！

中国的公益与慈善，方兴未艾。全书聚焦于当前公益慈善领域的社会热点、焦点问题，涵盖了公益慈善理论与实践最核心的概念及知识框架，纲举目张，条理清晰，简洁明了，具有现实性、趣味性和可读性，有助于作为一种"身边的公益""生活中的慈善"的准科普读物向全社会普及、推广。此外，书中的案例分析，也令我印象深刻。

实际上，该书是中国较早出版发行的公益慈善类高等学校教材，可以作为公共管理、社会治理、公共政策等学科或研究领域的教学参考书，其上起远古，下迄新世纪、新时代，对公益慈善事业的千年历程逐一探讨，将公益慈善的知识点及相关理论分门别类地上下贯通、横向对比，尽可能地覆盖公益慈善领域的重要管理活动和主要管理制度，既包括理论和实践，也涵盖理念与价值，旨在为我国公益慈善事业的发展提供历史的经验和启示，以期对当代大学生进行公益慈善知识、理论、实务、价值观上的启迪与引导，推动大学生提升公益慈善意识和志愿服务精神，促进国家完善相关政策、规章、制度。

但此书的成书殊为不易，这是因为，尽管21世纪以来中国公益慈善实践取得巨大的进步，然而历史上众多的公益慈善行为与事迹往往湮没在世界各地古往今来的历史尘烟之中，历史上专门整理研究公益慈善以呈现给青年学生的文献本就不多，将这些零散、琐碎、充满争议的公益资料、慈善史料挖掘、整理出来，无疑是相当繁重的工程，给研究、编写工作带来了很大的困难。这也意味着，付出努力的还包括国内外公益慈善的每一位参与者、研究者和推动者，因为如果没有众多热心慈善工作者与兴趣爱好者的认真搜集与整理，该书的编写工作势必难以深入。从这个意义上说，中国的公益慈善教育、教学和科学研究，需要许许多多像本书编写团队及公益慈善文史专家、慈善研究兴趣爱好者的参与。也只有这样，才能改善中国公益慈善的社会生态，推动公益与慈善其他各个方面资料、文献和论著的不断涌现。

秉承着对公益慈善服务的承诺，保持着一种谦卑和敬畏，基于公益情怀、实务技能和互助网络建设，益友公益致力于通过社会组织孵化及发展辅导、青年公益人才培养、行业生态建设等服务推动民间公益可持续发展，亦针对困境青少年群体开展专业社会服务，对特殊人群提供社会融入、社区参与、安全教育和领导力提升服务。在我看来，益友公益的使命及这些年来的工作成就，正是对《公益慈善事业管理（第2版）》书中所彰显的公益慈善理论及其文化价值理念的践行。我相信，该书的出版有助于指导我国公益慈善的实践，拓展公益慈善实务的范围，促进我国公益慈善事业的发展，并对我国慈善政策的完善产生积极影响。

是为序。

杨倩

益友公益副理事长
重庆长江工商管理研究院副院长

推荐序
PREFACE

慈善的力量

教育就是培育人的精神长相。

教育，尤其是大学教育，其目的绝不仅仅是学习知识、掌握技能，它更为深刻的意义在于建立一个独立自我的意识、有别于他人的文化标记，以及精雕细琢的人文品质。大学就是要做文明社会的基石。

那么，什么行为可以很好地用来展现个人的文化标记和人文品质呢？从事公益慈善事业。有智者说，要评价一个社会就要看这个社会如何去对待他们之中最不幸的人。经济发展水平催生了社区服务、环保、教育、特殊困境群体关怀等各类社会公共需求的快速增长，进而激发了公益慈善事业的快速发展。发达的现代化社会，所需要的不仅是鳞次栉比的高楼、川流不息的车流、人如潮涌的商场，也应该是社会中每个人从内心深处发出的对他人的怜悯、同情与关爱。无论是城市还是乡村，其长久的魅力和品格的力量，不仅要看它发展的速度、成长的高度，还要看它能否持久传递人性化爱的温度。而人们参与公益慈善活动，就是在强调这份公益使命感，强调人们心中涌动着的那份爱心，那种对他人、对社会、对自然环境的人文关怀。这是人类道德素质的制高点，彰显人类灵魂深处的善良、人道和友善。更何况，公益慈善事业在动员社会力量、补充公共服务、维系和谐稳定、促进公平正义，以及创新社会治理等方面都发挥了无可替代的作用。

基于此,《公益慈善事业管理(第2版)》这本教材正好能够切中社会管理与治理的现代性主题,符合我国当前社会建设的需要。它有助于培养大学生的社会责任和公共精神,推动大学生参与志愿服务,也有助于大学生树立现代公益慈善意识,提升公益能力,践行公益慈善行动,并开阔眼界,提升其未来的生存能力。

曾国平

重庆市慈善总会顾问、重庆大学二级教授

前 言
FOREWORD

有关公益与慈善的管理与实践活动，是人类历史与文明发展进程中重要的社会活动之一。在我国，发展公益慈善事业也是加强和创新社会治理、打造"共建、共治、共享"社会治理格局的重要内容。党的十七届五中全会明确提出大力发展慈善事业，肯定了公益慈善事业发展的基本方向；党的十八届三中全会通过了《中共中央关于全面深化改革若干重大问题的决定》，提出要"完善慈善捐助减免税制度，支持慈善事业发挥扶贫济困积极作用"；党的十九大报告指出，我国社会主要矛盾已经转化为人民日益增长的美好生活需要和不平衡不充分的发展之间的矛盾，并提出要"完善社会救助、社会福利、慈善事业、优抚安置等制度"。近年来，我国公益慈善事业发展迅速，公益慈善活动广泛活跃于城市、乡村和企事业单位，慈善机构和公益组织的网络体系日趋完善；公益慈善工作队伍得到了锻炼和发展，更多专业或非专业人士投入公益慈善事业中，千百万个志愿者活跃在社会各个角落，在慈善募捐、公益项目管理、公益慈善文化宣传等方面发挥着重要作用；社会公众的公益慈善意识在各种观点的交锋中逐渐得到提升，社会财富观念发生着明显变化。所有这些，不仅体现在社会各界对严重自然灾害的关注和对处于困境中的弱势者的全力帮扶上，也展现在当代中国志愿者的崭新形象和全新面貌上。

然而，当前我国公益慈善事业发展中也出现了一些问题、矛盾，表现在：相对一些发达国家或地区，我国社会各界对现代公益慈善事业的基本共识还没有广泛达成；社会公众尤其是青少年公民、学生尚没有树立积极的公益慈善观念、习惯，缺乏公共意识和公共精神，公益慈善活动尚未嵌入公众的日常生活和学生的学校教育中，人们参加公益慈善实践活动的途径和方式较为有限；公益慈善领域的信息公开、透明尚缺乏足够的内在动力和外部压力，行政过度主导公益慈善事业的倾向加剧；公益慈善相关专业尚未被纳入国家学历教育专业目录，给公益慈善的本科或研究生以上学历教育的专业招生带来困难；公益慈善教育的定位、系统的公益慈善教学及公益慈善专业人才队伍建设与就业支持，均滞后于我国经济社会健康发展的需要。而所有这些，直接影响着公益慈善政策、法律、法规的制定与完善，制约着公益慈善行业规则的形成，阻碍了公益慈善事业的持续、健康发展。因此，我国需要广泛地开展公益慈善事业的职业教育、本科教育和研究生教育，开发公益慈善相关课程，探索公益慈善方向的中外合作办学，增加科研经费投入、加大公益慈善的基础研究，开展公益慈善相关的师资交流和培训，举办公益慈善学科相关的国际、国内学术会议，培养具有良好职业道德的专业人才，培养具备公益慈善项目设计与管理（策划、执行、督导、评估）、公益慈善资源募集与资本运作、公共关系与公益传播、公益慈善项目/活动营销、志愿服务管理、链接并整合社会工作实务等基础知识、基本技能和公益慈善理论研究能力，以及能够胜任社会团体、基金会、社会服务机构等社会组织和企事业单位相应岗位工作的高级专门人才，大力促进公益慈善文化价值理念的宣传，以增强公民、企业和其他组织的社会责任，形成公益慈善事业发展的良好社会氛围。

幸运的是，公益慈善活动古今中外一直存在，公益慈善事业在一些发达国家或地区相当成熟。最近几年，我国对公益慈善事业的一些规律性活动也有不少探索，许多学者、实践者对公益慈善的基础理论、方法等做出了巨大贡献，成果丰富。这是本教材得以形成的基础。

本书是在《公益慈善事业管理》的基础上修订而成的，内容融合了编者5年来从事公益慈善事业管理、公益慈善与社会发展等相关课程教学的讲义、教案、教学案例，以及从事公益慈善学术研究的成果、指导学生从事公益慈善社会实践的成果。本书在编写过程中借鉴了一些同行优秀的公益慈善研究成果，参阅了国内外相关学术专著、期刊和报纸、网络上的相关文献资料、案例素材，以及党和国家的相关政策、法律、法规或部门规章，在框架结构、章节安排上参考了国内外一些著名管理学相关教材的编写体例、结构。所有这些借鉴或参考，有些已在注释或参考文献中列出或标注，有些可能未列出。在此，我们谨向有关作者、出版单位及国内外公益慈善理论与实践领域的各位前辈、同仁表示诚挚的谢意。

本书具有以下3个方面的特点。

（1）本书按照公共管理实践型创新人才培养的知识目标、能力目标、素质目标对公益与慈善的整个知识体系进行编排，涵盖公益慈善理论与实践最核心的概念及理论框架。

（2）本书紧扣当前社会热点、焦点问题或公益慈善事业发展的最新理论与实践，突出多类型习题和经典案例的分析、讨论，注重独立思考和判断，强调对读者公共意识的塑造及公共精神的培养，现实性、趣味性、价值性大大增加，不仅有助于提高读者分析公益慈善实际问题、解决社会现实问题的能力和积极性，也可作为一种"身边的公益""生活中的慈善"的准科普读物向全社会普及、推广。

（3）鉴于公共管理硕士（MPA）、社会工作硕士（MSW）等专业学位教育特别强调案例教学和情景模拟教学，本教材在内容上兼顾了 MPA、MSW 教育的知识点和价值理念，并设附录提供了公共管理专业学位教学案例和公共管理学科"案例+情景模拟"教学法。

本书由重庆大学彭小兵担任主编，陈培峰担任副主编。全书共 15 章，具体的写作分工（含公共管理硕士专业学位教学案例编写）为：前言和第一、三章，彭小兵；第二章，随淑敏；第四章，段燕；第五章，曾宝蝶；第六、九章，陈培峰；第七章，梁辰；第八章，陈玲丽；第十章，胡馨婷；第十一章，王霄鹤；第十二章，黄云霞；第十三章，徐浩文；第十四章，李味恒；第十五章，邹晓韵、侯利、李琪、蒙萌、罗雨、李苗苗；附录，彭小兵、梁辰、陈玲丽、胡馨婷。全书由彭小兵统稿、修改和定稿。

本书是重庆市高等学校"三特行动计划"特色专业建设（行政管理专业，2016）规划教材，也是重庆市高等教育教学改革研究项目（编号：153001）、重庆市研究生教育教学改革研究重点项目（编号：yjg142028）、重庆大学第四批研究生重点课程建设项目的重要成果之一。本书的编写和出版，同时得到了国家自然科学基金项目（批准号：71573024）、国家社会科学基金项目"当代青年公益慈善意识培养与行为塑造研究"（批准号：14CSH016）的资助，还得到了民政部政策研究中心"全国民政政策理论研究基地"（重庆大学、西南大学、重庆市民政局）、重庆市人文社会科学重点研究基地——公共经济与公共政策研究中心、重庆市"2011 计划"地方政府治理协同创新中心、重庆大学公共管理学院、重庆大学城市科技学院、重庆长江工商管理研究院的支持。重庆大学公共管理学院的李佳副教授、郭英慧博士、李凯博士承担了《公益慈善与社会发展》这门重庆大学通识与素质教育选修课的教学，并为本书的编写提供了大量素材；重庆师范大学历史与社会学院的邓莉莉老师多次无偿为该课程授课，提供了大量教学案例、素材。重庆大学教务处副处长李楠女士、通识教育办公室的郑泓女士和周晓梅女士为公益慈善与社会发展课程的建设和本书的编写提供了指导和帮助；电子工业出版社李敏女士为编辑本书及本次修订也做了大量技术性工作。在此一并表示感谢。

由于编者水平有限，书中难免存在不足甚至错误之处，敬请读者批评指正。

编者

2018 年 4 月

目 录
CONTENTS

第一章 公益慈善的基本概念 ……………………………………………… 1

    第一节　公益、慈善与公益慈善事业 ………………………………… 2

    第二节　公益慈善与社会工作 ………………………………………… 15

    第三节　公益慈善事业管理的学科归属 ……………………………… 20

    第四节　发展公益慈善事业的意义、目标和原则 …………………… 28

    案例分析 ………………………………………………………………… 31

    思考与练习 ……………………………………………………………… 35

    参考文献 ………………………………………………………………… 36

第二章 公益慈善事业发展史 ……………………………………………… 38

    第一节　公益慈善事业发展的基本模式 ……………………………… 39

    第二节　英国公益慈善事业的发展 …………………………………… 41

    第三节　美国公益慈善事业的发展 …………………………………… 47

    第四节　中国公益慈善事业的发展 …………………………………… 58

    案例分析 ………………………………………………………………… 76

    思考与练习 ……………………………………………………………… 78

    参考文献 ………………………………………………………………… 79

第三章 公益慈善事业的科学依据 ………………………………………… 80

    第一节　人类的同情共感与有限理性 ………………………………… 81

    第二节　理查德·塞勒的有限理性与社会偏好 ……………………… 83

    第三节　超级合作理论 ………………………………………………… 85

    第四节　好人有好报的科学依据 ……………………………………… 88

    案例分析 ………………………………………………………………… 91

思考与练习 …………………………………………………………………………… 92
　　参考文献 ……………………………………………………………………………… 93

第四章　公益慈善组织 ……………………………………………………………… 94
　　第一节　公益慈善组织的基本概念 ………………………………………………… 95
　　第二节　慈善基金会 ………………………………………………………………… 99
　　第三节　我国公益慈善组织的发展 ……………………………………………… 107
　　第四节　典型的公益慈善组织 …………………………………………………… 110
　　案例分析 …………………………………………………………………………… 120
　　思考与练习 ………………………………………………………………………… 121
　　参考文献 …………………………………………………………………………… 122

第五章　公益慈善活动 …………………………………………………………… 123
　　第一节　公益慈善活动概述 ……………………………………………………… 124
　　第二节　公益慈善活动的开展 …………………………………………………… 131
　　第三节　公益慈善项目的评估 …………………………………………………… 139
　　第四节　公益慈善品牌 …………………………………………………………… 143
　　第五节　公益慈善市场化 ………………………………………………………… 147
　　第六节　公益慈善活动的风险管理 ……………………………………………… 149
　　第七节　宗教公益慈善活动 ……………………………………………………… 152
　　案例分析 …………………………………………………………………………… 157
　　思考与练习 ………………………………………………………………………… 159
　　参考文献 …………………………………………………………………………… 159

第六章　公益慈善从业者 ………………………………………………………… 161
　　第一节　公益慈善从业者的概念 ………………………………………………… 162
　　第二节　公益慈善组织从业者的管理 …………………………………………… 167
　　第三节　公益慈善从业者的管理创新 …………………………………………… 176
　　案例分析 …………………………………………………………………………… 179
　　思考与练习 ………………………………………………………………………… 181
　　参考文献 …………………………………………………………………………… 181

第七章　公益慈善资金 …………………………………………………………… 183
　　第一节　公益慈善资金管理概述 ………………………………………………… 184
　　第二节　公益慈善募捐与捐赠 …………………………………………………… 188
　　第三节　公益慈善资金的使用 …………………………………………………… 196

第四节　公益慈善资金的投资 200
　　第五节　公益慈善组织的财务管理 209
　　案例分析 215
　　思考与练习 219
　　参考文献 219

第八章　公益慈善文化 221
　　第一节　公益慈善文化概述 222
　　第二节　西方社会的公益慈善文化 232
　　第三节　中国的公益慈善文化 236
　　第四节　公益慈善文化更新：原则、路径与公共精神 240
　　案例分析 244
　　思考与练习 247
　　参考文献 247

第九章　公益慈善伦理 249
　　第一节　公益慈善伦理概述 250
　　第二节　公益慈善伦理的财富基础 255
　　第三节　公益慈善伦理的思想源泉 257
　　第四节　当前中国公益慈善伦理问题 259
　　第五节　当代中国公益慈善伦理构建 261
　　案例分析 263
　　思考与练习 264
　　参考文献 265

第十章　国内外公益慈善管理制度概况 266
　　第一节　典型国家和地区的公益慈善管理制度 267
　　第二节　中国公益慈善管理制度体系 274
　　第三节　中西方公益慈善管理制度比较 278
　　案例分析 281
　　思考与练习 284
　　参考文献 284

第十一章　公益慈善组织管理制度 286
　　第一节　公益慈善组织的设立与登记制度 287
　　第二节　公益慈善组织的认定制度 290

第三节　公益慈善组织的监管制度 ························· 299
　　第四节　公益慈善组织的评估制度 ························· 305
　　案例分析 ··· 311
　　思考与练习 ··· 314
　　参考文献 ··· 314

第十二章　公益慈善捐赠制度 ······································· 316
　　第一节　公益慈善捐赠的管理规定 ························· 317
　　第二节　救灾捐赠的管理规定 ································ 322
　　第三节　中外慈善捐赠制度的比较 ························· 324
　　第四节　完善公益慈善捐赠制度 ····························· 327
　　案例分析 ··· 332
　　思考与练习 ··· 334
　　参考文献 ··· 334

第十三章　公益慈善税收优惠制度 ································ 336
　　第一节　公益慈善税收优惠制度概述 ····················· 337
　　第二节　公益慈善税收优惠对象 ····························· 339
　　第三节　重点国家和地区公益慈善税收优惠概况 ··· 343
　　案例分析 ··· 350
　　思考与练习 ··· 352
　　参考文献 ··· 353

第十四章　公益慈善信息披露制度 ································ 354
　　第一节　公益慈善信息披露概述 ····························· 355
　　第二节　公益慈善信息披露的基本规范 ················· 357
　　第三节　完善公益慈善信息披露制度 ····················· 366
　　第四节　公民参与公益慈善事业的制度设计 ········· 368
　　案例分析 ··· 370
　　思考与练习 ··· 373
　　参考文献 ··· 373

第十五章　公益慈善调查与实践案例 ···························· 375

附录A　公共管理专业学位教学案例 ···························· 403

附录B　公共管理学科"案例+情景模拟"教学法 ········ 430

第一章 公益慈善的基本概念

知识目标

1. 掌握非营利组织及其管理的概念
2. 掌握公益、慈善的概念、内涵
3. 掌握公益慈善事业的概念、作用、功能
4. 把握发展公益慈善事业的意义、目标、原则

能力目标

1. 理解公益慈善事业管理的学科属性
2. 深刻认识公益慈善与非营利组织之间的关系
3. 能够对公益与慈善的概念做出准确的辨析
4. 理解公益慈善事业与公共事业之间的区别与联系
5. 区分公益慈善、社会工作、社会保障

素质目标

1. 理解从事微公益的素质要求
2. 理解公益慈善事业的发展目标
3. 理解彼得·德鲁克的非营利组织管理思想

第一节 公益、慈善与公益慈善事业

1992年诺贝尔经济学奖得主贝克尔（Gary Stanley Becker）曾经说过，"如果将时间与产品转移给没有利益关系的人或组织，那么，这种行为就被称为'慈善'或'博爱'。"那么，究竟什么叫慈善？什么叫公益？这两者之间又有何区别和联系？本节就公益慈善事业相关的几组基本概念加以梳理、厘正。编者认为，理解和区分这些概念，是开展"公益慈善活动"、引导"公益慈善事业"健康发展的基本前提。

一、公益与慈善的基本概念

为了厘清什么是公益慈善，必须先明确什么是公益、什么是慈善。当前，我国公益慈善理论界和实务界，经常出现公益与慈善两个概念混用的现象，在公益、慈善、公益事业、慈善事业、公共事业这几个耳熟能详的术语的使用方面也是比较混乱的。准确理解这些概念内涵，有利于理解公益慈善事业及其构成要素，以及它与其他社会事业之间的关系。

1. 公益的概念辨析

作为世界上最古老和普遍的思想与行为，作为代表人类文明进步的重要形式之一，公益历来为人类所颂扬，并一直被认为是亟待开发的现代社会的博爱资源。公益的起源和发展受社会经济、政治和伦理等因素的制约，与人类社会的整体发展相适应。

1）英文语境下的公益

公益，在英文中对应的词汇可以是"Public Welfare""Commonweal""Community Welfare"，有成熟、完备之意，表达了身体、感情或智力上的双重成熟，更反映了人们超越自我关心或自我利益而关注和理解他人的利益，这意味着个体对于自身行为可能给他人造成的后果及人我关系的感觉。通常，"Public"不仅仅是客观上量的集合，还表现为"公众的""公共的"，主观上是一种共同的、集体的关怀。"Welfare"饱含着人类对健康、幸福、繁荣等的美好追求。相对而言，在英文语境下公益（Public Welfare 或

Community Welfare）的内涵，与下文将要讨论到的慈善（Philanthropy）的概念、内涵具有高度的相通之处。

不过，在西方文化中，公益实际上源于基督教的信仰观念，其中最重要的是"博爱"，博爱彰显了上帝之爱、基督之爱和人之爱，也就是神之爱与人之爱。博爱首先强调的是一种无差别的爱，要爱人如己；其次是救赎精神，要通过帮助别人获得自己的拯救。在基督教爱的信仰观念演变、发展史上，早期爱心行动（对应下文的慈善概念）或博爱仅仅关注活动本身的德行，与受助人实际受到的益处联系较少；后来随着时代的发展，特别是中世纪宗教改革、新教兴起后，人们开始关注慈善活动对于个体和整个社会的影响，这时出现了公益的概念。

总之，公益源于宗教"爱"的精神，且随着理性化的发展，逐渐从初始的"爱邻舍"的狭窄含义中脱离出来，由"爱人如己"所关注的对助人者德行及宗教性的强调，转为对受助人状态改善及整个社会的改变。这就是公益。

2）中文语境下的公益

中文较早的"公益"一词见鲁迅的杂文《准风月谈·外国也有》，"只有外国人说我们不问公益，只知自利，爱金钱，却还是没法辩解。"洪深编译的话剧本《少奶奶的扇子》第一幕："王太太有两位姓张的内侄女，很热心公益，在霞飞路一个什么妇女改良会尽义务。"

公益是一种需要个人打破家庭与社会的边界，个人（或组织）将行动目标指向社会目标的行为。纯公益人是理性的、通过牺牲自己的利益追求全社会公共利益的人；当一个人为公共目标所做贡献成本高于他个人从中获得的收益，那他最终是一种付出行为；而纯公益人（组织）之所以这么做，就是因为他在牺牲了物质资源的同时，获得了另外一种价值。至于公益行为的主体，在英、美的法律中明确规定了公益活动有世俗的公益活动，也有宗教的公益活动；而中国的法律则仅强调世俗的公益活动。这种法律规定的细微差别，说明英、美社会在一定程度上强调公益与宗教的密切关系，而我国政府在对待宗教参与公益等社会服务问题上持谨慎态度。

在我国，公益的概念21世纪后才广泛地进入社会公众的视野，并逐渐为人们所认识、熟悉和参与。2008年汶川地震后的抗震救灾，北京奥运会大量志愿者的服务，以及2011年"郭美美事件"引爆中国红十字会公信力危机，使得社会公众对"公益"的认识达到了一个新高度。

3）公领域的公益和私领域的公益

进一步地，中国的理论界和实践界关于"公益"的准确定义并不统一，其概念、内涵有混杂之处，主要表现为公领域的"公共利益"和私领域的"慈善公益"这两种不同的理解。

第一,《辞源》中的公益概念为,"公共之利益。相对于一个人之私利、私益而言。"这就将公益界定在与私利相对的公领域范畴。换言之,公领域的公益即公共利益(Public Interest),是指有关社会公众的福祉和利益,通常是非特定的社会成员所享有的共同利益,也是国家为了整体的需要超越地区或集团的局部利益,指向非特定多数人的利益。例如,一项事业、公共事务或政策是否符合公共利益要求,取决于它是否有利于促进全社会所有人或非特定大多数人的利益。显然,公领域的公益活动,是政府、公民在共同的、共识的领域和场景中关注公共事务、为增进共同的利益、推进社会公正和公平的发展而采取的集体性协调行动。一切涉及公共利益的行为和活动都是公益,既包括政府性的,也包括非政府性的;既包括营利性的,也包括非营利性的;既包括强制性的,也包括自愿性的。由此可见,公领域的"公益"涉及"公共"的范围和"利益"的内容,"公益"概念的不确定性,是因为受益对象、公众范围的不确定及利益内容的不确定而造成的。

但是,即便是公共利益,在学术界仍是一个存在争议性的术语,因为公共利益的内容复杂且变化多端,难以寻求一个恒定不变的概念来定义。因此,在法学上称"公共利益"为"不确定法律概念"。德国学者洛厚德(C. E. Leuthold)于1884年发表了《公共利益与行政法的公共诉讼》,主张公共利益是任何人但不必是全部人的利益。同一时代的另一位德国学者纽曼(F-J. Neumann)1886年发表的《在公私法中关于税捐制度、公益征收之公益的区别》中对于"公共性"的理解是,具有开放性,任何人可以接近,不封闭也不专为某些个人保留;还提出公共利益受益人的不确定性,即公共利益是一个不确定多数人的利益,这个不确定的多数受益人符合公共的意义。在英、美法系中,公益也称为公共政策(Public Policy),主要指被立法机关或法院视为与整个国家和社会根本有关的原则和标准,该原则要求将一般公共利益(General Public Interest)与社会福祉(Good of Community)纳入考虑范围,从而可以使法院有理由拒绝承认当事人某些交易或其他行为的法律效力。此外,在法国、日本、意大利等大陆法系,以及中国澳门和中国台湾地区的民法典中,公序良俗也是一种公共利益,也就是公共秩序和善良风俗符合国家一般利益、社会道德秩序及利益冲突得到协调、弱者得到保护、社会正义得到维护等的公共利益要求;另外,中国大陆的《民法通则》第七条、《合同法》第七条和《物权法》第七条关于社会公德、社会公共利益和社会经济秩序的规定,表明中国法律界和法学界也承认公序良俗原则符合公共利益要求。显然,公共利益会因语境不同而有不同的含义。

第二,从私领域来讲,"公益"却是指由民间行为捐助或捐赠的、促进有关社会公众福祉和利益的慈善性公益,主要是以社会组织形式进行的且具有非营利性、非强制性、救助性和奉献性的一切民间活动,通常和"慈善、博爱、仁爱"相联系,既包括对特定人群的帮助、关爱,这些特定人群包括穷人、残疾人、没有生存能力的妇女孩童老人、无钱医病的病人或家庭、不可抗力灾难的灾区群众等,又包括具有特定行为指向的扶持、帮助,如对教育、科研、环保、文化、体育等事项的捐助。私领域的公益活动与下文将要讨论的慈善（Philanthropy）行为的意义相同，私领域的公益事业指慈善事业，多指卫生、环保、救济、救助、救灾、心理健康、社区服务等特定群众福祉的事业，参与这种事业的目的是参与解决特定社会问题或大众环境问题。

显然，公领域的公益即公共利益，而私领域的公益即慈善公益，这是对两种界定范围不同的理解，会对公共政策与决策产生不同的影响，因此必须清晰地分开。公领域的公益事业是政府等公权力机构和公共部门内的组织机构等公共主体领域的事业，其出现和扩展是近现代国家、政府强化其权力的产物，因而与来自个体（个人、家庭或组织）的通常具有特定行为指向的慈善公益不同。

总之，公共利益语境下的公益事业，既包括公共事业，又包括慈善事业；而慈善公益语境下的公益事业，仅指公益慈善事业，不包括政府或私人投资的不具有特定行为指向的公共工程建设。因此，本书关于"公益慈善事业管理"所界定的"公益"，都是以私领域的慈善公益作为讨论基础的。

2. 慈善的概念辨析

1）英文语境下的慈善

关于慈善的概念，英文中有两个词与慈善相对应："Charity"和"Philanthropy"。英文语境下的这两个词汇存在细微但很重要的区别。据资中筠先生的考证，Charity的原意是基督之爱，最初意味着上帝与人类的互动中所具有的爱。在基督教的思想中，这种爱体现为人与人之间无私的爱，这是基督教思想中最高形式的爱——爱上帝在人间的体现。慈善活动（Charity Activities）的原意也是教会对穷人、病人、孤儿及其他有需要的人的制度性善行。因此，Charity对应的中文"慈善"表示的是基督之爱、慈爱、博爱、宽容，在行动上表现为以宽厚仁慈之心乐善好施。而Philanthropy由两个拉丁字根"Phil"和"Anthropy"组成，意思是"爱人类"，表示善心、博爱之意，引申下去就是促进人类的福祉，比Charity的社会性更强，覆盖面更广。

推演出来，Charity是以同情为出发点的救苦济难；而Philanthropy常常是出于对人类福祉的关注所进行的、系统的、大局面的努力和行动。

"Charity"和"Philanthropy"的举例

卡耐基在全美建立公共图书馆是Philanthropy行为；捐100美元给为低收入家庭孩子提供午餐的NPO，是Charity行动。分析如下：

（1）与Charity简单的给予相比，Philanthropy更强调形成系统的解决方案，更侧重长远效果，并在施予者与接受者之间形成一种稳定的互惠关系；

（2）需要特别指出的是，Philanthropy和Charity并不是以捐赠金额来划分的；

(3）可能因为 Philanthropy 所面对的问题通常更为深远，其客观上涉及的资金规模相对比较大；

（4）在 Philanthropy 解决问题的过程中，可以选择一部分 Charity 的行为，但 Charity 不是 Philanthropy 的全部。

此外，以上分析也表明，西方的慈善（Charity）行动实际上与宗教密不可分，慈善所表达的是一种在宗教基础上的神对人的爱，人模仿这种爱，并加以传递。所以在今天看来，西方传统的慈善（Charity）承袭了宗教（尤其是天主教）的一些特点，例如，慈善行为的施受双方在地位、资源拥有、权威上存在一些不平等，这种传统的慈善行为很大程度上带有自上而下的权威的意味。

2）中文语境下的慈善

许慎在《说文解字》中解释道："慈者，爱也。""善者，吉也。""爱"出于心，"吉"为美好。慈善的基本解释是对人关怀且富有同情心，仁慈且善良。因此，所谓慈善，是指在慈悲心理驱动下的善举，有两层含义：一是慈悲的心理，二是善举。慈善从字义角度来说，怀有仁爱之心谓之慈，广行济困之举谓之善，代表着仁慈、善良、同情心，是仁德与善行的统一。不过，在中国有关慈善问题的讨论中，慈、善这两个字的概念其实是分开的，具有不同的意义。

在中国传统中，"慈"多数情形下所表达的是一种基于亲子之爱而延伸至他人的爱与善意，这种感情源于父母对子女发自内心的爱与关怀，是"父母之高行"（父母的高尚品行），是天性，也是善的最初起源。在具体表现形式上，"慈"所表达的这种爱是长辈对小辈的爱，是慈对幼的爱，虽然是一种关切和善意，但也体现着一种地位或权威等级，例如，"父慈子孝，姑慈妇听"中父与子、姑（婆婆）与妇的地位是不平等的。因此，在中国传统"慈"的理念中，爱不仅传递善意，也传递权威：慈者关怀幼者是一种出于亲情的施恩，慈者在年龄、资源拥有、权威等方面都优于幼者。至于"善"，其内涵比较清晰、简单，即美好、善意及对弱小者的关怀。

进一步延伸，将"慈"与"善"结合在一起，慈善表达了社会中强势人群对弱势人群（或长辈对于小辈）的关心、爱护。通常，慈者是强势人群，拥有更多权威，人格更成熟，行动方式也更主动；而受者是不成熟的弱势人群，不拥有权威，被动地接受帮助。因此，慈善理念所表达的是对等级与权威的重视，人们评价慈善行为的重点是为善施慈者的品德，就慈善传统意义而言，缺乏慈者与受者地位平等的含义。

综上，中国传统意义上的慈善事业，尽管客观上是社会上他者的利益及社会整体的利益，但就在主观意义上更强调对于为善者正面、积极、权威的道德形象的塑造。因此，学术界有一种看法，认为慈善的背景是父权制的社会及文化环境。有趣的是，殊途同归——西方天主教意义上的慈善与中国传统文化中的慈善都体现了施者与受者在地位、等级、权威上的不平等。

3）广义的慈善与狭义的慈善

上述分析表明，慈善或慈善行为通常是一种不附加要求的给予，而给予本身可以获得一种快乐、一种满足。但是，根据受助对象的不同，对慈善也有广义和狭义两种理解。

狭义的慈善概念，是指社会公众在自愿基础上对于社会弱势群体的无偿救助行为，其概念内涵与英语中的 Charity 相对应，指的是给穷人提供的帮助、救济和施舍，这也是传统意义上的慈善概念，是一种主动的、不掺杂经济利益的行为。根据这种狭义的概念，慈善事业通常是指人们在没有外在压力情况下自愿地奉献爱心与援助的行为及从事扶弱济贫的社会事业。

广义的慈善概念，是指建立在社会捐献经济基础上的民间社会性救助行为，这种救助不仅包括传统意义上的对特定的穷人、弱势者、不具有劳动能力而又无人抚养或赡养的人、自然灾害的灾区群众等的帮助、扶助，而且包括对教育、科学研究、文化体育发展、环境保护等事业的支持和捐助。广义的慈善概念与英语中的 Philanthropy 相对应，其行为对社会产生的利益、效果，属于私领域的"公益"范畴。换言之，私领域的公益行为或活动，包含了"对全人类的爱、对他人的爱"或"增加人类福利的努力或倾向，以及对有需求的或贫困的人行善和慷慨施舍"，体现了仁心善举和人类之爱，与广义的慈善概念吻合。

3. 本书对公益与慈善概念的界定

基于上文的分析，我们发现，虽然"公益"与"慈善"这两个概念的内涵和外延有较大的区别，但在一些服务指向方面的意义还是比较相近的，且可以在社会发展的意义上将两者统一起来，形成一般化的公益慈善概念。实践中，包括《中华人民共和国慈善法》（以下简称《慈善法》）在内的一些国家法律法规在界定、规范有关事项时，并不对这两个概念做出明确的区分。

（1）慈善的服务领域主要为济贫、医疗、救灾等急难救助，往往规定了特定的老弱病残等客观上弱势的群体；也就是说，慈善是在弱势或困难成为客观事实的情况下提供的帮助，其受益对象可以精确到个体或特定群体。另外，为善施慈者往往是具备一定资源、地位与能力的人，这在客观上暗示了提供服务者与接受者双方的强势与弱势、施予与接受的不平等性。因而，慈善所表达的爱与帮助也就暗含了自上而下地施舍的意味，暗示了权威与等级的不对等。当然，前文已经分析，随着时代的进步，现代意义的慈善内涵也在不断演进，并产生了广义慈善与狭义慈善之分。

（2）公益就其服务对象而言，是指除了自己以外的其他人，是社会大众。公益的服务对象既可以包含特定的老弱病残等客观上弱势的群体，也可以是不具名的任何人，即公益的受益对象是社会整体和广泛群众。同时，公益的服务领域涵盖了济贫、救灾、医疗、安老等慈善类服务，但也有环保、公民教育、文化、社区服务等关注长期发展、提升社会成员素质的服务；另外，公益的服务对象不仅是弱势或困难已成为客观事实的群体，也可以是为了防止困难成为事实而提供的服务。显然，公益摆脱了慈善所附含的不平等及对受者弱势地位的刻画，是一种较能体现平等、尊重的志愿精神。同样，前文已指出，中国理论界和实践界对"公益"的认识有两种不同的语境，主要表现为公领域的"公共利益"和私领域的"慈善公益"两种不同的理解。

基于上述分析，私领域范畴的公益行为是一种广义上的大慈善，其资助、帮助、扶助的对象，不仅包括特定的人群，如穷人、弱势者、残疾人、没有生存能力的妇女孩童老人、无钱医病的病人或其家庭、重大自然灾害的受灾群众等，又包括具有特定行为指向的扶持、帮助、捐助，如对教育、科研、环保、文化、艺术、体育、心理干预等事项的捐助、服务等。因此，本书下文所涉及的公益慈善活动、公益慈善事业等概念，就是基于私领域的公益事业和广义上的慈善事业，将"公益"与"慈善"统一起来运用。例如，《慈善法》第一章第三条规定，"本法所称慈善活动，是指自然人、法人和其他组织以捐赠财产或者提供服务等方式，自愿开展的下列公益活动。"

二、公益慈善活动的概念、内涵

前已述及，公益慈善活动也就是私领域的公益活动及广义上的慈善行为与活动，具体就是一定的组织或个人（家庭）向社会捐赠财物，奉献时间、精力和知识等活动，其内容包括帮助他人、社区服务、环境保护、知识传播、公共福利、社会救助、社会治安、紧急援助、青年服务、心理康复、社团活动、专业服务、文化艺术体育活动、动物福利等，这些都是一个组织或一定的个体出人、出物或出钱赞助和支持某项社会公益慈善事业的实践活动，并产生利他主义价值认同。

开展公益慈善活动的主要目的是：显示爱心，承担社会责任，塑造社会责任感，促进人类社会的和平、健康、幸福、文明与进步。因此，现代意义上的公益慈善除了帮助具体的人外，还涉及社会整体利益的改善。特别地，不同于传统慈善（西方早期宗教意义上的慈善和中国传统意义上的慈善），现代公益慈善往往是一种组织性社会力量的存在，需要实现与政府、市场和社会的互动，且此种力量秉持不同于政府和市场的原则，形成了一个独立于政府和市场，但同时又与政府、市场有很大交集的公共领域。

三、微公益的概念、特征

1. 微公益的概念

通俗来说，微公益就是"微小的公益活动"，也就是从微小的公益行动做起，积少成多地做公益活动，这种公益有时候甚至可以说是微不足道的，其行为模式大体上相当于"做好人好事",但"微公益"所作所为的价值信念体系与一般的"好人好事"有重大差别。公益是一种大慈善,则微公益不能等同于"做善事",正所谓"赠人玫瑰,手留余香"(The Roses in Her Hand, the Flavor in Mine),公益和微公益背后的根基是一套完整的文化价值或信仰体系。

(1) 人要懂得付出,这样收获的快乐才是真正的快乐。只是一味地向别人索取,这样获得的快乐并不能真正使你快乐。想必很多人有过这样的体验——因为你的举手之劳帮助别人,因为别人对你的一个微笑,让你有一种发自心田的快乐,有一种美滋滋的愉悦感;并可能让一个人燃起生命的勇气和希望。真诚地帮助别人不仅可以解人之困,也可以给自己带来精神上的快乐和良好的道德体验。

(2) 好比豆大的火苗,也能成为海岸线上指引的灯塔。"勿以善小而不为,勿以恶小而为之!"它告诫我们,不要吝啬自己的友好,善待他人;不管做什么,都不要伤害别人来达到自己的目的,那样是没有愉悦感的。

(3) "涓滴之水成海洋,颗颗爱心变希望。"就是小小的善意之举能点燃他们心里的希望,能抚平他们心里的失落感。"种下一棵树,收获一片绿荫;献出一份爱心,托起一份希望。"这不是指助人要图回报,而是每个人撒下的"温暖"将会像树一样撑起一片绿荫。

(4) 幸福感是发自内心的一种生活态度;当我们不再计较得到了什么的时候,那么我们也就不会再因为失去了什么而闷闷不乐了。

(5) 你的一个小举动有时候就会温暖另一颗心,帮助别人并不需要献出太多,但却要你做自己力所能及的事情。还记得那首歌吗?"只要人人都献出一点爱,世界将会变成美好的人间。"

> 印度古谚,"赠人玫瑰之手,经久犹有余香。"这就是人们常说的"赠人玫瑰,手留余香,"典型的微公益,其哲理是:方便了别人的同时也会给自己带来方便。只懂得收获的快乐,并不是真正的快乐。下面这个《开灯的故事》,就蕴含了微公益之"赠人玫瑰,手留余香"的人生道理。
>
> 有一个盲人住在一栋楼里,每天晚上他都会到楼下花园去散步。奇怪的是,不论是上楼还是下楼,他虽然只能顺着墙摸索,却一定要按亮楼道里的灯。
>
> 有一天,一位邻居忍不住好奇地问道:"你的眼睛看不见,为何还要开灯呢?"盲人回答说:"开灯能给别人上下楼带来方便,也会给我带来方便。"邻居疑惑地问道:"开灯能给你带来什么方便呢?"盲人回答说:"开灯后,上下楼的人都会看见东西,就不会把我撞倒了,这不就给我方便了吗?"邻居这才恍然大悟。

2. 微公益的基本特征

1) 草根性

与企业家、明星、富豪等社会公众人物及政府、政党、社团等动辄价值数十万元、数百万元的捐赠相比，微公益是一种平民的草根公益。

2) 集聚性

从事微公益，可以将普通人一点一滴、微乎其微的爱心、行动汇集起来，形成一股强大的社会力量。哪怕是举手之劳，也可以造福万千人。

3) 琐碎性

微公益强调，只要能对社会产生正面的影响力，哪怕再细小的事，都值得去做。随手关灯、主动排队、让座、节省用水、环保、不随地吐痰、不浪费粮食、少用或不用一次性筷子和塑料袋、关爱特殊人群，甚至一个微笑、一个拥抱、一句问候、一个默默的祈祷，都是一种公益活动。

4) 参与性

微公益因其"人人都做，从身边的小事做起，注重并依靠普通民众参与和支持，强调多元化公众参与机制"的生活方式和思维模式而成为公民社会成熟的重要标志。

5) 糅合性

微公益与常规公益有区别，也有联系。公募基金"壹基金"就是微公益与大型慈善组织糅合的代表："壹基金"是一个社会组织，但参与"壹基金"活动的人做的却是微公益。

3. 微公益的文化信念

从事微公益活动不只是简单的一个善举，而是每个人承担起一种社会责任，秉承一种为社会创造有形或无形价值的爱的信念，这种爱的信念根基于一个民族、一个社会、一个国家的文化价值信仰。如果没有这种爱的信念，善举不可能持续下去，这也是从事公益、微公益与一般善男信女偶尔发善心的根本区别所在。

四、公益慈善事业的概念

1. 公益慈善事业的定义

公益慈善事业，是指在政府的倡导、帮助或支持下，通过"使命"的凝聚和引导，由民间团体或个人自愿组织与开展活动的，对社会中遇到灾难、不幸的人或有利于人们福祉的教育、科研、文化、艺术、体育、环保等社会事务，不求回报地实施救助、扶助、资助的一种无私的支持与奉献的事业。公益慈善事业体现在那些旨在救助、救济、扶助特殊困难群体或个人或组织的公益慈善活动中，其运作的资源主要是从社会上（也有一部分政府财政资助和他国政府、境外组织与个体的捐赠）以一定的法定形式募集到的资金或善款，但募款的目的是支持公益慈善机构可以顺利地实现自己的使命。使命的实现、责任的担当才是公益慈善事业的终极目标。如前所述，由于公益慈善活动是以社会成员的慈善爱心为道德基础，以社会成员自愿捐献的款物为经济基础的；因此，公益慈善事业的实质，是从爱心、善意、社会责任等道德层面出发，通过实际的自愿捐赠、志愿服务等行为和举动，对社会的物质财富进行第三次分配。

《中华人民共和国公益事业捐赠法》（简称《公益事业捐赠法》）第三条规定，公益事业是指非营利的下列事项：①救助灾害、救济贫困、扶助残疾人等困难的社会群体和个人的活动；②教育、科学、文化、卫生、体育事业；③环境保护、社会公共设施建设（主要是指捐赠的公益事业工程项目）；④促进社会发展和进步的其他社会公共和福利事业。基于此，按照本书前面关于公益与慈善的概念界定，将《公益事业捐赠法》中的"公益事业"等同理解为"公益慈善事业"，包括社会捐资建的学校、桥梁、医院、福利院、养老院等社会事业；那些非社会捐建的公共设施和公共工程，属于公共事业，非本书所界定的公益慈善事业。同时，《中华人民共和国慈善法》（简称《慈善法》）第三条规定，慈善活动是指下列公益活动：①扶贫、济困；②扶老、救孤、恤病、助残、优抚；③救助自然灾害、事故灾难和公共卫生事件等突发事件造成的损害；④促进教育、科学、文化、卫生、体育等事业的发展；⑤防治污染和其他公害，保护和改善生态环境；⑥其他公益活动。基于此，将《慈善法》所列举的慈善活动等同理解为本书所界定的公益慈善事业所包含的公益慈善活动。

小贴士

英国的公益慈善事业

英国是世界上较早出现民办社会公益性事业的国家，也是较早由政府出面对慈善事业进行监管的国家。根据英国《慈善法（2006年）》（*The Charities Act 2006*），只有那些为公众利益服务的具备慈善目的的事业才能被认可为民间公益性事业。以下13项被认可为具备慈善目的的事业：

(1) 扶贫与防止贫困发生的事业；
(2) 发展教育的事业；
(3) 促进宗教的事业；
(4) 促进健康和拯救生命的事业；
(5) 推进公民意识和社区发展的事业；
(6) 促进艺术、文化、历史遗产保护和科学的事业；
(7) 发展业余体育运动（AmateurSport）的事业；

(8) 促进人权、解决冲突、提倡和解及促进不同宗教与种族之间和谐、平等与多样性的事业；

(9) 保护与改善环境的事业；

(10) 扶持需要帮助的青年人、老年人、病人、残疾人、穷人或者其他弱势群体的事业；

(11) 促进动物福利的事业；

(12) 有助于提高皇家武装部队效率的事业；

(13) 其他符合本法律相关条款规定的事业。

2. 公益慈善事业的作用与功能

公益慈善事业作为社会利益的调节器，其发挥的作用包括安老助孤、扶贫济困、梳理社会人际关系、缓解社会矛盾、稳定社会秩序、促进社会公平、增强公民社会责任、促进社会文明与进步等。因此，公益慈善事业的具体功能包括如下方面。

(1) 弥补医疗保障的不足。医疗救济是公益慈善事业的重要组成部分，在维护和保障需要救助的人民大众的身体和精神健康方面有着不可估量的作用。

(2) 照顾弱势群体。社会上总是会存在一部分需要给予特殊关怀和照顾的弱势群体，如弃婴、孤儿、独居老人、重病患者、残疾人及各种灾害的受害者等。对这些特殊群体的救助就成了公益慈善事业的重中之重，使老残无靠等弱势群体的衣食有了着落，生活安定。

(3) 发挥脱贫攻坚的作用。通过接受社会捐助，公益慈善事业是政府救助的补充力量和脱贫攻坚的重要兜底力量，在参与贫困地区产业扶贫、教育扶贫、健康扶贫等方面扮演着重要角色。

(4) 弘扬乐善好施的风尚。在公益慈善意义上的恤老慈幼、扶贫帮困是自古以来中国人约定俗成的道德规范，这种美好的风尚、习俗，需要通过公益慈善事业传承下去。

(5) 增强民族凝聚力。公益慈善事业在一定程度上改善了社会公众的生活条件，增强了民族团结和民族凝聚力。

(6) 维护社会文化价值。在公益慈善救助的传承中，那些灾荒救济、医疗扶助、恤幼养老、邻里相帮、济人危难、助人为乐、乐输善资等优秀的社会文化价值得到了维护和宣扬。

3. 公益慈善事业的特征

(1) 自愿性。公益慈善事业依靠的是社会成员出自慈爱之心和友善之情的自发自愿的捐助行为，慈善资源的聚集依赖于个人和组织在时间、金钱、物质、信息等方面的自愿捐献、志愿服务。公益慈善事业的动力源泉，不是经济利益，而是社会成员内在的志愿价值观。

（2）民间性。公益慈善事业是社会部门依法组织志愿者参加并能表达参与者意愿的一项社会公益性事业，其公益慈善资源主要来自民间的捐助与志愿服务，是民间的、草根的事业。

（3）社会性。公益慈善事业中的受助人与捐助者之间没有亲缘关系和利益关系，其活动的具体运行过程包含着复杂的社会行为和经济关系，专业化是公益慈善事业社会性的体现。

4. 公益慈善事业与传统慈善事业的区别

从狭义的慈善事业到广义的公益慈善事业或私领域范畴的公益活动，相关概念内涵和外延的扩展反映了慈善事业从传统到现代的历史变迁，并在以下4个方面发生了显著的变化。

其一，在观念形态上，传统慈善观强烈依赖于宗教、宗族意识，慈善行为被看作富人对穷人的恩赐；而现代公益慈善行为被看作社会（非政府）所提供的"公共产品"，不是施舍。

其二，在组织层面上，传统早期的慈善事业主要局限于教会、行会、宗族等共同体，在施舍者和受施者之间形成一种人身依附关系；而现代公益慈善事业，个人超越了共同体的束缚，公民志愿参与到慈善公益行动中来，捐助者和受助人是平等的关系。

其三，在行动主体上，传统慈善活动一般由政府或宗教团体或单独个人开展；而现代公益慈善事业越来越依靠众多的专业化公益慈善组织（如基金会）进行。

其四，在活动领域上，尽管当前我国的公益慈善事业主要着眼于对社会弱势群体的扶困助贫，但对社会公共生活的介入也日益成为一些公益慈善组织活动的重要内容。因此，致力于公益慈善事业的公益慈善机构或组织、团体，既保留了对传统慈善领域的一些特殊不幸者的施舍，又包括了对公共生活或特殊群体的关注，如教育、法律、科研、环保、动物福利等。

五、公益慈善事业与公共事业

公共设施（Public Facilities）是社会公众共有的设施，是国家或其他组织因公共利益需要所提供的为公众使用的有形物体及设备，如路灯、马路，具有公共财产属性（Public Properties），属于公共工程，私人不能独占，具有非竞争性和非排他性。公共设施包括在公共物品之中。

公共事业（Public Utilities）是直接或间接地为经济活动、社会活动和民生服务的部门、企业或其他机构提供的、为人们提供公共服务或公共物品的事业，也是直接面向社会的、不以营利为主要目的而以满足社会公共需要为基本目标的、直接或间接为国民经济和社会发展提供服务或创造条件的事业。简言之，能够提供公共物品的事业，就是公共事业。政府、学校、医院、社会组织等是公共部门，所从事的是公共事业。当然，一些公共设施的建设由政府或社会直接或间接提供资金，由营利性企业建设，但归属于公共事业。那么，如何区别公益慈善事业和公共事业呢？

其一，公益慈善事业建设项目包含公共设施，一些公益慈善事业属于公共事业，如希望小学、高校逸夫楼、边远山区社会捐建的桥梁、慈善医院等的建设和运营，但那些非民间捐资助建的公共设施，如公园、市政工程、水电气公司等，属于公共事业，却不属于公益慈善事业。

其二，公益慈善事业的服务对象通常是一些遭遇特殊困难的、有明确受助对象的个人、家庭或群体，如失学儿童、无钱医治的病人、遭受地震灾害的灾区群众或高校、科研院所、环保组织等；而公共事业的服务对象是不确定的大多数或社会公众。

其三，公益慈善事业属于社会性公共事业，但不是政府提供的公共服务，公益慈善事业的资金来源主要不是财政拨款，而是社会捐赠、捐助、奉献。

六、公益慈善与社会保障

与建立在个人行为基础上的公益慈善事业密切相关的两个"现代事物"是社会保障与社会工作。社会保障是国家制度层面保障公民基本生活需求的社会福利，这是国家保障的基本公民权利，有严格的法律制度规定，如低保、医疗保险、养老保险、失业保险，或政府建立养老院、福利院、孤儿院等；社会工作是社会服务层面的职业化、专业化。公益慈善与这两者之间的区别如下。

（1）公益慈善事业是建立在人类恻隐之心或信仰的基础上的，是一部分人对另一部分人的怜悯、慈爱和自愿捐赠、帮贫济困，属于"社会收入的第三次分配"，其功能不是保障公民的基本生活，而是在个人（家庭）或群体遭遇或遭受重大疾病、重大自然灾害、重大损伤之后给予的支持，或繁荣文化、艺术、体育、教育及促进环保方面全社会给予的扶持，具有补充生活保障的属性。

（2）建立在公民权利基础上的社会保障，履行国家的社会财富第二次分配责任，主要通过财政税收手段，保障贫困群体的基本生活、基本生存或最低生活水平，体现公平性、权利性。

（3）强调助人自助、科学助人的社会工作，则以专业化、职业化的社会服务将社会政策具体落实到一个个政策用户身上。

第二节 公益慈善与社会工作

一、社会工作的概念、特点

社会工作（Social Work）是指非营利的、服务于他人与社会的专业化、职业化的活动。在国际社会中这类活动被称为社会服务或社会福利服务，其基本特征如表1-1所示。

表1-1 社会工作的特征

重要特征	具体描述
职业助人活动	社会工作是专业的、职业性的助人活动，即服务于困难或困境中的群体或个人（家庭）、以利他为目的的职业活动
注重专业价值	社会工作以解决社会问题、增进人民福利为己任，以助人为职责，以追求社会公正与进步为目标，强调平等之爱、对人的尊重、对生活的热爱
强调专业方法	社会工作形成了个案工作、小组工作、社区工作等一系列独特的、反复实践行之有效的科学工作方法
注重实践	社会工作本质上是实践的，与服务对象一起帮助他们改变自己的困境，增进其社会功能
强调合作	社会工作是对人的工作，是社工与服务对象之间互动的、"共同工作"的过程
多方协同	社会工作介入的问题大多比较复杂，既需要社工之间的分工与合作，也需要社工与社会其他人员的合作，需要全社会共同面对

当前我国对社会工作有3种理解：普通社会工作、行政性社会工作和专业社会工作。

（1）普通社会工作：在本职工作之外从事的、不计报酬的服务性或公益性工作。这种社会工作是相对于本职工作而言的，可以称为普通社会工作，但实际上做的是公益慈善活动。

（2）行政性社会工作：在政府部门和群众团体中专门从事职工福利、社会救助、思想工作等类型的助人活动。这些工作都是由国家正式人员专门承担的助人解困的活动，工作人员较少受过助人方面的专业训练，所以它是行政性、非专业化的社会工作。倘若不取报酬的话，这类社会工作相当于政府工作人员和社会团体或其他社会组织人员参与的公益慈善活动。

（3）专业社会工作：由受过社会工作专业训练的人开展的助人活动。一般所说的社会工作就是这种专业社会工作，与国际上通行的社会工作接近。

二、社会工作的对象与目标

社会工作的基本对象是那些"最值得帮助的人",如孤儿、孤寡老人、残疾人及因天灾人祸等原因而陷入困境或危险境地的人。这些人"最值得帮助",在家庭、亲朋、社区不能向他们提供基本支持的情况下,政府和社会要承担起基本的责任,是社会工作的基本对象。

随着社会问题的复杂化、社会进步和社会福利制度的发展,社会工作的对象也在不断扩大,从贫困的个体和家庭到有问题、欠发展的社会,从困难民众到一般公众。社会工作不但面对困难及弱势群体,也面对社会进行公共服务。当出现严重的社会问题、社会公共危机时,社会工作者可以自己的方法和角度介入,帮助公众正确面对和应对问题(见表1-2)。

表1-2 社会工作的目标

目标层面	具体目标
个体层面	解救危难、解除危机
	缓解困难、缓解压力
	促进发展、发挥潜能
社会层面	解决社会问题、修复社会机制
	促进社会公正、干预社会不公

三、社会工作的职业领域

根据2016年11月2日民政部等中央12部门联合出台的《关于加强社会工作专业岗位开发与人才激励保障的意见》(民发〔2016〕186号),社会工作开展的领域包括社会福利、社会救助、慈善事业、社区建设、婚姻家庭、精神卫生、残障康复、教育辅导、就业援助、职工帮扶、法律援助、犯罪预防、禁毒戒毒、社区矫正、安置帮教、人口计生、人民调解、应急处置、异地务工人员服务19个领域。不过,这些领域本来就有自己的职业,发挥社工的职业特色并不容易。

四、社会工作者的职业任务

《关于加强社会工作专业岗位开发与人才激励保障的意见》(民发〔2016〕186号)从6个方面清晰地界定了社会工作者(简称社工)的职业任务。

（1）运用社会工作专业理念、方法与技能，提供帮困扶弱、情绪疏导、心理抚慰、精神关爱、行为矫治、社会康复、权益维护、危机干预、关系调适、矛盾化解、能力建设、资源链接、社会融入等方面的服务，帮助个人、家庭恢复和发展社会功能。

（2）帮助面临共同困境或需求的群体建立支持系统。

（3）培育社区社会组织、开展社区活动、参与社区协商、化解社区矛盾、促进社区发展。

（4）组织开展社会服务需求评估、方案设计、项目管理、绩效评价与行动研究。

（5）开展社会工作专业督导，帮助督导对象强化专业服务理念、提升专业服务能力、解决专业服务难题。

（6）协助做好志愿者招募、注册、培训与考核工作，引导和组织志愿者开展社会服务。

其中，上述第 3 个方面和第 6 个方面将社会工作组织与社区社会组织、社会工作者与志愿者的角色进行了明确区分。

五、公益慈善与社会工作的关系

1. 起始根源

考察西方社会工作发展历史发现，社会工作是在公益慈善事业发展到一定阶段而产生的。社会工作源于早期公益慈善事业及对慈善活动的反思，其主要根源有两个方面。

其一，现代基督教公益慈善的查默斯理念与慈善组织会社的实践。查默斯的贫困者自助理念强调从道德层面提升受助者的个人品质，对于贫困的救助应以对个人道德弱点的教育和扶助为主，在适当情况下才给予物质救济。这一理念也影响着英、美慈善组织会社（Charity Organization Society，COS）的运作和形成，并发展出了一整套系统的助人技术和方法，如友善访问员的工作目标、个案资料的记录与写作、志愿人员的训练、科学的慈善方法等。

其二，不同于 COS 理念与方法，1886 年美国出现了一种社区睦邻运动（Settlement House Movement，SHM）。社区睦邻运动通过让志愿参与者亲身体验并参与贫民生活，了解社会不平等的存在及其严重程度，进而重新思考更具整体性的社会政策。SHM 利用群体和社区作为自身工作背景的行动过程，与小组工作经典的治疗模式、社会目标模式和互动模式的工作目标和原则存在一致性。20 世纪之后的美国社会工作发展似乎摒弃了社区睦邻运动的"社会变革"路线，而采用了慈善组织会社运动的"治疗取向"。

总之，以慈善组织会社和社区睦邻运动为代表的近代慈善活动，将求助者自助和自立作为核心原则，并围绕这一项原则发展出一套系统的科学方法和技术，有别于早期的慈善行为，并最终形成了专业社会工作的基础。

2. 价值基础

公益慈善与社会工作有着不同的理念与实践。一方面，西方公益慈善的价值伦理源自基督教教义与救赎精神，中国公益慈善的价值伦理源于儒释道及墨家的兼爱非公等思潮。但是，现代社会工作实践已然脱离了部分宗教价值的约束和影响，转而作为现代国家社会福利制度的内在构成要素，具有了更多的社会正义、社会公平的责任与价值取向。深受宗教文化影响的公益慈善组织及其服务只能作为社会福利制度的重要补充部分，而不能像社会工作那样内嵌于国家社会福利制度之内而获得更加广阔、光明的发展空间。另一方面，公益慈善运用公益精神和慈善文化引导、劝谏社会优势阶层投身或投入物资用于公益慈善活动，而社会工作则以服务输送者的方法将来自政府、市场、慈善组织与个人等的捐赠物资和资金以直接或间接方法传送给需要服务的人，帮助其改善生活水平、提升生命质量。

3. 历史脉络

公益慈善理念、行动及文化在东西方都历史久远，但社会工作的历史就极为年轻稚嫩。在我国传统的慈善活动中，主要有4类慈善团体起着主要的济贫帮困作用：家族、宗教组织、政府、社会团体，其历史演变逻辑是宗族慈善、宗教慈善、国家慈善和社会慈善。尽管中华人民共和国成立后公益慈善事业曾一度瘦弱不堪或销声匿迹，但20世纪80年代开始依然逐步复苏，近年来更是高歌猛进。但相对而言，我国的社会工作发展先天不足、后天失调。早期虽然由晏阳初、梁漱溟等人掀起了乡村平民教育运动，有一些高校开设了社会工作相关专业（1925年燕京大学设立社会学与社会服务系），有一批社会工作教材、著作和期刊（1944年社会部编印的《社会工作通讯月刊》），甚至还有一套职业资格认证机制（1945年《特种考试社会工作人员考试规则》将等级分为甲乙两级），但自中华人民共和国成立直到20世纪80年代末才再次开启社会工作发展之路，且近十年来才得到快速发展。

4. 现实形态

虽然从历史维度考察，社会工作与公益慈善存在同源性、互构性关系，但从现实形态来看，二者出现了发展分野。华东理工大学社会工作系主任赵怀博士认为，一方面，公益慈善日益市场化、精英化，将原本具有社会性、民间性和道德性的公益慈善导向市场化，不断暴露出公信力危机或过度商业化问题，在对受助对象的平等尊重与服务可持续性方面也存在严重缺陷；另一方面，中国的社会工作诞生、发展于"社会"缺失、社会力量"缺位"的背景下，体现了明显的对当前体制的嵌入性、依附性及国家的强制性制度变迁等特征，导致专业社会工作的外部服务行政化、内部治理官僚化及专业建制化等问题，使社会工作在回应社会问题与寻求自身生存发展之间出现迷失和偏离，并在一定程度上出现了"内卷化"危机，即社会工作并未朝着其固有的使命（保障和实现人的权益、促进社会公平正义）发展，无法创造出属于自己的专业空间，忽略对社会公义、社会价值、社会福祉提升等实践本质的追求。

5. 当下的态度

关于社会工作与公益慈善之间的关系，学术界既有"正在合流"的声音，也有对"人为分流"的担忧。但在当下的中国，社会工作作为社会服务领域面向特殊人群、扶贫济困领域的服务时，多与公益慈善领域的服务重叠，彰显了社会工作在为公益慈善领域服务时的技术支持和支撑作用，带动了社会工作在当下中国的扎根、推广和社会影响力的提升。因此，"和而不同""相辅相成"是处理公益慈善与社会工作两者关系最为稳妥和符合实际的态度。

> **社会工作与公益慈善的同源性**
> （1）实现对象的重合性：扶助老弱、救助残疾、救济孤苦、赈济贫困、灾害救助及其他突发事件的应急等过程。
> （2）实现过程的相似性：针对特定问题，通过一定的方法和技巧，系统地分析问题，科学地解决问题，与受助者（服务对象）建立良好的互动关系。
> （3）实现作用的同质性：基于社会经济发展与社会资源分配不协调的现状，通过资源的整合和再分配，实现社会发展的物质自由和精神自由。
>
> **社会工作与公益慈善的差异性**
> （1）专业化发展程度有差异：专业化不足和学科性不强是导致公益慈善事业发展总是迂回曲折的主要原因之一。
> （2）实践观念的差异性：在物质救助与精神慰藉方面，社会工作注重系统、全方位、发展性视角解决在与社会环境互动中出现的障碍和问题；而公益慈善强调扶危救困、物质救助、渡过难关。

六、公益慈善实务：借鉴社会工作方法

公益慈善实务包括相关社会调查、项目设计、筹款、服务、机构治理、公共关系等需要专业知识和技能的工作实践。如前所述，公益慈善服务领域包括助学、助残、助孤、助孕助婴、扶贫赈灾、公共卫生健康、妇女发展、环境与动物保护、促进城乡社区发展、促进公共福利等；而社会工作作为一种专业或技术手段，侧重于服务弱势群体，突出强调持续性服务与助人自助的理念。两者的服务对象有重叠之处，因此公益慈善的实务过程也可以借助社会工作的通用过程。另外，社会工作中有三大工作方法：个案工作、小

组工作、社区工作。公益慈善实务并没有社会工作那样成熟的方法，但在具体操作中也可以借鉴其方法。总之，公益慈善实务缺乏持续性、理论性、高效性、独立性，是制约公益慈善实务发展的现实问题；而以社会工作专业化与职业化发展过程积累产生的成熟理论和科学技巧作为参考，有助于促进公益慈善活动的开展。

第三节　公益慈善事业管理的学科归属

一、公益慈善事业管理的学科属性

教育部于2016年在《普通高等学校高等职业教育（专科）专业目录》中增补了公益慈善事业管理专业（专业代码为690209，2017年起执行），隶属于公共管理类（公共管理与服务大类）。2017年北京社会管理职业学院新增公益慈善事业管理专业（大专），部分高校试行开办了公益慈善管理本科专业（北京师范大学珠海分校，2012年）、社会公益管理方向的硕士项目等公益慈善相关学历教育或研究生课程培训项目。但总体上，我国尚未建立公益慈善方面的独立学科，也缺乏公益慈善学术共同体的深入建设；公益慈善尚未列入国家学科分类标准，也未进入我国《普通高等学校本科专业目录》和《授予博士、硕士学位和培养研究生的学科、专业目录》。因此，公益慈善事业管理的学科归属目前处于未定状态，公益慈善学科建设有待深入开展。

一般认为，整个社会主要由三大部门组成，分别是政府（Public，第一部门）、企业（For-Profit, or Private，第二部门）、非营利（Nonprofit，第三部门），它们是推动社会文明与进步的"三驾马车"。这三大社会部门之间互相关联，又互相独立。企业与非营利之间以是否营利为目的进行区分，政府同时为上述两大部门提供约束、支持、监督和服务。公益与慈善就属于社会的非营利部门。

根据陈振明教授的观点，第三部门是介于第一部门（政府）和第二部门（企业）之间，依靠会费、民间捐款或政府拨款等非营利性收入，从事政府与企业无力、无法或无意作为的社会公益事业，实现服务社会公众、促进社会稳定与发展的社会公共部门。按照价值链，其可以区分为非营利部门的上游、中游和下游。其中，上游是提供资金的基金会、慈善家，一般称为Philanthropy；下游是公益慈善资金的接受方，通过项目具体解决某一特定社会问题的非营利组织，常常称为Nonprofit Organizations；而中游是提供服务的支持机构，如财务、咨询、培训、评估等。一般地，Nonprofit Sector指整个非营利部门，Nonprofit Organizations（NPO）指非营利组织。

基于此，本书把公益慈善事业管理归属于管理学门类、公共管理学科中，将公益慈善事业管理理解为第三部门管理或非营利部门管理框架下公共事业管理与社会事业管理的交叉学科。因此，与公益慈善事业发展相关的管理、服务工作与社会实践活动，既要认识和研究其自身的特征，也要遵循一些共同的管理原理和社会规律，具有显著的公共管理学和社会学（社会工作）交叉属性。具体而言，公益慈善事业管理重点研究慈善机构、公益组织（统称为公益慈善组织）及其在公益慈善领域里的管理、服务、实践活动及其文化价值、制度规范体系，融合了管理学、社会学（社会工作）和经济学、社会心理学等不同学科（知识）的范式，推动了公共管理学、社会学、经济学、心理学等学科之间的交叉、交流及公益慈善实践问题的解决。因此，"公益慈善事业管理"课程的主要任务是研究公益慈善事业管理活动的一般规律，总结其管理、服务工作及其实务、实践的基本知识、基本原理和一般方法，并使读者及从事公益慈善活动的个人（家庭）、组织或企业能正确地理解公益慈善事业并积极参与公益慈善活动，提高管理、服务与实践的有效性。在公益慈善实践中，每位全身心投入的参与者既是管理者，又是被管理者。学习、研究公益慈善事业管理的知识、理论和制度规范，不仅对公益慈善组织、社会福利机构或宗教组织的管理人员、工作人员，也对公益慈善政府职能部门的官员，对从事公益慈善活动的志愿者、企业家、慈善家，对从事公益慈善相关教学、科研和人才培养的科研工作者、教师，都具有重要的现实价值。

既然公益慈善事业管理归属于非营利部门管理的学科框架下，那么就有必要对这个学科框架体系中几个重要的基础概念加以辨析。本节接下来先回顾管理和非营利组织管理的相关概念、基本思想，然后提出本书对公益慈善事业管理的基本认识。

二、对管理的基本认识

1. 管理的概念

什么是管理？尽管对这个问题可能有千万种不同的认识，但学术界对管理的概念已经达成了一些基本的共识，管理学也已经成为一个相对独立、完整的学科体系。一般认为，管理是一个协调工作活动的过程，以便能够有效率和有效果地同别人一起或通过别人实现组织的目标。从战略的角度上看，管理就是组织在特定的内外部环境约束下，为有效实现既定目标，对拥有的各种资源、活动所进行的计划、组织、领导、控制等一系列科学与创新的社会活动的总称。

人类社会的历史表明，管理无处不在，小到家庭，大到国家，各种组织或团体中都存在管理，任何集体活动也都需要管理。没有通过管理的协调，组织或集体中每个成员的行动方向、目标可能不一致；即便目标一致，倘若没有通过管理的整体协调配合，往往也难以达到组织或群体的总体目标。大量的实践证明，一个单位、一家企业、一届政府乃至一个国际组织，当其他条件不变时，不同的领导班子和不同的管理方式组织绩效可能完全不同，甚至可以完全改变其原有的状态。

2. 管理过程

上述定义表明，管理活动是一个过程，主要工作是协调，代表了一系列进行中的、由管理者参与的计划、组织、领导、控制等基本职能或活动。图1-1揭示了管理的基本运作过程。

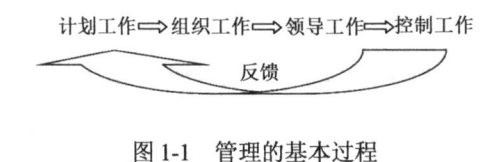

计划工作⇒组织工作⇒领导工作⇒控制工作
反馈

图1-1 管理的基本过程

3. 管理目标

管理目标可以分为两部分：物质性目标和社会性目标。物质性目标就是尽可能少的投入和尽可能多的产出，即通过有效率和有效果的协调和搭配，尽可能地获取更多的利润。物质性目标通常是企业等营利性部门管理所追求的基本目标。社会性目标是不断推进社会文明进步、促进社会和谐关系的形成和发展，尽可能地让更多人得到知识、能力的提升，享受一种愉悦性、便利性或精神满足感、幸福感，这是很多非营利性部门所追求的基本目标。通常来说，无论是营利性部门还是非营利性部门，一个组织有效的、成功的管理，应该同时追求并实现物质性目标和社会性目标。

三、对非营利组织的基本认识

1. 非营利组织的概念、特征

从管理的定义中我们可以发现，管理通常是一种在组织中的活动，且管理者都是在组织中工作的。什么是组织呢？在中文语境里，实体形态的组织（Organization）是为实现某些特定的目的而对人员的一种精心的安排，是为达到组织目标而结合在一起的、具有正式关系的一群人。例如，医院、大学、政府机构、教会、公司/企业、中国红十字会、大学生社团等都是组织。组织一般会建立规则和制度，用以规范和限制组织成员的行为；组织会选拔某些成员作为"老板"，以赋予他们驾驭其他成员的职权；组织还会编写职务说明书，以确保组织中的成员知道他们应该做什么、在组织中扮演何种角色、发挥什么作用。

组织分为营利性组织和非营利组织两种基本类型。其中，自主从事生产经营活动的企业是典型的营利性组织。企业以利润最大化为目标，赢得经济利益是企业管理的最本质要求、关键特征。非营利组织不以营利为目的，主要提供公共产品与服务，强调社会效益。

一般地，非营利组织（No-profit Organization，NPO）是指具备法人资格、不以营利为目的、以公共服务为使命、享有税收优惠待遇、组织盈余不分配给内部成员、具有民间独立性的组织。NPO 的目标通常是支持或处理个人关心或者公众关注的议题或事件。根据莱斯特·萨拉蒙（Lester M. Salamon）的观点，非营利组织具有 6 个方面的特征。

（1）非营利组织设立的目的在于服务大众、促进社会进步、维护价值、传承文化等，属于非功利性的组织，不向他们的经营者或"所有者"提供利润。

（2）非营利组织资金的来源主要是捐赠人的捐助及部分的服务收费，受社会公众和政府的监督，服务通常象征性收费或免费，但不以营利为目的，财务方面常呈现亏损。

（3）非营利组织活动以其使命为出发点，并结合众多有相同使命的志愿者来共同努力，服从于一些公共目的并承担公共风险，具有显著的公共利益特征。

（4）非营利组织所提供的产品包含服务、资助及思想、观念建设，通常不仅包括有形产品，也包括无形的劳务付出。

（5）非营利组织在制度上与政府分离，具有显著的民间性、草根性特征。

（6）非营利组织基本上独立处理各自的事务，具有显著的自治性特征，其成员通常不是按照法律要求而组成的。

非营利组织（NPO）在我国习惯上称之为"社会组织"，即介于政府组织和营利性组织之间的社会组织，又称为"第三部门"。其中，专门从事公益慈善活动的组织，就是非营利组织的一种。政府、企业、非营利组织这三大部门之间的角色关系如图 1-2 所示。

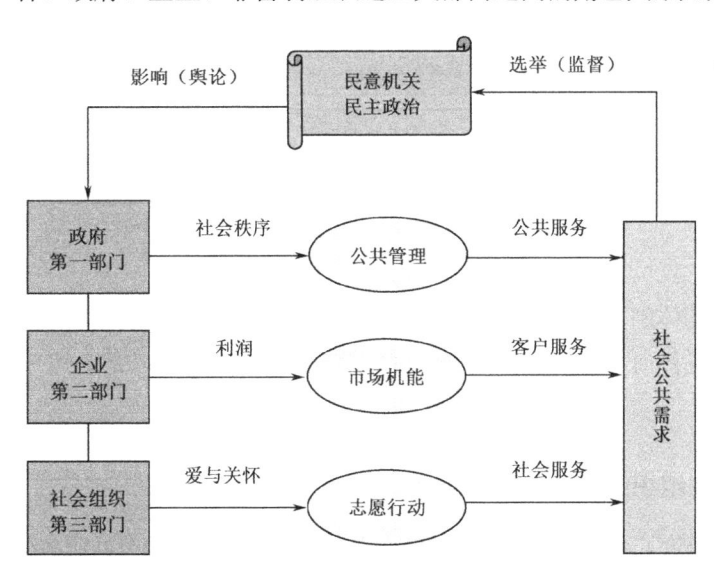

图 1-2　政府、企业和非营利组织的角色关系

根据定义，非营利组织的运作并不是为了产生经济利益、利润，它不以获取经济利益或"利润最大化"为主要目的，而是以社会效益、公共利益为主要目标。不过，非营利组织可能会收取或得到一定费用（或财政拨款或社会捐助），这些费用主要用于与提供公共服务相关的基础建设，或维持非营利组织的基本运转，或用于开展公益慈善活动或其他公共服务，且通常有一套严格的法律法规等制度对非营利组织的行为给予监控，其行为受社会的监督与制约。

2. 非营利组织的分类

根据服务的对象，非营利组织可以分为两类：公益慈善组织和其他公共服务组织。图1-3显示了非营利组织的服务范围，那些在教育、科学、医疗卫生、文化领域里的机构或单位，公交、电力、市政等提供公共物品的公共服务单位，学术性协会、学会等社会团体，那些慈善团体、基金会等公益慈善机构，一些社区组织或志愿者队伍，都是典型的非营利组织，它们以为社会（社区）提供公共产品和服务为主要目的，不追求经济利益的最大化。

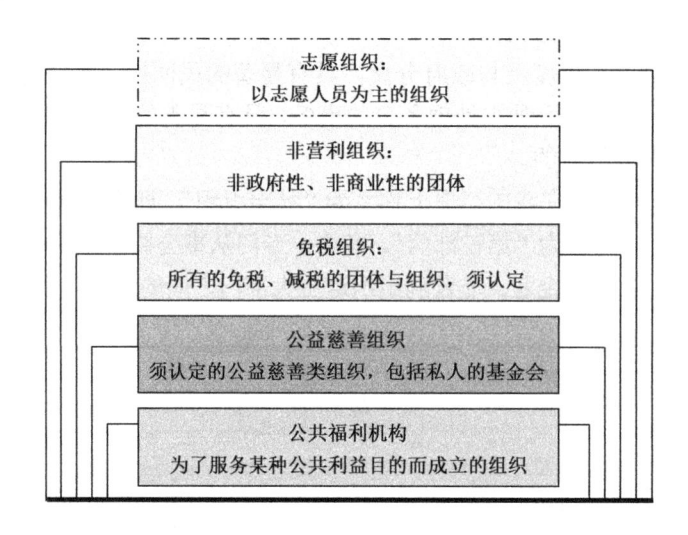

图1-3 非营利组织的服务范围

按照组织的体制，非营利组织可以分为会员制组织、非会员制组织及其他未登记或转登记团体（见图1-4）。其中，从事公益慈善事业的机构可以是上述任何一种非营利性组织形式。

3. 非营利组织的角色、作用

非营利组织除了承担传统的公益慈善、文教、医疗、救助等公共服务外，还承担以下角色和功能：担任政府与民众之间沟通的桥梁；行动导向，针对服务对象直接提供服务；公益服务导向，扮演着维护公共利益的角色。表1-3详细展示了非营利组织的社会角色。

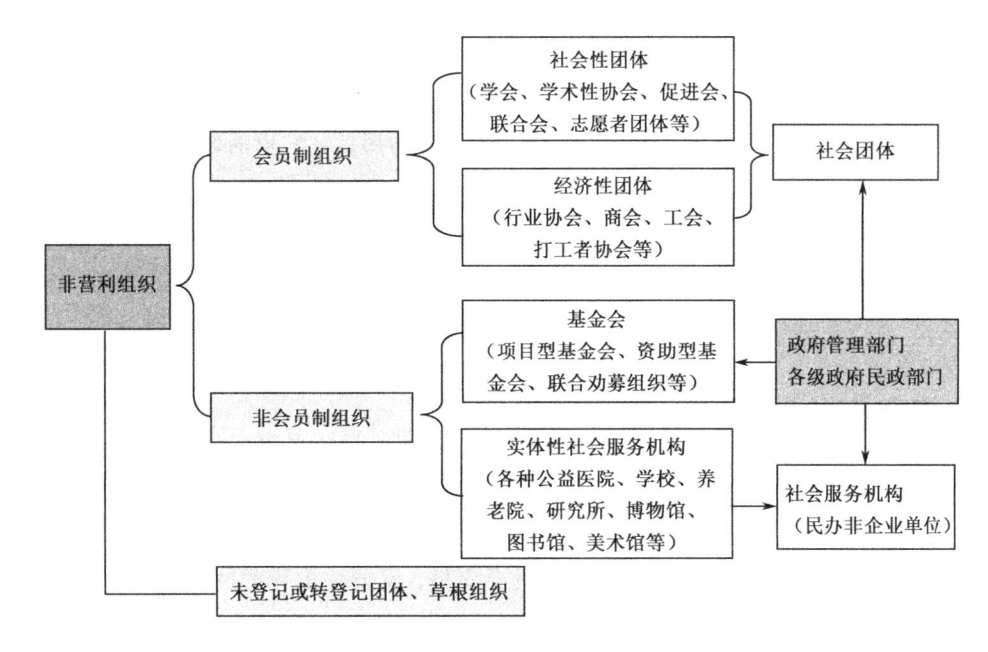

图 1-4 非营利组织的分类

表 1-3 非营利组织的社会角色

扮演者	社会角色
先驱者	非营利组织能敏感地体验社会需求,以组织的多样化与弹性的特质,发展具有创新的构想,适时传递给政府
改革与倡导者	非营利组织深入社会各层面,实际了解政府政策的偏失,运用舆论或游说等具体行动,促成社会变迁,并寻求政府改善或建立合乎需要的价值
价值维护者	以倡导、参与、改革、创新的精神来改善社会,主动关怀社会弱势群体
服务提供者	非营利组织发挥弥补的角色,经常选择政府未做、不想做或不愿意直接去做的、却符合大众所需要的服务来做
社会教育者	非营利组织利用刊物、举办活动、媒体宣传等方式,传递特定人群的需求信息,改革社会大众或决策者对社会的刻板印象或漠视态度,补充正规学校教育体系的不足

4．非营利组织的绩效要求

尽管非营利组织的使命使得其活动具有显著的公共利益特征,但非营利组织同样需要追求绩效。构建一个卓越的非营利组织,必须了解(和聚焦)至关重要的高绩效要素。米汉(William F. Meehan III)和琼克(Kim Starkey Jonker)在其所著的《影响力的引擎:非营利组织战略领导力的要素》一书中确定了非营利组织绩效的七大支柱。

非营利组织高绩效的七大支柱

(1) 您的使命必须清晰而聚焦。
(2) 您必须制定以少数几个最紧要的战略概念为基石的战略。

(3) 您必须解决如何评估那些可以确保影响力的东西。

(4) 您必须拥有洞察力和勇气，从而可以竭尽全力做出并执行艰难的决定。

(5) 您必须构建一个卓越的组织、一个团队中的团队，它以高绩效组织的原则为典范。

(6) 您必须关注资金，其方法是构建一个涵盖有效捐赠人的战略性收入机制，因为现金流就像呼吸的氧气。

(7) 您必须通过构建和培育一个强有力的理事会，以实现杰出的治理。

四、德鲁克的非营利组织管理思想

管理把所服务的组织看作一个开放的系统，它不断地与外部环境产生相互的影响和作用。环境既提供机会，也提供威胁。所以，非营利组织与企业一样，也必须正视环境的存在。这意味着，非营利组织既要尽其社会责任，又要注重管理技巧和方法，以适应组织的内外部环境条件。

根据彼得·德鲁克在《非营利组织的管理》一书中所铺设的理论体系，非营利组织的管理是一个从使命开始（组织存在的目的），到组织管控、募资计划、绩效表现、绩效衡量与评价，再到如何有效发掘组织内外部资源，最后到如何让组织领导发挥潜力的动态过程。

（1）使命（Vision），即强调组织存在的宗旨和价值观。良好的动机、明确的使命、清晰的目标、正确的策略和卓有成效的管理方式，都为非营利组织的持续发展提供了保证。使命应该是可以实现的、能够产生成效的、能得到各利益相关方支持的宗旨和价值观，因此，非营利组织必须区别道德理念和经济现实。一个非营利组织的使命不能仅仅是一个美好的道德理念却不能产生结果。成功的使命须具备三要素：机会、竞争力和奉献精神。其中，机会是指"使命需要符合需求，这样组织才有机会，才能获得外部资源"；竞争力是指每个组织都应有自己的不可替代的独特之处，以彰显其存在的价值、意义和核心竞争力；奉献精神是指像信仰一样可以为人注入希望和力量，正如德鲁克所说："从某种意义上讲，使命是有感情色彩的，我从来没见过一个组织的成员缺乏奉献精神还能做好事情。"

（2）战略（Strategy）。战略可以将组织的使命和目标化为实际的成果，以明确自身的定位，合理配置资源。一方面，尽管非营利组织常常扮演施舍者或慈善家的角色，但其战略不能把受惠者看成接受施舍的人，不要认为非营利组织是在向他们行善，而应该把受助人看作客户，满足客户的需求，研究"谁是我的客户，什么是对客户有价值的，客户是如何进行购买的"等问题，这也意味着非营利组织要研究市场、细分市场和进行市场定位，确定所服务的目标客户群体，提供满足客户需要的各种服务。另一方面，非营利组织的战略也要满足捐赠人的需要，譬如向捐赠人展示说："这是您需要的；这些是通过您的帮助取得的成果；这是我们为您所做的事情；这是您的花费所能产生的影响力。"

> **德鲁克举例说明NPO战略的重要性**
>
> 美国心脏协会不应该把垂暮老人当作潜在的捐赠人,因为在75~80岁老年人的死亡原因中,心脏病并不是最主要的。这些都是需要舍弃的。如果不能及时舍弃,组织负担过重,就是把宝贵的慈善资源浪费在没有效果的业务上。

(3)人力资源(Human Resources)。人力资源作为组织最重要的资源,决定了组织的绩效水平。非营利组织该如何激励其重要的人力资源?如何招募合适的志愿者?如何提供有效的培训?如何激励他们长久服务?对于非营利组织的人力资源,他们最大的动力来自两个方面:其一,"做这件事情是有意义的,有价值的";其二,"做这件事情我能学到东西,我能获得成长。"因此,组织必须发展人力资源,关注组织成员的优势,培育组织成员,帮助组织成员成长,再制定严格的标准要求,花时间和精力去评价组织成员的绩效。

> **德鲁克对于人力资源的激励思想**
>
> 如果你想让成员在工作中表现卓越,就必须发挥他们的优点,而非强调他们的弱点。成年人的个性特征已经成型。此时可以期望成年人培养良好的工作态度或行为方式、学习必要的技能和知识,但组织必须基于成员已经成型的个性特征,而非以其所期望的个性特征来工作。
>
> 例如,一个教堂缘何能够培养众多优秀的志愿者人才,这个教堂牧师的答案是他们持续为学生提供以下服务:①导师精心督促;②教师传授技能;③评估专家测评进展状况;④鼓励者鞭策激励。在这4项服务的共同作用下,可以达到帮助志愿者成长、帮助他们发觉自身改变的目的。

(4)借鉴企业管理。非营利组织的运营、管理,也可以利用商业化的专业的思维,以保证效率的提高、效用的扩大及组织的持续经营。具体措施如下:在组织内部营造公开性和相互沟通的氛围,让所有职员尤其是高级职员能够公开交流,了解个人的想法和所关心的问题,交流有用的反馈信息,保持一种灵活性,限制官僚制度和结构,以上可以实现"Charity in Heart,Business in Mind"。

> 企业社会责任(Corporate Social Responsibility)的概念已经越来越流行,也有越来越多的企业意识到并愿意承担更多的社会责任,或者以自己的方式为整个社会做出贡献,这种新的趋势是积极的、合理的、能够创造更大价值的。任何一个组织都有其存在的理由,如果组织能够更好地利用其资源、技术、资本及其员工,可以产生更大的影响力,为社会创造更大的价值。

五、公益慈善事业管理

基于非营利组织管理的基本概念、基本思想，本书所理解的公益慈善事业管理，是指以规范公益慈善活动的社会秩序和促进公益慈善事业健康发展为目的，在公益慈善事业领域的信息服务、组织监管、公益慈善资金募集使用、公益慈善人才队伍建设、公益慈善文化建设、公益慈善组织发展及公益慈善资源开发利用过程中的各种计划、组织、领导、控制等管理活动的总称。

除了一般的宏观与微观管理的基本特征外，公益慈善事业管理还具有以下3个特征。

（1）公益慈善事业募捐方式的多元化。表现为公益慈善事业管理中资金、资源的募集，除了政府、企事业单位的动员外，也注重公益慈善捐赠行为的市场化、公益慈善募捐策略的公众化、公益慈善捐赠渠道的多样化、劝募方式的多样化，以满足不同组织或个体捐赠人的不同需求。

（2）公益慈善组织管理的社会化。公益慈善组织是公益慈善事业发展的基础，其内部应该按照非营利组织的模式加以管理，但由于其资金来源为社会捐赠，因此公益慈善组织的内部运营管理还要受外界监控，符合外界特别是捐赠人的期望，且政府也会施加更严厉的制度监管。

（3）公益慈善事业管理的透明化。既需要多元化的公益慈善组织评估机制和对公益慈善的全方位评估体系，又要健全公益慈善组织内部管理制度，推行决策、执行和监督分离的运行机制，建立规范、公开的财务制度，以及捐赠款物使用的追踪、反馈机制和公示制度。

第四节 发展公益慈善事业的意义、目标和原则

一、公益慈善事业发展的现实意义

有智者说，"我们选择做一个好人，我们选择做善良的事，不是为了回报，只是因为这是对的。"那么，如何理解这个"对"呢？对的，或者正确的，是用价值标准衡量

一件事情。坚信做的事情是对的、不计功利的，是一种以判断力为前提的信仰。但这种价值标准或信仰并不是漂浮的，而是可以从公益慈善事业的社会价值和现实意义来加以诠释的。

基于本章第二节公益慈善事业的作用和功能，发展公益慈善事业的意义包括4个方面。

首先，发展公益慈善事业是发扬中华民族优良传统、践行社会主义核心价值观的需要。中华民族拥有乐善好施、扶贫济困的优良传统，因此，公益慈善事业的发展既是中国传统文化、传统美德的继承与发扬，也是社会主义核心价值观的实践与体现。

其次，发展公益慈善事业是现阶段化解社会矛盾、构建和谐社会的内在和现实需求。当前，我国面临着环境污染严重、贫富差距扩大、社会矛盾冲突增多等社会问题，并已经对经济的健康发展和社会的和谐稳定带来了冲击。解决这些问题，既要不断发展生产力，强化社会保障，又要充分激活社会力量、民间力量，发展公益慈善事业，调节社会收入分配。

再次，发展公益慈善事业是社会治理创新的一项重要工作。公益慈善事业的发展，有助于打造"共建、共治、共享"的社会治理格局，提高社会治理的社会化、专业化水平，实现政府治理和社会调节、居民自治的良性互动。

最后，发展公益慈善事业是激发、调动公众参与公益慈善、关注公益慈善热情的需要。公益慈善是纯洁的社会公共事业，促进公益慈善的透明化、规范化运作是打消社会疑虑，树立公信力、吸引社会参与的前提。因此，需要推进公益慈善事业的规范化、制度化和公信力建设。

二、公益慈善事业发展的指导思想

在"党委领导、政府负责、社会协同、公众参与、法治保障"的社会治理体制下，坚持党委领导、政府推动、民间运作、行业发展、全民参与、法律规范的方针，积极培育公益慈善组织，大力推进社区志愿者服务，培养公民公益慈善意识，创新公益慈善载体，广泛传播公益慈善文化，增强公益慈善的透明度、规范化和公信力，形成公益慈善事业发展的强大社会合力，开创公民普及、数量众多、运作高效、公开透明的公益慈善事业发展新局面。

三、公益慈善事业发展的基本原则

（1）法治原则。完善、健全公益慈善事业的法律、法规、规章，依法监管公益慈善组织、规范公益慈善行为，依法开展公益慈善募捐、资金调配、信息公开等活动，遏制慈善犯罪行为。

（2）平等自愿原则。确保施者与受者、不同公益慈善机构、不同志愿者的人格、尊严的平等，充分尊重捐赠人、受赠人的隐私；保障捐助者自主实施捐赠行为，自行决定捐赠的规模、方式和用途；依法保障公益慈善组织的独立、自主；禁止强捐、索捐、变相摊派等行为。

（3）公开透明原则。公益慈善捐赠程序、善款/善物的管理和使用、捐助效果评估等信息通过有效的形式公开，接受政府及第三方的监管和社会监督；捐赠信息的公开，充分尊重捐赠人意愿。

（4）创新原则。我国公益慈善事业发展的领域和区域差异较大，要鼓励公益慈善创新，积极探索有效的募集公益慈善资源，推动公益慈善项目、活动的新机制、新方式。

四、公益慈善事业的发展目标

（1）促进公益慈善事业相关法制体系的健全，捐赠税收优惠政策得到落实，公益慈善事业依法有序健康发展。

（2）以社会主义核心价值观为指引，公益慈善文化全面普及，公益慈善理念广泛传播，公民、企业和社会组织的社会责任意识大大增强，公益慈善成为社会风尚和人们的日常生活方式。

（3）公益慈善组织稳步发展，资源募集使用能力和公信力普遍提高，建成布局合理、类型齐全、结构完善、信息透明、自主高效的现代公益慈善组织体系。

（4）公益慈善的工作队伍得到发展壮大，志愿者人数占总人口的比例显著提高，公益慈善领域成为吸纳就业、提供社会服务的重要行业。

（5）建立高效、完善、健康的"政府监管、民间运作、行业自律、社会监督"的公益慈善事业管理体制和运行机制。

本章提要

1. 现代意义上的公益慈善，是私领域范畴的公益概念，也是广义上的慈善概念，主要是指建立在社会捐献经济基础上的民间社会性救助行为。公益慈善的服务对象不仅包括有特殊需要的特定人或群体，还包括教育、科研、文化、环保事业，服务内容包括社区服务、环境保护、知识传播、公共福利、帮助他人、社会援助、社会治安、紧急援助、青年服务、慈善关怀、社团活动、专业服务、文化艺术体育活动等。

2. 公益慈善事业管理应归属于管理学科门类，隶属于第三部门或非营利部门管理框架下的公共管理学科。因此，与公益慈善事业发展相关的管理工作和社会实践活动，既要认识和研究自身的特征，也要遵循一些共同的管理原理和社会规律。

3. 公益慈善事业是指在政府通过税收优惠等政策扶持下，由民间团体和个人自愿组织与开展活动的、对社会中遇到灾难或不幸的人不求回报地实施捐赠、救助的一种无私的支持与奉献的事业，是私人或组织基于爱、怜悯、同情等观念，为灾民、贫民及其他处于困境中的人（家庭）或群体举办的救助、救济、扶助等活动的统称。广泛动员社区居民、企业和社会组织自愿捐赠金钱、财产及贡献劳动、知识、时间，开展扶贫济困、安老助孤、帮残助医、支教助学等爱心活动，是发扬中华民族传统美德、促进社会文明与进步、践行社会主义核心价值观的重要方式。

4. 公益慈善事业具有自愿性、社会性、民间性等特点，具有安老助孤、扶贫济困、梳理社会人际关系、缓解社会矛盾、稳定社会秩序的作用。

5. 微公益就是从微小的公益事情做起，积少成多地做公益活动。公益和微公益不能简单地等同"做善事"，公益和微公益的根基是一套完整的文化价值或信仰体系。

案例分析

【案例 1-1】捐还是不捐？——从两起"逼捐"事件谈公益慈善

2015 年 8 月 12 日晚 23 时许，天津滨海新区第五大街与跃进路交叉口的一处集装箱码头（隶属于天津港瑞海公司危险化学品仓库）发生爆炸，产生震惊中外的"8·12"天津港爆炸事件。爆炸事故牵动人心。在事件发生后，社会各界人士自发组织祈福捐款活动。成龙、李晨、黄晓明、Angelababy 等率先为伤者捐款，随后郭德纲、张馨予、唐嫣、韩红等也发起了捐款行动，向伤者和牺牲的消防战士家属施以援手。与此同时，不少网友@大自然保护协会——马云的微博评论"逼捐"。部分网友言辞激烈，直指马云为何不捐款，"首富就应该捐 1 个亿""你捐了就等于我捐了""你不捐款，我再也不淘宝了"等言论，令人惊诧，也引发了网络争论。

无独有偶，2017 年 8 月 8 日 21 时 19 分，四川阿坝州九寨沟县发生 7.0 级地震，震源深度达 20 千米，造成了众多人员伤亡和财产损失，公众人物纷纷为灾区祈福。杨幂、刘恺威、张翰、苏有朋、海清等明星均发微博为灾区祈福。在地震发生时，正值吴京的电影《战狼 2》热映，不少网友以《战狼 2》票房冠军或"电影太火，挣钱太多"为由逼迫吴京捐款，有网友专门发帖要求吴京向地震灾区捐款 1000 万；有网友甚至声称，"赚了中国人几十亿，不捐几个亿说不过去。"

上述两起逼捐事件性质相同，但结果迥异。马云依然坚持不捐，而吴京选择了"默默捐款"。马云怎么回应"逼捐"这件事呢？2015 年 9 月 15 日北京大学首届社会公益管理硕士项目开学典礼暨北大光华银泰公益管理研究中心揭牌仪式后，马云受邀为新生讲授开学第一课，并分享了自己对慈善和捐款的看法。他表示，中国企业家的资源其实是有限的，企业家的第一责任是把钱花在投资上，创造更多的就业和财富，而不是用于捐款。马云说，"企业家的钱其实不是企业家的""有人说我是中国首富，但我认为首富的'富'是负责任的'负'""当你有几个亿、几十亿时，千万记住这不是你的钱，这是社会委托你进行投资的钱，这是对你的信任，是一种担当和责任。"

问题

基于上述案例，讨论对公益慈善捐赠的看法。

解析要点

（1）捐还是不捐？提出问题并不意味着回答，而意味着思考；马云是否该捐？吴京是否不该捐？每个人心中都有独特的裁定尺度，但思考则意味着放下激进的批判，寻找更多的可能性，用律己、包容的心看待二者。

（2）逼捐的行为本身是错误的，"钱多"与捐款没有逻辑上的直接联系。但是，当一个人"钱多"了，势必会带来一定的社会影响力；那么，这是否意味着其应该担当宣传、弘扬社会正义的责任呢？是否能够完全否认或不回应"应该替他人分担"的呼声呢？这是一个价值考量的问题。

（3）经济能力与捐款责任是正比关系吗？捐款是能够衡量的行为吗？是否捐得越多就越应该被得到认可？例如，一个有100元却捐了99元的人与一个有1亿元却捐了100万元的人，谁更值得赞扬？能否这样衡量？

（4）针对上述要点（3），有人说，捐款应该是一种平等的、发自内心的、出于爱心的举措，高于物质层面的存在。你怎样理解？

（5）对于马云的这些观点，你怎么看？站在企业、股东和投资者的角度，马云的话是非常有道理的，也显示了马云作为优秀企业家的一种睿智；但是，站在公益慈善的角度，马云却在偷换概念，因为他把属于自己的钱（个人财富）和属于公司的钱（企业财富）混为一谈，才有这样的言论，与马云曾经说过的"创造就业岗位就是最大的慈善"言论如出一辙。

（6）捐与不捐的争论，其实停留在公益慈善的方式上；有人选择这种方式，有人选择那种方式；有的人出于对结果的考量，有的人出于对行为本身的考量；有的人着眼于解决临时问题，有的人立足于未来发展；甚至最终是否达成目的，都很难成为人们评判捐款与否这种行为的依据。

（7）捐款的直接方式是金钱，捐款的价值依托是道德，但捐款仍然是基于内心诉求、响应内心引导的自我实现方式；公益慈善事业，不应该是社会要求每个人应尽的义务，不应该是迫于社会或道德的压力，而是根植于内心的一种价值需求。用功利和道德来衡量捐款行为，是扭曲的；爱心或者内心中闪现的对社会、对他人的责任心，才是检验标准。

（8）所以说，某个人的公益慈善事业，其实是一种理想、信念，是一种值得贯彻终生的信仰。

【案例1-2】慈善不是钱，是心

摘自：《慈善需要愚公移山的精神》。

作者：李厚霖，恒信钻石机构创始人、董事长，中华慈善总会"IDo儿童基金"创始人、理事长，中华慈善总会荣誉副会长。

（慈善）真正的困难在于（慈善）项目本身。

最重要的是舆论压力，有网友说"IDo儿童基金"一直在做小事，给孩子们送棉服、捐学习用品、捐打印机、发电机、电脑教室……都是小事，说做慈善就应该做一些大事，不如给孩子们建一间现代化的教室，一口气解决所有问题。

什么是大事？什么是小事？或许，在某些人眼中，GDP是大事、晚餐是小事；一间教室是大事，一套棉服是小事。但在孩子们眼中，也可能，晚餐是大事，GDP是小事；一套棉服是大事，一间教室是小事。

关于慈善的大小，这里有一个例子。2007年2月16日，刚刚卸任联合国秘书长职位的安南，在得克萨斯州的一个庄园举行了一场慈善晚宴，旨在为非洲贫困儿童募捐，应邀参加晚宴的都是富商和社会名流。在晚宴将要开始的时候，一个名叫露西的小女孩被保安挡在了庄园的入口处，她要把自己储钱罐里所有的钱捐给需要帮助的非洲小朋友，即将步入会场的巴菲特正好听到她对保安说，"叔叔，慈善不是钱，是心，对吗？"巴菲特深受感动，将这个小女孩带进晚宴现场。当天慈善晚宴的主角不是晚宴的倡议者安南，不是捐出300万美元的巴菲特，也不是捐出800万美元的比尔·盖茨，而是仅仅捐出30美元25美分的小露西，她赢得了最多、最热烈的掌声。而晚宴的主题标语也变成了这样一句话："慈善不是钱，是心。"

在我看来，慈善没有大事、小事之分；有的只是真心、假意之分。我们只是坚持捐助孩子们切实需要的，而我们相信，只要坚持去做，小事也可以成大事。

问题

1. 如何理解"慈善不是钱，是心"？请阐述你的观点。
2. 如何理解不同人的公益慈善行为？

【案例1-3】一顿夏夜如花的公益餐

摘自：袁岳．网易博客，2011-07-19。

家常野生甲鱼、梭子蟹饼、百叶荠菜、四宝时蔬、阿胶乌鸡汤。这不是普通的待客菜谱，而是白领黑苹果6月5日夏花会上海首会上拍出的公益餐谱。2011年7月11日，零点研究咨询集团董事长兼总裁、知名电视栏目《头脑风暴》主持人袁岳，在上海贝太厨房一展身手，为公益餐的拍得者呈上了颇有创意的四菜一汤公益晚宴。这位拍得晚餐的白领朋友享受到袁岳从亲自选材、备料、下厨、上菜、斟酒的全套晚餐服务，拍得这次特别服务的代价是23000元。拍得的善款全部纳入现场确定的公益项目的资助款项。

感言一：要想为公益做贡献，怎么样都能做贡献。

袁岳认为，"虽然不是每个人都能持续、长久、得法、耐心地做公益，但每个人都可以多少做一些公益。"黑苹果青年运动倡导大学生与白领从自己身边的资源出发为社会做公益服务，并通过包括夏花会、秋月会、冬雪会、春风会在内的四季平台，鼓励以大家帮助大家、大家支持大家、大家带动大家的方式展开公益创业与公益参与。

公益需要整合更多方面的知识与资源。袁岳本人一直在主持人、演讲家、作家等多个身份角色之间跨界转换，每个角色都有模有样、游刃有余。在做菜方面，袁岳每周都会在自己的博客上向博友们推荐他自主开创的一款菜式，俨然"袁氏私房菜"的掌门人。在做公益方面，他也同样敢于创新跨界，他创造性地将现场互动社交、现场礼物拍卖、现场公益创意竞赛等各具特色的活动形式巧妙结合，开创了白领黑苹果清零式公益招拍挂这种崭新的青年公益形式，向大众呈现了新公益的别样风貌。

只要有好的模式，怎么样都可以为公益做贡献。就像获得此次"公益爱心晚餐"的白领潘小姐本人，她既通过拍下晚餐的善款献出了自己的爱心，她带领自己的团队所做的"无水洗车"项目又得到了白领黑苹果公益招拍挂公益善款的资助机会，她就是通过行动在为公益做贡献。袁岳的四道菜，看似与公益无关，但四菜一汤换来了善款，也是在为公益做贡献。其实，对于人们来说，任何一次看似很普通的行动，就像一次义拍、一次做菜、一个环保小项目一样，都可以是一次有贡献的公益行动。

感言二：公益特别是发展型公益正在成为白领们的品位活动

今天中国社会已经处在公益大发展的前夜，社会矛盾的增加在很大程度上表明行政化的社会管理模式可以划一地解决某些问题，却不能精确有效地解决很多不同利益集团的特殊需要，也不能很好地提供那些需要有公益热情才能做好的公共服务。公众问题的很大一部分将期待由公民社会发育以后的自身能量加以解决，而青年白领将成为这股能量的重要组成部分。

随着越来越多的白领在公益大发展时代参与到公益活动中来，参与公益正在成为白领群体中最时尚的活动，特别是一些颇具创新性的发展性公益活动，在不久的将来将成为白领群体参与度、推崇度最高的一种社会活动形式。

......

这个夏天，让大家的公益激情随夏花绽放。

问题

1. 如何理解微公益？
2. 公益活动，需要整合什么资源？

思考与练习

一、名词解释

1. 公益
2. 慈善
3. 微公益
4. 公益慈善事业

二、简答题

1. 简述公益慈善与社会保障的区别与联系。
2. 简述公益慈善事业的基本特征。

三、论述题

阐述你对发展现代公益慈善事业的理解。

四、应用分析题

1. 艾茵·兰德（Ayn Rand）是美籍俄裔作家、哲学家，写下了《源泉》(*The Fountainhead*)等数本畅销小说，她的哲学理论和小说开创了客观主义哲学运动，强调个人主义的概念、理性的利己主义（"理性的私利"），对慈善、爱和牺牲等思想不屑一顾。她在所有的文章里反复强调以下几点：我不承认任何人有权支配我生命中的每一分钟、我能力的任何一部分、我的任何一项成果，无论是谁提出要求，无论有多少人，无论他们多么需要；这个世界正因为一种无节制的自我牺牲而走向毁灭；一个人的创造性工作的完整性比任何形式的慈善事业都更重要。她还认为公益慈善在对他人的给予与付出中使他人产生了依赖，这种依赖剥夺了个体创造的可能性，也就使个体失去了推动社会发展的机会。在她看来，在公益慈善事业中消耗的时间与物质资源是一种浪费，因为这些资源应该首先分配给进行"创造"活动的个体，而非需要依靠公益慈善帮助的受益者们。

还有一些学者认为，公益慈善的存在可能会使一些受益者失去工作动力，沦为"懒汉"。例如，在一些北欧国家的高福利制度下，人们的工作积极性大大下降，从而阻碍了社会的发展。

对于上述观点，你怎么看？

2. 在 20 世纪初，很多企业的经营并非那么诚实。像科内利厄斯·范德比尔特（Cornelius Vanderbilt）和约翰·洛克菲勒建立了巨大的铁路和石油公司，但他们从事商业活动的方式在一些人看来却是不道德的和不负责任的。范德比尔特控制纽约和哈勒姆铁路是通过贿赂纽约州议会和操纵股票市场的方式；洛克菲勒密谋策划在铁路运费中给回扣及从竞争对手发运的石油中获取佣金，他还进行冷酷无情的竞争，迫使他的竞争对手破产，然后压低价格收买他们的资产。

尽管他们的经营手段声名狼藉，但这些早期的公司巨人却创造了成千上万个工作岗位，并为美国制造业在 20 世纪前 60 年的卓越表现打下了产业基础。例如，范德比尔特当时雇佣的美国人比任何一家公司都多，其中一些公司还将很大一部分利润通过慈善方式返还给社会。洛克菲勒资助过芝加哥大学，向南部黑人教育资助了几百万美元，还建立了洛克菲勒基金会，该基金会每年的资助金额都在几千万美元。因此，有学者主张，公益慈善的出现是社会经济发展的体现，或者说，需要社会经济条件作为基础。

问题

1. 像范德比尔特和洛克菲勒这样的商业巨人，是社会的捐助者还是剥削者？它们的活动是非道德的吗？你是怎么看的？
2. 你是否同意"公益慈善的发展是由时代和当时的经济条件决定的"，试讨论之。

参考文献

[1] 陈静. 公益慈善学科知识体系框架的构建——读《公益慈善概论》[J]. 中国非营利评论，2016，18（2）：161-168.

[2] 卢磊. 公益慈善事业要积极发展学科建设[J]. 社区，2017（15）：20-21.

[3] 王名，李勇，李长文. 公益慈善学科建设基本构想[J]. 中国非营利评论，2016，18（2）：1-20.

[4] [美]彼得·德鲁克. 非营利组织的管理[M]. 吴振阳，等. 译. 机械工业出版社，2007.

[5] William F. Meehan III, Kim Starkey Jonker. Engine of Impact: Essentials of Strategic Leadership in the Nonprofit Sector[M]. Stanford University Press, 2018.

[6] Gamwell, Franklin I. Beyond Preference[M]. Chicago: The University of Chicago Press, 1984, 28.

[7] 彭小兵，王雪燕. 关注价值、重拾信任：再论社会工作本土化[J]. 云南社会科学，

2018（1）：141-148.

[8] 冯元. "合流"与"分流"之外的社会工作与公益慈善关系选择[J]. 社会与公益，2016（12）：94-95.

[9] 朱健刚. 论社会工作与公益慈善的合流[J]. 社会科学辑刊，2016（4）：55-60.

[10] 赵环，徐选国. "回归"抑或"超越"：社会工作与公益慈善的历史——当代关系辨析[J]. 学海，2017（2）：136-140.

[11] 郑伟. 社会工作方法在慈善实务中的应用[J]. 咸阳师范学院学报，2015（6）：118-120.

第二章
公益慈善事业发展史

知识目标

1. 掌握公益慈善事业发展的主要脉络
2. 掌握西方社会公益慈善事业发展所经历的重要阶段
3. 掌握我国香港和台湾地区公益慈善事业的发展历史
4. 掌握我国大陆地区公益慈善事业发展的历程

能力目标

1. 描述早期公益慈善行为倡导者的主要贡献
2. 阐明境外公益慈善事业发展的启示
3. 解释现阶段我国公益慈善事业发展遇到的问题

素质目标

1. 站在公益慈善历史的角度理解公益慈善事业的意义和价值
2. 综述公益慈善事业发展主要贡献者的探索精神

第一节　公益慈善事业发展的基本模式

公益慈善，是人类社会互助互济最源远流长的历史传统。早在原始社会末期，出于人类恻隐之心或宗教信仰而对贫困者施以援手的慈善事业就出现了。至今已大致演变发展出了4种公益慈善模式："盎格鲁—撒克逊"模式、"欧洲大陆"模式、"基金会+社区服务"模式、"政府购买社会服务"模式。

一、"盎格鲁—撒克逊"模式

"盎格鲁—撒克逊"模式的主要特征是政府立法、民间填补空白，主要盛行在英国和美国这两个国家，以及中国香港地区。英国是世界上最早开始工业革命的国家，也是最早出现现代社会经济风险的国家。因此，1601年英国颁布《伊丽莎白济贫法》，建立了"国家济贫制度"，对城市贫民进行救济。此后，英国主要由牧师和宗教组织倡导陆陆续续建立了一系列民间社会服务组织，并联合成立"慈善组织会社"，开展社会服务活动，帮助失业者、贫困家庭、病人、孤儿、身心障碍者进行"社会诊断"和"社会治疗"，并后来发展成"睦邻运动"。

英国开创的国家立法济贫、民间慈善事业填补空白的公益慈善模式又传到美国，以及中国香港等。例如，在美国兴起、形成了由基督教教会牧师和富裕善心人士带领不计薪酬的志愿者为穷人提供社会服务的模式，以及扎根社区的"睦邻运动"，访问贫困家庭，提供食品、居住，治疗处于困境中的个人及家庭在情感和精神上的困惑。

二、"欧洲大陆"模式

"欧洲大陆"模式的主要特征是重视福利制度的建设。在1873年德国的俾斯麦建立社会保险制度后，以社会保险为核心的社会福利制度开始在欧洲流行，并演变为国家制度层面保障公民基本生活需求的社会保障制度和社会服务层面的职业化、专业化的社会工作。例如，德国的"汉堡制"（Hamburg System）将汉堡全市划分为60个区，每个区设1名监督员，负责对该区贫民进行调查和救济；汉堡市政府设立一个中央办事机构，联络各社会救济机构协同工作，综合管理全市的救济业务；而后来的"新汉堡制"则废除了分区，由社区负责社会福利制度的具体实施，发挥民间社会福利组织的作用。"汉堡制"的特点是社会工作者以社区为依托，综合运用多种专业社会工作方法来解决贫穷这一社会问题。德国的这些尝试，对社会福利和社会救助制度的发展产生了深远影响。

第二次世界大战后，由英国牵头，欧洲国家纷纷建立福利制度，成为福利国家，社会工作也纳入统一的国家制度框架之内。

三、美国的"基金会+社区服务"模式

基于自由市场经济的观念，美国在继承"盎格鲁—撒克逊"模式的基础上，发展了"基金会+社区服务"的公益慈善模式。美国崇尚"小政府、大社会"，在社会保障方面坚持政府只管老人和穷人，而其他领域交给民间非营利的慈善公益组织，基金会异常发达，社区志愿服务体系非常完善。譬如，美国的企业和成千上万普通公众，每年通过各类基金会做出大量的慈善公益捐助，或活跃于社区，深度参与社区的志愿服务。美国普通民众的小额捐赠和志愿参与推动了美国公益慈善事业的发展。

美国的"基金会+社区服务"公益慈善模式，根植于美国的税收制度。美国社会给予公民和企业两种选择：交税，抑或捐款。其一，公民和企业可以将自己收入的一部分作为税收交给政府，然后通过"税收—财政—公共支出"的途径用于公益事业或福利事业；其二，公民和企业也可以将自己收入的一部分作为社会捐款捐给慈善事业，通过"社会捐款—慈善基金—慈善事业"的途径用于公益事业或福利事业；其三，美国法律鼓励非营利组织接受社会捐赠，企业和个人捐助慈善和公益事业可以获得免税待遇，并用高额的"遗产税"和"赠予税"来防范或限制资产转移。交税或捐款由个人或企业根据偏好差异做出选择。

四、"政府购买社会服务"模式

中国香港的公益慈善事业也继承了"盎格鲁—撒克逊"模式，但与英国、美国的做法相比又有所发展。第二次世界大战期间，大量难民的涌入使当时的香港面临各种棘手的社会问题。一部分受过西方国家专业社会工作训练的社工，开始投身社会服务。20世纪70年代，中国香港地区形成了特区政府只对贫困家庭实施社会救助、同时与志愿团体成为合作伙伴、在政府的资助或购买服务下提供专业社会工作和志愿服务的机制，如邻里层面社区工作、学校社会工作、家庭生活教育、老人综合服务中心、青少年外展服务、综合性康复服务等。

五、总结

今天，美国、英国，以及中国香港都强调福利机构的私有化，政府的直接资助改为由政府购买服务。美国高举"民间"大旗并主要通过"社会募捐"筹资；而中国香港的社会服务机构主要也来自"民间"，但财政主要靠特区政府拨款或购买。但不管怎样，其思想根源都是"盎格鲁—撒克逊"的传统，且只有在"盎格鲁—撒克逊"模式中，才有比较发达的现代公益慈善事业。在欧洲大陆，国家的高福利制度使得现代意义上的公益慈善事业并不发达。另外，需要指出的是，上述这些模式有一个发展演进过程，且彼此不是绝对对立的，而是相互交叉、融合、借鉴发展的。

第二节　英国公益慈善事业的发展

一、英国公益慈善事业的开创

英国是世界上最早开始工业革命的国家，于1601年颁布了《伊丽莎白济贫法》，建立了"国家济贫制度"，其核心内容是以教区为单位对城市贫民实行有条件的救济，其救济对象是有劳动能力的贫民、无劳动能力的贫民和无依无靠的孤儿。《伊丽莎白济贫法》的出台奠定了英国乃至欧美现代救助立法的基础，被认为是社会保障的雏形。1834年颁布的《新济贫法》认为，政府负有实施救济、保障公民生存的责任，救助是一项积极的福利举措。《新济贫法》的出台被看成现代福利保障制度的萌芽。

19世纪后半叶，英国出现了一些旨在帮助失业者、贫困家庭、病人、孤儿、身心障碍者的民间社会服务组织，对贫困人群进行"社会诊断""社会治疗"。1884年，东伦敦怀特贾伯区圣朱德教堂的牧师巴涅特（Samuel Barnett）及其夫人罗兰（Henrietta Rowland）邀请了一些牛津大学、剑桥大学的学生，建立了著名的汤恩比馆，开展社会服务活动。

不过，英国早期形成的"国家立法济贫"发展模式存在"政府介入和干预不足"的问题，促使民间公益慈善事业趁机兴起、发展和壮大，并传播到英国的一些殖民地国家。

> **早期英国公益慈善行为的两个缩影**
>
> （1）自主捐助医院的建立。基督信仰在宣扬"博爱、互助"理念的过程中，某种程度上也滋生了懒惰和流浪。因此，英国于 18 世纪创造了一种称之为"自愿捐助医院"的慈善方式。自愿捐助医院的建立者是个人，是普通民众的慈善之举，捐助有富人的一次性捐款，也有不富裕的人定期向医院捐赠钱财或实物。在自愿捐助医院兴起的过程中所形成的公益慈善传统，深刻地影响了英国国民健康保险制度的建立，成为后来英国全民健康医疗体系实施的一个重要支撑点。
>
> （2）英国著名大学创办者。在"慈善"与"宗教"理念的指导下，一些富有的慈善者、教会和君主在大学捐资兴建了中世纪英国牛津大学、剑桥大学等最早的一批学院，并为这些学院捐资设立奖学金。在剑桥大学最早的 13 所学院中，3 所由教士兴建，1 所由商人行会兴建，2 所由两位贵妇人捐建。他们捐资助学是为了弘扬学问，是纯粹的公益行为。"慈善"与"宗教"的理念一直是支撑英国大学生资助事业的基石，是民间集资助学的基本动机。

二、英国公益慈善事业的发展历程

英国是一个历史久远、文化丰富、法律及行政体制复杂的君主立宪国家，主体由英格兰、威尔士、苏格兰和北爱尔兰 4 个部分组成，国土面积比中国的广西壮族自治区略大，总人口约为 6564 万人（2016 年）。英国的公益慈善事业在诸多方面堪称世界典范，对其他国家或地区产生了持久而深刻的影响。英国慈善事业的发展大致经历了 5 个阶段。

1. 从公元元年到中世纪时期

从公元元年前后至 15 世纪末，在长达 15 个世纪的时期里，基本上是英国封建生产方式产生、发展和衰落的时期，生产力相对落后，民间慈善行为仅限于向穷人或过路人提供必要的衣食、照料伤病人员、帮助孤寡老人等。但一些扶贫济困、资助教育、帮助教会等理念随着基督教在英国的传播而被人们广泛认可。

尽管针对中世纪晚期（都铎王朝）之前正式的公益慈善活动历史记载十分少见，但戈斯登的研究发现，有互助组织宣传它们的起源可以追溯到公元 55 年，有组织的志愿活动如互助会和友谊会就已经出现。在英格兰地区，最古老的慈善机构是公元 597 年建立并一直开办至今的坎特伯雷国王学校（King's School Canterbury），它是世界文化遗产的一部分。在 12 世纪和 13 世纪，在英格兰地区至少有 500 多家志工医院。

中世纪时期（约公元 476—1453 年），罗马教会机构占据了公益慈善活动的中心位置，几乎所有形式的捐赠都要接受教会的管理，向穷人提供救济品或护理服务是教会教义的自然结果，在罗马教会自己的济贫法中也有着正式表述。不过，当时的宗教协会主要是向死者提供祈祷的宗教集会，当时的慈善大都以精神层面的满足为宗旨，多数捐赠人都将获得祷告文作为目标。但尽管如此，这些宗教集会事实上也具备了社会服务和福利功能，向有需要的成员们提供食物和住宿，或经营学校和酒馆，以及为成员们在葬礼上面的花销提供帮助。总之，中世纪英国公益慈善事业的宗教目标和社会目标之间差别很小。

2. 从都铎王朝到"光荣革命"阶段

从 1485 年至 17 世纪末，这段时期是英国从君主专制统治经过资产阶级革命向君主立宪制过渡的时代。那时，毛纺手工业、海外贸易及"圈地运动"造成的大批失地贫民，人口的快速增长与都市化，以及亨利八世实施的宗教改革，都在客观上促进了慈善事业的发展，也为国家权力介入私人事务领域的慈善奠定了基础。1601 年英国先后制定并颁布了《伊丽莎白济贫法》（*Poor Law*）和《1601 年慈善用途法》（*Statute of Charitable Uses of 1601*），首次把慈善纳入国家法制框架，成为世界慈善史上具有里程碑意义的重大事件。

17 世纪末英国也经历了政治变革。在内战的压力下，都铎王朝的慈善管理系统开始衰落，民间捐赠等公益慈善活动与新兴的商人阶层紧密关联起来，商人们在城镇的公益慈善事业中有着很大的影响力，其捐助对象包括救济院、医院、管教所、贫民习艺所、初级学校、大学和市政改善等。不过，在英国农村地区，贫困人口主要依赖贵族或者政府的救济。

3. 工业革命时期的慈善普及阶段

18 世纪和 19 世纪是英国工业革命和公益慈善的普及阶段。18 世纪的英国已经具备了实现工业革命的一切条件，如发达的航海业、丰富的剩余劳动力、蒸汽机的发明、铁矿和煤矿的开采、纺织技术的创新、银行系统的成熟等。但在生产力发展的同时，大量的社会问题也接踵而至，公共卫生极差，婴幼儿的死亡率高，穷人集中劳作在半军事化工场里，弃婴、死婴现象普遍。在这种情况下，一批以拯救和教育儿童为使命的慈善机构应运而生，包括由曾闯荡北美的托马斯·科拉姆船长（Captain Thomas Coram）、知名画家威廉·霍加斯（William Hogarth）参与创办和管理的伦敦育婴堂（Foundling Hospital），不仅挽救了大批弃婴的生命，还努力把他们培养成对社会有用的人。今天，这家育婴堂已经发展成托马斯·科拉姆儿童基金会（Thomas Coram Foundation for Children），承载着儿童教育事业。

18 世纪，英国统治阶级由于受到商业资本与农业资本的双重支配，开始逐步远离压迫穷人的家长式统治。在农村地区，贫困人口尽管还比较依赖贵族与政府，但在某些地区，慈善布道成了新的资金来源。在城镇，商人在公益慈善世界仍然保持很大的影响力，并似乎要通过公益慈善事业寻找一种新的永生（欧文称之为"富人施恩"）。此时，随着土地价值的增加，捐赠品的价值也有很大的增长，对被统治阶层更加宽容的气氛也开始形成。18世纪后期，英国的济贫法系统进行了人道主义改革，包括部分废除居住法、引入院外救助等。

英国在19世纪成为第一个完成工业革命的国家，但也步入贫富悬殊、阶级冲突不断的阶段。19世纪中叶，英国社会财富大量增加，上流人群、中产阶级和工人阶级都在发展壮大。但同时，大城市中贫困妇女和儿童的生存状况堪忧，工人的劳动条件恶劣且工人的平均寿命低。此时，随着社会贤达人士对教育、济贫、公共卫生等事业的热心资助，众多规模较大、初具现代组织结构和管理机制的慈善机构应运而生，包括宗教组织建立的各种协会、工会、友善协会、城市教区、地区访问社团、母亲集会、节俭协会等，如1870年起连续开办的"巴纳多之家"（Barnardo's）、1878年成立的救世军（Salvation Army）、1884年建立的世界上第一个社区公社——汤恩比馆、1895年创建的以保护自然和历史遗产为己任的国民信托（National Trust）等，可溯源至1824年的皇家防止虐待动物协会（Royal Society for the Prevention of Cruelty to Animals）是世界上成立最早的动物保护慈善组织。此外，一些有识之士开始探索恰当的慈善救助形式，讨论慈善到底应该怎样开办、慈善对受助者的人生起何作用、慈善是否会助长人的懒惰、占便宜行为和不思进取心态等科学问题，并于1869年成立了慈善组织协会（Charity Organizations Society），以协调各地民间慈善组织的善举和官方根据《济贫法》而实施的救济措施，对真正需要救助的人进行核实、登记，探索志愿服务的专业化，传播有关人类尊严和社会责任的理念，促进合作等。同时，英国政府也成立了慈善委员会（Charity Commission），开始把慈善作为医治各种社会疾病的一剂良方，对各种慈善项目给予一定的财政支持，并加强对慈善事业的专业化监督。可以说，19世纪是英国公益慈善事业的黄金时期，志愿与慈善活动在此期间发挥了很大作用。

4. 20世纪英国公益慈善事业的发展

20世纪初，英国的公益慈善事业获得了空前的发展，并呈现出若干特点，表现如下：其一，志愿服务精神得到发扬光大，民众参加各种慈善组织的志愿服务活动成为一种时尚，例如，始建于1919年的全国志愿组织协会（National Council for Voluntary Organizations）对于推动、规范和协调志愿服务发挥了巨大作用；其二，公益慈善事业越来越具有国际视野，如乐施会（Oxfam）是一个以扶贫济困和紧急救援为主、由17个国家的同名机构联合而成的大型国际性援助组织联盟，其雇员和志愿者遍布全球近100个国家或地区；其三，慈善与政府的关系发生了根本改变，英国政府越来越把慈善作为一种公共政策选项，把大量由民间私人慈善组织提供的孤儿教育、流浪者收容照料等服务纳入福利国家的社会服务体系之中，建立了对慈善组织的财政支持、引导和监管体系，并出台了《慈善法（1960年）》（*Charities Act 1960*），后又经过多次修订；其四，英国王室对慈善事业的繁荣发挥了特殊作用，其王室成员担任着2415个慈善组织的荣誉职务，包括享有盛誉的英国癌症研究所（Cancer Research UK）、英国红十字会和"巴纳多之家"。

5. 全球化时代的英国慈善

为了建设面向21世纪的慈善体系，英国政府进行了以新立法为主要内容的慈善改革。代表性事件包括：2006年英国议会通过了《慈善法（2006年）》（*Charities Act 2006*），对慈善事业给出了体现历史传承和时代特点的新定义，进一步明确了作为政府监管机构的慈善委员会的组成和职责；2011年英国又出台了《慈善法（2011年）》（*Charities Act 2011*），对英国半个多世纪以来各种慈善公益的法律和法规进行了一次全面梳理和总修订。当前，随着英国经济发展的趋缓和中东、北非难民问题、非法移民问题的增多，英国社会问题也越来越严重，贫困问题、失业问题、老年问题、社会治安问题、信仰/价值观冲突问题和暴力恐怖袭击问题，都呈现日趋严重的趋势，也为英国公益慈善事业的发展带来了巨大挑战。

三、英国公益慈善组织的发展

1. 英国公益慈善组织的发展概况

英国的公益慈善组织有悠久的历史。早在12—13世纪，英国就出现了500多家民间志愿性的公益慈善机构。18世纪以后，伴随着英国工业化的进程，出现了越来越多的慈善公益性非营利组织，一些成功的工厂主或企业家出于博爱目的纷纷成立公益慈善组织；市民们基于社区互助与自我服务的目的也纷纷设立自己的慈善公益组织；许多知识分子、政治家、工会活动家、社会活动家广泛参与社会公共事务，纷纷成立影响公共政策的各种公益性游说组织。

第二次世界大战后的70多年间，英国的政府公共部门、私人企业部门和民间公益部门先后发生了很大的变化。第二次世界大战以后英国工党政府上台，推行"国有化"，将原来由许多公益慈善组织提供的社会公益服务接管为政府公共服务。20世纪70年代上台的撒切尔政府针对政府公共部门低效率和机构臃肿等问题，又大力推行"私有化"政策，将许多原来由政府公共部门提供的公共服务以委托等方式转交给民间慈善组织。1995年英国工党政府重新上台，布莱尔政府推行公共部门的"现代化"改革，重新定位政府公共部门、私人企业部门和民间公益部门的关系，强调既要建立一个强大的、积极活动的民间公益部门，又要加强政府和民间公益部门的合作。

对于英国公益慈善组织的名称方面，英国官方和大众媒体较少使用"非营利组织"或"社会组织"等术语，而更多地采用"慈善组织"（Charity Organization）这个传统用语，近年来比较通用的是"志愿和社区组织"（Voluntary and Community Organization）一词。非营利组织或社会组织除了包括民间公益性组织以外，还包括各种形式的互益性组织；但慈善组织主要强调公益性的一面，是为了广泛的公共利益而设立的非营利、非政府、从事慈善公益活动的组织，活动领域包括扶贫救济、教育援助、宗教慈善、卫生健康、社会及社区福利、历史文化艺术遗产保护、环境保护和生态改善、动物保护及福利、业余体育运动、促进人权与和解、针对无家可归者提供住处、科学研究及普及等。

英国内政部（Home Office）负责对民间公益慈善组织的指导、推进、支持、协调，以及相关法规、政策的制定与修改。英国内政部是英国政府各部门中规模最大、职能范围最广、综合协调能力最强的政府部门，在公益慈善领域的工作主要有3个司：①积极社区司（Active Community Unit），主要负责推动以社区为基础的民间公益活动与志愿服务的推广，通过政府采购及委托经营等方式与民间公益慈善组织签订公共服务方面的协议，监督和评估这些协议的执行情况；②公民再造司（Civil Renewal Unit），主要推动各级政府开展新公民教育并积极推动各种形式的公民组织的建立与发展；③慈善司（Charities Unit），主要负责推动英国慈善法的修改并推进英国对民间公益慈善组织监督体系的改革与完善。英国慈善委员会是英国内政部下属的、但对议会直接负责的、从事慈善组织登记和日常监管的独立机构。

此外，英国政府每年给民间公益慈善组织提供大量财政资源，这些财政资源大约一半来自英国文化部下设的全国博彩运作委员会经营的博彩收益。

2. 英国公益慈善组织的发展经验

1）社会组织可以分为公益慈善组织和非营利组织两种

对社会组织进行这样的划分，其意义在于可以采取不同的税收优惠政策、政府支持政策及差异化监督管理办法。对于面向全社会开展公益慈善活动的公益慈善类组织，要采取全面的免税优惠政策，并通过政府委托或政府购买服务的方式给予资金支持，同时还允许它们开展多种形式的社会募捐活动，获取来自社会各界的公益捐赠，鼓励志愿者积极参与这些组织开展的公益慈善活动。但是，公益慈善类组织开展经营性活动受到严格限制，并强调强制的公开性和透明度，实行严格的社会监督。对于其他非营利组织（社会团体、社会服务机构），因其提供的服务具有市场交易性或者互益性，应从政策上鼓励它们参与市场竞争，依托市场维持组织的持续发展，但政府可采取一定的减税措施给予支持。

2）政府与公益慈善组织之间应通过协议明确合作伙伴关系

公益慈善组织因其活动领域极为广泛且规模参差不齐，在活动上与各级政府及政府各部门都会发生关系，由于同处于公共领域，彼此之间发生不协调、摩擦甚至矛盾在所难免，因此，要在政府与公益慈善组织之间确立一些基本准则，以协议或其他具有约束力的形式固定下来，作为各级政府及其部门在处理与公益慈善组织之间关系上的行为准则和纲领性文件。

3）政府资助民间公益慈善活动应制度化

政府每年投向公益慈善组织的财政支出（政府购买），实际获得了这些组织向社会提供的多于政府支出的公共服务，既具有极大的社会效益，又缓解了公益慈善组织普遍面临的资金困境。除了财政资金外，也可以制度化地将社会福利彩票收入作为政府公益支出的财源，以公开竞争的形式向公益慈善组织提供资金支持。

4）尝试建立独立于政府行政体系的国家监督机构

监管公益慈善组织是一项重大的社会责任。我国目前由民政职能部门的民间组织管理局来承担这种监管职责，行政化倾向明显，难以做到对公益慈善组织的科学、有效监管。借鉴英国的经验，可以考虑在各级人民代表大会下面设立公益慈善委员会，专门负责对各类公益慈善组织的监管，在弱化行政倾向的同时能有效监督和保护公益财产的运作。

第三节 美国公益慈善事业的发展

一、美国公益慈善发展概况

美国是世界上最发达的资本主义国家，其领土面积和中国相差无几，但人口较中国少很多。美国建国的历史只有200多年，但由于其公益慈善事业相关制度，以及美国民众的志愿服务精神，美国的公益慈善事业发展较好。

美国是一个移民国家，其公益慈善活动可以追溯到欧洲尤其是英国的基督教会，其公益慈善事业继承了英国的清教主义传统，新教思想为美国的公益慈善文化奠定了基础。新教教义的"普世"思想和理念让教会将扶贫济穷视为己任，经常举行慈善活动。时至今日，仍有一些教会的教友在每个月的第一个星期天禁食两餐，把省下来的钱拿出来救济穷人。

美国公益慈善史上比较早的公益慈善机构是1820年格里斯科姆（J. Griscom）建立的预防贫穷协会。他们访问贫困家庭，提供食品等日常生活物资和住所，采用布道的方式治疗个人和家庭在情感和精神上的困惑。基于英国的经验，各类慈善组织协会在美国部分城市迅速蔓延开来。1877年在纽约州的水牛城（Buffalo，又译为布法罗）成立了美国第一个正式的慈善组织协会。此后1889年，简·亚当斯（Jane Addams，1860—1935年）学习英国的"汤恩比馆"（Toynbee Hall），在美国芝加哥建立了"霍尔馆"（Hull House），逐渐兴起了一种由牧师和富人阶层带领志愿者提供服务的社区"睦邻运动"。今天的美国，各类慈善基金会和社区志愿服务体系较完善。

在清教主义的伦理观念中，富人只是财富的社会托管人。拥有这种基督教观念的人认为，在法律意义上，财富是私人所有的，但在道德和价值层面上，超过生活需要的财富是社会的。譬如，戴尔·卡耐基（Dale Carnegie，1888－1955年）虽然是白手起家，但却拥有超越金钱的生活体验和思想意识，他所著的《论财富》清晰地阐述了他的观念：让财富真正有益于社会是一种智慧，花钱需要的智慧与赚钱需要的智慧同等重要；致富的目的应该是把多余的财富回报给社会；富人行为是否得当应由"明达的公众情绪"来判断；富人应在生前处置好自己的财富，使之有利于公益，等等。"拥巨富而死者以耻辱终"成了卡耐基世代为人传诵的名言。

美国社会崇尚"小政府、大社会"，在社会保障方面由政府管老人、穷人和残疾人，而民间非营利的公益慈善组织填补剩余空间，各类基金会、民间慈善机构、社会公众（个人或家庭）的小额捐赠和志愿者服务也较发达，且相关税收制度比较完善，人们较多地从事公益慈善活动。

二、美国公益慈善事业的发展历程

美国的公益慈善史可以粗略划分为6个阶段，基本上对应美国非营利民间组织快速发展的4个时期。

1. 美国独立前的公益慈善事业萌芽

美国是一个移民国家，欧洲移民从17世纪初起陆续迁徙到北美大陆进行殖民开发。独立前的美国公益慈善事业差不多是与殖民开发同步进行的。由于北美的自然和地理条件、各国移民的生存需要及清教的广泛影响，北美人民具有自己组织起来动手解决实际问题的能动性，以及为济贫、教育等善举提供捐赠或志愿服务的意愿。例如，由于年轻牧师约翰·哈佛（John Harvard，1607—1638年）的慷慨捐赠，创建于1636年的一家学校才得以兴办，1639年，该学校被命名为哈佛学院（Harvard College），它便是哈佛大学的前身。又如，美国建国之父本杰明·富兰克林（Benjamin Franklin）在1736年12月于费城组织了北美的第一个义务消防队，并很快风靡各地。时至今日，美国大量的消防队员依然由志愿人员担任。

需要特别指出的是，在这段时期，美国的公益慈善事业发展最重要的体现是当时的先驱思想。与美国其他方面的精神资源、典章制度类似，美国公益慈善事业的思想传统追根溯源也来自英国，主要源自《圣经》的教导，教会成为公益慈善事业的主持者和中介人；捐赠人不是直接捐给帮助对象，而是把财产交给教会，由教会发放。无论是费城、纽约和波士顿等城市，还是广袤的农村社区，基督教的慈善精神主导着人们的日常生活。

与此同时，公益慈善思想也有创新，从"五月花"号的清教徒领袖温思罗普（John Winthrop，1588—1649年），到创建宾夕法尼亚州的英国桂格教徒威廉·宾（William Penn，1644—1718年），再到美国开国元勋富兰克林（Benjamin Franklin，1706—1790年），都对美国公益慈善思想和公益慈善事业做出很大的贡献。从17世纪中叶到18世纪70年代美国独立100年来，它已经有了从早期的慈善救济发展而来的不同于欧洲大陆的公益慈善事业雏形和思想。

2. 美国独立以后到南北战争之前

19世纪30年代，阿历克西·德·托克维尔（Charles Alexis de Tocqueville，1805—1859年）访问美国时发现，美国富人与穷人之间有一种共同的价值观念和经济原则，没有欧洲贵族与平民之间的那种鸿沟。清教精神鼓励个人致富，但对富人如何使用其财产非常关心。在那时，炫耀财富、生活奢侈为世人所不齿，甚至富人把大量财富传给后代也为社会所诟病，大多数富人相信太多的遗产会贻害子孙，使他们不知上进。所以，财富最好的去处就是开展慈善公益事业，并由此形成了一种社会风气。

到南北战争之前，随着经济的发展，发财的人也越来越多，美国公益慈善事业也蓬勃发展起来，社会捐赠对象主要是教会、医院、学校、图书馆、孤儿院、精神病院、残疾人收容所及各种失足者的教养所等。大到为市政建设补充政府拨款，小到在某一个小镇建一座墓地，或在某地捐一座施面包棚，都有人捐赠，甚至有人立遗嘱将其遗产专门用于为老人买眼镜。特别地，尽管捐赠的对象五花八门，但重点已经开始突出，即不约而同地集中于教育。过去，对教育的捐赠主要是帮助失学儿童，或为中小学校捐书、捐款，但此时发展到关注高等教育，因为这一领域是联邦政府不管、州政府也出力很少的。19世纪初美国只有二十几所大学，到1860年猛增至500多家，少数是州立（公立）大学，大多数是私人或教会捐赠的私立大学，培养牧师的神学院也占相当大的比例。而现今一些名牌大学，如哈佛大学、约翰·霍普金斯大学等，当时也在这一风气下得到大笔捐赠，得到扩大和发展。

这一时期美国公益慈善事业的一个重要特征是团体公益事业逐渐取代个人慈善事业。尽管美国团体公益事业取代个人慈善事业是在南北战争之后，但思想观念的转变和公益组织的兴起则自19世纪30年代以后就已经开始。直至19世纪中晚期，美国的慈善事业整体上实现了从分散性的个体善举到非营利机构性慈善的转变。

3. 美国南北战争期间及其善后工作

1861—1865年的南北战争激发了美国人民的志愿服务精神和人道救助行动。美国南北战争期间，名义上得到自由的逃亡"黑奴"越来越多，其处境也很悲惨，许多人生活无着落。到南北战争结束时，大批"黑人"处于濒临饿死、病死的绝境。这时，战前的废奴主义者开始把工作转向调查"自由黑人"的生活状况，给予救济和帮助，并向社会、联邦政府和军队呼吁。他们成立了由许多志愿者组成的"援助自由人"组织，并逐步联合起来，帮助的内容包括对一无所有者的捐赠，但更主要的是帮助他们自立。1865年3月，美国"难民、自由人和废弃土地局"成立，负责全国流离失所的人民的救济、安置等工作，服务对象主要还是获得自由的"黑人"，也有少数"白人"劳动者。该机构与"援助自由人"组织的合作是政府与私人慈善机构合作的良好范例，在美国南北战争的善后工作中起到了安定社会的历史作用。

南北战争时期另一项重要的公益慈善事业是医疗和公共卫生服务，因为战争总会带来伤残和流行病，战争期间恶劣的卫生条件使得很多伤残者得不到及时的救助（包括军队中的军人）。一些热心公益的人以此为关注重点开展慈善活动。譬如，1861年在纽约一名牧师的发起下，美国成立了卫生委员会，设法联合全国分散的志愿组织协助政府，共同为改善军营的医疗卫生条件而工作，从紧急救死扶伤到建立军医院，从完善医疗制度到募款募捐，从宣传教育到增进公众的参与意识，取得了较好的效果。

南北战争也促使妇女走向社会。在战争中许多男人走向前线，这时医疗卫生工作的志愿者很多是妇女，战争期间出现了许多优秀的护理专家，建立了多所高水平的护士学校，还有很多女性成为管理人才和募款活动家。譬如，1863—1864年美国北方一些城市举行的卫生募捐和拍卖博览会主要是由妇女组织举办的，也取得了较好的效益。这些活动和社会工作，促使妇女主动走出家门、开展妇女参政运动。

另外，19世纪中叶，美国的领土向西部扩张，经济快速增长，来自世界各地的新移民不断涌入，城市化进程显著加速。在这个过程中，各种慈善事业和公益慈善组织不断涌现，进一步推动了劳工状况改善、女权运动的发展。

4. 南北战争之后到第二次世界大战

南北战争结束后，美国逐步开始了大规模的国民经济重建，国家的工业化进展加快。到1900年，美国的工业生产能力已经居世界第一位。新崛起的垄断资本财团在短期内就积聚了数量惊人的财富，中产阶级和工人阶级手中也开始拥有比以往任何时候都多得多的收入。但与此同时，由于城市贫民、外来移民和贫富悬殊，各种社会矛盾不断爆发，社会问题堆积。这为美国公益慈善事业的发展孕育了社会条件。

这一时期，两位女性——克拉拉·巴顿（Clara Barton，1821—1912年）和简·亚当斯（Jane Addams，1860—1935年），她们凭借自己的勇气和公益慈善实践，树立了美国慈善史上的典范。巴顿在南北战争中积极搜寻失踪者和照料伤员，1873年发起宣传活动促使美国加入关于优待战场伤病人员和战俘的《日内瓦公约》，1881年创建美国红十字会并长期担任会长，倡议修改国际红十字会章程，把抢险救灾纳入红十字会的工作。红十字会的工作主要是救死扶伤和赈灾，与公益慈善事业有时可以重合，但最大的不同是它的中立性质，不介入社会改良。亚当斯是著名的社会改革家与和平主义者。1889年她经友人协助在芝加哥穷苦工人和外来移民聚居区举办了"霍尔居所"（Hull House）扶贫教育实验项目，用教育和综合性的培训造就社会需要的人。1909年，亚当斯当选为美国慈善与矫正组织联合会［National Conference of Charities and Corrections，1917年更名为美国社会工作联合会（National Conference for Social Work），1956年再度更名为美国社会福利联合会（National Conference on Social Welfare）］的首任会长，1931年被授予诺贝尔和平奖。

这一时期美国公益慈善出现了3个新变化，对美国慈善事业的持续发展具有特别意义。

1）"大众慈善"（Mass Philanthropy）蓬勃兴起

普通民众（个人或家庭）的零星捐款或遗赠资产通过一定形式向公共慈善机构集聚和分配，荡涤了贫困、疾病和其他社会问题。这就是大众慈善。

有多重因素促成了美国大众慈善的出现。其一，受英国慈善组织协会运动的影响和启发，人们认为城市贫困是人的道德缺陷所致，通过矫正道德缺陷可以消除贫困，这需要与慈善组织携手合作，进而客观上激发了慈善组织协会运动。1898年，第一个利用暑假为学员提供6周慈善专业培训的机构——纽约慈善学校（New York School of Philanthropy）诞生，几年后短期培训变为正式课程，在此基础上发展起哥伦比亚大学的社会工作学院。其二，慈善方式的创新，例如，利用圣诞募捐邮票（Christmas Seal），而1914年创造的社区基金会（Community Foundation）使得公益慈善开始有了扎根于居民中的公共组织机构雏形。其三，战争与美国政府的动员。两次世界大战中，政府的动员把爱国主义、公民义务和慈善捐赠紧密联系起来，极大地强化了全体公民的捐赠意识，促进了公益慈善事业的发展。

2）新财富观的文化奠基

美国钢铁业巨头安德鲁·卡耐基（Andrew Carnegie，1835—1919年）在商业上的成功使他成为所处时代的巨富，但令他被人所知的不是他的财产，而是他对待财富的观念。1889年他写的《财富信条》(*Gospel of Wealth*)中有一个著名的论断：富人仅仅是财富的受托保管人，他们在道义上有责任把财富分发给社会，使自己掌管的财富能够增进大众的福利和幸福。本着这种财富观，卡耐基热心资助各种慈善事业，到1919年辞世时，累计捐款3.5亿美元。

3) 私立基金会的兴起

公益慈善事业的发展进程存在两种倾向："授人以鱼"和"授人以渔"。南北战争结束时，"授人以渔"的倾向占据上风，形成"科学的公益事业"的说法，即主张对帮助对象的情况和需要进行切实的调查，以便对症下药，而不滥施慈善。就思想倾向而言，公益慈善事业的从业者又可以分为两派：一派比较强调贫穷往往来自懒惰，在扶贫中特别注意敦促接受对象工作自立，警惕过分慷慨导致培养懒汉，认为在美国社会中，通过智慧和勤劳就有机会致富；但另一派在不同程度上认为，社会机制的不公正会导致贫穷，因此"科学的公益事业"应把重点放在治理那些不公正的根源上，使机会更加平等，如从制度上普及教育、解决种族问题、督促政府改进福利政策等。然而在19世纪最后的30年中，美国社会发生较大的变化，最重要的是两极分化加剧，与19世纪30年代托克维尔所看到的没有固定的富有阶级的情况不同，工人阶级和资产阶级已经壁垒分明，劳工运动兴起，阶级冲突不断。此时，社会达尔文主义传入美国，各种关注社会平等的改良主义和激进的思潮或从欧洲传入，或从美国的学院中产生。这些变化反映到美国公益慈善事业上，逐步形成了一整套机制和行政规范，为19世纪末20世纪初私立基金会公益事业的兴起奠定了基础。

私立基金会（Private Foundation，由个人、家族或者私营企业设立）是美国公益慈善业的重要力量。私立基金会是一类非政府、非营利组织，有自己的基金，由基金的受托人或者理事会进行管理，以维持或协助某种公共服务为目的，并为此提供资助的公益慈善组织。私立基金会的基本特点是，所从事的或者所赞助的事业公益性强、起点高，着眼于公众和社会的长远利益。在早期美国的基金会中，值得一提的是皮博迪教育基金（Peabody Education Fund）和斯莱特基金（Slater Fund）。皮博迪教育基金成立于1867年，由银行家乔治·皮博迪（George Peabody，1795—1869年）出资专用于发展南方的教育，以此促进南北战争后破坏严重的南方地区的和解与复兴。最初捐款为100万美元，后来增至200万美元，主要用于发展南方地区的城乡公立学校，改善州教育系统，特别是培养师资。1914年，皮博迪基金解散，并入斯莱特基金。斯莱特基金成立于1882年，重点资助对象也是黑人教育。卡耐基是20世纪初美国首批私立基金会的缔造者和资助人，卡耐基国际和平基金会（Carnegie Endowment for International Peace）是美国也是世界上第一个专门研究国际事务的民间非营利组织和全球型智库，具有极高的国际声望。1911年11月卡耐基设立的纽约卡耐基基金会（Carnegie Corporation of New York）是当时美国最大的单一慈善信托机构，旨在促进科学教育的进步和对知识的理解。在卡耐基之后，一大批富豪也纷纷捐资捐助成立了私立基金会，如洛克菲勒基金会、福特基金会。美国问题专家资中筠先生指出："基金会成为一种完备的制度，数量之多、规模之大和影响之重要，确实是20世纪美国的独特现象。"

当然，早期的皮博迪基金和斯莱特基金与卡耐基、洛克菲勒等大基金会相比还是小巫见大巫，但正因为它们创立了现代基金会的雏形，使相对零散的捐赠演变为合理化、组织化和职业化的公益慈善行动，把探索社会问题的根源和辅助弱势群体更多地建立在科学的、理性的基础上，而不是主要诉诸仁爱和利他主义。

4）慈善捐赠法律的鼓励

基于政府和公民应当共同分担社会责任的理念，当1913年美国联邦政府开始征收所得税时，相关法律对慈善组织给予了免税优待。此后，美国又不断修订针对慈善组织的法律条款，《1917年税收法》（*Revenue Act of 1917*）规定公民的慈善捐赠可以抵扣税款。1931年联邦法院第七巡回法院在一项判决中提出，慈善事业须随着文明的发展和人类需求的增加而扩展。

5. 第二次世界大战以后到冷战结束之前

第二次世界大战后美国经济飞速发展，人民的生活水平也显著提高。在这个大背景下，美国的公益慈善事业也不断发展。

1）公益慈善法制的完善

美国联邦政府一系列与时俱进的法律修订、司法解释或法院判决，改善了美国慈善法律体系，使各种公益慈善事业获得了前所未有的发展空间。例如，美国政府对民间组织慈善目的的判断挣脱了传统思维的束缚，更加灵活、包容和体现公益性；私立基金会明确地获得了与传统意义上的慈善组织同样的免税待遇；公民个人对基金会的捐赠也可以抵扣税款。此外，《1969年税收改革法》（*Revenue Reform Act of 1969*）对美国的慈善法律进行了改革，把所有慈善组织划分为公共慈善机构（Public Charity）和私立基金会两大类，并为保障私立基金会的公益性做出了详细规定，类似的还有1986年修订的《联邦税收法典》（*Internal Revenue Code of 1986*）。

2）政府与非营利部门的协作

第二次世界大战结束后，美国迎来了非营利部门（Nonprofit Sector）的大发展，主力军就是各种各样的公益慈善机构。20世纪60—70年代美国兴起的人权运动、妇女解放运动和环境保护运动等一系列社会运动，催生了一大批新慈善组织，在事业定位、组织形式、议程设置、项目运行和募捐手法上进行了全面创新，并呼吁政府重视民间慈善事业与公共需求之间的关系，用制度创新鼓励非营利部门发挥更大作用。这其中，慈善家艾琳·戴蒙德女士（Irene Diamond）通过基金会为纽约市预防和治疗艾滋病的事业捐款，之后该基金会又与纽约市政府和公共医疗机构合作组建了阿伦·戴蒙德艾滋病研究中心（Aaron Diamond AIDS Research Center），成为规模最大的民间艾滋病专门研究慈善机构。

3）国际性慈善组织大量产生

第二次世界大战后美国为维护其全球利益，催生了一大批以海外救援、发展援助和对外交流为主业的国际性慈善组织，数千家以国际事务为主业的公共慈善机构和私立基金会在美国成立，美国大量海外非军事类援助资金就是通过这些慈善组织输送的。借助这些民间力量，美国大力扩展它的对外影响。

6. 冷战结束后美国公益慈善事业的繁荣

1991年冷战结束之后，美国进入了公益慈善事业空前繁荣的时期，大量享受免税待遇的各类公益慈善组织的数量极度膨胀，慈善捐赠创历史新高，主要有3个方面的原因。

1）联邦政府对志愿服务加以制度化

1983年，里根总统签署法案，确定每年1月的第三个星期一为纪念美国人权运动领袖马丁·路德·金（Martin Luther King, Jr.）的全国法定假日。1994年，美国国会将这一天确定为全国服务日（National Day of Service）。从此，各行各业的美国人，包括总统在内，都在这一天踊跃参加各种公益慈善活动，志愿奉献自己的时间、精力、知识，为本社区或社会服务，或者进行慈善捐赠。2003年，小布什总统（George W. Bush）成立了由各界人士组成的"服务与公民参与总统委员会"（President's Council on Service and Civic Participation），设立了"总统志愿服务奖"（President's Volunteer Service Award），褒扬为公益慈善事业做出卓越贡献的志愿者和慈善组织。

2）超级慈善基金会诞生

由比尔·盖茨（Bill Gates）创办并得到著名投资家沃伦·巴菲特（Warren Buffett）支持的比尔和梅琳达·盖茨基金会（Bill&Melinda Gates Foundation）有三大资助领域：全球发展、全球医疗卫生和美国公益慈善事业，接受资助的非营利组织和政府机构遍布美国各地和全球100多个国家。

3）全球的公益慈善呼吁与引领

在进行大规模的慈善救助，如对"9·11"事件恐怖袭击受害者的捐助、2004年印度洋特大海啸灾民的援助、2005年卡特里娜（Katrina）超强飓风灾民的救助等，并进行公众慈善总动员的同时，以沃伦·巴菲特、比尔·盖茨为首，美国、英国、德国、奥地利、乌克兰、南非、印度和马来西亚等地的一大批富豪联合起来,以捐献声明(The Giving Pledge)的方式对社会郑重承诺,呼吁名人富豪把其半数以上的财富捐献出来,用于各项公益慈善事业。

三、美国公益慈善事业的基本运作机制

表2-1概述了美国公益慈善事业运作的基本维度和主要措施。从整体上看,美国的公益慈善事业建立了相对完善的运作体系。

表2-1 美国公益慈善事业的运作机制

维　　度	具　体　措　施
激励方面	(1)美国在联邦、州和地方政府的税法中都规范了慈善活动的税收激励制度:对有资质的慈善组织的税收豁免;对慈善捐赠的税收扣除和税收抵免 (2)美国税收政策规定在一个纳税年度内,慈善捐赠的扣除额不能超过捐款人调整后毛收入的50%,公司不能超过10% (3)独立性:在美国,非营利慈善组织致力于一些专项领域可以不必向任何政府部门登记或者经由政府批准,尤其是当不需要政府的资金援助时;同时,慈善组织的管理方式、人员编制和财务运作都独立于政府的管辖之外,政府的监督不能干扰慈善组织的独立正常运行 (4)退税程序简单,凭受赠公益慈善组织开具的收据纳税时即可自行抵扣
运行方面	慈善公益性基金会发挥了很大作用,通过投资经营拓展公益慈善事业
监督方面	(1)资金使用公开透明,受政府监管、法律制度和社会监督的共同监管 (2)慈善组织普遍接受让公众充分知悉捐赠活动信息 (3)公益慈善组织为赢得公众信任、募集更多善款,应主动公开账目、接受公众的质询,且基金会每年聘任第三方审计机构对财务状况进行审计

四、美国公益慈善事业蓬勃发展的原因

1. 新教道德的思想指引与社会的主动参与

道德是一种经过历史积淀的行为规范,具有导向性和约束力。美国主流社会盛行公益慈善活动,公益慈善事业的发达与新教伦理的道德影响不无关系。美国传统的主流信仰是基督教,强调奉献的精神与谦卑的态度,遵从基督信仰的诫命、律例、典章及其引申出来的道德准则,《圣经》要求"爱邻舍",勉励人用善意爱众人。因此,许多美国人把公益慈善事业看作对基督信仰道德原则的实践。

爱心与献身精神是维系美国主流社会的道德传统,因此美国联邦和州政府、学校采取各种措施鼓励青少年参加志愿者活动。譬如,1993年克林顿政府签署了《国家与社区服务法案》,每年做满规定时间义工的青少年可获得一笔政府奖励,这笔钱可以用作

大学学费,也可用作职业训练或偿还大学贷款。许多学校把是否做过志愿者作为对学生考核的一项标准,美国的大学入学要考查高中生的社会服务记录。

清教主义传统也使美国人养成了务实的消费习惯。自家新的但不用的家具、家电、书籍等,一般的美国家庭都不会丢弃,而是捐出去,或放在自家门口供人选择使用。美国还有"善意事业组织"专门负责接受市民捐赠的旧衣服和家庭用品,加以整理后廉价出售,所得的收入用于待业人员的培训和安置,开办工厂和商场。美国印第安纳大学慈善学院和美国信托公司(U.S. Trust)2014年10月的调查显示,73.5%的美国人相信通过自己的捐赠可以使世界发生改变,73.1%的美国人捐赠的目的是达到个人心理上的满足感,62.7%的美国人为了回报社区,仅34.4%的美国人为了获得捐赠带来的税收优惠[1]。

2. 政府和税法支持公益慈善

和任何其他国家、地区或民族一样,美国也存在一系列社会问题。社会问题不能单靠政府去解决,很多社会问题政府也难以解决,否则政府机构势必庞大,行政开支增多,税收增重,社会矛盾也会越多。因此,美国政府鼓励社会办公益、办慈善,这也是美国社会组织发达完善的重要原因,也很符合"小政府,大社会"的自由市场传统。公益慈善机构的社会化功能,使得其有机会将触角伸向社会各领域、各阶层。

社会进步与经济发展并不矛盾。实际上,公益慈善事业的发展,在一定程度上依赖于经济利益的驱动。公益慈善事业以社会成员的自愿捐赠为经济基础,但资本总是追逐利润最大化,让公众将财物捐献出来投向社会,需要制定一系列优惠政策和制度,向公益慈善事业倾斜,使捐赠人有利可图,从而将一部分社会财富投向公益慈善事业。此外,多数研究表明社会责任和经济绩效之间的正相关关系,即一个公司的社会责任行动不会降低其长期经济绩效。

美国的税收政策对慈善组织和向慈善组织捐助的机构与个人都不同程度地给予了优惠待遇,调动了人们的捐款积极性。美国税法条款对各类慈善组织、社会福利团体和宗教组织所获得的捐款都给予不同程度的免税或减税资格。另外,个人或公司向慈善公益组织捐款捐物,可以抵消一部分收入所得税。

3. 严格的慈善监管制度

慈善基金会的发展推动了社会福利和公益慈善事业的进步,但也难免鱼目混珠,一些私人基金会打着公益慈善事业的招牌谋取私利。利益驱动能推动公益慈善事业发展,但也会给公益慈善事业带来不良影响。这就要求政府既要建立恰当的激励机制以吸引捐赠和其他慈善公益行为,又要有完备的约束机制以规范公益慈善事业的运行。

美国在公益慈善领域的约束机制,主要体现在对慈善公益组织的界定及对其财务活

---

[1] 数据来源:The 2014 U.S. Trust Stu of High Net Worth Philanthropy。

动的监督上。任何人要成立免税性质的公益慈善组织，要符合一定条件，且接受严格审查。公益慈善机构每年向政府提交的年报，必须如实反映该机构所有财务活动的细节，政府每年抽查，如发现有造假行为，将依法予以严惩。公益慈善机构的活动与财务状况还要向社会公开，任何人都有权查询一笔捐款的使用，并对认为行为不当的公益慈善组织提出检控。

另外，公益慈善组织之间也会自发地联合，组成各种全国性机构，如美国基金会联合会、美国慈善信息局等，主要功能是交流信息、研究公共政策、增进组织的公开度和透明度。这些措施对保证慈善组织的健康发展，对维护慈善组织的信誉起着十分重要的作用。

五、美国公益慈善事业发展的启示

尽管中国与美国在意识形态、社会结构、政治制度和文化传统等方面有着诸多不同，但中国还是能从美国公益慈善事业的实践与发展中，学习、借鉴一些成功的经验和方法。

1. 公益慈善事业是社会和谐的基石

公益慈善对于化解社会矛盾，起到了缓冲作用。美国是重大社会冲突、社会起义暴乱较少的国家，原因固然是多方面的，但公益慈善事业也做出了巨大的贡献，扮演着促进社会和谐的重要角色，成为缓解美国社会冲突问题的重要缓冲器。

2. 公益慈善事业的发展离不开社会组织

在社会捐赠或公益慈善事业领域，美国拥有完善的服务组织体系和服务网络体系，这种服务组织体系主要依靠美国的非营利组织来建立。可以说，没有非营利组织的参与，没有非营利组织提供的高效服务，就没有美国的公益慈善事业。

3. 公益慈善事业既要人人参与，又要政府支持

公益慈善事业一定是人人参与、志愿服务的事业，包括民众个人参与和通过社会组织参与；但同时，美国的公益慈善事业也得到了政府的支持，表现为税收优惠、国家监管制度，以及允许、激发、推动民间社会参与公益慈善事业的政治、社会、经济制度。

第四节　中国公益慈善事业的发展

自古以来，中华民族就有乐善好施、积德行善的文化传统，早在公元前11世纪的西周就设立专门官职以救济贫病之民。在中国社会的历史长河中，也涌现了无数的养老慈幼、扶贫济困、赈灾救险、建桥修路等慈善或公益性活动，成为中华美德的生动体现。本节重点回顾、梳理中国经济社会发展历史进程中的公益慈善实践活动，分析、研究及更好地理解中国公益慈善事业发展的历史脉络。

一、中国古代的公益慈善事业

古代的中国是一个农业大国，历朝统治者基本上都奉行重农抑商的政策。因此，中国古代的公益慈善事业，主要体现在跟农田水利、人口养护密切相关的救助灾害、扶贫济困、恤老慈幼等事项上，存在官办、官办民营、官督民办等不同模式，乐善好施、扶贫济困、守望相助等活动从政府到民间均有显著的表现。慈善文化、伦理、风俗习惯主要受儒释道文化的影响，一些大规模的赈济救灾活动还受到生产力水平、综合国力、统治者态度、经济实力、重要历史事件等因素的影响，公益慈善活动呈现纷繁杂芜的局面。

1. 先秦时期

中国公益慈善事业源远流长。敬老爱幼、扶贫帮困是中华民族约定俗成的道德规范。早在中国先秦时期，诸子百家对公益慈善活动有了较为丰富的论述，萌生的社会慈善思想，对于我国公益慈善事业的发展起到了思想奠基的作用。例如，儒家倡导"仁爱""民本""大同"理念，强调"恻隐之心""仁者爱人，老安少怀""老吾老以及人之老，幼吾幼以及人之幼"；道家将"道"与"善"联系在一起，强调"无为而无不为"和"功过报应"学说；法家宣示"六德之兴""九惠之教"等主张，强调对生活贫困无着及残疾人的救助，把救助老人放在重要地位；墨家崇尚"兼相爱""交相利""非攻"，提倡"天下之人皆相爱，强不执弱，众不劫寡，富不侮贫，贵不敖贱，诈不欺愚""多财，财以分贫也""有力者疾以助人，有财者勉以分人，有道者劝以教人。若此，则饥者得食，寒者得衣，乱者得治。"

面对春秋战国时期的战争攻伐、灾害频繁及其带来的民不聊生、社会动荡，上述这些学说或早期慈善思想的萌芽，不但构成了先秦中国伦理规范的主要内容，还推动了先秦时期官办慈善活动的兴起，包括从中央到地方设立专兼职官吏，负责掌管荒政、赈济灾民、养疾惠政、恤老慈幼等事项，让老幼病残、鳏寡孤独得以缓解。例如，西周时期的统治机构中设有地官司徒掌管荒政、安抚民众；周代还有"养疾"，即帮助国人消除灾难和疾病的惠政；春秋战国时期的救灾减害方面建立了平籴和通籴制度；春秋战国时还继承着三代以礼养老的遗制，即按三代先王将70岁以上的老人分为"国老"和"庶老"，分别在不同的机构供养；春秋战国时期各诸侯国对慈幼工作极为重视，推行鼓励生育的政策，给妇婴特别照顾。

2. 汉晋南北朝时期

汉晋南北朝时期的公益慈善活动主体，除了政府的官方主导外，以佛教兴盛的寺院慈善活动为代表的民间公益慈善事业也逐步兴起。

借鉴先秦时期灾荒救济的平籴制度，汉宣帝大规模兴建"常平仓"，北齐统治者创设了"义仓"等，这些都是政府通过控制粮食市场施行慈善救济的重要方式。

南北朝时期出现了专门收容贫病者的机构——六疾馆，由南齐文惠太子、竟陵王萧子良创建，慈善救济制度正经历着"以设官掌事为主向因事设署、以署定职"的方向发展。此外，由南朝梁武帝创立、专门恤老养幼的孤独园，使三代以礼养老的遗制得以制度化、组织化。

此外，两汉之际佛教传入中国，并在魏晋南北朝时期得到传播和发展，寺院所开展的济贫赈灾、建药坊、设药藏、植树造林、戒杀劝善等活动，客观上带动了公益慈善事业的发展。

3. 隋唐时期

隋唐时期是中国封建社会发展的鼎盛时期，尽管那段时期的公益慈善事业不如"盛唐之治"那般辉煌，但也发展出了"官办为主，官督民办"的公益慈善模式。

在赈灾济困方面，隋朝延续了北齐的义仓制度，常平仓也未废止，建立了一套入库、储存、管理、赈济体系及古代公益慈善事业的基本制度，发挥赈济灾荒和稳定社会的重要作用。在恤老慈幼方面，隋唐政府制定了一些制度举措，如"诸鳏寡、孤独、贫穷、老疾不能自存者，令近亲收养。若无近亲，付乡里安恤"，明确了对无家可归孤寡老人的安置、收养问题。在慈幼方面，主要是政府在灾荒年间出资为饥民赎子，使骨肉分离、贫困破碎的家庭团圆。

与此同时，民间的公益慈善力量也日益强大，如寺院中设立了集赈恤、收养贫病者、乞丐、残疾老人和孤儿于一体的慈善机构——"悲田养病坊"，完全由僧人管理，影响力极大，迫使政府为昭显仁政而积极应对，主要收归政府，由官办慈善机构统一管理，由此确立了"官督民办"的管理体制。在唐末及五代,中国北方地区还出现了"社邑"组织,对困难者、贫病者给予救助或开展其他互助共济活动。

4. 北宋南宋时期

对于宋朝的公益慈善事业,学者张文于2001年给出了一个非常高的评价,他认为宋朝在社会救济方面所取得的成就,无论在数量上还是质量上,都是超越前代的,即便其后的元明清三代也难以超越,而且其所通行的各种救济形式,在中国古代社会居于承前启后的重要地位,直接开创了中国古代社会后期社会救济的总体格局。

另外,不仅政府兴建了一系列的公益慈善机构,如广惠仓、福田院、居养院、安济坊、养济院、慈幼局、漏泽园等,民间公益慈善也得到蓬勃发展,士人精英活跃于民间公益慈善事业,形成了"官办体系完备、民间推陈出新"的公益慈善格局。

官办慈善有:宋仁宗的诏天下设广惠仓,是宋朝独有的仓廪制度;沿袭唐代悲田养病坊的做法设立福田院,俸给钱粮,收养乞丐、残疾人和孤寡老人,领养少数弃婴,使之兼具扶贫、恤老、慈幼之功能;创设以治病为主的安济坊和以施药为主的惠民药局;设立名为"漏泽园"的官置公墓;关注育婴慈幼问题,建居养院及临安慈幼局、建康慈幼庄、湖州婴儿局等其他育婴慈幼机构,收养遗弃婴幼儿。

民间慈善有:北宋范仲淹在其家乡吴县首创宗族性公益组织——义庄,购置田产经营,以其所得对同姓宗族贫困者进行生育、婚丧、教育等方面的帮扶救济,发挥了公益慈善的功能;南宋朱熹在崇安创立有别于官方仓廪赈济制度的社仓,建在乡社,由乡社官吏及乡绅、儒士共同管理,粮食夏借冬还,只收取少许利息或不收利息,对赈济灾荒起到了重要作用。此外,还有刘宰的"粥局"。

5. 元明清时期

中国古代的公益慈善事业在经历了元代的衰微之后,在明清时期得以恢复、发展并渐趋活跃,不但前朝的官办体系得以延续,而且民间慈善更加兴盛发达。

元朝的慈善事业最重要的是医疗,医疗救济官被提升为官医提举司与广济提举司,前者是医师,后者管医疗救济;各地普设"医学"为医疗主管,惠民药局继续提供医疗救济工作。

明清两代是中国自然灾害的频发期,在灾荒赈济方面,朝廷也会强化各种荒政措施,从备仓积谷、发仓给粟、煮粥应饥等方面对灾民进行救济,形成了体系较为完备的赈济制度。明代设立了济农仓、预备仓;清代新设立了京通仓、旗仓、营仓等。在抚恤鳏寡孤老方面,明代地方设置养济院,清代还将养济院设于州县一级,并扩展到了边疆地区。在医治病患方面,宋代创设的惠民药局在明代得到大力推广,但在清代却被废弃。在丧葬方面,明清政府亦承袭了宋代的漏泽园制度并加以发展。在育婴事业方面,清朝雍正皇帝曾诏令地方各州府设置育婴机构,使得城有育婴堂,乡村亦设留婴堂、接婴所、保婴会等慈幼机构，形成了一个结构合理、体系完善的育婴网络体系，推动了清朝慈幼事业的发展。此外，清代为加强对社会的控制而设置了京师五城栖流所（留养局），它是专门收养外来无业或乞食之人的慈善机构，主要分布在京畿重地和各省交通要道及灾害频繁地区，用于收留过往贫困流民，为其提供栖身之地及米食、衣被、柴薪等物，以补养济院的不足。

明清工商业经济繁荣，促进了民间公益慈善组织的发展，建立了义田、义庄等以血缘关系为纽带的宗族性公益慈善组织，在赡贫、恤病、助婚丧、养老、劝学、救急等领域帮扶同宗族的贫困者。各类公益慈善活动普遍以传统道德规范为指导，一些以劝孝、戒淫为主要内容的善书广为流传，士绅纷纷创建善会、善堂。另外，还出现了会馆等以地域为基础的义赈团体，以"答神庥、笃乡谊、萃善举"为宗旨，通过助学、助丧、施医、济贫等活动联谊同乡，促进同籍人事业的发展。16世纪末至17世纪初，受西方耶稣会传教士的影响，一些士大夫（如李之藻、杨廷筠等）成立了育婴组织，周孔在苏州推行育婴事业，蔡琏在扬州创办了育婴社；明清时期，各种地方乡绅捐资创建的普济堂、育婴社、育婴堂、六文会、济婴堂、保赤局、救婴局等也在全国各地纷纷兴起。

地方士绅和商贾是明清时期大灾期间赈济和灾后重建的重要力量。其中，明宣德末年，江西出现饥荒，义民鲁希恭、郑宗鲁等捐赠粮食，帮助官府，开仓平粜；明正统五年，江右发生灾荒，吉安等府的绅商慷慨认捐；明嘉靖八年，河南发生饥荒，地方乡绅富商也参与赈济；明崇祯三年，江浙各地闹灾荒，嘉善县由居乡间的绅宦陈龙正主持、指导救济工作；明朝中叶后，商人也成为地方赈济活动的一支重要力量。

特别地，在明末清初，江南的武进、无锡、嘉善、太仓、昆山等地先后出现了同善会、广仁会、同仁会或善堂等民间公益慈善团体，这些团体既不同于朝廷干预的慈善事业，也不同于此前出现的民间慈善活动，而是中国历史上一种全新的、非宗教性的、非宗族性的、持续性的、志愿性的慈善救济事业，被认为是中国现代公益慈善事业的萌芽。

二、中国近代的公益慈善事业

1840年鸦片战争后的近代中国，由于西方列强的侵略，国家处于政治、经济、社会动荡中，封建王朝兴办的公益慈善机构由于经费短缺、管理混乱而难以为继，民间疾苦难当。在这个时候，西方教会纷纷在中国举办各种公益慈善活动，创办了各种新型的公益慈善事业，对中国公益慈善事业的发展产生了深远的影响，推动着中国公益慈善事业的变革与转型。

1. 晚清时期

晚清时期的公益慈善事业呈现出官方、民间、西方教会等主体多元、交织并存、各显特色的格局。1901年"清末新政"开始后，清政府接纳了"教养兼施""教养并重"的救助理念，在善堂内附设学堂、工艺厂，或设置工艺所、教养局等，收容游民贫民，救助寡妇孤儿。19世纪中叶以来，伴随着西方列强的侵华过程，西方教会（基督教和天主教）利用传教的便利和特权，纷纷在中国兴办育婴堂、孤儿院、盲童学校、聋哑学校。其中，1840年中国第一间育婴堂由巴陵会在香港开办，到1914年，教会办的孤儿院达37所，收养孤儿约2500人；1874年中国第一所盲人院由宣教士英莱士在北京建立，并设计出一套普通话盲文；1898年中国第一所聋哑人学校由梅耐德在烟台建立，到1936年抗战以前全国建立了十几所聋哑人学校；1898年中国第一家疯人院由梅藤更在杭州建立，名为广济麻风院，到1940年，全国有51家麻风院，其中40家与教会有关。此外，西方教会还兴办了一批教会医疗机构等，例如，美国公理会医疗传教士、广州博济医院创始人伯驾（Peter Parker）在广州创办了近代中国第一家教会医院——眼科医院；基督教伦敦分会的雒魏林（William Lockhart）和麦都思（Walter Henry Medhurst）在上海租界开办了仁济医院；北京125中（原女13中），始建于1872年，是美国卫理公会在1870年建立的基督教会崇文门堂支持建立的，之后还在崇文门堂周边建了同仁医院、妇婴医院及汇文幼儿园、小学、中学。此外，还有1845年创建于天津的法国医院、1882年在江西九江创办的法国医院、1890年在江西南昌创办的法国医院、1894年在青岛创办的天主堂养病院、1867年在上海开设的同仁医院、1883年在苏州开设的博习医院、1885年在上海开设的西门妇孺医院、1896年在广州开设的夏葛妇孺医院、1899年在广州开设的柔济医院等。1878年1月26日成立的"中国赈灾基金委员会"是西方传教士在中国组织的第一个救济机构，西方传教士在慈幼机构中采取"养、教、工"相结合的救助方式，将科学的救灾赈济模式引入中国，对晚清时期近代中国公益慈善事业的变革产生了较大影响。

晚清时期的中国民间公益慈善也有起色。在1876年中国北方极为惨烈的"丁戊奇荒"赈灾过程中，中国民间自行组织劝赈、募集经费并向灾民直接散发救灾物资的"民捐民办"慈善救助活动——义赈（民间性的慈善赈济活动），对中国公益慈善事业的近代化具有推动性作用。20世纪初的"清末新政"（1909年清政府颁布的《城镇乡地方自治章程》第一条规定："地方自治以专办地方公益事宜，辅助官治为主"）推动了地方自治运动的兴起，吸引了众多地方士绅精英积极投身公益慈善事业，形成了一些新型民间公益慈善机构，在学务、卫生、道路工程、农工商务、善举、公共营业等领域推动了近代公益慈善事业的发展。此外，晚清时期中国红十字会的诞生，秉承"战时扶伤拯弱""平时救灾恤邻"的宗旨，大大促进了中国公益慈善事业的现代化及中外慈善文化的交融。

2. 民国时期

1911年辛亥革命之后至1949年之前的民国时期，中国经历了政权交替更迭及军阀混战、北伐战争、抗日战争等多次战争，公益慈善事业在政权更迭、战争频发的夹缝中生存，在探索中得到了不断发展。

20世纪前50年，由于战乱造成士兵的伤亡和民众的疾苦，更多人需要救治和帮助，此时，西方一些教会机构在中国做了大量公益慈善工作。抗日战争期间，基督教青年会（Young Men's Christian Association，YMCA）对抗日救亡士兵进行战地和紧急服务，包括士兵俱乐部、救治受伤士兵、分发慰问品、建立接待中心、设立流动服务站等，战时救济活动得到广泛开展；1921年11月16日，在华传教士和其他外籍人士在上海成立"中国华洋义赈救灾总会"，开展组织和分配救济物资等工作。南京大屠杀期间，金陵大学的美国宣教士魏特琳将大学变成避难所，保护了上万名中国妇孺；另一位美国宣教士贝德士发起了南京安全区国际委员会，救助了20多万难民。这些机构开展的公益慈善活动，对战乱中的灾民和抗日战争的胜利起了很大的救助作用。抗日战争胜利后，面对战争留下的千疮百孔，中国共产党1945年10月至1946年9月举办了急赈、难民遣送、医药救济等活动，1946年9月至1947年12月以"以工代赈"等方式开展各类善后事业。

值得注意的是，这一时期民国政府探索了公益慈善管理体系的制度化和法治化发展，构建了公益慈善的官方管理体系与制度，表现如下。其一，构建中央赈济机构管理体系，如设立内务部及下属民政司，负责全国的贫民赈恤、救灾赈济等工作；颁布《内务部厅事司分科章程》，明确专司慈善救济的科室及任务职责；设立若干临时地域性救灾机构，成立全国赈济委员会，负责全国灾民、难民救济安置事务，特设救济水灾委员会，专司临时赈恤和灾后事务；抗日战争时期还成立了统一难民救济机构——赈济委员会，并于抗日战争胜利后成立了行政院善后救济总署。其二，制定民间慈善团体管理办法，先后颁布了《管理各地私立慈善机关规则》《监督慈善团体法》《监督慈善团体法施行细则》《各地方慈善团体立案办法》《寺庙兴办公益慈善事业实施办法》等。

由于特殊的时代背景，近代中国公益慈善事业也深深地打上了救亡图存的时代烙印，公益慈善伦理呈现多元的价值支撑，一些基督教观念和自由主义、人道主义思潮进入了中国的公益慈善事业。中国人也建立了一些新式的、含有更多现代因素的慈善机构，主要是医疗救护类及社会教化、儿童保护、经济保障、失业保障类的公益慈善组织。所有这些，对中国的公益行动、慈善活动及公益理念的中西方碰撞、融合，都产生了深远的影响。

此外，民间的公益慈善组织内部治理的制度化、透明化、专业化也不断得到改善，通过分工合作、相互制约、相互协调、资源优化的系统安排，推动了资源募集方式上的创新，在设立慈善医院、赈济灾民、救死扶伤、义学教育中发挥着重要作用。

三、中国现当代的公益慈善事业

在1949年之后近70年的发展历程中，公益慈善事业的发展经历了波折和起伏变化。

1. 1949年之后慈善传统的中断

慈善文化传统在 1949 年开始被消解、沉寂，原国民政府在各地的救济院、善堂，地方士绅兴办的宗族性、地域性的善堂善会，以及西方教会的慈善机构都被政府接收和改造，部分取缔、解散和关闭，部分进行了改组和接收，公益慈善事业被改造和弱化，人们在口头语和书面语言中较少使用慈善这个词，独立的完全意义上的民间公益慈善组织不复存在，政府将慈善事业纳入社会事业统一计划管理。1951 年中国颁布了《劳动保险条例》，在全国范围内逐步建立以国家保障为主要方式、以全民所有制单位职工为主要对象、以企业和机关事业单位为基本管理层次的国家保障制度。国家直接管理经济，承担了社会福利的全部责任。此时，只有宋庆龄创办的中国儿童福利会，以及长期为中国共产党筹募抗日物资和抗日宣传服务的基督教青年会等几个老牌社会慈善组织保存了下来，但也划归政府统战部门管理，不可自主组织任何公益慈善活动。"文化大革命"期间，公益慈善文化遭到破坏，公益慈善事业的发展几乎失去了群众基础和社会土壤，走向了衰败、停滞。

不过，由于需要社会救助的人口群体数量十分庞大，针对这一问题，政府设立内务部，各省设民政厅，专署设民政处，县设民政科、局，区设民政助理员，专管民政社会事务。民政系统成为领导和组织社会救助的专职机构，对优待抚恤、复退安置、社会救济、社会福利、生产救灾及救济福利机构进行管理和领导。同时，民政系统也重视调动和依靠社会各方力量来合力解决社会问题，包括开展大规模群众性捐助活动、发动组织社会力量开展慈善赈济活动、建立"五保"农村救济保障制度等。

2. 改革开放后公益慈善事业的复兴与发展

党的十一届三中全会后，国家对国民经济和社会发展各领域开始拨乱反正，公益慈善事业亦随之得以重新起步。总体而言，改革开放以来的中国公益慈善历史，是慈善公益推进公民意识、提升公民素质、培育公民精神的历史。1981 年，改革开放后的第一个基金会（中国少年儿童基金会）由全国妇联批准建立。之后，20 多个由政府各部门批准的基金会纷纷建立，其中包括共青团中央成立的中国青少年发展基金会、科委成立的中国科技基金会，形成了以"中国"字头命名、按部门按人群划分的第一批具有慈善公益性质的社会团体。此外，1989 年"希望工程"的实施开创了中国公益品牌里的一朵艳丽之花，大眼睛几乎成了公益慈善事业的代言符号；1993 年 1 月 8 日成立了吉林省慈善总会；1994 年 4 月 12 日中华慈善总会在北京成立，是中华人民共和国成立后第一个全国性的慈善团体。

另外，民间公益慈善组织也广泛兴起，如 1985 年中国基督教丁光训主教与匡亚明、韩文藻共同发起创办的民间公益慈善组织——南京爱德基金会。在社会主义市场经济改革中，各类型社会团体纷纷建立，各省、市、县纷纷设立慈善组织，一些街道和乡镇也组织注册慈善会，举办了各式各样的公益慈善活动，从传统的赈灾募捐、扶贫济困、助残恤寡、养老慈幼，扩展到慈善意识的启蒙与教育、创办慈善超市、提供心灵抚慰、环境保护、开展文体艺术活动、促进社区发展等各方面。在1998年那场百年未遇的特大洪水中，全国人民奋起抗灾，人人捐款，自发地兴起了一场几乎全民参与的慈善募捐运动，全民捐赠达到了历史空前的110多亿元。

3. 21世纪公益慈善事业的快速发展

21世纪，党和国家对公益慈善事业越来越重视，党的会议、国务院的政府工作报告、国家的五年规划等都把公益慈善事业列为党和国家的重要工作内容，公益慈善事业进入快速发展期。2005年11月20日，首届中华慈善大会在北京召开，会上民政部颁发了政府最高奖——首届"中华慈善奖"；2007年通过的《中华人民共和国企业所得税法》，规定了企业为慈善公益事业捐款的减免税待遇。2016年9月1日，《中华人民共和国慈善法》正式实施；2017年党的十九大报告提出，"完善社会救助、社会福利、慈善事业、优抚安置等制度。"

2008年"5·12"汶川大地震激发了全球华人和中华民族前所未有的公益慈善爱心行动，慈善志愿服务（无偿劳动、技术和服务）在抗震救灾中大量涌现，并作为公益慈善捐赠的特殊内容在抗震救灾活动中发挥了独特的作用，来自国内外的志愿者冒着生命危险，帮助抢救被淹埋人员、安置受灾群众、运送各类物资、安抚受灾群众、维持秩序、参与治病防疫等工作，为争取抗震救灾的胜利提供了极为关键的支持。2005年年底印度洋海啸捐款更是开启了我国民间广泛向海外慈善捐赠的先河。

此外，进入21世纪以后中国的公益慈善组织呈现多元化的发展趋势，不仅有官方公益慈善组织，也有民间公益慈善组织；不仅有综合性公益慈善组织，也有专门性公益慈善组织（如从事儿童救助、残障人救助、环境保护等具体领域的专门组织）；不仅有在基层直接从事社会服务或社会救助的慈善组织，也有提供培训、咨询、评估、资金资助等支持的支持性公益慈善组织。所有这些公益慈善组织，共同构成了当代公益慈善事业的主体。

四、中国香港、台湾地区公益慈善事业的发展与启示

1. 中国香港地区的公益慈善事业发展概况

追溯中国香港地区社会慈善传统的历史形成，首先需要考量各类宗教信仰团体所做的贡献。首先，天主教、基督教的宗教团体扮演着香港公益慈善事业"拓荒者"的角色。例如，基督教圣公会早在1850年就在中国香港地区设立孤儿院，即后来圣基道儿童院

的前身。100多年来，基督教会为回应和处理社会上各种问题和需要，如疾病与健康、妇女与娼妓、儿童的街头流浪与失学、孤寡老人及丧葬等，发起创办了大量的公益慈善事业，奠定了中国香港地区早期社会服务的基础。第二次世界大战结束后，中国香港地区的基督教会机构得到大量海外机构的捐助，向当时涌入中国香港地区的大批难民提供了大量物资或粮食的援助，提供房屋安置等服务。中国传统的佛教、道教在公益慈善事业上也一直不遗余力。例如，"香港佛教联合会"在1945年成立之初目睹第二次世界大战后中国香港地区出现大量流浪儿童急需收容和教育的现实情况，向中国香港地区政府申请开办"中华佛教义学"，招生开课。

20世纪50年代之前，中国香港地区政府在社会福利方面奉行"积极不干预"政策，除一些最基本的社会救济之外，很少参与其他方面的社会服务工作。这与当时政府的社会福利观念及政策的滞后，以及当时中国香港地区整体的社会经济发展水平较低、政府收入较少等因素有关。1958年，中国香港地区政府正式成立社会福利署，但因其角色、功能尚不及当时的宗教慈善机构成熟，开始时只扮演一种协调角色，且主要限于福利服务的法律条文修订。

20世纪60—70年代，伴随着中国香港地区一些家庭问题、青少年问题、失业问题、老龄人口增多等社会问题的出现，中国香港地区政府意识到不仅市民的温饱问题需要得到解决，也需要建立一个完整有效的社会福利体系。根据1965年6月发布的《香港社会福利工作之目标与政策白皮书》，中国香港地区政府认识到"中国香港地区有不少具备相当资力之宗教与福利团体，亟愿从事各种福利事业，……政府对志愿团体之协助应竭诚欢迎，不但尽量使所设之各种服务能与政府推行之工作相辅而行，且能导之从事最为急需之工作"，开始筹划较完备的社会福利服务制度，开始逐步加大对志愿机构的经费资助力度。1973年4月发布的《香港福利未来发展计划白皮书》并"五年计划"确立了中国香港地区政府和志愿机构在社会服务方面的合作模式：中国香港地区政府承担大部分的社会福利经费；社会保障由地区政府直接参与，但在社区服务、青年服务、家庭福利服务、康复工作、老年人服务等其他社会服务，主要由志愿机构负责具体操作，其运营经费由政府拨款，并负责对志愿机构的监管提供辅助性服务。后来，中国香港地区政府和志愿机构在社会服务上的这种责任划分和合作模式在《香港社会福利白皮书——进入八十年代的社会福利》（1979年4月）中得到进一步认可与强化。

到20世纪80年代，中国香港地区政府把大部分志愿机构纳入政府福利服务体制之内。其中，社会福利署向志愿服务机构（含宗教慈善公益组织）提供财政津贴，并与之开展合作，合作范围涵盖家庭及儿童福利、社会保障、安老服务、康复及医务社会服务、违法者服务、社区发展、青少年服务共七大类。

总体来看，中国香港地区的公益慈善组织占据了重要地位，究其原因：中国香港地区民众普遍具有慈善意识,中国香港地区建立了政府和社会各部门对慈善组织有效、透明的监督管理机制。

2. 中国台湾地区的公益慈善事业发展概况

中国台湾地区的民间公益慈善组织很活跃,公益慈善事业蓬勃发展,成为中国台湾地区社会福利服务领域的主力阵地。

在中国台湾地区与公益慈善相关的社会福利领域,"政府机构"或"公立机构"十分罕见,民间公益慈善机构常常被称为"社会福利机构"。中国台湾地区政府和民间公益慈善机构之间的关系是伙伴关系,主要通过制定法律、规划和监管来对民间公益慈善机构进行管理约束和配置资源。

中国台湾地区的民间公益慈善类机构分为财团法人和社团法人,财团法人是以"财"为基础建立起来的,而社团法人是以"人"为基础建立起来的。

中国台湾地区民间"做善事"氛围甚浓。做善事主要通过两个渠道:一是做"志工"(志愿者),其中最积极的参与人群是大学生和中年人,志工为公益慈善事业提供了丰富的人力资源;二是捐款,中国台湾地区的民间捐款金额非常可观,为公益慈善活动提供了主要的资金来源,每年中国台湾地区的慈济基金会、家扶基金会、宣明会、善牧基金会和励馨基金会都会收到大量的捐款。此外,中国台湾地区第一社会福利基金会在特殊教育、儿童心智障碍的社会福利与社会服务方面发挥着重要作用。

另外,中国台湾地区的公立大学一般都设有社会福利系或社会工作系。中国台湾地区的私立大学(如台湾中原大学)在心智障碍等特殊教育领域及其"全人教育、全人关怀"的理念拥有良好的声誉。中国台湾地区的政府部门在设计、制定和评估社会福利政策时,政府本身不做研究,一般都以课题形式委托大学(单独、联合)实施。

3. 几点启示

从中国香港、台湾地区的公益慈善发展情况来看,公益慈善事业是帮助政府解决社会问题的伙伴,是公平分配资源的手段,也是实现公民社会参与的重要形式,并且创造了大量的就业机会,在经济、社会、生活中发挥着重要的作用。可以得到以下几点启示。

其一,基于政府的视角,政府角色定位要恰当。公益慈善事业本质上是民间、社会的一种组织活动,但世界各国的公益慈善事业都与政府存在千丝万缕的关系,香港和台湾地区的公益慈善事业发展也非常强烈地体现了这点。当前,基于《中华人民共和国慈善法》规定的原则精神,政府职能的定位应是"鼓励"和"引导"。从政府职能的社会化角度来说,借助香港的经验,政府有责任为公益慈善事业提供全方位的服务和资助,营造宽松的发展环境。

其二，基于市场的视角，要积极、妥善地运用市场竞争的理念经营公益慈善事业。借助香港的经验，公益慈善组织在项目运作中，要开发和利用各种市场资源，提高项目运作水平，强化资源的优化配置，形成特色的慈善工作领域和公益项目品牌，倡导"回报与激励"理念。

其三，基于社会的视角，推进公益慈善事业，要在发扬优秀公益慈善文化、培育现代公益慈善理念的基础上，鼓励商业资本和公众的广泛参与。公益慈善事业包括：扩大并完善公众参与慈善捐赠的渠道，建立公益慈善捐赠表彰制度，为公益慈善捐赠提供社会荣誉和动力；鼓励公益慈善组织通过市场化的竞争和创新，推出符合需要的公益慈善产品，从制度上确保公益慈善组织的信息公开；同时，赋予捐赠人监督权，保护捐赠人的积极性，使之成为慈善的积极消费者。

五、当前中国公益慈善事业的发展

1. 公益慈善事业发展的法制进一步健全

2016年3月16日，全国人民代表大会通过《中华人民共和国慈善法》（简称《慈善法》），并于2016年9月1日起施行，开启了"依法治善"的公益慈善新时代。《慈善法》规定每年9月5日为"中华慈善日"。2016年4月，财政部、国家税务总局联合发布了《关于公益股权捐赠企业所得税政策问题的通知》（财税〔2016〕45号）。此外，《慈善法》以专章规定慈善信托，2016年9月我国首个地方性慈善信托规范文件《北京市慈善信托管理办法》发布。此外，江苏省、湖南省等地方政府先后出台了慈善事业促进发展和社会募捐管理的相关法规，促进公益慈善事业发展的政策法规得到进一步的健全。

2. 公益慈善服务和管理机制进一步完善

民政部设立了社会福利和慈善事业促进司、社会组织管理局，各省（自治区、直辖市）及部分基层民政部门相继明确了公益慈善事业促进发展的职能部门，公益慈善事业的行政管理队伍建立起来，以支持公益慈善组织的登记和认定、建设公益慈善组织孵化器、推进公益慈善组织信息公开、加强资金支持和项目扶持、创新公益慈善募捐载体，加强了对公益慈善事业的服务与管理。

3. 公益慈善机构快速增加，志愿服务活动广泛开展

近年来，志愿服务组织大量涌现，慈善志愿者队伍不断壮大，志愿精神深入人心，

在慈善宣传、善款劝募、救济救助、慈善监督方面发挥了重要作用，登记注册的各类社会组织数量激增，许多社会组织基于公益慈善目的和服务宗旨建立起来，全国范围内建立了很多社会捐助工作站，公益慈善组织已成为服务社会的重要平台。

慈善志愿者是公益慈善事业的生力军，普通民众、大学生、专家学者、企业家、社会知名人士等，越来越多的人加入志愿者队伍中，弘扬"奉献、友爱、互助、进步"的志愿者精神，积极开展多种形式的公益慈善服务，为社会特殊困难群体贡献一份力量。

4. 公益慈善教育、科研与宣传普及工作得到加强

近年来，各大高校、科研院所开展了公益慈善事业的人才培养工作，以及有关公益慈善的地位、作用、发展规律、推进措施、制度建设等重大问题的理论研究，形成了专门的公益慈善教学、研究机构和科研队伍。2010年6月，北京师范大学"壹基金"公益研究院成立（2012年更名为北京师范大学中国公益研究院），这是国内由大学与公益慈善组织共同成立的公益慈善研究机构；中山大学中国公益慈善研究院（School of Philanthropy，SYSU）是2011年4月1日经中山大学批准正式成立的一级非营利性研究机构，前身为中山大学公益慈善研究中心（COP）；2011年重庆大学公共事业管理本科专业培养方案中首次增设公益慈善事业管理课程；2012年5月，全国首个公益慈善事业管理本科项目在北京师范大学珠海分校设立并于当年9月正式招生；2012年6月，《公益慈善事业管理（第1版）》教材在南京大学出版社出版，这是全国第一部公益慈善领域的大学教材；从2013年春季开始重庆大学正式开设公益慈善与社会发展的通识与素质教育选修课，并于同年成立重庆大学公益慈善与社会发展研究中心；2013年10月，中山大学公益慈善硕士研修班开班，这是以公益慈善为方向的硕士研究生课程进修班；2014年11月12日，深圳国际公益学院成立；2015年4月26日，清华大学公益慈善研究院成立，该研究院是由民政部和清华大学联合发起成立的研究机构；中国人民大学中国公益创新研究院于2016年7月26日正式成立，是公益研究教育基地和新型民间智库。2016年实施的《中华人民共和国慈善法》第八十八条规定，"国家鼓励高等学校培养慈善专业人才，支持高等学校和科研机构开展慈善理论研究"，这为公益慈善人才培养和专业建设提供了法制保障。

此外，包括"中华慈善奖"获得者在内，政府表彰和宣传了一大批先进的公益慈善人物，促进了公益慈善文化的普及。全国各地创建了形式多样的慈善日、慈善活动周等平台，举办大量慈善活动，加大了慈善宣传力度，扩大了公益慈善的社会影响与人们的参与度。

5. 社会捐赠数额大幅上升，"互联网+慈善"成为慈善新模式

中国公众中蕴藏着潜在的、丰富的慈善资源，包括各种有形资源（资金、物品、劳动力等）和无形资源（爱心、文化、科学知识等）等，一些企业、个人捐赠股权设立的基金会，为慈善事业注入了更为丰富的资源。伴随着公益慈善组织的快速发展，各级公益慈善机构以充分挖掘社会慈善资源、积极救助社会困难群体、尽量帮助政府缓解社会矛盾为出发点和落脚点，多种渠道、多种形式筹集款物，社会捐赠数额大幅度上升，对困难群体的帮扶力度不断加大。值得注意的是，我国网络募捐也得到较快发展，慈善组织互联网公开募捐信息平台日趋成熟，以企业为捐赠主体的原有格局正在发生改变，"互联网+慈善"成为公益慈善的新模式。

> **小贴士**
>
> **深圳新宙邦科技股份有限公司《公益活动和慈善事业管理办法》**
>
> 为促进公司履行社会责任，树立良好的公众形象，建立和谐的企业文化，促进公司更加积极地参与社会公益和慈善事业，进一步规范公司捐赠行为，加强公司对公益活动和慈善事业的管理，维护股东、债权人及员工利益，根据《公益事业捐赠法》《公司法》《深圳证券交易所上市公司社会责任指引》等法律、法规的规定，深圳新宙邦科技股份有限公司制定了《公益活动和慈善事业管理办法》。该办法分别对"公益活动和慈善事业的原则""公益活动和慈善事业的范围、类型和受益人""公益活动和慈善事业的决策程序和规则"等做了详细的规定，是国内为数不多的专门制定公司参与公益慈善事业、从事公益慈善活动规则的企业。

> **我国公益慈善事业发展部分事例**
>
> （1）汉代（公元前202年—公元220年）：东汉时期，佛教传入中国，佛教寺院的济贫事业相当发达，这是中国较早的民间慈善救济事业。
>
> （2）魏晋南北朝时期（220—589年）：据《北齐书·后主纪》记载：北齐武平六年，大水成灾，七年春正月壬辰诏："去秋已来水旱，人饥不自立者，所在付大寺及富户济其性命。"这一时期，开始出现由政府主办的慈善救济机构，如六疾馆和孤独园。
>
> （3）唐代（618—907年）：唐朝初年至中期，寺院和僧侣仍为慈善事业的主体，据《佛祖统纪》卷四一记载："唐至德二年，僧人英幹于成都南市广衢施舍粥食，以济贫穷。"直到唐武宗"灭佛"，推行一系列废天下僧寺庙的政策，济贫的主体才开始由宗教团体转为政府。
>
> （4）宋代（960—1279年）：宋承袭唐旧制，扩大官办慈善机构的规模。这一时期的养老慈幼事业发展最为突出，专门设有居养安济院、慈幼局、慈幼庄、婴儿局、举

子包、子田等；蔡京为相时，曾在全国设立"安济坊"，以救治贫病老人。宋代在医疗方面还设有惠民药局以提供义诊处方，此处方后改名为"太平惠民和剂局方"。为了埋葬贫病路倒无依者，宋代又设有漏泽园。这样，从养老到慈幼，从医疗到送终，朝廷主办的慈善机构十分完备。

（5）元代（1206—1368年）：医疗救济被提升为官医提举司与广济提举司，前者是医师，后者管医疗救济。另外，在各地普设"医学"为医疗主管，惠民药局继续提供医疗救济工作。

（6）明清时期（1368—1911年）：民间慈善事业兴起。明末清初，江南地区的武进、无锡、嘉善、太仓、昆山等地先后出现了同善会、广仁会、同仁会或善堂等民间慈善团体。康熙时期，江苏巡抚张伯行倡导"担粥法"，李光地设置粥厂煮粥给饥民吃；光绪九年（1883年）水灾，顺天府尹周家楣奏准在各乡镇及京城六门外设立粥厂。

（7）民国时期（1912—1949年）。

- 1914年9月24日：《中国红十字会条例》公布，这是民国时期第一部关于红十字会的法规，也是第一部监督慈善组织的单行法、专门法。
- 1920年：北方五省大旱，积极参与此次灾荒赈济的民间慈善团体有京畿农民救济会、北京民生协济会、华北救灾协会、北方工赈协会、山西旱灾救济会、陕西义赈会、上海女界义赈会、中华慈善团、国际统一救灾总会、华洋义赈会、中国济生会等数十个组织。
- 1922年：世界红十字会成立，慈善机构团体迅速发展。
- 1928年6月：南京国民政府公布《各地方救济院规则》，要求各级政府依法设立救济院，并斟酌各地经济情形，分别缓急、次第筹办或合并办理养老、孤儿、残废、育婴、施医、贷款等所，以教养无自救力之老幼残废及救济贫民生计。
- 1929年6月12日：《监督慈善团体法》颁布，该法成为近代中国第一部关于慈善事业的基本法。
- 1930年：上海的慈善团体已有119个。
- 1930年7月：南京国民政府公布的《土地法》对慈善组织在土地赋税方面给予多项优惠政策。
- 1938年10月、12月：南京国民政府公布《遗产税暂行条例》及其施行条例。其中，第7条列举有关免纳遗产税的五种情形，第五款即为"捐赠教育文化或慈善公益事业之财产未超过五十万元者"。
- 1948年：据《中国年鉴》记载，当时中国已有4172个救济机构，其中私立救济机构1969个。在组织形式上，近代慈善机构已发展演变为以民间慈善团体为主体，辅之以附于其他社会组织的慈善团体。
- ➤ 20世纪40年代以后：南京国民政府先后公布施行《社会救济法》《救济院规程》《管理私立救济设施规则》《私人办理济度事业管理规则》等法律法规，以规范各类慈善组织的管理运作。

(8) 中华人民共和国成立后（1949年至今）。
- ➤ 1950年：中国人民救济代表大会上发布的《中华人民共和国的救济福利事业的报告》，将包括民间慈善事业在内的旧福利救济事业定性为"统治阶级欺骗与麻痹人民的装饰品"，并表示，在1949年之后的福利救济事业中，政府是主体，然后"吸收"个人和团体参加，无形中否定了民间慈善事业的独立地位。
- ➤ 1981年：中国首家慈善公益组织——中国儿童少年基金会成立。
- ➤ 1984年：中国残疾人福利基金会成立。至1988年，其与中国盲人协会、中国聋人协会、中国肢残人协会等联合组成中国残疾人联合会。
- ➤ 1985年：中国红十字会第四次全国代表大会在北京召开，确定了中国红十字会的性质是全国性的人民卫生救护和社会福利团体。
- ➤ 1988年：中国广东中山慈善万人行，这是全国首次区域性慈善公开募捐行动；同年，中国国务院颁布《基金会管理办法》（国务院令第18号），该办法第2条规定，基金会是指对国内外社会团体和其他组织及个人自愿捐赠资金进行管理的民间非营利组织，是社会团体法人。
- ➤ 1989年：中国扶贫基金会在北京成立；团中央、中国青少年发展基金会发起倡导并组织实施"希望工程"。
- ➤ 1990年：邓小平亲笔为"希望工程"题词，1992年，邓小平又两次以"一个老共产党员"的名义捐款，给予"希望工程"实施机构和社会各界极大鼓舞。
- ➤ 1993年：吉林省慈善总会在长春市成立，这是中华人民共和国成立以来第一个省级慈善团体。
- ➤ 1994年：中华慈善总会在北京成立，这是中华人民共和国成立以来第一个全国性综合慈善组织，被看成中国现当代慈善事业复兴的起点。
- ➤ 1997年：国家财政部、国家税务总局首次规定了对提供慈善捐助的企事业机构给予减税待遇。
- ➤ 1998年：《社会团体登记管理条例》（国务院令第666号）、《民办非企业单位登记管理暂行条例》（国务院令第251号）颁布和实施。
- ➤ 1999年：《中华人民共和国公益事业捐赠法》公布实施。
- ➤ 2000年：中国25个省（自治区、直辖市）建立了省级慈善机构。
- ➤ 2001年：《国民经济和社会发展第十个五年计划纲要》明确提出"发展慈

事业，加强对捐助资金使用的监管"的要求。

- 2004 年：十六届四中全会决议提出"健全社会保险、社会救助、社会福利和慈善事业相衔接的社会保障体系"；慈善事业第一次被明确写进党的重要文献。《基金会管理条例》（国务院令第 400 号）发布。

- 2005 年："支持慈善事业发展"第一次被写入中国政府工作报告；十六届五中全会提出了"支持社会慈善、社会捐赠、群众互助等社会扶助活动"的要求；民政部在首届中华慈善大会上发布了《中国慈善事业发展指导纲要（2006—2010 年）》，首次明确了中国慈善事业发展的目标、原则和措施。

- 2006 年：十六届六中全会通过了《中共中央关于构建社会主义和谐社会若干重大问题的决定》，提出"发展慈善事业，完善社会捐赠免税减税政策，增强全社会慈善意识"。

- 2008 年：中国慈善事业捐赠总额为 1070 亿元，个人捐赠首次超过企业捐赠，中国大陆地区公民个人捐款达 458 亿元，占捐款总额的 54%，改变了此前国内个人捐赠不超过总额 20% 的格局。

- 2010 年：首个中国慈善事业教学研究机构——北京师范大学"壹基金"公益研究院成立。

- 2013 年：《国务院机构改革和职能转变方案》发布，明确提出公益慈善类等四大类社会组织可直接向民政部门依法申请登记，不再需要业务主管单位同意；十八届三中全会审议通过了《中共中央关于全面深化改革若干重大问题的决定》，明确提出公益慈善类等四大类社会组织成立时直接依法申请登记。

- 2014 年：2 月 21 日，《社会救助暂行办法》（国务院令第 649 号）发布，这是我国第一部统筹各项社会救助的行政法规；11 月 24 日，国务院《关于促进慈善事业健康发展的指导意见》（国发〔2014〕61 号）印发；10 月 29 日，国务院常务会议提出增强慈善组织公信力，把慈善事业做成人人信任的"透明口袋"。

- 2016 年：9 月 1 日，《中华人民共和国慈善法》颁布施行。

- 2017 年：1 月 1 日，《中华人民共和国境外非政府组织境内活动管理法》正式施行，境外 NPO 在华活动进入法治时代。12 月 1 日，《志愿服务条例》（国务院令第 685 号）正式颁布施行，这是中国第一部关于志愿服务的专门性法规，对志愿服务管理机构的职责界定和志愿服务组织的法律地位等进行了系统规定。随着全国志愿服务信息系统上线，中国志愿服务也进入了信息数据化时代，截至 2017 年 12 月 31 日，通过该系统共可查到实名志愿者 69895407 人、志愿团体 425388 个。

五、现阶段公益慈善事业发展的问题及成因

1. 当前我国公益慈善事业发展的主要问题

1) 社会公众的公益慈善捐赠水平依然较低

公益慈善捐赠按照流向大致可分为 3 个部分：向慈善筹款机构的捐款、向慈善执行机构的捐赠、向受助人的直接捐赠。尽管近年来我国公益慈善捐赠取得了很大进步，但相对于美国等国家而言，中国普通民众（个体或家庭）的公益慈善捐助水平较低。除一些直接给慈善执行机构（如养老院、福利院、学校、医院）和受助人的直接捐赠，以及一些通过政府相关部门的捐赠（如民政系统开展的经常化捐助行动、政府部门直接接受的各种抗灾救灾捐赠）之外，按国际上可比的口径推算，中国现有公益慈善组织所掌握的资金占 GDP 的比重较低，人均慈善捐赠较低，与美国等发达国家相差甚远。

2) 公益慈善机构官方色彩浓厚，独立性差

中国公益慈善事业的一大困境是"政社不分"，行政过度干预影响着原本属于第三部门的慈善组织的发展。很多领域的公益事业几乎被政府包办，维持慈善垄断格局的公益慈善组织基本上由政府主导或与政府关系密切。部分慈善组织长期在政府的羽翼下生存，官方色彩浓厚，过分依附政府，组织效率低下，没有形成自我独立发展的能力，自身运转能力较差。

3) 公民的公益慈善观念落后

由于传统文化和现实原因，我国民众的社会捐赠与慈善参与度不高，目前尚处于十分被动的阶段，全社会尚未形成浓厚的慈善捐赠氛围。社会公众的公益慈善意识普及率低，公益慈善活动开展不多，公益慈善事业宣传力度不够。很多居民对公益慈善事业及公益慈善机构不够了解，甚至误认为公益慈善活动属于政府救济行为。有些公民虽然参加过捐款捐物活动，但主要通过工作单位、学校、居住街道被动捐赠，经常主动捐赠的人数很少。很多富裕群体缺乏慈善公益行动，社会声望评价不高。

4) 公益慈善机构数量偏少，资源动员能力较弱

与美国等发达国家享受豁免、减免税收的慈善公益机构（基金会）的数量相比，目前我国公益慈善组织的数量过低，动员社会资源的能力较弱，且存在公信力问题。

5) 公益慈善制度不健全

《慈善法》的实施使得公益慈善的组织制度、财务制度、活动领域、募捐善款、救助项目等有了法律依据。但同时产权的转让与继承（遗产税法）、企业财产的转让与捐

赠、相关领域的国家税收征管及财政转移支付等的制度尚须完善。受法制不健全的影响，中国富人很怕树大招风或担心被索捐，因此很多民营企业家或富人不敢捐，或捐了也不说。

6) 部分公益慈善组织公信力低，难以问责

信誉、公信力问题和可问责问题是公益慈善组织健康发展的中心问题。当前中国公益慈善组织的透明度和可问责度较差，导致公信力不高。近年来，"郭美美事件""罗尔事件""百色助学网性侵学生事件"不断发酵，舆论在不断地"突破光环看真相"，拷问公益慈善组织的"公益性"和公益慈善行为的公信力，引发"谁来监督公益慈善事业"的问题。

7) 对境外社会组织的态度暧昧不清

近年来，尽管境外公益慈善类社会组织或团体在中国遍地开花，与中国的许多组织建立了多方面的合作关系，但总体而言，一些境外的公益慈善类团体、社会组织（NPO）在中国的地位仍处于暧昧状态，没有恰当的定位。

2. 我国公益慈善发展问题的成因

（1）历史原因。公益慈善事业在中华人民共和国成立初期曾一度中断，后来又遭受了沉重打击。中华人民共和国成立后的约40年间，中国内地鲜有人倡导公益慈善事业，有组织、有规模、经常性的公益慈善活动欠缺，慈善理念和公共精神被淡化。

（2）法制因素。尽管我国公益慈善事业制度建设取得了较大成绩，颁布了一系列与公益慈善活动有关的规章制度和法律，但各种法律、法规、规章及制度的实施主体之间难以协调，导致公益慈善活动、公益慈善组织处于多头管理、多头募捐的混乱状态，影响了民众公益慈善捐赠和志愿活动参与的热情，制约了公益慈善事业的发展。

（3）体制因素。当前，我国社会组织形成了以政府为核心，以和政府的关系远近为次序的差序格局。这种格局引发了我国公益慈善机构的准官方或半官方性质问题，导致那些远离政府的民间公益慈善组织，或者总在努力建立与官方的联系，以取得政府资源支持，或者受到政府的排斥。体制因素销蚀了公益慈善活动的动力，阻碍了公益慈善事业的发展。

（4）经济因素。公益慈善事业的发展要以一定的经济条件为基础。尽管社会主义市场经济得到了迅猛的发展，但还很不完善，居民人均可支配收入远低于发达国家收入水平，社会公众的公益慈善能力受到限制。

本章提要

1. 美国是一个移民国家，从早期移民到美国建国，其历史并不长，但公益慈善文

六、现阶段公益慈善事业发展的问题及成因

1. 当前我国公益慈善事业发展的主要问题

1）社会公众的公益慈善捐赠水平依然较低

公益慈善捐赠按照流向大致可分为3个部分：向慈善筹款机构的捐款、向慈善执行机构的捐赠、向受助人的直接捐赠。尽管近年来我国公益慈善捐赠取得了很大进步，但相对于美国等国家而言，中国普通民众（个体或家庭）的公益慈善捐助水平较低。除一些直接给慈善执行机构（如养老院、福利院、学校、医院）和受助人的直接捐赠，以及一些通过政府相关部门的捐赠（如民政系统开展的经常化捐助行动、政府部门直接接受的各种抗灾救灾捐赠）之外，按国际上可比的口径推算，中国现有公益慈善组织所掌握的资金占GDP的比重较低，人均慈善捐赠较低，与美国等发达国家相差甚远。

2）公益慈善机构官方色彩浓厚，独立性差

中国公益慈善事业的一大困境是"政社不分"，行政过度干预影响着原本属于第三部门的慈善组织的发展。很多领域的公益事业几乎被政府包办，维持慈善垄断格局的公益慈善组织基本上由政府主导或与政府关系密切。部分慈善组织长期在政府的羽翼下生存，官方色彩浓厚，过分依附政府，组织效率低下，没有形成自我独立发展的能力，自身运转能力较差。

3）公民的公益慈善观念落后

由于传统文化和现实原因，我国民众的社会捐赠与慈善参与度不高，目前尚处于十分被动的阶段，全社会尚未形成浓厚的慈善捐赠氛围。社会公众的公益慈善意识普及率低，公益慈善活动开展不多，公益慈善事业宣传力度不够。很多居民对公益慈善事业及公益慈善机构不够了解，甚至误认为公益慈善活动属于政府救济行为。有些公民虽然参加过捐款捐物活动，但主要通过工作单位、学校、居住街道被动捐赠，经常主动捐赠的人数很少。很多富裕群体缺乏慈善公益行动，社会声望评价不高。

4）公益慈善机构数量偏少，资源动员能力较弱

与美国等发达国家享受豁免、减免税收的慈善公益机构（基金会）的数量相比，目前我国公益慈善组织的数量过低，动员社会资源的能力较弱，且存在公信力问题。

5）公益慈善制度不健全

《慈善法》的实施使得公益慈善的组织制度、财务制度、活动领域、募捐善款、救助项目等有了法律依据。但同时产权的转让与继承（遗产税法）、企业财产的转让与捐

在英国人眼里，在慈善商店消费是一种美德，是在做一举两得的善事，一方面支持了慈善事业，一方面又节省了开支。慈善商店使废旧物品物尽其用，又帮助了需要帮助的人，既利于民又利于国，在节约资源的同时又保护了环境。对慈善商店的作用有了正确认识以后，我原来的那些偏见随之消除。渐渐地，逛慈善商店竟成了生活中的一种乐趣。逛这种商店，我多数时候不是捐物品，也不是买东西，而是静静地观察那里的顾客。我曾经看到一个衣着体面的中年妇女提着一大包东西来到店里，义工打开她的包裹，一件一件地登记，有叠得方方正正的窗帘、床单、桌布，还有衣服、鞋袜、玩具、图书、厨具，所有物品都打理得干干净净、整整齐齐。在这里，我看到的不仅是整洁的物品，而感受到了普通英国公民的爱心和一种平静、祥和、精细、善良的心态。一个城市不单要有美好的事物，还要有一个地方，能让美好的事物有机会再次流通，去到真正需要它和喜爱它的人那里。这样的过程能把美好带给更多的人，产生的公益筹资能帮助更多的人，这大概就是慈善商店长青的秘诀吧。

材料二：英国的慈善商店

来源：邵宁.《现代工商》，2013年第10期，第50～51页，有删节。

温德米尔是英格兰北部一个宁静的小镇，面对着湛蓝的温德米尔湖。小镇街道不宽，房子都只有两层楼高，尖尖的屋顶，仿佛童话世界一样。房子的底楼开着一间间面包店、咖啡馆、糖果店、服饰店，还有一些"创意小店"，很有情调。

我们随意走进一家小店，里面什么都有，男女服装、鞋帽、饰品、日用品，还有一些精致的小玩意……商品也挺便宜，如一整套茶具才20多英镑，一件名牌毛衣十几英镑。朋友买了一件衣服，过了半天觉得不合适，想退，却被告知不能退，只能换其他物品。在处处都可以无理由退货的英国，怎么还有刚买了东西不能退的？朋友又问店员："这衣服是新的吗？"店员答："不是。"仔细打听才知道，这家店名中有"Charity"一词，即"慈善商店"，里面的东西都是人们捐赠的，大多是二手物品，但清洗、整理得十分干净。由于是二手货，所以卖得便宜，所得都用于慈善事业；而慈善商店所出售的东西，是不能退的。

回到伦敦，遇到老同学陈冰。她说，英国慈善商店很普遍，出售物品所得款项都注入基金会，而基金会有各种各样的，有的是关爱儿童的，有的是帮助某种疾病患者的，有的是保护动物的。慈善商店的营业员有很多是不拿报酬的志愿者。她不久前把一个闲置的旧箱子和几件旧衣服捐给了家附近的慈善商店，过了几天，收到这家商店的信，告诉她说已有物品出售了，所得款项8英镑，将捐给救助宠物基金会。英国政府规定，凡是捐赠都可以退税，但是一般人都不会去退，所以有些慈善商店就会代捐赠人办理退税，将所得税款注入基金会。

伦敦到处可以看到慈善商店，生意很兴隆。有的专卖旧书和音像制品，有的店里也出售全新的日用品，估计是企业和个人捐赠的。慈善商店的物品有些可以还价。一次，我在一家慈善商店看中了一个英国女王的纪念瓷盘，标价15英镑，店员看我有兴趣，说可以9英镑卖给我。

英国的慈善商店有很长的历史，甚至形成了连锁品牌，如Oxfam（乐施会）就十分著名，它的慈善目标是消除贫穷和饥饿，是英国最大的二手书店。Oxfam遍布英国及其他国家。

有意思的是，英国人不在意穿别人的二手衣服，所以经过清洗、整烫的旧衣服、鞋子，甚至衬衣、T恤，因价格低，都有人买。在富人、艺术家聚居的诺丁山地区，慈善商店里经常有七八成新的奢侈品包包、皮鞋，甚至可以花很少的钱淘到古董。

开设慈善商店不仅可以募集善款，还有多种效应：八成新的衣服，没有损坏的家具、箱包、日用品循环使用，可以物尽其用，体现低碳环保的理念；让有需要的人用低廉的价格买到各类物品，降低了生活成本；还有，身边的慈善商店可以让人们随时随地奉献爱心。现在的上海，旧货商店越来越少，旧书都当作废品卖，旧衣服、旧家具、旧玩具基本上扔进垃圾箱，十分可惜。

上海的不少社区也开了慈善超市，但里面物品很少，只有企业捐赠的粮油、日用品等，除了生活困难的人员，其他人不会光顾。类似英国的这种慈善商店，其实中国也可借鉴。像上海这样的大城市，既需要大商场，也同样需要慈善商店。谁愿意吃第一只螃蟹？

问题

根据上述材料，阐述你对改善中国公益慈善环境与意识的理解。

思考与练习

一、名词解释

1. "盎格鲁—撒克逊"模式
2. 小政府、大社会
3. 财团法人
4. 社团法人

二、简答题

1. 请比较英美两国公益慈善事业发展的异同。
2. 请对比分析中国古代与英国、美国早期公益慈善的理念。
3. 试总结英、美两国公益慈善发展实践中可以借鉴的经验。

参考文献

[1] 唐钧. 现代慈善事业：两条路径和两种模式[J]. 现代化之声·顺德视角，2010（7）：42-43.

[2] 施昌奎. 北京慈善事业运营管理模式[M]. 北京：中国经济出版社，2008.

[3] 孙倩. 美国的非营利组织[J]. 社会，2003（7）：49-51.

[4] 王名，李勇，黄浩明. 英国非营利组织[M]. 北京：社会科学文献出版社，2009.

[5] 郑远长. 汶川地震社会捐赠工作对发展我国现代慈善事业的启示[A]. 清华大学公共管理学院 NPO 研究所·中国非营利评论》（第三卷）[C]. 北京：社会科学文献出版社，2009：130-142.

[6] 中共浙江省委"两新"工委、浙江省社会组织促进会赴台考察组，庄跃成，梁星心.台湾社会组织发展考察报告[J]. 中国社会组织，2013（4）：23-26.

[7] 柯少愚，朱建，黄家淑，等. 台湾非营利组织考察报告[J]. 学会，2012（4）：52-57.

[8] 杨团，葛顺道. 中国慈善发展报告[M]. 北京：社会科学文献出版社，2009.

[9] 资中筠. 财富的归宿——美国现代公益基金会述评[M]. 上海：上海人民出版社，2006.

[10] 周秋光，曾桂林. 中国慈善简史[M]. 北京：人民出版社，2006.

[11] 周秋光，曾桂林. 近代西方教会在华慈善事业述论[J]. 贵州师范大学学报（社会科学版），2008（1）：6-13.

[12] 张文. 宋朝社会救济研究[M]. 重庆：西南师范大学出版社，2001.

[13] 中华续行委办会调查特委会. 1901—1920 中国基督教调查资料修订版）[M]. 北京：中国社会科学出版社，2007.

[14] 添地. 中国近代的慈善事业[J]. 中国减灾，2005（11）：20-21.

[15] 卢锦华. 香港基督教社会工作初探[R]. 香港基督教循道卫理联合教会文字事工委员会，2001：34-35，41.

第三章 公益慈善事业的科学依据

知识目标

1. 掌握超级合作理论的 5 个关键机制
2. 认识与公益慈善相关的一些科学研究结论

能力目标

1. 理解亚当·斯密同情共感的概念
2. 描述"牺牲的爱"的自然现象和社会现象
3. 理解"人类的有限理性"向"利他主义"的转化路径
4. 理解行为经济学研究中的"社会偏好"

素质目标

1. 解释"好人有好报"观念中的素质要求
2. 正确看待公益慈善行动的"科学依据"

第一节 人类的同情共感与有限理性

一、亚当·斯密的同情共感概念

经济学鼻祖亚当·斯密（Adam Smith）在《道德情操论》（*The Theory of Moral Sentiments*）的开篇使用 Sentiment(s)一词界定了其理论体系之根基——同情共感（Sympathy）这个概念："无论人被认为多么自私，他的本性中显然还存在某些秉性，使他关心别人的际遇，视他人之幸福为自己之必需，尽管除目睹他人之幸福所感到的快乐之外，他一无所获……这种情感（Sentiment）和人性中其他与生俱来的激情一样，绝不限于善良、仁慈的人。虽然善良的人或许比其他任何人的感受更强烈、更敏锐。但那些无视社会法则、铁石心肠的十恶不赦之徒也不会完全没有这种情感。"

亚当·斯密把同情共感作为其理论基石，体现了苏格兰传统中对情感的强调，尤其是对人类情感赖以产生的感官功能的强调，因为 Sentiment 的词根是 Sense。基于此，罗卫东、张亚萍（2016）认为，亚当·斯密实际上把这种同情共感的尺度最终寄托在人的感官功能上，强调人们是在用自己的感受评判别人的感受。这在亚当·斯密的文字中可以找到直接证据。亚当·斯密说："一个人的各种官能是用来判断他人身上相同官能的尺度。我用我的视觉来判断你的视觉，用我的听觉来判断你的听觉，用我的理智来判断你的理智，用我的愤恨来判断你的愤恨，用我的爱来判断你的爱。我没有也不可能有任何其他的方法来判断它们。"另外，亚当·斯密还谈道："当我们设想自己身处那样的环境，我们就会激起同一种情感（Emotion），情感的强弱视概念的活跃或困境的程度而定。"这种情感能力可以使旁观者理解行为者的处境和情感，也能使行为者从旁观者的角度看到他/她自己。人人都不愿意自己遭遇类似困境或处于如此糟糕的处境，公益慈善行为由此激发。

很显然，依据《道德情操论》和《国富论》，经济活动中的人同时有利己和利他两种倾向或性质。逐渐脱离动物界和超越动物本能的人类，具有极其丰富的情感和理智，不单纯地表现为完全的自私性。随着社会的发展，人们的物质生活水平相对提高，人们已不再仅仅满足于早期单纯物质享受的追求，而要进一步追问生命的价值、人生的意义。

作为社会中人，物质享受只是生命的一部分。趋向全面发展的人，不但要有富足的物质生活，更要有内涵丰富的精神生活，而精神需求包括社会的关爱、家庭的亲情、朋友的友情、同事的关心、他人的赏识及社会的认同。他人的赏识和社会的认同是人生价值的最高体现。

实际上，中国传统观念中的恻隐之心就是类似的同情共感。朱光潜认为，恻隐之心是人类文化的源泉，有生之物都有一种同类情感，对于生命都想留恋和维护，凡遇到危害生命的事情都不免恻然感动，无论那生命是否属于自己。在朱光潜先生看来，生命是一个有机整体，每个人是其中的一肢一节，这一肢的痛痒引起那一肢的痛痒。这种痛痒相关是极原始的、自然的、普遍的。父母感受儿女的苦痛，仿佛自身在苦痛。同类相感，由此而来。这种同类的痛痒相关就是"同情"，也是孟子所说的"恻隐之心"。孟子认为，人有恻隐之心只因为人是人，它是组成人性的基本要素。朱光潜先生认为，当旁人遭受苦难时，心中或产生幸灾乐祸的心理，或产生恻隐之心，均在一念之差。念头转向幸灾乐祸，便欺诈凌虐，屠杀吞并，睁眼看旁人受苦不伸手援助，这样的世界冤气弥漫、黑暗无人道；而念头转向恻隐，则守望相助，疾病相持，世界便一团和气、其乐融融。在面临同类受苦受难的关头，倘若丢开那一点恻隐之心不去培养，一切道德都无基础，人类社会无法维持，而人也就丧失其所以为人的本性。这是人类智慧的一个极平凡亦极伟大的发现。

二、赫伯特·西蒙的有限理性概念

1978年诺贝尔经济学奖得主、"有限理性"（Bounded Rationality）概念的先行者赫伯特·西蒙（Herbert Simon）认为，人类的有限理性和可教导性刻画了人群中利他行为的特征，即利他行为是人类有限理性的结果。根据赫伯特·西蒙的有限理性模型，人们并不总在追求自身利益的最大化，而常常通过模仿别人的行为来改进自身的处境。赫伯特·西蒙从信息不完整出发，认为经济人不可能获得完备的信息，追求"最优"实际上是不可能实现的，而"次优"和"满意"才是经济人最可能实现的目标。于是，从演化的视角看，有限理性意味着信息的不完备，人类由此具有"可教导性"或者"驯顺性"（Docility）——人类具有愿意听从他人建议、遵循社会规范的倾向，即人类具有通过社会各种渠道获得信息来增强生存适应性的倾向；而利他行为，就是社会说服可教导的个人采取的一种选择性行动。基于此，赫伯特·西蒙对人类行为中的利他主义在何种程度上符合新达尔文主义和新古典经济学理论进行了研究，得出结论：利他主义与达尔文的顺从性、适应性、有限理性等理论完全相容，利他行为是被生物界承认的，是确实存在的，并且会对经济行为产生重大影响。

牛贺（2017）基于"有限理性"理论，通过规范内化（Internalization of Norms）对利他行为做了进一步的解释。牛贺对复制者的动态进行了形式分析，发现人类需要付出的计算成本越高，规范内化的可能性就越大；并运用基于行为主体的模型对规范内化的演化进行模拟，结果表明，人类的计算能力对降低复杂性的作用越小，规范内化的可能性就越大。牛贺的研究再次支持了赫伯特·西蒙在1993年对利他行为的解释：利他行为可以通过规范内化来解释，规范内化本身是有限理性的一个自然结果，因此，利他行为是人类有限理性的结果。牛贺据此评价说，利他行为是规范内化的副产品，利他行为因规范内化而得到了适应性的补偿，从而得以在演化中留存，并为人类合作规模的进一步扩大提供了基础。

总之，人是社会中人，群体是个体生存发展的土壤，人对他人的需要产生了人性的利他，利他成为人的根本属性。人性利他在社会发展中不断被挖掘、培养、深化，因此它也是社会教化和文化教育的过程。随着社会发展水平的提高，人们不再被生存发展的经济条件所困，利他行为会逐渐增多，并从工具性需要向人生价值需要转化。

第二节　理查德·塞勒的有限理性与社会偏好

2017年诺贝尔经济学奖获得者理查德·塞勒（Richard H. Thaler）通过一系列博弈实验表明，人类有社会偏好，尤其有对公正的偏好；社会偏好是指人类除关注自己的物质利益外，还关注诸如社会福利、社会成员之间公平分配及公平动机的偏好；"第三方惩罚实验"和"最后通牒博弈"证明人类在决策时内嵌了公平感。

理查德·塞勒的上述研究发现是对人类经济行为中的许多"反常行为"进行分析得到的，并据此对传统经济学理论提出了质疑与挑战。一方面，人类在做决策时，并不完全依据面前的信息，往往会依靠直觉或者"记忆"进行判识，而由于过度自信或者惰性存在，通常会导致决策的非理性，并出现过于乐观或过于悲观的结果；另一方面，人类在做决策时，并不一定遵循利己原则，考虑的也不仅是自身利益的最大化，还有别人的利益，即"利他"，例如，人们会通过合作来产生共赢，甚至会无私地牺牲自己的利益进行慈善捐赠。

案例分享

妈妈的一位朋友请我们家的孩子吃冰激凌。当时我想选A款冰激凌，因为它味道更好，但价格也更贵，不过反正也不用我花钱；但是，我看到其他孩子都选的是B款冰激凌，也就是普通冰激凌。在一番权衡后，我选择了B款冰激凌，尽管这不是我最想要的——不符合传统理性经济人的假设。但作为社会人，我想到其他孩子都要价格更便宜的B款冰激凌，就我一个人要A款冰激凌的话，难免让妈妈的朋友犯难，其他孩子心里也可能不满。为了公平，我愿意牺牲我的选择。

案例解读

人的价值无非两种：个人价值和社会价值。个人价值是指个人或社会在生产、生活中为满足个人需要所做的发现、创造，是个人自我发展及社会对于个人发展的贡献，包括个人的个人价值与社会的个人价值，是不同主体对个人的自由贡献。社会价值是指个体通过自身和自我实践活动满足社会或他人物质的、精神的需要所做出的贡献和承担的责任。显然，公益慈善行为在极大地实现社会价值的同时，也实现了一部分个人价值。个人对社会承担责任、贡献价值，社会也会反哺个人。其实，人内嵌于社会之中，不仅作为个体存在，也生活在不同集体中。这时，人可能天生会追求正义和公平，会在某些情况下舍弃自己的利益，做出为了集体利益而放弃个人利益的决策。

进一步地，公益慈善组织如何维持人们的持续捐赠，改善与捐赠人之间的关系及维护公益慈善组织或项目的公信力呢？理查德·塞勒的研究指出，如果公益慈善组织能做到在捐赠人捐款的"沉没成本"（Sunk Cost）效益较高时，及时给捐赠人反馈善款使用信息，捐赠人的捐款就会产生二次"获取价值"和"交易价值"，捐赠人的"消费剩余价值"就会提高，捐赠人对"支付贬值"的认知就会降低，就更愿意二次捐款。相反，如果公益慈善组织长时间对捐赠人没有反馈，捐赠人就会忽略捐赠的"沉没成本"，忘记捐赠的"获取价值"和"交易价值"，放弃对捐款的关心；如果这个时候，公益慈善组织再对捐赠人提出二次捐款要求，捐赠人就容易产生"被骗"和"上当"的感觉，继而拒绝捐款。

此外，基于理查德·塞勒在《论消费者选择的实证理论》（*Toward A Positive Theory of Consumer Choice*）中提出的"禀赋效应"（Endowment Effect）理论的社会感染力视角，公益慈善项目非常强调社会参与，因为只有当大家参与一个共同事件时，多数人才会把别人当作自己学习的对象，由此让社会感染力产生的效益最大化。例如，如果很多人都开始关注穷人或认为自己应该关注穷人的时候，他们的行为或想法就会互相影响，共同改进。或者说，当大部分人都认为帮助穷人是社会义务的时候，剩下的一小部分人就会迫于外界的压力和大多数人保持一致，认为帮助穷人是社会的义务。这符合柏拉图关于美的理论：你认为美的东西往往是因为你参与其中，你也是创造美丽的一份子。

第三节　超级合作理论

根据公益与慈善的定义，"合作、利他主义和自我牺牲"可以说是公益慈善事业的精神基础。问题是，在充满竞争和互相倾轧的世界，合作、利他主义和自我牺牲是如何出现的呢？在传统的进化论理论中，自然选择机制往往有利于那些从牺牲他者利益中获得收益的强者或自私者。但近些年大量的研究也发现，包括人类在内，许多生物系统建立在"利他"与"合作"的基础之上。在群居的社会性动物中，一些个体为了种族的生存和基因的延续甘愿牺牲自己，如蚁群里的工蚁。人类尽管拥有更复杂的社会关系，但在某种程度上，人类也是群居动物，年长的哥哥姐姐照顾年幼的弟弟妹妹；人还会说："我会为你而死。"

对这个问题，达尔文也很困惑：如果说自然选择是所有生物个体为生存而互相竞争的结果，那又如何解释个体之间的合作关系及其他无私的行为呢？在基督教的信仰里，他们坚信上帝的慈爱，坚信基督耶稣为了人类甘愿舍己上十字架，由此孕育了具有现代意义的公益慈善事业，造就了特蕾莎修女这样倾其一生致力于解除贫困的慈善工作者。这又是为什么呢？

为了解释这些疑问，科学家们一代又一代投身于研究中。其中，英国生物进化学家比尔·汉密尔顿（Bill Hamilton）在20世纪60年代做出了"包容性适存"的解释：某种合作行为（例如，我可以为你做某件事，即使我会为此付出代价）的出现，是因为某些个体为拯救有亲缘关系群体的基因挺身而出，用自我牺牲使其族谱系和共有的DNA得以传承下去。换言之，利他主义或"牺牲的爱"，是家族成员基因延续的需要。

但是，比尔·汉密尔顿的研究和解释近年来被一位名叫马丁·诺瓦克（Martin A. Nowak）的生物学家进一步突破了。马丁·诺瓦克与他的合作研究者（罗杰·海菲尔德，Roger Highfield）于2010年发表了他们的"超级合作"理论，其理论精华汇集在《超级合作者：利他主义，进化，以及为什么成功彼此需要》（*Super Cooperators: Altruism, Evolution, and Why We Need Each Other to Succeed*）一书中。

马丁·诺瓦克的研究始于对"囚徒困境"博弈研究的着迷。"囚徒困境"博弈模型是维也纳大学数学家卡尔·西格蒙德于1950年设计的,是指在合作行为与自私行为之间的选择,或者考验人们在背叛与合作之间、个人利益与群体利益之间的选择。1970年,美国政治科学家罗伯特·阿克塞尔罗德(Robert Axelrod)用"囚徒困境"对物种的合作关系进行了研究,利用计算机对各种博弈策略进行处理。在数百轮计算及测试中,获胜的策略是"你帮我,我也帮你"的"投桃报李"策略(反之,也可以叫"以其人之道还治其人之身"的"以牙还牙"策略)。这个策略的依据是直接的互惠关系,在现实世界里很常见。不过,有批评者(如英国物理学家罗伯特·梅伊)指出,由于现实世界的复杂性及策略执行过程中大量的干扰和误差,罗伯特·阿克塞尔罗德设计的计算机虚拟测试并不能准确复制现实生活中的合作与背叛。

对此,1987年,马丁·诺瓦克改进了罗伯特·阿克塞尔罗德的游戏规则,将博弈置于更合理的进化背景下探讨物种进化过程中的"囚徒困境"问题:允许虚拟参赛者有一定概率的干扰和误差;赋予虚拟参赛者赢得繁衍的能力。这个游戏更真实地模仿了生物界的现实:随机突变导致一些参赛者产生在游戏中获胜的策略,并将这种获胜策略传递给"下一代"参赛者,而原有的一些参赛者会相继"死亡"。在这个仿真模拟游戏中,马丁·诺瓦克看到一种被称为"获胜的永远是背叛者"的策略在延续了100代后,让位于大度的"投桃报李"策略,利用大度的"投桃报李"策略的玩家有时会采取合作策略,即使对方曾经"背叛"过自己。

不过,虽然马丁·诺瓦克的研究更加真实地模仿了现实世界,但问题是,实践中很少有博弈能够如此不厌其烦地玩下去,通常没有等到100代甚至可能还不到3代的时候,其中一个局中人就会选择再也不跟另一个局中人进行博弈;正所谓"成王败寇",在你死我活的零和博弈中,获胜者甚至可能在第一阶段的博弈后就将对方"斩草除根","大度的投桃报李"策略根本就没有机会出现。因此,大度的"投桃报李"策略是一种有条件的长期战略,如果要马丁·诺瓦克的研究更符合现实,恐怕还要考虑社会心理因素,中国有一句古话叫"事不过三","上一代"玩家会把这种认识传递给"下一代",进而双方没有机会重复博弈下去。尽管如此,马丁·诺瓦克从仿真研究中看到了一种意义深远的进化信息。他说:"我们看到的是一种'宽恕'的进化策略。大度的'投桃报李'策略表明,对于善意或友善的行为,对于别人施予的恩惠,我们永远不会忘记,但对于别人的一些恶意行为,我们偶尔也会宽恕、原谅,即以德报怨,这具有重大意义。'以牙还牙'有可能产生族间仇杀,但'大度的投桃报李'会让族群兴旺发展。"

随着游戏的继续,马丁·诺瓦克进一步发现,尽管大度的"投桃报李"是一种长期战略,但并非永远立于不败之地。现实世界残酷地告诉我们,总会有一些"背叛者"存活下来,而这些"背叛者"的行为有机会打破高度合作的状态。也就是说,在一个充满轻松愉快的合作氛围中,总会有一些自私分子在其中搅局,导致社会后退到残酷无情的竞争局面中。当然,幸存的少数合作者最终又会打破这个局面,重新回到大度的"投桃报李"的合作轨道上。

进一步地，除竞争者之间的合作外，陌生人之间的合作是否也存在呢？为了回答这个问题，马丁·诺瓦克又开发了一种计算机模拟程序，用于解读陌生人之间的合作行为。在这个仿真虚拟博弈中，参赛者只能选择"合作"或者"背叛"，且只有一次性博弈；但马丁·诺瓦克额外添加了一种机制，即根据参赛者之前的合作行为建立他们的"声誉值"。模拟结果显示，与"声誉不佳"的参赛者相比，有"良好合作声誉"的参赛者能够获得更多的合作机会。马丁·诺瓦克据此得出结论，在不熟悉、不了解的陌生人当中，合作是存在的，信誉的力量是人类合作的一个重要因素。上述结论其实可以作为公益慈善行为得以存在及公益慈善事业得以推动、延续的理论根基和实验依据，也是现实中大量企业家投身于公益慈善事业的一个理论解释。

基于数十年来一系列研究的沉淀，马丁·诺瓦克及他的合作者将"超级合作"理论概括为以下5个关键机制，这些机制构成公益慈善事业存在的理论根基和实验依据。

其一，直接互惠机制（或称"投桃报李"机制）。这个机制的解读是：你帮我，我也帮你。当两个博弈个体再次碰面的概率高于无私行为的成本收益比时，直接互惠机制就能引领合作的进化，表现为"邻里互助"关系。不过，目前中国的"邻里互助"大部分发生在农村，因为这是一种周期长的重复博弈；而在城市，由于非血缘关系、隐私观念的日益看重及现代社会生活的相对封闭性（电视、网络等技术的发展导致无须邻里互动），除少数人外，这种社区"邻里互助"行为难以出现，邻里之间常常"老死不相往来"。

其二，间接互惠机制。这个机制的最好解读是：我帮你，你帮他，他再帮他……其他人帮我。在间接互惠机制下，你付出成本与他人合作，不指望这个人直接给予回报，而是购买了"声誉值"，确保将来能从其他人那里得到回报。社区服务的"时间银行"观念，可以用马丁·诺瓦克的间接互惠机制来解释：只要期望的未来收益超过所需付出的成本，利他行为就会产生。

其三，空间博弈机制。"空间博弈"很好地再现了生物的进化过程——不需要复杂的过程和聪明的思想，合作和生命仍可诞生。当然，个体的差异造成的个体间相互联系的不均匀性，以及个体自身的适应度，都会对空间博弈过程中的合作行为产生重要影响。

其四，群体选择机制。自然选择既能影响个人，也能影响由个人组成的群体。研究表明，只要群体中的个体愿意为群体利益付出代价，那么，这样的群体就拥有生存优势。另外，群体有时候也会选择牺牲个人，以维持群体的声誉、生存或延续。这看上去很残忍，但古今中外，黑社会、战场、宗族、政治斗争，都有活生生的现实案例。

其五，亲缘选择机制。与谁的血缘关系越近，就越愿意努力与谁达成合作。这种形式的合作关系之所以得到进化，是因为人类可以用这种方式增加遗传给下一代的基因数量，从而扩大未来的遗传规模，这是家族中的合作关系：乌鱼会吃掉它的幼崽，雌螳螂会吃掉与它交配的雄螳螂，其实都是物种或优质基因的延续；"牺牲的爱"是有生物学依据的。

第四节　好人有好报的科学依据

一、化学研究：善良的人更健康？

哈佛大学进行了一次实验，首先，让学生们观看一部纪录片，片中一位妇女终生在加尔各答救助他人，尤其是残疾者，学生们被她的生动事迹感动了；随后，对这些学生的唾液进行分析，发现他们免疫球蛋白 A 的数量比看纪录片前增加了，这种抗体能防止呼吸道感染，增强免疫力。

美国明尼苏达州的生化学家佛瑞做过一个实验：让一批志愿者先观看动人的情感电影，如果被感动得哭了，就将泪水收集到试管内；几天后，再利用切洋葱的办法让同一批志愿者流下眼泪，并收集进试管内。实验结果显示：因悲伤而流的"情绪眼泪"和被洋葱刺激流的"化学眼泪"成分大不相同——在"情绪眼泪"中蕴含儿茶酚胺，而"化学眼泪"中却没有。儿茶酚胺是大脑在情绪压力下释放出的一种化学物质，过多的儿茶酚胺会引发心脑血管疾病，严重时还会导致心肌梗死。所以，当我们落下"情绪眼泪"时，排出的是有可能致命的"毒"。试想想，当面对苦难而辛酸落泪并伸出怜悯之手时，何尝不是帮助自己呢？

反之，一个心怀恶意、损人利己、和他人相处不融洽的人的寿命相对比较短。更确切地说，长期的负面情绪对人体器官的伤害比较大，而乐善好施的人负面情绪比较少，所以当其他条件相同时乐善好施的人会更加健康。因为从专业的角度来看，长期害怕、恐惧、焦虑等不良情绪会让人长期处于应激状态，长期应激会促进神经内分泌反应，促使机体分泌大量儿茶酚胺类神经递质和皮质激素，从而出现内脏血管收缩、血压升高、血糖升高、脂肪分解增加、蛋白合成减少等生理变化，长期如此必然影响身体健康。例如，一个心脏病常常发作又对他人怀着敌意的人，其心脏冠状动脉堵塞的程度就大；而视别人处处为敌的人，往往一触即发、暴跳如雷，容易使血压升高，甚至酿成任何药物都难以治愈的高血压；至于那些做贼心虚、违法乱纪的人，因为法律的利剑悬在自己头上，所以经常坐立不安、失眠、烦躁、全身失调，他们不敢把自己的丑事向同事、家人透露，终生背负着沉重包袱，这种人的寿命通常都比较短。

美国曾经发表过一篇题为《坏心情产生毒素》的研究报告，报告称："心理学实验显示，人类的恶念能引起生理上的化学物质变化，在血液中产生一种毒素。当人类在正常心态下向一个冰杯内吐气时，凝附着的是一种无色透明的物质；而当人类处于怨恨、暴怒、恐怖、嫉妒的心态下，凝附着的物质分别显现不同的颜色，通过化学分析得知，人类的负面思想会使人类的体内产生毒素。"

此外，科学家也在神经化学领域发现一种现象：当人心怀善念、积极思考时，人体内会分泌出令细胞健康的神经传导物质，免疫细胞也变得活跃，人的免疫系统就更强健；而当人心存恶意、负面思考时，走的是相反的神经系统，即负向系统被激发启动、正向系统被抑制，身体机能的良性循环会被破坏。

二、生理学研究：好人有好报？

美国凯斯西储大学（Case Western Reserve University）生命伦理学教授、石溪大学药物学院（Stony Brook University School of Medicine）教授史蒂芬·波斯特（Stephen Post）和小说家吉尔·奈马克（Jill Neimark）从现代科学和医学角度出发，对人的种种善行，以及在付出与回报之间究竟能产生什么样的关系进行了深度研究，并出版了《好人有好报吗》这本书。在该书中，两位作者根据研究结果，大胆地抛出一个令人惊讶的结论："在付出与回报之间存在神奇的能量转换秘密，即一个人在付出的同时，回报的能量正通过各种形式向此人返还。"

当然，史蒂芬·波斯特和吉尔·奈马克笔下的"好人"，并非"老好人"，而是指"乐于付出的人"。这个"付出"也非传统意义上的"气力上帮一把、财物上施一些"，更不是为了博取名利或达到其他不可告人目的才装腔作势的那种假捐款、假慈善等，而是一种广义上的"付出"。两位作者认为，"付出"有10种方法，即赞美、传承、宽恕、勇气、幽默、尊重、同情、忠诚、倾听、创造。从一定程度上说，作者在手把手地教我们怎样去"付出"，并告诫我们千万别对"付出"这种利人利己之事有什么心理障碍。

此外，作者还根据上述10种"付出"的方法，制订了详细测量表，并长期追踪一些乐于"付出"的人，分门别类地对每种"付出"带来的"回报"进行物理统计和生理分析，从而找出"付出"产生的"医疗作用"和"快乐指数"："宅心仁厚、乐善好施"的人，他们的善行确实对自身心理和身体健康产生巨大而深远的影响，例如，乐于付出对心脏病的抗病力竟然是阿司匹林的两倍，能够减轻病痛对老年人的影响，不容易患抑郁症等。总之，一个养成乐于付出习惯的人，其自身的社会能力、判断能力、正面情绪及心态等都会全面提升。作者甚至还测量到，哪怕对别人给予一个微笑、传递一个友好的表情，唾液中的免疫球蛋白浓度也会增加。作者综合了40多所美国主要大学的100多项研究成果，并结合长期追踪的实验报告显示的数据，得出了令人惊讶的结论，即人们善良的行为，如赞美、宽恕、勇气、幽默、尊重、同情、忠诚等，这些行为的付出显示，"付出与回报之间存在神奇的能量转换秘密，即一个人在付出的同时，回报的能量正通过各种形式向此人返还，只不过在大多数情况下，自己浑然不知。"

三、社会学研究：行善能延长人的寿命？

在"社会关系如何影响人的死亡率"等相关课题研究中，美国耶鲁大学、美国加州大学对加州阿拉米达县7000位居民进行了长达9年的跟踪调查，美国密歇根州立大学调查研究中心对2700多人进行了14年的跟踪调查，得出如下结论：善恶影响人寿命的长短，即乐于助人、与他人相处融洽的人，其健康状况和预期寿命明显优于常怀恶意、心胸狭隘、损人利己的人。

研究人员还发现：乐于助人、与他人相处融洽的人的预期寿命显著延长，在男性中尤其如此；相反，心怀恶意、损人利己、与他人相处不融洽的人，死亡率比正常人高1.5~2倍。不同种族、阶层（收入高低）、健身习惯（体育锻炼及生活作风）都不能影响这个具有普遍性的结论。研究人员发现，善良的人长寿的原因如下：从心理角度来看，乐于助人的人可以获得人们对他的友爱感激之情，他从中获得的内心温暖缓解了日常生活中常有的焦虑；从免疫系统角度来看，常常行善的人的人体免疫系统更强健。

此外，Kirsten Avlund 等（1998）对丹麦70岁男性居民与女性居民的社会关系与死亡率之间的联系进行了长达11年的持续研究，研究表明乐善好施的人确实更加健康。例如，该项研究发现，独居的男性通常不爱帮助别人，其死亡率远远高于一般人。

四、幸福感研究：人们为什么愿意慷慨解囊？

生活中常常存在这种现象：明明把资源留给自己更有利，为什么人们还愿意慷慨解囊？一篇发表在《自然》的论文 "A Neural Link between Generosity and Happiness" 提出，即使会牺牲自我利益，人们也往往会对他人慷慨大方，这可能是因为当人表现慷慨时，会激活大脑中的特定区域，而这些区域与产生幸福感的区域相互关联。研究者在实验中发现，愿意把钱用在别人身上的人，大脑中与主观幸福感相关的区域被激发得更多。

本章提要

1. 人类有极其丰富的情感，人类乐于追求生命的价值、人生的意义，给予他人同情、怜悯，追求他人和社会的认同；另外，利他行为是人类有限理性的自然结果。

2. 在充满竞争和互相倾轧的世界，合作、利他主义和自我牺牲是如何出现的？比尔·汉密尔顿的"包容性适存"理论的解释是，为了家族成员基因延续的需要；罗伯特·阿克塞尔罗德的解释是"投桃报李"策略或"以牙还牙"策略；马丁·诺瓦克、罗杰·海菲尔德提出了"超级合作"理论。

3. 行为经济学研究中的"社会偏好"理论表明，人类有社会偏好，尤其是对公正的偏好，人类除关注自己的物质利益外，还关注诸如社会福利、社会成员之间公平分配及公平动机的偏好，且人类在决策时内嵌了公平感。

4. 一系列科学研究似乎能揭示这几项规律：善良的人更健康；情绪眼泪可以排"毒"；"宅心仁厚、乐善好施"的人更有好报；一个养成乐于付出习惯的人，其自身的社会能力、判断能力、正面情绪及心态等都会全面提升；行善能延长人的寿命；即便把资源留给自己更有利，依然有人愿意慷慨解囊。当然，以上规律还需要进一步的科学实验来检验。

案例分析

【案例 3-1】曹德旺、曹晖 2 亿元扶贫善款项目

2009 年，我国西南地区遭遇历史上罕见的特大旱灾，为了救助西南地区遭受旱灾的区域，2010 年 5 月，福耀玻璃集团董事长曹德旺、曹晖父子以个人名义，通过中国扶贫基金会向云南、贵州等 5 个省（自治区、直辖市）的贫困家庭捐款 2 亿元，并要求中国扶贫基金会在半年内将 2 亿元善款分发给西南地区 9 万多户灾民。中国扶贫基金会全体员工联合 5 个省（自治区、直辖市）17 个县的工作人员，凭借高效的项目执行力，实现了既定 99%的瞄准率目标，保质保量地完成了任务，得到了社会各界的高度认可和广泛赞扬。

曹德旺、曹晖 2 亿元扶贫善款项目在立项之初就构建了项目组织、确定了设计理念，并依靠当地政府的资源动员能力得以顺利实现。具体表现在：管委会领导小组由国务院扶贫办领导、中国扶贫基金会领导和秘书处成员、捐款赠方代表及项目涉及的云南、贵州、广西、重庆、四川扶贫办领导组成；省级项目协调小组由省级扶贫办领导牵头，抽调专人组成项目协调小组，督促与推进项目实施；县级项目领导小组和执行办公室由县委书记或县长牵头成立。此外，中国扶贫基金会专门设立了项目执行办公室，项目执行办公室下设项目执行部、项目监测部、计划财务部、活动宣传部、行政后勤部。项目设计理念主要围绕两个问题的解决：第一，钱发给谁？这是项目设计的出发点；第二，钱怎么发？曹德旺先生希望善款及时、足额地直接发到农户手中，这是项目的落脚点。

在资金分配比例方面，由中国扶贫基金会与捐赠人共同确定捐赠省份及相应资金分

配比例，再依次由各省（自治区、直辖市）确定县、乡镇、村的资金分配比例。在减少资金发放的中间环节方面，项目组为受助农户开办项目专用存折，确保发款、取款过程清晰可追踪、安全可控制，保证资助款的归属权和自主使用权。此外，项目还建立风险控制体系，具体包括：由中国扶贫基金会及各级项目点组建监督机构，及时向社会公布项目动态，设立监督电话，提高项目运作的透明度，降低项目风险。

该公益慈善项目具有一定的社会效益。其一，全程、全方位透明，打造公益新模式。项目实施前，经捐赠人确认项目实施方案；项目实施过程中，项目实施主体多角度记录项目实施情况、编写项目工作简报；项目结束后，向捐赠人提交翔实的项目执行报告、评估报告、审计报告和受益人名单。这些做法使项目实施过程对捐赠人完全透明；在各村组织村民小组会议、介绍项目具体标准和操作流程、公布各级相关部门监督举报电话等做法使项目实施过程对受益人完全透明；通过建设官方网站、邀请媒体监督和志愿者参与，使项目实施过程对社会完全透明。其二，对基层干部和工作人员起到能力建设和观念革新的作用。随着项目各层级合作、沟通交流的不断深入，中国扶贫基金会在项目进度的严格要求、项目质量的严格把控、操作细节的具体规定及所提供的工作技巧和方法等方面，均对一部分基层干部和工作人员进行了一轮扎实的能力培训。

问题

基于本章的知识，如何理解曹德旺父子的慈善行为及其项目设计理念？

思考与练习

一、简答题

1. 简述"超级合作"理论的主要观点。
2. 理查德·塞勒的"有限理性"理论对中国公益慈善事业的发展有何启示？
3. 请尝试挖掘生活中的一些例子来说明一个人的脾气性格、社会关系状况与其身体健康状况之间的联系。
4. "牺牲的爱"真实存在吗？为什么？

二、论述题

亚当·斯密在《国富论》中主张的"私利"与《道德情操论》中的"同情"是否自相矛盾呢？请阐明你的观点，并阐述这些思想观点对公益慈善文化的影响。

参考文献

[1] 罗卫东，张亚萍. 亚当·斯密道德理论的核心是什么？——The Theory of Moral Sentiments 题解[J]. 浙江大学学报（人文社会科学版），2016，46（2）：97-109.

[2] 朱光潜. 谈修养[M]. 上海：华东师范大学出版社，2014.

[3] 王晓科. 不同理性动机下的企业隐性知识共享博弈[J]. 情报杂志，2010，29（11）：110-117.

[4] 牛贺. 有限理性、规范内化与利他行为：一个演化视角[J]. 经济研究，2017（10）：189-199.

[5] [美]马丁·诺瓦克，罗杰·海菲尔德. 超级合作者：利他主义，进化，以及为什么成功彼此需要[M]. 龙志勇，魏薇，译. 杭州：浙江人民出版社，2013.

[6] [美]罗伯特·阿克塞尔罗德. 合作的复杂性：基于参与者竞争与合作的模型[M]. 梁捷，译. 上海：上海人民出版社，2008.

[7] [美]史蒂芬·波斯特，吉尔·奈马克. 好人会有好报吗？[M]. 高子男，译. 海口：南方出版社，2011.

[8] 赵柒斤. 好人有好报的"科学依据"[N]. 羊城晚报，2011-07-10（B05）.

[9] Kirsten Avlund, Mogens Trab Damsgaard, Bjorn E. Holstein. Social relations and mortality. An eleven year follow-up study of 70-year-old men and women in Denmark. Social Science & Medicine, 1998, 47(5) : 635-643.

第四章
公益慈善组织

04

知识目标

1. 掌握公益慈善组织的基本概念
2. 掌握公益慈善组织的职责与作用
3. 了解国内外一些著名的公益慈善组织
4. 区分公募基金会和非公募基金会

能力目标

1. 描述我国公益慈善组织的发展现状
2. 说明现阶段公益慈善组织存在的问题
3. 阐释如何建立健全公益慈善组织管理体系

素质目标

1. 认识公益慈善组织的意义和价值
2. 亲身体验公益慈善组织在社会发展中的作用

第一节　公益慈善组织的基本概念

一、公益慈善组织的概念及特征

慈善是中华民族的传统美德，公益慈善事业是中国社会建设和社会保障的补充体系，而公益慈善组织是建设公益慈善事业大厦的重要支柱。

1. 公益慈善组织的概念界定

根据《中华人民共和国慈善法》，所谓公益慈善组织（简称慈善组织），是指依法成立的、以面向社会开展公益慈善活动为宗旨的非营利性组织。依据相关的法律法规，成为公益慈善组织的条件包括：①以开展慈善活动为宗旨；②不以营利为目的；③有自己的名称和住所；④有组织章程；⑤有必要的财产；⑥有符合条件的组织机构和负责人；⑦法律、行政法规规定的其他条件。此外，公益慈善组织通常可以享受减免税的优惠，其全部资产及其增值为公益法人所有，收益和营运结余主要用于符合其创设目的、宗旨的活动，终止或解散时结余财产不能归属任何个人或营利组织，任何个人或组织（含捐赠人，另有合法约定除外）不得以任何形式参与公益慈善组织的结余财产分配。

在我国，公益慈善组织可以采取基金会、社会团体、社会服务机构等组织形式。根据世界各国的通例，公益慈善组织的范围包括：①扶贫与防止贫困发生的组织；②促进教育与学术科研的组织；③扶持需要帮助的青年人、老年人、妇女儿童、病人、残疾人、穷人或者其他弱势群体的组织，包括服务于遭受重大疾病、意外自然灾害或不确定他人伤害个体的组织；④促进动物福利的组织；⑤保护和改善环境的组织；⑥促进健康和拯救生命的组织。

小贴士

美国、加拿大的慈善组织

根据美国联邦税法，慈善组织的活动必须限于公益性活动，享受免税待遇，包括消除贫困、弘扬宗教、促进教育和科研、建设和保护公共建筑、创建和谐邻里关系、消除歧视、保护人权、改善社会治安和预防青少年犯罪。除传统的救助性慈善和宗教组织之外，美国还有教育、科学、公共安全、实验、文学、促进业余体育竞争、防止虐待儿童和动物7类慈善组织。

根据美国法律，慈善组织分私人慈善组织和公共慈善组织。私人慈善组织的资金来源为个人、家庭、企业等，但不得在社会上公开募捐；公共慈善组织可以在社会上公开募捐。

美国法律特别规定，慈善组织不得参与政治活动，如资助各类政府公务员的政治选举、参与政府的各种活动；慈善组织必须具有单一慈善目的，不得从事与慈善无关的活动。美国慈善组织公开透明，捐款、会费、管理人员薪酬、慈善开支去向都有记录，任何人都可查阅。另外，美国的公益慈善组织已经实现专业化管理，无论是行政管理，还是志愿者招募，都由接受过专业训练的人士担当。

美国很多大学提供非营利机构管理课程或本科、硕士甚至博士学位，必修的课程包括公共服务管理、演讲技巧、非营利机构财务管理、人力资源管理、营销、研究方法、统计学等。

加拿大的慈善法律规定体现在《个人收入所得税法》中。加拿大法律规定：慈善组织必须从事单一的慈善活动，不得掺杂其他活动；慈善活动的开展必须以公共利益或公共利益的一部分为目的；慈善组织一旦注册，就必须对公众公开透明，接受公众监督；慈善组织募集到的所有资源（包括资金、物品及志愿人员）必须用于慈善活动，如果用于其他目的就违反了法律；慈善管理人员不得使用募捐资金或物品。

2. 公益慈善组织的特征

（1）公益慈善组织的资金来源主要是捐赠人的捐赠及少部分的服务收费。由于捐赠人为一般社会大众、法人或政府，因此公益慈善组织严格接受社会和政府的监督。

（2）公益慈善组织的活动以其使命、宗旨为出发点，服从于一些公共目的，并追求公共利益，通过众多有相同使命的志愿者的共同努力来实现目标，具有显著的志愿特征。

（3）公益慈善组织提供的产品主要是无形的服务（或劳务付出）、资金补助、观念建设、心理辅导、价值建设及少量的有形产品。

（4）公益慈善组织属于非营利组织（NPO），存在的目的通常是：帮助贫、弱、病、老、幼等困难群体、弱势人群，服务社会大众，促进社会进步，维护价值体系等。

（5）公益慈善组织属于社会组织，具有民间性、社会性、自治性特征，政府在其中扮演支持、引导、监督的角色。

（6）公益慈善组织的成员通常不是依据法律要求组成的，而是自发组织的，但专职从事公益慈善事业的成员通常要具有一定的职业资格。

二、公益慈善组织的职责与作用

1. 公益慈善组织的职责

公益慈善组织的宗旨一般是，发扬人道主义精神，弘扬扶贫、济困的美德，帮助社会上不幸或处于困境中的个人和特殊困难群体，开展多种形式的社会救助、扶助工作，重建人的尊严，带来对未来的希望，促进社会的发展。公益慈善组织的任务主要包括：①动员社会力量，筹募善款，接受捐赠；②资助、兴办各类公益慈善事业；③开展普及慈善意识的各类宣传活动，加强同国内外公益慈善相关机构的联络与合作；④组织热心公益慈善事业的志愿者队伍，开展救灾、扶贫、安老、助孤、支教、助学、扶残、助医、环保等多方面的社会公益慈善活动。

基于上述公益慈善组织的宗旨和主要任务，公益慈善组织的日常工作职责具体包括4个方面：①开展各种形式的公益慈善活动，如筹募善款、赈灾救助、扶贫济困、慈善救助、公益援助、交流和合作等慈善服务；②管理社会捐助、捐赠的财物；③举办符合公益慈善组织宗旨的业务活动；④开展公益慈善宣传、教育、培训活动或进行业务指导等。

2. 公益慈善组织的作用

第一，公益慈善组织的存在对于调节贫富差距、化解社会矛盾、维护社会稳定、建设和谐社会具有重要的作用。中国特色社会主义市场经济不仅要讲效率，更要最大限度地保证公平和正义。在市场经济环境和社会保障制度不健全的情况下，培育公益慈善组织，并以此发展公益慈善事业，号召社会成员从事慈善捐赠和志愿服务，帮助贫困人群，调节不同阶层、不同群体之间的利益关系，对化解社会矛盾、维护社会稳定、建设和谐社会可起到积极作用。

第二，公益慈善组织的发展能够直接减轻政府的社会保障负担、缓解国家的财政压力。社会经济发展不可能绝对平衡，贫富差距难以避免，社会弱势群体和处于困境者总会存在。此时，仅凭政府单方面的力量难以解决所有的社会难题，救助社会弱势群体单凭政府力量明显不够。因此，利用公益慈善组织的感召力和影响力，可以充分挖掘社会上一切可以利用的资源，广泛动员社会各方面的力量，调动社会各阶层和人民群众帮助他人的积极性，并通过多渠道、多形式向社会各界筹集财物，解决仅凭国家财政拨款难以解决的社会难题。

第三，公益慈善组织还承担着"由上而下"传达国家政策、意志及"自下而上"反映民情、民意的特殊中介角色。公益慈善组织在社会公众与政府之间架起了一座沟通的桥梁，对舒缓两者之间的紧张关系起到了重要的缓冲作用。公民可以通过公益慈善组织这座桥梁争取实现自身的利益、自由和权利，而国家也可以利用这个连接纽带传达政策和意志。

第四，公益慈善组织的发展促进了社会主义精神文明建设。近年来，我国一部分群众的价值观和利益观受一些不良因素的影响发生了较大变化，出现了道德滑坡和社会失范的现象。公益慈善组织开展的各种公益慈善活动，有助于树立社会正气、改变社会不良现象、塑造新时代的道德文明、增强社会公众的诚信道德。

第五，公益慈善组织的活动能有效地塑造公众参与的公民文化。公益慈善组织的发展需要具备一个基本前提，即有一个崇尚宽容、交流与合作的现代社会制度。公益慈善组织的活动开展能积极推动民主化进程，在公共事务治理中有效地吸纳民众的利益要求，构筑坚实的、公众参与的公民文化平台。

三、公益慈善组织与公共事业组织的异同

从社会行政的角度，社会组织一般主要依据目标领域区分。本书第一章已经表明，在现代意义上，慈善与民间公益的内涵非常接近，从事慈善活动的民间组织也是公益组织。在传统慈善和慈善事业向现代慈善事业迈进的过程中，新诞生的慈善组织也是公益组织。

不过，公益慈善组织与具有公共利益的公共事业组织有显著的差别。公共事业这个词侧重于强调一个主体给其他主体带来的好处，以及受益对象的广泛性、公共性和非排他性；而公益慈善更强调主体内心具有的仁慈、善良、同情之心及以此为基础而实施的施舍、救助、扶助等志愿行动。公益慈善具有内在性，公益慈善旨在对内心行为进行说明；而公共事业具有外在性，公共事业的公共利益旨在对活动目的进行阐述。

基于此，公共事业组织是那些直接或间接地为经济活动、社会活动和居民生活服务的部门或企业，包括自来水生产供应、公共交通、电气热供应、卫生保健、文化教育、体育娱乐、邮电通信、园林绿化等系统的企业或组织，可以由私人投资、建设和经营并获得一定利润，也可以由国家投资、建设并交给私人企业经营管理，带有一定的福利性质，如公共交通公司，还可以由政府投资、建设并由政府组织或责成有关机构直接经营管理，如公园、体育场馆、中小学等。一般来说，公共事业组织都是非营利组织，但可以盈利。

四、公益慈善组织与事业单位的异同

将社团、基金会、社会服务机构中社会服务、救助救济、环境保护、教育、科学、

文化、卫生、体育等子类的社会组织归入公益慈善组织后，事业单位该何定性呢？

事业单位是政府举办的、基于某种公共目的的公共组织，它不是公益慈善组织。虽然在活动领域和服务形式上，事业单位和部分公益慈善组织是相同的，尤其是以民办非企业单位登记注册的公益慈善组织，与事业单位同在教育、科学、文化、卫生、社会福利等领域从事公益性的服务。但是，它们在举办主体、资金来源、合法性认定方式等方面有本质区别。

第一，举办主体不同。事业单位是国家为了公共利益、以国家机关或受政府委托的人民团体等组织为举办主体的机构；公益慈善组织是社会为了慈善目的，以个人、企业或其他组织为举办主体的组织。

第二，资金来源不同。在中国，事业单位的资金来源和从业人员的薪资待遇分为4种，一种是参照公务员系列，一种是国家财政全额拨款，一种是自收自支、国家财政补足差额，还有一种是完全自收自支。因此，事业单位的资金来源主要是国家机关，资金大都由财政拨付；而公益慈善组织的资金来源主要是举办者自己，主要接受社会捐赠，也包括政府捐赠，但一般不占用国家资产，通常利用自有资产兴办公益慈善事业。

第三，合法性认定方式不同。公益慈善组织的登记机关是民政部门的社会组织管理局；而事业单位由国家机关或列入国家机关序列的机构举办，不必登记，若由其他较低层级的政府机构或者受托组织举办则需要登记，但登记机关不是民政部门，而是国家编制委员会。

第二节　慈善基金会

一、基金会的概念

基金会又叫慈善基金会，其概念在不同的法系下不尽相同。在以概念化和体系化见长的大陆法系中，基金会属于财团法人制度下的一个分支；而在注重立法操作性和技术性的普通法系中，多以公益性标准来界定一个组织的性质，即不管名称是不是基金会，只要满足特定的条件都可以享受特定的税收优惠，因此，普通法系中一般没有基金会的直接定义。

美国基金会中心出版的《基金会名录》收录了慈善机构的信息，这些机构的名称并不统一，有基金会，也有基金或信托基金、捐赠基金、托拉斯等。例如，著名的洛克菲勒兄弟基金（Rockefeller Brothers Fund）、莉莉捐赠公司（Lilly Endowment Inc.）、纽约卡耐基集团（Carnegie Corporation of New York）等，虽然这些机构名称不同，但它们均履行基金会的功能。

我国基金会的定义为，利用自然人、法人或其他组织捐赠的财产，以从事公益事业为目的，依法成立的非营利性法人。基金会属于公益慈善组织的一种形式，以公益性、非营利性为特点，以财产活动为中心，依照章程从事公益活动，遵循公开、透明的原则。基金会的组织结构一般由理事会、秘书处、各项目部组成，其领导人一般由有声望的人担任，现职国家工作人员不能兼任基金会的主要领导职务。

二、理解基金会的内涵

（1）基金会是利用个人（家庭）或组织（政府、法人组织或其他组织）捐赠的资产（公益慈善资金）从事公益活动的民间非营利组织，是公益慈善组织的重要组成部分。

（2）基金会是对兴办、维持或发展某项公益慈善事业而储备的资金或专门拨款进行管理的机构，其申请捐赠税前扣除资格的条件与其他公益慈善组织相同。

（3）基金会是公益慈善组织而非金融组织。基金会章程必须明确基金会的公益性质，不得规定使特定自然人、法人或者其他组织受益的内容。基金会具有公益性质，公募基金会可以面向公众募集资金，其财产必须用于公益目的。因此，基金会与其他管理信托投资基金、以营利为目的的基金管理组织及其他民间互益组织有重要区别。

（4）基金会具有非营利性、经营性特征。非营利性是基金会的基本特征，但基金会可以为了使基金保值、增值而从事经营行为，开展经营活动，可以为了募集资金而开展义演、义卖等活动。当然，这些经营或活动的收益、孳息都要用到公益慈善事业上，不能在内部分配。当基金会终止时，其财产不能归还捐赠人，而要转让给其他公益慈善组织。

（5）基金会与社团有所不同。基金会是以财产为基础设立的组织，而社团是由会员组成的，两者有本质差异。基金会不能按照社团的方式登记、管理，基金会的管理制定了专门的法规。

（6）基金会对公益事业支出比例和法人代表任职做了规定。法律规定了公募基金会和非公募基金会每年用于从事组织章程规定的公益事业支出比例，以及工作人员工资福利和行政办公支出比例，且基金会的法人代表不得同时担任其他组织的法人代表。

三、基金会的分类

按照不同的分类方法，基金会有不同的类别。根据基金会的运作机制和结构，基金会可分为独立基金会、项目运作基金会、公司基金会和社区基金会；按照登记管理机关的不同，基金会可分为全国性基金会、跨地区性基金会和地方性基金会；按照活动领域不同，基金会可分为慈善救济类、教育类、文化艺术类、科技类和其他类；按照资金使用方式不同，基金会可分为运作型基金会、资助型基金会和混合型基金会；按照资金来源不同，基金会可分为公募基金会和非公募基金会。

1. 公募基金会和非公募基金会

公募基金会可以向公众募集资金，按照募捐的地域范围可分为全国性公募基金会和地方性公募基金会。全国性公募基金会应在名称中使用"中国""中华""全国""国家"等字样。1981年7月28日，中国出现第一个公募基金会——中国儿童少年基金会。根据国家现行法律规定，全国性公募基金会的原始基金不低于800万元；地方性公募基金会的原始基金不低于400万元。一般来说，公募基金会的宗旨和使命比较清晰，其专业化程度相对较高。

关于公募基金会的领导成员，公募基金会的理事长、副理事长和秘书长不得由现职国家工作人员兼任；基金会的法人代表应当由中国居民担任，且不得同时担任其他组织的法人代表。在公募基金会中，具有亲属关系的居民不得同时在理事会任职。

非公募基金会可使用自然人姓名、法人或其他组织名称或字号，但不得使用"中国""中华""全国""国家"等字样。非公募基金会的基金来源为特定个人或组织的捐赠，不得向公众募集资金。非公募基金会的主要工作人员通常由出资企业的员工兼任。目前中国主要非公募基金会有4种。①公司化基金会。②高校基金会，我国高校基金会共有5种运作形式：市场运作型，如清华大学教育基金会、北京大学教育基金会；行政管理型，如浙江大学教育基金会；委员会型，如南京大学教育发展基金会；海外拓展型，如上海交通大学教育基金会；行业依靠型，如中国矿业大学教育基金会、石油大学教育基金会。③企业内部基金会，如神华公益基金会、中远慈善基金会、腾讯公益慈善基金会、中国人寿慈善基金会、国家电网慈善基金会、中国移动慈善基金会、南都公益慈善基金会等。④社会名人基金会。2004年6月1日，第一个由企业出资设立的非公募基金会——香江社会救助基金会成立（香江集团出资5000万元）；2006年，第一个以个人姓名设立的基金会——王振滔慈善基金会成立，原始基金2000万元；截至2018年，田家炳基金已在国内资助大学93所、中学166所、小学44所、专业学校及幼儿园20所、乡村学校图书室1800余间，在国外3所大学设立奖学金支持华人学生就读，捐赠医院29所、桥梁及道路近130座，捐助其他民生项目200多个。从目前来看，大部分非公募基金会的目标、宗旨明确，但是，也有一些非公募基金会的宗旨和使命并不清晰、专业化程度低，个别非公募基金会内部治理还存在利益冲突、规则缺位等问题。

原始基金来自中国的非公募基金会，其法人代表应当由中国居民担任；若原始基金来自境外，则对其法人代表没有硬性限制，但担任基金会理事长、副理事长或者秘书长的外国人及境外基金会代表机构的负责人，每年在中国的居留时间不得少于3个月。用私人财产设立的非公募基金会，有亲属关系的基金理事总数不得超过理事总数的1/3。非公募基金会由于不存在公开募捐活动，因此没有向社会进行信息披露的义务，但与公募基金会一样，一般需要公开其年度报告和资助活动情况。

2. 运作型基金会和资助型基金会

运作型基金会（Operating Foundation）将募捐到的资金主要用于自身公益项目的运作；资助型基金会（Grant-making Foundation）将募捐到的资金主要用于资助其他组织运作公益项目，而不是自己运作公益项目。中国传统的基金会以运作型基金会为主，基金会利用所筹资金自行运作公益慈善项目。不过，作为一个复杂的实体，运作型基金会更容易受到公众的质疑，因此，这类基金会在美国数量较少。相比之下，通过资助其他民间组织运作公益慈善项目的资助型基金会数量较多。中国的基金会近年来也在朝这个方向转变，例如，中国残疾人福利基金会提出要逐步由运作型基金会转为资助型基金会，通过公开招标或购买服务等方式从事公益慈善服务，提高公益慈善项目的运作效率。

资助型基金会的主要运作模式是项目招标制。秉持分工、合作理念的项目招标制，催生了对公益慈善行业中下游的民间非营利组织的需求。除像福特基金会那样对民间非营利组织进行培训外，一些活跃的非公募基金会还将发起人的商业经验带入公益慈善事业的经营中，通过风险投资等方式培育具有良好项目执行能力的公益慈善组织。例如，中国内地首家慈善创业投资机构——公益创投基金会"非营利伙伴"（Non-Profit Partners Foundation，NPP），率先对一些公益慈善组织进行"风险投资"，援助了南都基金会的新公民学校等项目。

通过项目投资让公益慈善延续的革命性理念，形成了一股席卷全球的慈善资本主义浪潮。譬如，美国越来越多的基金会倾向于使用"使命投资"模式，对捐助项目以极低的利息和利润进行贷款和风险投资。但既然是"使命投资"，基金会的资助就有失败的风险，因而凸显了基金会投资眼光的重要性。通常，有些资金难以落实到具体项目，即使落实到具体项目也可能效果有限。

四、基金会的价值

（1）中国各基金会的成立，不仅意味着中国高收入阶层或企业的捐赠活动已从随机性扶危济贫方式走向了制度化、规范化的模式，还意味着中国慈善捐助方向具有了鲜明的企业特征与个性色彩。例如，嫣然天使基金（Smile Angel Foundation）的资助对象为家庭贫困身患唇腭裂的患者；爱佑华夏慈善基金会（AYF）近年则通过"爱佑童心"项目救助孤贫先天性心脏病患儿，并致力于成为这个领域全球最大的专业基金会。

（2）基金会的设立有助于促进企业的形象建设与业务发展。对此，海外的一些跨国公司有丰富的经验。例如，福特汽车通过发起世界上规模最大的环保奖，将自身形象与环保相捆绑；国际知名投行高盛集团，1999年捐款2亿美元设立了高盛基金会，并于2001年推出"高盛全球领导者项目"，在全球大学生中挖掘未来领袖，获奖者有机会参加高盛集团全球领导力学院活动，与高盛集团高管在内的专家对话，而高盛集团也为未来发展积聚了人脉和人力资源。

五、基金会的劝募

基金会数量的跃升，带来了募款能力的竞争，提升了公募基金会劝募的难度，导致基金会的多元化劝募、品牌打造、营销创新日渐重要。一般来说，基金会劝募的方式主要有以下几种。

（1）以慈善名义展开筹款活动，如慈善晚宴、慈善音乐会、慈善球赛及对捐赠书画、古董、珠宝、不动产的慈善拍卖等。此外，吸纳会费、提供服务及出售服饰、图书、徽章等纪念品，也是基金会的典型募资手段。

（2）捐助各种资源或技能，如交通工具、活动场地、宣传设计方案等的捐助被广泛提倡。基金会也注重与企业结盟，在一定的商业道德和伦理前提下，在其营销推广中加入募款内容，例如，"农夫山泉，喝一瓶水捐一分钱"被广大消费者所熟悉，其广告所言是指，"当消费者每喝完一瓶农夫山泉，就为水源地的贫困孩子捐出一分钱。"此外，以扶贫为主旨的乐施会，将"乐施有礼"网站做成购物网站的格局，捐助者可购买若干牛羊、树苗、沼气池、医疗箱、学校设施等礼物并放入购物篮结账，提升了捐助者的兴趣，捐款用途也简洁明了。

（3）注重规范管理，降低开支，打造良好的公信力。例如，爱佑华夏慈善基金会是国内第一家实行零费用运行的基金会，其管理费由部分理事分担，所募善款100%用于救助项目；比尔和梅林达·盖茨基金会（Bill & Melinda Gates Foundation）的管理费大部分由比尔·盖茨本人捐赠。公信力决定基金会募资的能力，"透明口袋"是决定基金会公信力的关键。

（4）富有号召力的明星成为积聚捐助人的一大招牌。"壹基金"、崔永元公益基金、姚基金、成龙基金等著名的基金会都是在一些影视明星的直接推动下建立的。

> **小贴士**
>
> **深圳"壹基金"公益基金会**
>
> 深圳"壹基金"公益基金会致力于灾难的人道援助、青少年心理健康援助,通过搭建公益平台、传播公益文化推动公益事业的发展。深圳"壹基金"公益基金会原始注册基金为 5000 万元,发起机构为上海李连杰"壹基金"公益基金会、老牛基金会、腾讯公益慈善基金会、万通公益基金会及万科公益基金会,每家发起机构出资 1000 万元。深圳"壹基金"公益基金会是独立的法人机构,也是"红十字会壹基金计划"及上海李连杰"壹基金"公益基金会的延续与发展。
>
> 目前,深圳"壹基金"公益基金会搭建的公益慈善平台包括如下几个。
>
> (1)"壹基金"壹家人年会:立足中国,在世界范围内为政府、专家、企业、非营利组织、媒体等搭建一个公益慈善探讨与交流的平台,加强国际公益合作,广泛集聚公益资源。
>
> (2)"壹基金"典范工程及潜力典范:围绕"公信、专业、执行、持续"4 个标准,评选 10 家左右治理严谨、运营能力优秀、财务透明、可持续和有社会影响力的公益典范组织。同时,每年评选 5 家左右有创新性、社会影响(潜)力、可持续和有领导力的潜力公益典范组织。
>
> (3)"壹基金"之家:为全球打造的网上公益社区,将非营利机构、具有社会责任感的企业及公众连接在一起,借助互联网强大的分享与互动功能,提高社会对公益事业的认知,提升并优化社会对公益事业的资助,实现公益捐款、活动发布、义工招募及对义工、公益组织独立的后台管理,同时满足深圳"壹基金"公益基金会自身对捐款账务、义工、合作组织、项目等的管理需求。

六、美国的慈善基金会

1. 美国慈善基金会的分类

美国有近 10 万家慈善基金会,数量多、发展历史长、种类复杂。美国基金会中心依据资金来源和运作方式的不同,将美国慈善基金会分为五大类。

其一,企业基金会(Corporate Foundation)。由企业捐资设立的基金会,其资金来源为发起公司。企业基金会在做出捐赠决定时会考虑发起公司的利益或社会影响,其理事会成员可以是发起公司的管理人员,也可以是与发起公司无关的社会专业人士。

其二,独立基金会(Independent Foundation)。通常是基于某个人或某个家族的成员捐赠或遗赠所创立的基金会，通常由独立的理事会和专业的职员进行独立管理。

其三，家族基金会（Family Foundation）。由个人或家族捐资设立并参与管理、运作的基金会，家族基金会的创办者或其家族成员通常会出任理事会的领导职务，而且至少有一名家族成员一直在基金会任职，捐赠人或其亲属在基金会的管理和运作中起到重要作用。随着时间的推移，家族基金会可能随着创办者、家族成员的退出或与其家族名下的公司脱离关系而演变为独立基金会。

其四，运作型基金会（Operating Foundation）。由基金会自身的工作人员直接参与项目运作的慈善基金会，自行参与策划、组织和实施有关教育、科研及其他社会公益项目或活动。

其五，社区基金会（Community Foundation）。资助特定社区发展、教育、宗教等公益活动的基金会。社区基金会的资金一般从社区内多渠道筹集而来，主要来源为个人捐赠或遗赠、家族捐赠、公司捐赠及其他机构的捐赠。社区基金会根据税法通常被批准为公共慈善组织，遵循与其他私人基金会不同的规章与规则。

> **小贴士**
>
> **美国的家族基金会和大学基金会**
>
> 美国的家族基金会主要是指由个人或家族捐资设立并参与管理、运作的基金会，捐赠人或其亲属在基金会的管理和运作中起到重要作用。美国的家族基金会公益慈善活动的优先领域为健康和教育。在健康领域，家族基金会通常会集中拨款给他们自身或家族成员所遭受疾病的医疗研究或疗法；在教育领域，家族基金会也会对自己或者孩子们所读的大学和教育进行捐赠。同时，家族基金会也是社会服务、艺术和文化机构的重要支持者，这些机构一般也在捐赠人所居住的社区内。例如，丽萨·索布拉托·桑思妮（Lisa Sobrato Sonsini）家族基金会的格言是："我们的基金会致力于在我们社区有所作为，活跃参与我们所热爱的事业，以及以感谢的心去接近生活。我们的目标是将这个'给予他人'的家族传统传于后世。"
>
> 美国还有许多大学基金会。私立大学本身就是免税组织，可以为捐赠人提供免税捐赠收据，通常下设捐赠基金（Endowment Fund），如耶鲁大学捐赠基金会（Yale Endowment Fund）。而公立大学需要设立独立的公共慈善机构（Public Charity）才能给捐赠人提供免税捐赠收据，通常称为基金会（Foundation），如印第安纳大学基金会（Indiana University Foundation）。美国各大学基金会强大的筹资能力为私立大学发展做出了举足轻重的贡献。美国各大学基金会所筹集资金主要来自校友及家长捐赠、企业及公司捐赠、其他个人和家庭捐赠、其他基金会资助、投资及其他经营活动收益等。美国各大学基金会的资金具体用于以下几个方面：①维持基金会日常运转及筹资成本支出；②奖励和资助学生；③资助科学研究项目；④大学建设，包括修建教学楼、工

程实验楼、专业实验室等，或更新教学实验设备，修建图书馆、博物馆、艺术中心等，修建学生宿舍、学生食堂、体育场（馆）、学生活动中心、教师公寓、托儿所等，例如，加州大学伯克利分校利用李嘉诚捐赠的 4000 万美元修建了生命科学研究院，与美国国家能源部合作出资 5 亿美元修建了世界一流的劳伦斯核实验室，筹款 4200 万美元修建了东亚图书馆等；⑤其他用途，如高薪聘请资深教授、补助困难学生购买图书、为社区想学习的青年及居民进行补习和传授文化技能、为教师购房提供补贴等。

2. 美国高校基金会的管理

美国高校一般设置与募集资金有关的发展部，也有的按基金会组织，下设大额捐赠部、年度捐赠部、企业捐赠管理部、捐赠人管理部和公共服务支持部等。其中，大额捐赠部的主要职责是捐赠计划的制订及接受大额捐赠；年度捐赠部的主要职责是接受年度捐赠、管理学生电话中心、负责邮件管理；企业捐赠管理部的主要职责是接受企业捐赠和基金会捐赠；捐赠人管理部的主要职责是捐赠人组织活动的安排、学生奖学金的发放；公共服务支持部的主要职责是潜在捐赠人的调研与信息搜集、捐赠信息的处理、捐赠方案和计划的确定、捐赠制度的制定、基金会刊物的发行。美国高校捐赠资金或基金的管理要点有以下 5 个方面。

（1）捐赠管理由校董会或基金会理事会统一管理。美国高校的直接捐赠情况一律由校董会统一管理，特别是重大项目，要经过论证后决策；对于成立基金会的大学，捐赠情况由理事会统一管理。无论是校董会还是理事会，均由校内、校外两部分成员构成，校内成员包括校长等，校外成员则聘请社会知名人士或捐赠人士。

（2）捐赠广告统一，广告内容为详细的捐赠项目发展计划。有效的捐赠都需要进行有效的宣传，为此宣传广告一般应统一内容和形式。同时，广告内容不应是简单的口号，而应是详细的捐赠项目发展计划。

（3）制定捐赠规章制度，规范有关方面的行为。捐赠工作涉及方方面面，为此各大学一般都制定了捐赠规则或章程，对有关捐赠行为或基金会的管理进行规范。

（4）选聘高素质、有事业心、有兴趣、有能力的基金会工作人员是基金会有效运作的关键。合格的基金会工作人员需要具备的素质和条件包括：对教育事业和高校运行有相当的了解；热爱慈善募捐事业，有奉献精神和社会责任感，对工作充满激情；具备心理学、社会学、法律等专业知识，知识面广泛，能快速与任何人有共同语言；具有较强的写作能力、语言交流能力、理解和沟通能力、危机公关处理能力等；具有营销经验和能力，且最好是本校毕业生，这样更有利于开展校友相关工作。

（5）充分利用各种社会力量，将捐赠人的兴趣和利益与大学发展对资金的需求紧密结合起来，在全社会范围内形成捐资助学的氛围，且要深怀感恩之心，不忽略小额捐赠人。通常，社会捐赠人都有自己的希望和兴趣点，即使慈善家，也有自己的利益需求。不要试图让所有捐赠人都成为一个没有利益需求的、无私的人，也要摒弃有自己的利益需求就是不正当的错误思想。学校的发展必然要有资金支持,将这种资金需求与捐赠人的利益需求有机统一,捕捉捐赠人的兴趣点,捐赠就找到了切入点。

第三节　我国公益慈善组织的发展

一、公益慈善组织的发展现状

1. 公益慈善组织的快速发展

近年来,我国社会组织得到了蓬勃发展,在数量上有了快速的增长。如表 4-1 所示为我国社会组织发展状况。伴随着社会组织的发展,公益慈善组织也得到了快速发展。截至 2017 年 6 月 30 日,全国共认定慈善组织 916 家,其中,民政部认定的全国性慈善组织 107 家,省级认定的地方性慈善组织 809 家,公益慈善组织已成吸纳就业、服务社会的重要平台。在已认定的慈善组织中,基金会为主,数量接近 800 家,社会团体次之,社会服务机构数量最少。

表 4-1　我国社会组织发展状况

		2009 年	2010 年	2011 年	2012 年	2013 年	2014 年	2015 年	2016 年
社会组织（家）		431069	445631	461971	499268	547245	606048	662425	702405
其中	社会团体（家）	238747	245256	254969	271131	289026	309736	328500	335932
	基金会（家）	1843	2200	2614	3029	3549	4117	4784	5559
	民办非企业单位（家）	190479	198175	204388	225108	254670	292195	329141	360914

数据来源:国家统计局. 中国统计年鉴 2017[M]. 北京:中国统计出版社,2017,22-26;根据统计数据加工整理。

2. 公益慈善组织的救助面越来越广

公益慈善组织开展的公益慈善项目或慈善工程包括助医助残、助孤（幼）安老、灾害救助、助学助教、扶贫救济等,覆盖了全国所有省份,众多处于困境中的个人或群体的生活和生存问题因此得以解决。公益慈善组织不断求新求异,拓展救助项目,缓解处于困境中的群体的生存压力。

二、公益慈善组织发展的不足

尽管我国公益慈善组织近年来发展迅猛，但整体上由于起步晚、兴起时间短、发展滞后，尚处于发展初级阶段，我国公益慈善组织在数量、规模、项目运作能力、社会影响力等诸多方面与英、美发达国家或地区存在较大差距，暴露了一系列发展困境问题，包括筹款能力不足、效率不高、难以发挥慈善运作主体的作用等缺陷，远远不能满足社会需求。

1. 法律地位问题

中国民间数以百万计的"草根"组织难以得到合法身份，导致民间公益慈善热情未能充分发挥，大量在体制外运作的公益慈善机构也得不到有效监管。有些公益性慈善组织通过工商注册形式求得生存，有些戴着"非法组织"的帽子开展公益慈善活动，有些网络公益性慈善组织不愿公开身份，网络众筹丑闻不断。这种状况的根源是注册审批制度的不完善及公益慈善组织准入的法律门槛问题，这限制了公益慈善组织的发展，增加了政府引导和监管的难度。

2. 多头劝募问题

当前，我国公益慈善捐赠资源相对稀少，众多公益慈善组织只将目光瞄准大型企业或少数社会知名人士，向社会公众直接劝募的成本大、风险高。现行相关法律、法规由于覆盖面、可操作性问题对规范捐赠行为、劝募行为所起的作用不明显，发起募捐的资格、情形等方面未能明确界定，导致出现直接向企业或慈善家募捐，或通过政府间接施压强制个人或企业捐款，劝募不分时机、不讲条件、不考虑承受能力，有的募捐甚至干扰了企业的正常经营。

3. 公信力问题

根据利益相关者理论，公益慈善组织的公信力可以从狭义和广义两个方面理解。狭义的公信力是指那些能够直接影响公益慈善组织获取资源的利益相关者对公益慈善组织绩效等的评价；广义的公信力则是指，除直接利益相关者外，其他组织和个人对公益慈善组织的公信力评价。

公信力缺失问题是许多公益慈善组织的致命缺陷。自律差、外部监督机制不健全、慈善信息披露不透明，是导致公益慈善组织公信力低的重要原因。另外，没有合法身份也影响"草根"组织公信力的形成，进而影响公益慈善资金的筹集。慈善认知、普遍信任、媒体认知、慈善事件等因素共同影响人们对公益慈善组织公信力的评价。"郭美美事件"、河南宋庆龄基金会丑闻、上海市卢湾区红十字会天价餐等众多案例表明,由于信息披露不透明、没有严格自律,以及缺乏公正、独立、有效的公共监管制度,公益慈善组织滋生了大量的腐败和丑闻,引发信任危机。

4. 治理能力不足问题

部分公益慈善组织行政化、官僚化倾向严重,体制僵化陈旧,缺乏有效的激励机制,缺乏奋斗目标和使命感,难以适应新时代社会主义的发展要求。"草根"组织大多管理经验不足,缺乏各项制度建设,随意性较大。因此,公益慈善组织普遍缺乏专业化管理,内部治理结构不合理,决策水平低下,专业从业人员素质不高,公益慈善项目的运作和执行能力低下。

三、公益慈善组织发展的思考

1. 把握公益慈善组织的发展趋势

(1)降低支出比例标准,允许开展项目相关投资,在保障安全性的基础上,大力支持公益慈善组织将捐款投资到与其宗旨相关的项目上。

(2)日益社会化和公共化,业务活动涉及经济发展、教育资助及奖学金、自由言论、城市发展、健康、促进社会公正的慈善项目,以及可持续发展等诸多领域。

(3)日益具有开创性和探索性。公益慈善组织通过动员和整合以前尚未发现的资源,承担政府或者企业不愿意承担的风险,弥补政府和市场的失灵,推进医药企业研制新药。

(4)公益慈善组织与营利性组织日渐融合。一方面,公益慈善组织学习营利性组织,以提高组织运营和项目运作效率;另一方面,营利性组织学习公益慈善组织,追求社会效益,履行社会责任,发展社会企业。

2. 公益慈善组织发展的路径

(1)立足国情,积极探索新时代中国特色的公益慈善组织发展之路,将公益慈善组织的发展与中国的文化传统、风俗习惯等历史文化因素结合起来,解决政府失灵、市场失灵产生的社会问题,推动公益慈善组织在促进就业、解决房价过高问题、应对自然灾害等突发事件方面发挥积极作用,促进社会公平、公正。

(2)坚持培育发展与监督管理并重的方针。要放松管制,允许公益慈善组织有较大的发展和活动空间,积极发挥公益慈善组织在社会治理、经济建设、政治建设、文化建设、社会建设中的重要作用;同时,在社会募捐、关联交易等领域进行严格监管,坚持培育发展与监督管理并重的工作方针。

（3）充分发挥财政税收政策的基础性和导向性作用，努力构建政府与公益慈善组织的合作发展关系。中国的财税政策还有很大的改进空间，为此，一方面要促进政府职能转变、强化政府购买服务；另一方面要加大对公益慈善组织税收优惠的力度。

（4）坚持政府监管、行业自律、机构内控与社会监督并举，不断加强公益慈善组织的公信力建设。强化公益慈善组织的信息公开，实现对公益慈善组织的立体化、全方位、多维度监督；加强对公益慈善组织负责人和高级管理人员的信息披露。

（5）强化公益慈善组织的独立性、竞争性、创新性，促进公益慈善组织能力建设。一方面，要尽量与企业、政府保持一定距离，维持平等地位，以便更好地在企业、政府之外发挥应有的作用；另一方面，要保障公益慈善组织树立一种强烈的独立、竞争与创新意识，促使其积极主动了解公益慈善领域的多元化、个性化需求，及时有效地开展服务活动。

（6）合理分工，专业运作，共同推进公益慈善事业发展。引导基金会增强筹集资金能力、资金保值增值能力，参与公益创投和公益招投标，使其成为公益慈善事业的资金提供者；引导社会服务机构积极参与社会管理，提高社会服务能力，实施品牌战略，使其成为公益慈善事业的服务提供者；引导社会团体增强反映诉求和规范行为能力，细化行业领域分工，使其成为公益慈善事业的行动协调者。

（7）尊重客观规律，创造公平的竞争环境，培育公益慈善组织，形成公益慈善产业链，推广公益慈善孵化园，学习国外公益慈善创新模式，完善公益慈善组织联合行动机制，从而推动形成社会领域自我发育、自我成长、自我完善的公益慈善组织体系。

第四节　典型的公益慈善组织

一、国际领袖基金会

国际领袖基金会（International Leadership Foundation，ILF），是美国著名的青年领袖人才训练机构，是以提升美国亚裔地位、促进美国和亚太地区国际交流、培养未来国际青年政治经济领袖为宗旨的非营利性组织。国际领袖基金会提供奖学金和领袖训练，每年培养150名美国亚裔优秀学生，到美国联邦政府各行政部门实习训练，参观、了解美国国会、白宫的运作，并参加政府公共政策训练课程，以培养青年学生的创造力、执行力、竞争力和国际观。

国际领袖基金会每年举办"国际青年领袖培训计划"。亚太地区国家遴选的优秀青年，与国际领袖基金会甄选的"暑期公共事务实习计划"的美国优秀亚裔大学生相互研习，共同探讨国际事务，建立全球青年领袖社群。这个计划的课程内容通常包括美国公共政策、立法程序与议题、国际策略联盟、商业谈判技巧、国际经济走向、全球环保与国际事务研讨，并安排去联合国见习国际会议运作、参观了解美国国会，以规划职业生涯、提高领导才能等。培训期间还安排青年学生参加国际领袖基金会主办的"国际领袖高峰会"、全球卓越领袖奖之颁奖晚会，并与美国联邦政府官员、全球各地区国际领袖基金会顾问、杰出企业家及社团领袖对话。

国际领袖基金会地址及联系方式

International Leadership Foundation

Ronald Reagan Building and International Trade Center

1300 Pennsylvania Avenue, NW, Suit 700, Washington, DC 20004

Tel：（001）202-204-3019

Email: ilf@ileader.org (General Inquiries)；fellow@ileader.org (Fellowship)

二、国际狮子会

国际狮子会（Lions Clubs International）是国际狮子会俱乐部协会（International Association of Lions Clubs）的简称，创立于1917年，其创始人为茂文钟士（Melvin Jones）。国际狮子会总部设在美国芝加哥，是一个国际性志愿服务组织，在全世界超过200个国家和地区共有130多万名会员，主要来自中产阶级，以商人和专业人士为主。20世纪20—40年代，天津、青岛曾建立了狮子会，中华人民共和国成立后被撤销。改革开放以后，我国开始逐渐恢复与国际狮子会的合作关系，国际狮子会领导人也多次率团访华。2005年6月14日，中国狮子联会在北京成立。2006年10月，国际狮子会第一次在中国召开理事会。

国际狮子会的名称，是由英文"LIONS"直译而来的，而"LIONS"由Liberty、Intelligence、Our、Nation's、Safety几个单词的首字母构成，意思是"自由、智慧和我们国家的安全"。国际狮子会的组织宗旨是"我们服务"（We Serve），不涉及政治、宗教、种族和国别等问题，在全球范围内开展医疗卫生、公民教育、助残护老、减灾扶贫、环境保护等多个领域的服务项目，开展了全球性的"视觉第一"行动。国际狮子会的经费来源于各地会员的捐款和会费，它拥有一个庞大的慈善服务基金，并于2007年被《英国金融时报》评为"全球最佳社会组织"。

国际狮子会以茂文钟士（Melvin Jones）的名字命名了两个奖项。①茂文钟士会员奖。该奖是狮子会国际基金会（LCIF）以茂文钟士的名字命名的最高荣誉奖项，旨在奖励个人对人道主义服务的贡献，会员将获得国际狮子基金会颁发的 1 枚勋章和 1 块牌匾。②茂文钟士会员进阶奖（PMJF）。该奖项表彰那些比茂文钟士会员奖的捐款限额多 1000 美元或以上的个人，或者以茂文钟士会员的名义比捐赠限额多 1000 美元以上的团体。如果会员每年坚持捐 1000 美元，他将成为茂文钟士进阶会员；如果连续 11 年捐款，将会得到一套 11 枚的茂文钟士会员勋章（1 年 1 枚）。

国际狮子会在为盲人和视力受损人士提供服务方面享誉全球，因此被称为"盲人的骑士"：为盲人提供白杖作为标记；建议并支持世界上绝大部分的眼库及数百家眼科研究中心、眼科医院和诊所；每年为发展中国家募集眼镜。例如，中国卫生主管部门、中国残疾人联合会与国际狮子会从 1997 开始合作开展为期十年的"视觉第一·中国行动"项目，国际狮子会拨款 3000 万美元为中国数百万名白内障患者实施了复明手术，培训了大量基层眼科医务人员，提高了我国西部贫困地区的眼科医疗水平。

小贴士

国际狮子会的"八大目的"和"八大信条"

1. 国际狮子会的"八大目的"（Lions International Purposes）

（1）创设督导狮子会，落实社会服务（To organize, charter and supervise service clubs to be known as Lions clubs）。

（2）协调会务活动，建立运作准则（To coordinate the activities and standardize the administration of Lions clubs）。

（3）增进国际了解，促进世界大同（To create and foster a spirit of understanding among the peoples of the world）。

（4）弘扬仁政理论，培育优秀公民（To promote the principles of good government and good citizenship）。

（5）关怀社会福祉，恪守道德规范（To take an active interest in the civic, cultural, social and moral welfare of the community）。

（6）加强会际交流，巩固狮子友谊（To unite the clubs in the bonds of friendship, good fellowship and mutual understanding）。

（7）热心讨论公益，勿涉政教争议（To provide a forum for the open discussion of all matters of public interest; provided, however, that partisan politics and sectarian religion shall not be debated by club members）。

（8）不求个人利益，提升工商水平（To encourage service-minded people to serve their community without personal financial reward, and to encourage efficiency and promote high ethical standards in commerce, industry, professions, public works and private endeavors)。

2. 国际狮子会的"八大信条"（Lions Code of Ethics）

（1）忠于所事，勤勉敬业，竭诚服务，争取荣誉（To show my faith in the worthiness of my vocation by industrious application to the end that I may merit a reputation for quality of service）。

（2）守正不阿，光明磊落，取之以道，追求成功（To seek success and to demand all fair remuneration or profit as my just due, but to accept no profit or success at the price of my own self-respect lost because of unfair advantage taken or because of questionable acts on my part）。

（3）诚以待人，严以律己，自求奋进，勿损他人（To remember that in building up my business it is not necessary to tear down another's; to be loyal to my clients or customers and true to myself）。

（4）牺牲小我，顾全大局，争论无益，忠恕是从（Whenever a doubt arises as to the right or ethics of my position or action towards others, to resolve such doubt against myself）。

（5）友谊至上，服务为先，绝非施惠，贵在互助（To hold friendship as an end and not a means. To hold that true friendship exists not on account of the service performed by one another, but that true friendship demands nothing but accepts service in the spirit in which it is given）。

（6）言行一致，尽心尽力，效忠国家，献身社会（Always to bear in mind my obligations as a citizen to my nation, my state, and my community, as to give them my unswerving loyalty in word, act, and deed. To give them freely of my time, labor and means）。

（7）关怀疾苦，扶弱济困，人溺己溺，乐于助人（To aid others by giving my sympathy to those in distress, my aid to the weak, and my substance to the needy）。

（8）多加赞誉，慎于批评，但求辅助，切莫诋毁（To be careful with my criticism and liberal with my praise; to build up and not destroy）。

三、中国红十字会

中国红十字会是从事人道主义工作的社会救助团体，是中华人民共和国统一的红十字组织，以弘扬"人道、博爱、奉献"的红十字精神、保护人的生命和健康、促进人类和平进步事业为宗旨。中国红十字会于1904年成立，1950年中华人民共和国对中国红十字会进行了协商改组，由周恩来总理主持修改《中国红十字会章程》。1952年，中国红十字会恢复了在国际红十字运动中的合法席位，成为国际红十字运动的重要成员。中华人民共和国成立初期，中国红十字会在协助政府履行《日内瓦公约》、处理战争遗留问题、开展民间外交、宣传卫生防病知识、保护人民生命与健康等方面做了大量卓有成效的工作。改革开放以来，中国红十字事业取得了长足的发展。

中国红十字会使用的标志为加名称的白底红十字标志，红十字由5个相等的正方形组成。红十字标志是国际人道主义保护的标志，是武装力量医疗机构的特定标志，是红十字会的专用标志。1993年10月，第八届全国人民代表大会常务委员会第四次会议通过了《中华人民共和国红十字会法》，使中国红十字事业有了法律保障。2015年中国红十字会召开第十次全国会员代表大会，通过了《中国红十字事业2015—2019年发展规划》。近年来，中国红十字会积极拓展人道主义服务领域，红十字人道主义救助工作取得新突破，各级红十字会在开展健康促进、大病救助、扶贫帮困、捐资助学等经常性人道主义救助工作的同时，也在兴办与医疗、养老等相关的公益慈善事业，"红十字博爱家园""红十字博爱送万家""红十字天使计划"等项目已经成为品牌项目，其中"红十字博爱家园"项目就是以"推动社区治理、提升社区能力、逐步实现脱贫、促进社区发展"为目标的人道主义公益服务项目。此外，中华骨髓库成为拥有世界上最多健康适龄捐献者社会信息和人类遗传信息的血样样本库；中国红十字志愿者达数百万人，志愿服务涉及应急救援、卫生关怀、人道主义救助、造血干细胞捐献、遗体捐献、无偿献血宣传、预防艾滋病宣传、红十字精神传播、筹资劝募、红十字青少年教育、社区服务等多个领域。

> **小贴士**
>
> **中国红十字会的主要职责**
>
> （1）备灾救灾：积极开展自然灾害救助工作，除在紧急阶段实施救援工作外，还要进行灾后重建。
>
> （2）卫生救护：依法开展初级卫生救护培训和防病知识的宣传普及工作，在易发生意外伤害的行业和基层组织培训救护员，组织群众参加意外伤害和自然灾害的现场救护。
>
> （3）卫生关怀及人道主义救助：协助政府开展无偿献血的宣传推动工作，对先进单位和个人进行表彰；推动遗体（器官）捐献工作；开展艾滋病预防宣传和健康教育。
>
> （4）红十字宣传和筹资：传播人道主义相关法律法规、《日内瓦公约》及红十字运动的基本原则、《中华人民共和国红十字会法》《中华人民共和国红十字标志使用办法》《中国红十字会章程》；开展"红十字博爱周"、公益广告等多种形式的宣传，弘扬"人道、博爱、奉献"的红十字精神；通过短信募捐、网上募捐、邮局汇款、银行转账等多种途径积极开展筹资工作。
>
> （5）红十字青少年教育：在各级各类学校对红十字青少年进行人道主义教育和自救互救知识教育，开展社会服务活动，改善学生健康状况；开展国际交流，增进与各国红十字青少年的友谊。
>
> （6）国际合作：参加国际人道主义救援工作，每年对世界各国遇到的重大灾害提

供紧急救助；开展与国际红十字和各国红十字会或红新月会及其他国际组织的交流与合作。

(7) 中国港澳台地区事务：开展海峡两岸红十字组织水上救护培训及红十字青少年夏令营等多领域、多层次的交流活动；与中国香港地区红十字会合作开展备灾、救护培训、志愿服务等项目，与中国澳门地区红十字会合作开展地方病防治、灾后重建等项目。

四、中华慈善总会

中华慈善总会（China Charity Federation，CCF）成立于 1994 年 4 月，是经政府批准依法注册登记的，由热心公益慈善事业的公民、法人及其他社会组织志愿参加的全国性非营利公益社会团体。中华慈善总会的宗旨是发扬人道主义精神，弘扬中华民族扶贫济困的传统美德，帮助社会上不幸的个人和困难群体，开展多种形式的社会救助工作。中华慈善总会的任务是募集社会善款，资助、兴办各类慈善事业和社会公益事业，广泛开展国际合作与交流，组织热心慈善的志愿者队伍，开展多种形式的社会慈善活动。作为中国第一个以"慈善"命名的全国性慈善组织，中华慈善总会坚持"立足民政、面向社会，以社会救助为中心"的工作方针。经过 20 多年的不断完善，中华慈善总会已经建立了覆盖全国各地的、规模巨大的慈善救助体系，极大地促进了中国公益慈善事业的发展壮大。

小贴士

中国慈善总会开展的主要业务

(1) 筹募善款。建立、筹募和管理中华慈善基金及各专项基金；接受自然人、法人及其他组织的捐赠；组织各种形式的募捐活动，为困难群体提供物质扶助和精神抚慰。

(2) 赈灾救助。协助或受政府委托开展救灾赈济工作；接受、分配、调拨国内外通过中国慈善总会捐赠的赈灾款物；接受政府委托并根据实际需要生产、储运、发放救灾物资；抚慰救灾勇士。

(3) 扶贫济困。组织各种社会活动，扶助困难群体，开展扶贫救济工作。

(4) 慈善救助。开展安老、抚孤、助残、助医、助学等各种慈善救助活动。

(5) 公益援助。参加和推动文化、教育、卫生等其他社会公益慈善援助事业；组织热心支持、参与公益慈善事业的志愿者队伍，开展多种形式的公益慈善活动。

(6) 交流与合作。总结交流经验，展示工作成就；加强同世界各国及国际公益慈善机构的联系与合作，为在我国兴办公益慈善事业的人士、企业及各种机构提供帮助和服务；参与国际间的慈善援助活动。

（7）举办符合中国慈善总会宗旨的非营利机构，并开展相关的业务活动，筹措慈善资金。

（8）开展慈善宣传和业务培训，普及慈善意识，进行慈善理论与发展战略研究。

（9）对单位会员的工作进行业务指导，促进地方慈善事业的发展；总结、表彰先进慈善工作集体和个人；反映各界人士的意见、建议和要求，为国家制定有关方针、政策和法规提供咨询性意见。

五、中国红十字基金会

中国红十字基金会（简称中国红基会）成立于 1994 年 3 月，是中国红十字会总会主管的、经民政部登记注册的、具有独立法人地位的全国性公募基金会，以弘扬人道、博爱、奉献的红十字精神为宗旨，以致力于改善最易受损害人群的境况、关注和保护人的生命和健康为使命。

中国红基会主要实施两大系列的公益项目：一个是助医领域的"红十字天使计划"，另一个是助学系列的"博爱助学计划"。其中，"红十字天使计划"初步形成了包括援建乡村博爱卫生院（站）、培训乡村医生、开展贫困农民和儿童大病救助 3 个方面的内容，有直接捐资救助和资助设备通过定点医院免费治疗救助两种救助模式，大病救助种类包括白血病（小天使基金）、先天性心脏病（天使阳光行动）、脑瘫（天使之爱行动）、进行性肌营养不良（奔跑天使基金）、唇腭裂（嫣然天使基金）、目盲（光明天使基金）、聋哑（天使回声基金）、癌症（贫困肿瘤患者救治行动）、城市亚健康（行者基金）等 10 多个病种；而"博爱助学计划"的主要目标是帮助贫困地区的农村改善教学条件，资助贫困家庭的孩子上大学。

> **小贴士**
>
> **中国红十字会和中国红十字基金会的区别和联系**
>
> 中国红十字会和中国红十字基金会这两个上下属单位的人员任职互有交错，中国红十字基金会的理事通常来自中国红十字会，二者在社会募捐上有一些同质化的趋势。
>
> 但是，中国红十字会与中国红十字基金会是两个不同的组织。
>
> 首先，法律依据不同。中国红十字会的管理依据是《中华人民共和国红十字会法》；而中国红十字基金会按照基金会设立管理条例来运作，是独立法人。
>
> 其次，组织职能不同。中国红十字会行使很多行政职能，同时接受募捐；而中国红十字基金会依靠项目支持，以项目来组织募捐并获得资金。

再次，财权、人事权彼此独立。中国红十字会和中国红十字基金会的财政、人事等是完全独立的。

最后，社会服务方式不同。中国红十字会被称作人道主义救援机构，主要在自然灾害、战争发生时进行社会募捐；而中国红十字基金会是典型的慈善机构，业务范围比中国红十字会更广泛。

六、中国青少年发展基金会

中国青少年发展基金会（China Youth Development Foundation，CYDF；简称中国青基会），是具有独立法人地位的非营利社会团体，由共青团中央、中华全国青年联合会、中华全国学生联合会和全国少先队工作委员会于 1989 年 3 月联合创办，属于全国性公募基金会，募捐地域为中国及许可中国青基会募捐的国家和地区，以"爱心托起明天的太阳"作为中国青少年发展基金会的标识，其发起实施的"希望工程"是我国社会参与最广泛、最富影响力的民间公益事业。

中国青基会的使命是通过资助服务、利益表达和社会倡导，帮助青少年提高能力，改善青少年成长环境，并倡导"社会责任、创造进取、以人为本、追求卓越"的价值观。中国青基会实施的项目有"希望工程"、希望医院、保护母亲河、红丝带行动、展望计划等，涉及教育、环保、文化、卫生等方面。

> **小贴士**
>
> **中国青基会的业务范围**
>
> （1）组织实施符合中国青基会使命的资助、服务和救灾援助项目；
> （2）面向国内外开展符合中国青基会使命的募捐活动；
> （3）组织和资助开展有益于青少年身心健康的各项活动；
> （4）支持并组织实施青少年研究和非营利组织发展的研究；
> （5）奖励青少年优秀人才及为青少年事业做出杰出贡献的个人和团体；
> （6）开展与港澳台同胞、海外侨胞、国外友好团体和人士，以及国际青少年组织、非营利组织的友好交流与合作；
> （7）章程规定的投资活动；
> （8）创造公平的教育机会和人生机遇。

七、中国宋庆龄基金会

中国宋庆龄基金会（China Song Ching Ling Foundation，SCLF）成立于 1982 年

5月，是为纪念曾任中华人民共和国名誉主席的宋庆龄女士而设立的，原名宋庆龄基金会，2005年9月更名为中国宋庆龄基金会。中国宋庆龄基金会的职能机构包括办公室及基金会联络部、事业发展部和人事保卫部；其直属事业单位有中国宋庆龄基金会机关服务中心、宋庆龄故居管理中心、中国宋庆龄基金会研究中心、宋庆龄儿童科学技术馆、中国宋庆龄基金会培训交流中心、《环球慈善》杂志社和中国宋庆龄基金会事业发展中心。2017年，为纪念海峡两岸开放往来30周年，中国宋庆龄基金会举办了"二十年再相聚"两岸青年交流活动。

> **小贴士**
>
> **中国宋庆龄基金会的宗旨、任务**
>
> 中国宋庆龄基金会的宗旨是继承和发扬宋庆龄毕生致力的理念：增进国际友好，维护世界和平；开展两岸交流，促进祖国统一；关注民族未来，发展少儿事业。其主要任务是：
>
> （1）弘扬孙中山、宋庆龄伟大思想和精神，深入挖掘其学术和人文价值；
>
> （2）扩大同国际知名组织、公益机构、友好人士的交往、联系与合作；
>
> （3）联络孙中山、宋庆龄亲友及后代，团结海内外爱国同胞，广聚人才和智力资源；
>
> （4）推动中国大陆地区与中国台湾、香港、澳门地区的多领域、多层次的交流与合作；
>
> （5）发展公益慈善事业，多渠道、多形式募集基金，关注民生，扶危济困，促进社会和谐；
>
> （6）创办有益于少年儿童健康成长和妇幼福利事业发展的公益服务设施，组织开展相关业务与活动。

八、"希望之光"

"希望之光"成立于2002年4月，是由网友们基于对农村问题的关注、源于"行胜于言"的共同理念、出于理性和良心而自发形成的、义务参与的、纯民间性的、纯公益性的、松散性的、开放性的农村贫困学生助学网站。

"希望之光"的目标是利用网络传播工具，尽最大努力唤起社会公众的正义、良知与爱心，在思想上关注并通过实际行动来资助贫困学生重返校园以完成小学、初中、高中学业，促使人们提高对农村教育的重视，增强个人对国家和民族的忧患意识和责任感。

"希望之光"是典型的民间公益慈善组织，其特性是：①民间性，由网友们基于对农村问题的关注而自发组织和义务参与的纯民间的农村贫困学生助学网站，所有成员都秉持公民健康理性，出于理性和良心而自愿、义务地参与；②公益性，其目标是尽可能地帮助和改变困境之中的贫困学生的命运，而决不以追逐任何名利为目的，并时刻警惕任何带有商业目的或其他足以妨碍其宗旨的言论和行为；③开放性，在开放性及松散性的基础上追求高效，其活动是业余性的、公益性的，尽可能不妨碍成员的本职工作和家庭生活，鼓励所有认可该理念并关注公益事业的人随时加入，也不设置任何障碍给希望离开这个团体的人；④谨慎性和务实性，以冷静低调的态度和务实的精神开展工作，以同样冷静低调和谨慎的态度面对大众和媒体，接受来自网络和现实的任何建议、帮助、监督、质疑。

小贴士

"希望之光"的工作内容

"希望之光"通过网络社会和现实社会的互动，优先资助那些最贫困地区最需要帮助的贫困学生，认真负责地做好每个资助个案。工作内容具体如下。

（1）收集、整理、核实农村贫困地区的贫困学生信息。信息来源主要为贫困地区的团委、教委、妇联等纯官方途径及学校等半官方途径；在此基础上，由义工进行实地调查核实，以确保资料的真实、准确；同时，也接受网友提供的信息，并对信息通过官方和义工进行核实。

（2）将同时经过官方和实地核实的资料在"希望之光"网站发布，利用网络传播引起公众对因贫困而上学困难重重的学生的关注，引导公众将精神上的关注转化为切实的资助行动，帮助贫困学生重返校园或得以继续求学。

（3）愿意资助的个人根据上述资料直接将资助款项汇给学生，"希望之光"不接受也不转递任何对失学儿童的捐助。

（4）通过官方途径的确认和当地团委、教委、妇联、学校等提供的相关证明，以及义工和有条件网友的实地核实，跟踪调查和监督捐赠人所资助款项是否真正让被资助对象受益、是否真正用于支持学生继续学习，并及时向捐赠人反馈被资助对象的近况及资助款项的使用情况。

（5）交流、探讨中国教育现状，关注农村问题，倡导人文关怀精神和对生命价值的认知。

本章提要

1. 公益慈善组织是以慈善为目的，利用慈善资源为社会无偿服务的非营利性组织。基金会是指用自然人、法人或者其他组织捐赠的财产，以从事公益事业为目的，依法成立的非营利性法人。

2. 公益慈善组织开展多种形式的社会救助、扶助工作，促进社会事业的发展。在调节贫富差距、减轻政府负担、促进民主等方面发挥着重要作用。

3. 公益慈善组织迅速发展，救助面越来越广泛，并成为吸纳就业和服务社会的重要平台。同时，公益慈善组织的发展也遇到一些问题，如法律地位、多头劝募、公信力、内部治理和能力建设等方面的问题。

4. 美国慈善基金会分为企业基金会、独立基金会、家族基金会、运作型基金会和社区基金会。

5. 中国各基金会的成立不仅意味着中国高收入阶层或企业的捐赠活动已从随机性扶危济贫方式走向了制度化、规范化的模式，还意味着中国慈善捐助方向具有了鲜明的企业特征与个性色彩。基金会的设立有助于促进企业的形象建设与业务发展。

6. 基金会的劝募具有以下特征：以慈善名义展开筹款活动；捐助各种资源或技能；注重规范管理，降低开支，打造良好的公信力；富有号召力的明星成为积聚捐助人的一大招牌。

7. 典型的公益慈善组织有国际领袖基金会、国际狮子会、中华慈善总会、中国红十字会、中国红十字基金会、深圳"壹基金"公益基金会等。

案例分析

【案例4-1】微公益之殇：莫让"一元捐"成绝响

来源：党生翠.《中国民政》, 2018年第1期, 第56页, 有删节。

2017年，"两个一"事件——"一元画"与"同一天生日"占据朋友圈头条。前者筹款逾1500万元，后者不到2天筹得250万元。"同一天生日"这场看似骄人的公益奇迹，据说是4人为366名贫困儿童精准扶贫提供技术支持的筹款项目。然而，为何在48小时后出现过山车式的反转，被主管部门叫停？

事件初期，公众赞赏互联网时代的微公益奇迹。客观而言，这个数字奇迹得益于两大要素。一是被长期抑制的民间公益热情。传统的主流公益机构或多或少具有官方背景，其主要合作对象是企业，个人的捐赠常常被忽略。另外，民众作为资深看客、侠客锻炼的火眼金睛，使大型公益机构与公众捐赠之间渐行渐远。然而，公众公益认知的提升及公益参与的热情却与日俱增。"一元捐"门槛低、捐赠对象又是贫困家庭的孩子，这种"天时、地利、人和"的公益项目一呼百万应，取得了近似病毒性传播的效应。二是互联网的技术红利。情感传播、熟人传播、多媒体传播，尤其是一对一的定点传播，使得公众期盼的公益透明似乎近在咫尺，唾手可得。

然而，依靠众人之力搭建的公益大厦短短两天就轰然倒塌，根源依然是公益组织不透明、不诚信的"阿喀琉斯之踵"，令百万名捐款者再次愕然。刚刚习惯随手捐，为祖国的儿童在阳光下成长捐钱也捐心，转眼便发现轰轰烈烈的互联网捐赠存在很多问题——同一个孩子不同的姓名，同一个孩子不同生日，甚至有的孩子的生日子虚乌有。本是一场利用互联网技术红利展开的公益启蒙,瞬间转变成另一个塔西佗陷阱丑闻,也坐实了我国微公益事业尚处于初级阶段的结论。

事件的另一面,被质疑的募捐方也振振有词,"我们是在测试。""我们只有4个工作人员。""我们只是输入错误。""一切的公众指责都不是事儿,而是你们对技术瑕疵太苛刻,对募捐方太多疑。"只是这样的辩解并不高明,我们对此既陌生又熟悉。此前的"中国儿童少年基金会账单事件""郭美美炫富引发的红十字会事件",都同样充满了彼此的误会与误解,令刚刚起步的公众捐赠伤痕累累、踯躅不前。不一样的是,"一元捐"中公益平台转移到了互联网、社交媒体上。公众以为有了新技术就接近了透明与诚信。不曾想,仅仅有了硬件的提升,不过是"新瓶装旧酒"。一样的是工作人员的敷衍态度,一样的是粗糙的技术水平,一样的是跌破底线的辩解与申诉,一样的是对公众公益之心缺乏敬畏。

须知慈善无小事。特别是在互联网平台上,任何一条微内容都会与社会情绪、舆论生态发生连锁反应,形成一损俱损的蝴蝶效应事件。技术使得这种正效应与负效应呈级数扩大。立足于互联网环境的微公益若想使技术红利发挥正能量,需要更靠谱的技术应用,需要更专业的公益运作、更纯真的公益心。时至今日,美国学者萨拉蒙在20世纪就提出的公益组织存在业余性会导致"志愿失灵"的断言依然具有意义。提升公益组织自律性及专业度仍是当前互联网微公益的不二法门。

此外,《中华人民共和国慈善法》中互联网募捐平台的遴选仅通过行政手段为公众募捐增加了诚信保障,但若不及时监管其他小微平台,同样会损害国家形象、社会信任与组织效率。否则,决不会出现同一家机构两次被公众质疑的荒唐事件。公众在阴影中舔舐被伤害的伤口,主管依然在按部就班地调查,公益机构又在摩拳擦掌谋划着下一场公益盛事。我们呼唤公益机构的敬畏心与专业度,期待公益监管的顶层设计,也鼓励自己勇敢地忘却,为了下一个捐赠对象该出手时再出手。

问题

1. 互联网筹款平台和模式为公益慈善组织发展带来了什么利与弊?
2. 什么是透明公益慈善?在互联网时代,如何提升公益慈善组织的透明度?
3. 公益慈善组织怎样提升自身的公信力?

思考与练习

一、名词解释

1. 公益慈善组织
2. 基金会
3. 公信力

二、简答题

1. 简述公募基金会与非公募基金会的区别和联系。
2. 简述公益慈善组织的职责和作用。
3. 公益慈善组织可以在社会资源分配中扮演什么角色？

三、论述题

1. 试讨论中国当前公益慈善组织的公信力现状，并分析如何进行公信力建设。
2. 论述美国大学基金会的管理运营模式对中国高校基金会发展带来的启示。

参考文献

[1] 中国社科院社会政策研究中心. 2009 中国慈善事业发展报告[M]. 北京：社会科学文献出版社，2009.

[2] 张明. 社会转型期我国慈善组织发展的 SWOT 分析及对策研究——基于 A 省慈善总会的个案研究[D]. 长沙：湖南师范大学，2010.

[3] 刘忠祥. 美国非营利组织运作和管理的启示与思考[J]. 社团管理研究，2011（3）：19-25.

[4] 何卫卫. 慈善基金会运作机制探索[D]. 济南：山东大学，2007.

[5] 基金会中心网. 美国家族基金会[M]. 北京：社会科学文献出版社，2013.

[6] 中国社科院社会政策研究中心. 2017 中国慈善事业发展报告[M]. 北京：社会科学文献出版社，2017.

[7] 石国亮. 慈善组织公信力的影响因素分析[J]. 中国行政管理，2014（5）：95-100.

[8] 吕旭峰. 我国教育捐赠问题研究[D]. 郑州：河南大学，2011.

[9] 中研普华集团. 2017—2022 年中国基金会持续运营及发展模式分析报告[R]. 智研咨询集团，2017.

第五章 公益慈善活动 05

知识目标

1. 掌握公益慈善活动的概念
2. 掌握公益慈善活动的内容
3. 了解公益慈善品牌及其建设路径
4. 掌握公益慈善市场化的概念
5. 了解宗教公益慈善的概念、特征及其活动领域

能力目标

1. 掌握公益慈善活动平台的分类
2. 掌握如何撰写公益慈善活动的项目策划书
3. 掌握公益慈善项目评估流程及评估指标

素质目标

1. 理解公益慈善活动风险管理的意义和价值
2. 正确地认识和把握公益慈善市场化

第一节　公益慈善活动概述

一、公益慈善活动的概念

所谓公益慈善活动，是指公益慈善组织或其他社会组织、政府、企业、公民个人基于慈善和公益目的所开展的一系列活动或项目。根据《中华人民共和国慈善法》第三条的规定，公益慈善活动具体包括：①扶贫、济困；②扶老、救孤、恤病、助残、优抚；③救助自然灾害、事故灾难和公共卫生事件等突发事件造成的损害；④促进教育、科学、文化、卫生、体育等事业的发展；⑤防治污染和其他公害，保护和改善生态环境；⑥其他公益活动。

公益慈善事业的从业者、管理者和实施者，通过计划、组织、领导、协调、沟通、控制等手段，调动、组织大量的人力、物力、财力，进行一系列用于公益慈善事业的具体活动或项目开发，其主要作用是通过募捐、筹集的物资、财产或其他捐赠物，帮助需要社会帮助的对象。公益慈善活动是公益慈善组织的主要工作。对公益慈善活动进行良好、高效的管理，是一个公益慈善组织存续的关键所在。需要特别指出的是，根据第一章关于公益慈善事业的概念界定，公益慈善活动是由社会各界提供的慈善活动或其他公益活动，不包括政府提供的公共工程或公共事业的建设行为和经营活动，也不包括营利性组织提供的、具有回报的公共工程或公共事业的建设行为和经营活动。此外，多数国家都在法律、法规或规章中明确了公益慈善活动的范畴，主要包括如下内容。

（1）以金钱、物质、设备或其他形式向商业组织提供帮助，以及向政党、政治运动、政治小组提供帮助，都不是公益慈善活动。

（2）以宣传宗教教义、举行宗教仪式、教育和发展信徒为主要目的的活动，不是公益慈善活动。

（3）以推广、支持或反对某一政治主张为主要目的的活动，或以推举、支持或反对某一公职及公职人员（如政治人物、政党候选人）为目的的活动，不是公益慈善活动。

（4）针对某些直接利益相关的、特定人的服务，而非平等的、普惠性的服务活动，也不是公益慈善活动。

（5）禁止在实施民主选举等政治活动的同时开展公益慈善活动；禁止在实施公益慈善活动的同时就民主选举等政治问题进行鼓动宣传。

二、公益慈善活动的现实意义

公益慈善事业是政府失灵、市场失灵的重要补充。因此，公益慈善活动具有如下社会意义和经济意义。

1. 社会意义

其一，弥补政府的不足。政府失灵的存在，使各地区资源分配不均、地区差异极大，一部分群体的利益诉求难以得到满足；而公益慈善活动可以弥补政府短板。

其二，履行社会责任。公益慈善活动是一种实实在在履行社会责任的行动。公民个人不仅需要进行慈善捐助、参与解决社会问题、努力减轻企业价值链活动对社会可能造成的损害，还需要在实现自身价值的同时，寻求个人发展与社会进步共享价值的机会。

其三，维护社会文化价值。公益慈善活动也在传播某种公益慈善理念，这有利于构建和谐友爱的社会氛围，融洽社会关系，促进社会发展。公益慈善活动是社会进步的体现。

2. 经济意义

其一，弥补市场的不足。市场具有逐利性、集聚性，资源会向少部分人与少部分地区集聚，一些存在特殊困难的个人或群体在市场竞争条件下难以生存。公益慈善活动能有效弥补市场的不足，促进社会的整体发展。

其二，公益慈善活动促进了经济增长。公益慈善活动是社会的稳定剂，有助于改变投资、贸易和商业环境，为市场发展注入活力；同时，企业的生产经营活动与公益慈善活动结合起来，有助于增加企业的知名度、美誉度和影响力，提高经济效益。

三、开展公益慈善活动的原则

1. 扶贫与助困

公益慈善活动是一种救济帮扶行为，施者与受者是公益慈善活动的两个基本要素。公益慈善活动的目的在于重点解决存在特殊困难群体或个人的基本生活问题，帮助这类人排忧解难、渡过难关。

2. 公正与公开

公益慈善活动的募款、捐赠程序公开、透明，公益慈善资金的管理、使用公开，充分尊重捐赠人的意愿，公益慈善组织的财务收支情况、资金账目等接受社会监督。

3. 自愿与无偿

公益慈善活动是自愿的、无偿的，参与者自主选择参与活动的方式、时间，禁止任务摊派，禁止强制捐赠，禁止限制公益慈善受助对象。

4. 政府推动

公益慈善活动在国家法律、法规或规章的制度框架下开展；政府或政府授权的组织依法支持、引导、监督公益慈善活动，维护公益慈善组织和捐赠人、受助对象的正当权益。

5. 尊重人性

公益慈善活动要充分尊重受助对象的意愿，充分保护受助对象的自尊和隐私，消除受助对象的心理负担。同时，充分尊重捐赠人的意愿，根据捐赠人的意愿采取保密措施与捐赠方法。

四、公益慈善活动的内容

公益慈善组织或其他机构、个人、企业所开展的公益慈善活动，要坚持"立足民政、面向社会，以救助为中心"的工作方针。对《中华人民共和国慈善法》第三条关于公益慈善活动的界定范围加以细化、分类，可以将公益慈善活动的主要内容归类为以下 8 个方面。

（1）筹募善款。组织各种形式的募捐活动，接受自然人、法人及其他组织的捐赠，建立、筹募和管理公益慈善基金及其他专项基金。

（2）赈灾救助。依法独立地或协助政府或受政府委托开展救灾赈济工作；接受、分配、调拨国内外通过公益慈善组织或其他单位、机构捐赠的赈灾款物；接受政府委托并根据实际需要生产、储运、发放救灾物资；慰问救灾勇士；为存在特殊困难群体提供物质扶助或精神帮扶。

（3）扶贫济困。组织各种社会救济活动，救助、扶助存在特殊困难群体或个人，开展扶贫救济工作。

（4）慈善救助。开展安老、抚孤、助残、助医、助学、心理康复等各种慈善救助帮扶活动。

（5）公益援助。参加并推动文化、教育、科学、卫生、体育等社会公益事业的发展；组织热心参与公益慈善事业的志愿者队伍，开展多种形式的志愿服务。

（6）交流与合作。加强同国内外公益慈善组织的联系与合作，为兴办公益慈善事业的人士、企业及各种机构提供帮助和服务；参与地区间的慈善援助活动；反馈和反映社会各界人士的意见、建议和诉求；总结交流公益慈善工作经验，推广公益慈善典型，表彰先进公益慈善工作集体和个人。

（7）宣传与培训。开展公益慈善的宣传、教育和业务培训，推进公益慈善意识、社会责任意识和公共精神的塑造、提升，探索公益慈善事业的健康发展道路。

（8）业务指导。对公益慈善组织的个人或单位会员的工作进行业务指导；为党和国家的公益慈善政策与决策提供咨询意见。

五、公益慈善活动的平台

1. 网络公益平台

（1）App 公益平台。公益慈善活动网络化趋势不断加强，可以利用移动通信平台，如 QQ 群、微信、微博和各种社交 App 组织动员广大群众开展公益慈善活动。公益慈善活动包括救孤助残、赈灾救援、抗击疫情等；公益慈善组织可接受单位或个人的捐赠。

（2）公益慈善网站。以公益慈善为目的建立的网站，如为爱心助学项目建立的"爱心公社"公益网站、腾讯公益网、阿里公益网等。

（3）商业慈善活动。网上购物商城中慈善网店成了普遍现象。商家将商业活动与公益慈善活动联系在一起，以卖出一件商品捐赠多少钱的形式展开销售活动。消费者只要在这些网店网购，就能参与到一些公益慈善活动中。此外，支付宝推出的"蚂蚁森林""蚂蚁庄园"按照消费额领取能量来完成一定任务，从而参与植树及爱心捐赠活动。

（4）网络众筹。近几年，"轻松筹""水滴筹"等纷纷进入大众视野，且因为其快捷、方便的特点，被人们普遍接受。其中，"轻松筹"将目标聚焦在公众健康保障领域，各功能版块均与百姓健康保障息息相关，其推出的"大病救助"模式帮助众多病患解决了医疗费问题。

2. 传统公益慈善平台

（1）慈善组织认捐。通过公益慈善组织进行捐赠，包括捐赠人到慈善机构捐赠、慈善组织上街募捐等形式，而捐赠的公益慈善资金由公益慈善组织自由发放给捐助对象。

（2）一对一捐赠。捐赠者将自己的关爱直接送给需要帮助的人，以自己或匿名的形式对某些特定对象进行捐助。"春蕾计划"就是以一对一的形式资助贫困女童完成小学、初中或高中学业。

（3）慈善拍卖会。拍卖也称竞买，是商业活动的一种方式，卖方把商品卖给出价最高的人，拍卖所得部分或者全部将用于公益慈善事业。

（4）慈善义演。由演出者以个人名义开展，或者由公益慈善组织、政府举办，邀请演艺界、体育界的知名人士、明星参与，活动开展的目的或为筹款，或为慰问演出。

（5）慈善义卖。社会爱心人士将自己所有的物品或筹集而来的物品进行销售，销售所得捐赠给公益慈善组织。这种活动方式在大学生慈善组织中尤为常见。大学生慈善组织通过组织筹集图书、衣物等，再展开义卖活动，将筹款捐赠给贫困山区。

（6）志愿服务。志愿者贡献个人的时间及精力，在不获取任何物质报酬的情况下服务社会公众，促进生产、生活和社会进步，包括利用自己的时间、技能、资源、爱心为社区邻里、社会组织提供无偿的、非职业化的援助、救助、扶助和帮助等。

3．媒体公益慈善平台

（1）电视公益慈善活动。电视公益慈善活动秉承"维护公众利益，提供优质文化产品"的理念，通过报道公益慈善活动、宣传公益慈善精神、举办公益慈善义演、开设公益慈善电视栏目来开展公益慈善事业，使电视媒体的喉舌功能得以实现新突破，在全社会最广泛人群中获得极大的认可度和美誉度，在观众心目中播撒下善良的种子。

（2）广播公益慈善活动。广播的策划者、组织者通过广播号召广大听众奉献爱心，主要出现在自然灾害等社会公共危机事件中。随着网络的出现，广播公益慈善活动在今天较少采用，公益慈善活动的宣传从线下向网络发展，从地区逐渐向外扩大。

（3）新闻公益慈善活动。新闻公益慈善活动是以新闻报道的形式号召公众关注慈善、奉献爱心。这种公益慈善活动通过对某一事件进行专门报道来引起社会关注，号召公众贡献力量。

4．商业公益慈善平台

随着经济、社会、政治、文化的进步，越来越多的企业热心于赞助公益慈善事业。其中，一部分企业的公益慈善活动可能比较单纯、纯粹，而另一部分企业所运作的公益慈善活动可能会与商业活动捆绑在一起，和其他经营活动一样带有一定的功利追求，或在一定程度上体现为一种高明、艺术的商业广告，具有商业广告和品牌营销特征。后一部分企业的公益慈善活动可以称为商业公益慈善活动，实现了公益与商业的共同发展，充分调动了商业界参与公益慈善事业的积极性，成为当前我国非常重要的公益慈善活动方式。

（1）公益营销。商业与公益慈善事业的结合，往往是将社会公益与公益营销进行结合。企业以自身名义举办公益慈善活动，支持公益慈善事业，在承担企业社会责任的同时，扩大了企业及其产品（服务）、品牌的社会影响力。例如，2005年11月21日，吉林化工厂爆炸导致松花江污染，哈尔滨等地出现饮水危机。当时，娃哈哈、汇源、雀巢等饮料生产企业纷纷向哈尔滨的医院、学校等单位捐赠瓶装纯净水。企业做出捐赠瓶装纯净水这一慈善行动，牢牢把握了公益慈善项目与企业产品的关联性，使社会在高度关注哈尔滨饮水危机的同时，注意到企业的产品，促进社会公众对企业及其产品的情感认同。

与公益营销相关的概念之一是社会营销（Social Marketing）。1971年杰拉尔德·蔡尔曼和菲利普·科特勒提出了社会营销的概念，将营销学应用于环境保护、计划生育、营养改善和社会安全等公益领域。社会营销是从社会本位出发，运用商业营销手段达到社会公益目的或运用社会公益价值推广商业服务的解决方案。由于社会公共事件或公益慈善的主题（如世界爱眼日）或长期以来始终被关注的永恒的公益概念（如健康与环保）容易吸引媒体和公众关注，具有广泛的社会性，因此，一些企业把商业运营模式转换到公共领域，以此开展营销活动，提高了社会关注度。

> **小贴士**
>
> **曾经的摩托罗拉，做对社会有益的公司**
>
> 1997年夏，当时还是朗讯科技贝尔实验室公关部经理的杨伯宁去内蒙古旅游。在一处滑沙场，杨伯宁遇到了一群当地的小孩，其中一个小孩突然指着杨伯宁腰间的中文传呼机说："摩托罗拉！"这一举动让杨伯宁惊诧不已。要知道，当时这样一个中文传呼机售价超过2000元，即便在大城市也是一个尚未普及的商务类电子产品，为何在这样一个偏远的地方被一个当地小孩叫出具体的品牌呢？后来他才知道，原来在当地有一所摩托罗拉希望小学。通过企业公益，可以将商业品牌渗透到传统的广告或公关活动难以企及的地方去。这个孩子或许买不起这个产品，甚至压根不知道这个产品的功能，但他对这个品牌的认知却是实实在在的。
>
> 当时，摩托罗拉每年会拿出全球销售额的1.5%交给摩托罗拉基金会用于公益慈善事业。这家在纽约证券交易所上市的、曾经的美国通信业巨头，每年都会发布两份报告，一份是上市公司年报，另一份是企业社会责任报告。在摩托罗拉看来，市场像一汪水，而企业就像一条鱼。只是如鱼得水是远远不够的，只有水里充满了氧气和养料，鱼儿才能在水里更好地成长。

（2）基于购买的捐赠。一些企业的公益慈善活动以购买为基础，将销售活动与公益慈善活动联系在一起。这种形式常见于线上销售平台。商家在参与公益慈善活动的同时，获得消费者对其产品的认识和认同。

（3）企业赞助公益。公益慈善活动的难题主要是资金来源不稳定且有限的问题，因此，企业赞助成了公益慈善活动的重要资金来源。不过，开展这种商业公益慈善活动，公益慈善组织或活动的举办方需要了解企业的需求，并将企业的需求与公益慈善活动匹配。

六、公益慈善项目

1. 公益慈善项目的概念

所谓项目，是指为生产某种独特的产品或提供某种独特的服务所做的临时性工作。其中，临时性是指每个项目都有一个明确的开始时间和结束时间；独特性是指项目所创造的产品或提供的服务与其他产品或服务相比，在某些方面具有明显的差别。美国的"曼哈顿"计划、"阿波罗"登月计划、奥运会都是典型的项目。在有组织的公益慈善行为中，项目与活动有一些区别。项目通常是指持续一定时间、有明确的长期目标、有规范的组织行为、有成熟的评估体系的行为，项目的实施周期相对较长，受制约因素相对较多，具有一定的风险性；而活动的内涵及外延更广，既可以指短时间内、目标单一、效果不持续、讲究实效性的行为，如一次性捐助钱款或物品、慈善拍卖、主题性慈善基金会等，也可以指长期项目，如慈善工程。

基于此，所谓公益慈善项目，是指由政府部门、民间组织或个人发起或联合发起的，旨在为社会大众或社会中某些处于困境中的群体利益而开展、实施的项目。公益慈善项目的对象不仅包括扶贫救困，还包括医疗健康、文化教育、环境保护、社会福利服务等多领域的救助、互助和志愿服务。不断地开发公益慈善项目以满足社会公益需求，是公益慈善组织生存和发展、保证其慈善使命和宗旨实现的根本。

公益慈善项目有非常态的公益慈善项目和常态的公益慈善项目两大类。其中，非常态的公益慈善项目又称为事件性的公益慈善项目，以针对自然灾害等突发事件或个人救助型的募捐慈善为代表；常态的公益慈善项目一般包括官方组织、民间组织、企业和公民个人等开展的、涵盖医疗救助、科学研究、扶贫助困、文化教育和环境保护等内容的公益慈善项目。

2. 短期项目与长期项目

（1）公益慈善活动的短期项目。一般来说，短期项目主要表现为短期性公益慈善活动，特点是时间短、限制少、开展简单、公众与媒体的兴趣高，如一些义卖、义演活动。

（2）公益慈善活动的长期项目。长期项目表现为长期性公益慈善活动，且通常是公益慈善的品牌项目，有较高的知名度和社会公信力，其特点是时间长、管理难度大。但是，长期项目由于时间长，后期容易出现公众反应不激烈、媒体报道不热衷、持续跟进不到位等现象，也很容易出现腐败问题。"希望工程"、春蕾计划和夕阳工程都是长期的公益慈善项目。

> **小贴士**
>
> **公益慈善活动的长期项目**
>
> （1）"希望工程"。"希望工程"（Project Hope）是共青团中央、中国青少年发展基金会于1989年发起的、以救助贫困地区失学少年儿童为目的的一项公益慈善事业，其宗旨是资助贫困地区失学儿童重返校园、建设希望小学、改善农村办学条件等。援建希望小学与资助贫困学生是"希望工程"实施的两大主要公益项目。
>
> （2）春蕾计划。春蕾计划（Spring Buds Project/Spring Buds Program）是1989年中国儿童少年基金会发起并组织实施的一项旨在帮助因生活贫困而辍学或濒临辍学的女童重返校园接受学校教育的爱心工程，目前启动的项目有绿色扶贫助学工程、春蕾计划实用技术培训、春蕾健康成长项目、春蕾生结对救助、春蕾学校、春蕾班等。为了加强女童素质教育、培养女童自力更生的本领，中国儿童少年基金会还设立了"春蕾计划实用技术培训专项基金"。
>
> （3）夕阳工程。夕阳工程（Setting Sun Project）是中华慈善总会发起并组织实施的一项社会公益事业，秉承"老吾老，以及人之老"的价值理念，以中华民族扶贫济困的传统美德和人道主义精神为纽带，通过在国内外开展各种方式的大规模资金筹募活动，替百姓解难，为中国老年人提供健康监护、日常照顾、精神慰藉、心理支持、康复、护理、临终关怀、紧急救助等方面的服务。主要项目有推广数字化远程健康监护系统、建造中华慈善"夕阳红"老人公寓、建造"中华慈善爱心医院"、建立"夕阳物流配送中心"、创建"夕阳工程专项资金"等系列工程。

第二节　公益慈善活动的开展

组织策划并开展一项具体的公益慈善活动，包含时间管理、人力资源管理、成本管理、风险管理等环节，且各种事务管理通常贯穿于公益慈善活动的全过程，通常可以分为活动的启动、执行、控制、评估、对结果的跟进和深化共5个阶段。

一、公益慈善活动的启动

公益慈善活动的启动是公益慈善活动管理的起点，是为整个活动奠定基础的过程。公益慈善活动的启动过程中最重要的工作就是确定活动的需求和可行性，并做好准备工作。

1. 确定活动目标

对于活动的启动来讲，最基本的工作就是设立明确的活动目标，并基于活动目标制订相应的计划、活动策略。确定活动目标的过程实际上是需求分析的过程，即对社会中哪些特殊的人（家庭）或人群有需要、有什么样的特殊需要等最基本的问题进行分析，包括受众群体的特征、需求等诸多内容，以确定公益慈善活动所要实现的最终目标。

2. 制订活动计划

明确了活动目标后，还要有合理、可行的活动计划。活动计划是指根据活动目标及对外部环境与内部条件的分析，对所要采用的技术、手段和步骤进行的合理安排，包括对活动目标与环境、风险的综合评估，也包括对活动所需时间、资源、预算等的综合计划。制订了公益慈善活动计划，就指明了公益慈善活动目标实现的基本过程。

制订活动计划步骤如下：首先，准确理解公益慈善活动的目标，明确活动要达到的具体效果；其次，分析活动可能面临的机会、威胁和存在的问题；再次，对活动目标和所具备的资源、须满足的约束条件等进行评判，判断其优势、劣势和可能存在的风险；最后，对那些与活动目标相关的重要因素可能给实现活动目标带来的影响进行全面评估。

3. 编制活动预算

活动预算影响着项目的进展，活动预算就是对公益慈善活动所需花费的估算，这是活动启动阶段的另一项重要工作。预算的编制，需要对活动中各方面所涉及的费用加以考量，在遵循一般预算编制的完整性、统一性、时间性、可行性原则基础上，体现公益性质。

4. 可行性分析

需求分析是要决定"做什么，不做什么"，可行性分析是要决定"能否做"。可行性分析通过对公益慈善活动的主要内容、配套条件进行调查研究、分析比较，对活动的成本和社会效益进行预测，提出活动是否值得进行及如何进行等咨询意见。可行性分析包括外部因素分析和内部因素分析。其中，外部因素主要考虑政策、社会舆论、受众；内部因素主要考量公益慈善活动组织者自身的能力、资源和外部支持，以及在公众中的声誉、形象等。

5. 公益慈善活动策划书

在实践过程中，公益慈善活动启动阶段所做的各项工作，通常通过公益慈善活动（或项目）策划书体现出来。策划书是对公益慈善活动的规划文本，是获取公益慈善组织理事会等决策层支持的重要书面文件，也是争取活动经费支持或社会捐赠的重要依据，还是获取政府相关职能部门审批所要提交的重要材料。

公益慈善活动的项目策划书基本框架

项目策划书是资助方、主办方、参与方掌握公益慈善活动的重要窗口，要专业、严谨。

1. 封面

* 项目名称、申请（执行）机构；
* 通信地址；
* 电话、传真、E-mail 地址；
* 联系（负责）人；
* 公证方、主管方、银行账户、律师、监督机构等。

另外，如果是向某个机构、社会筹款的话，需要一封个性化的附信，要以"某机构某人"开头，表明对该机构的重视与尊重。

2. 项目概况

项目概况是读者最先阅读、浏览的部分。"项目概况"是影响项目经理"初选"结果的决定因素。在项目概况部分，要把重要的所有信息汇集起来，一般包括：

* 主办机构的背景信息、使命与宗旨；
* 项目要解决的问题与解决的方法；
* 项目申请方的能力和以往的成功经验。

项目概况一定要高度概括，语言要简练、清晰；长度最好在半页左右，最长也不要超过一页。

项目概况一般安排在策划书的前半部分，但要在写完策划书所有内容后才动手写。

3. 项目背景、存在的问题与需求

说明项目的起因、逻辑上的因果关系、受益群体及与其他社会问题的关联；详细

介绍可能存在的问题，以及为什么要设计这个项目来解决这些问题；说明问题的严重性与紧迫性，最好能提供一些数据（简洁、充分、直观地表达问题及表明对项目的了解）。此外，可以使用一些真实、典型的案例，以便在情感上打动对方，引起共鸣。

一般来说，这部分包括以下主要信息：

* 项目范围（问题与事件、受益群体）；
* 导致项目产生的社会环境；
* 项目的理由；
* 其他长远战略意义。

4. 目标与产出

在使资助方（支持方、参与方）确信"问题"存在以后，明确提出你的解决方案。如果你还有其他的机构合作伙伴，也要明确说明。项目合作通常是被鼓励的。

详细地介绍项目计划、项目总体目标、阶段性目标与任务，以及各目标的评估标准。其中，总体目标是一个长期的、宏观的、概念性的、比较抽象的描述。总体目标可以分解成一系列具体的、可衡量的、可实现的、带有明确时间标记的阶段性目标。目标陈述要非常清楚、简洁；目标要切合实际；不要承诺活动实现不了的目标。

5. 受益群体

对项目的受益群体做一个详细的描述。许多活动资助方都希望受益群体能自始至终地参与到公益慈善活动中，尤其是在活动的设计阶段，受益群体的参与很重要。

可以在项目策划书附件中列出受益群体参与项目的活动，包括组织受益群体参加的讨论会、会议主题、时间、参加人员等。这样，资助方就能了解到，该公益慈善活动不但是针对受益群体设计的，而且得到了受益群体的广泛支持、认可。

必要时，还可以把受益群体分为直接受益群体和间接受益群体。例如，NPO 信息咨询中心的能力建设项目，其直接受益群体是国内 NPO 和 NPO 的从业人员，间接受益群体是 NPO 的服务对象。又如，一个残疾人服务机构，其直接受益群体是残障人群，间接受益群体则是其家庭、社区、社会。

6. 解决方案与实施方法

解决方案与实施方法介绍如何达到目标，即采用什么方法、开展什么活动来实现这些目标。可以同时列举出其他相关的方法，并对它们进行比较，也可以说明采用这种方法可能存在的风险与挑战，还可以引用专家的观点和其他失败或成功的案例。

此外，提出执行该解决方案所需要的条件、资源与任职要求，包括：谁？在什么时候？使用什么样的设备？做什么样的事情？做这些事情的人要具备什么样的能力和技能等。

7. 项目进度计划及时间表

详细地描述各项任务的先后顺序、起始时间。可以用一个带有时间标记的图表来表示项目进度计划，这样可以一目了然地告诉读者"在什么时候做什么"，以及各项活动之间的关联或因果关系。

8. 项目组织架构

为了达成上述目标，需要什么样的工作流程、执行团队和管理结构。如果是两个或多个机构合作完成项目，还要说明各机构的分工。工作流程要说明各项工作的先后顺序、逻辑关系等。执行团队应包括所有项目组成员：志愿者、专家顾问、专职人员等，以及他们与这个项目相关的工作经验、专业背景、学历。项目的管理结构，包括项目总负责人、财务负责人及其他各分项目的负责人。

9. 费用、预算与效益

投入：叙述和分析预算表中的各项数据，包括成本、人员、设备的费用等；写明需要多少经费支持。产出：除公益慈善组织的合理收入外，重点是社会效益。社会效益比较难量化，但应尽量找一些数据来分析社会效益。例如，可以估算救助一个吸毒人员可以减少哪些方面的社会问题，可以对吸毒人员的医疗费用、失业、犯罪等相关费用进行估算。另外，与项目相关的财务与审计方法也应在本部分提及。

10. 监督与评估

监督的执行机构和人员（可以是理事会、资助方或其他第三方机构）、监督任务等都应该写在项目策划书中；同时还可以有项目团队的自我评估计划。

有两种可供参考的监督与评估方式：一种是衡量结果；另一种是分析过程。选择何种方式取决于项目的性质和目标。

该部分用于说明准备怎样收集评估信息及进行数据分析，以及明确在项目进行到哪些阶段时，需要进行阶段性的评估。具体内容包括评估活动和评估时间、项目的进展和完成情况、原定计划与现实状况的比较、未来实现计划的可能性、项目中期审计报告等。

11. 附件

在重要的项目策划书中，那些篇幅太长而又不适合放在正文中的内容，应在正文中标明、注释或提及后作为附件列上，如机构介绍、年报、财务与审计报告、名单、数据、图表等。

二、公益慈善活动计划的执行

公益慈善活动计划的执行是整个公益慈善活动管理中实现目标的过程。在执行过程中，需要对人、财、物、信息等各种有形或无形资源进行有效整合、合理配置和充分利用。

1. 人员管理

公益慈善活动所匹配的人员，要求素质高、责任心强、甘于奉献，这就要求选择合适的公益慈善活动的管理者和活动执行团队。

（1）活动管理者。活动管理者在公益慈善活动中发挥领导作用，是活动的责任人，其素质的高低、能力的大小、责任心的强弱对公益慈善活动的成败有决定性影响。一般来说，活动管理者应该具备的基本素质和能力包括：道德感、公益心；致力于公益慈善事业；较强的心理素质；综合性知识结构；创新意识；具备活动策划、实施和危机管理能力。

（2）活动执行团队。活动执行团队是为开展公益慈善活动而建立的团队，是有效开展公益慈善活动的中坚力量。公益慈善活动的成功也取决于合理分工、团结合作、积极有效的执行团队。首先，活动执行团队要有共同的目标和明确的责任；其次，活动执行团队要建立畅通有效的沟通机制；最后，活动执行团队要建立有效的激励机制，使团队成员能够受益和发展，保证团队的稳定和持续。

2. 资源管理

公益慈善活动涉及的人、财、物、信息、社会关系都是"资源"。资金的重要性不言而喻，但社会关系可能是决定一项公益慈善活动成败的关键。例如，政府的支持对任何公益慈善活动而言都是极为重要的资源；媒体资源是公益慈善活动的关键，强化新闻媒体的宣传力度、深度和广度，可以使公益慈善活动的开展效果能够及时、鲜活地呈现在公众面前。

3. 时间管理

时间管理也叫进度管理，是指为在既定时间内完成活动任务而进行计划和安排的过程。公益慈善活动要求在一定时间内有条不紊、保质保量地完成预定任务，进度过快、过慢都是不合适的，需要合理有序、按部就班，这就要进行时间管理。

首先，从活动管理者的角度，根据客观条件和活动管理者的主观意愿，对公益慈善活动的执行有明确时间要求，因此，需要对活动的进度进行合理的安排。

其次，从活动受众的角度，为了使受众得到最大收益，活动计划的执行必须按照受众的需要进行调整，例如，针对学生的公益活动，要充分考虑其作息时间和其他活动安排。

再次，从社会影响的角度，捐赠人的意愿、经费预算、媒体宣传等也会制约活动的进度，甚至天气情况等自然因素也会对公益慈善活动的开展产生影响。

最后，时间管理需要多方面配合，不能一厢情愿地编制一份大家都必须遵守的时间表。

4. 费用管理

对用于支持公益慈善活动的经费管理也至关重要，包括如何使有限的经费产生合理的效益、如何通过经费管理来保证活动执行的进度和质量。经费包括直接费用和间接费用，直接费用是用在受赠人身上的费用，间接费用是公益慈善活动中必要的活动费用、管理费用等。

大多数公益慈善活动的费用管理与人员管理、资源管理、时间管理相互关联。因此，在公益慈善活动启动之初就要对活动的人、财、物、信息等资源的使用情况进行预测，编制活动经费预算，以保障公益慈善活动的效率和效果。

三、公益慈善活动的控制

公益慈善活动的控制伴随着公益慈善活动的整个过程，是对活动过程的监测、监督和纠正，确保活动能够按照既定规划进行。公益慈善活动的控制，既是公益慈善活动成本节约的需要，也是公益慈善政府监管的需要，更是公众尤其是捐赠人掌握捐款使用情况的需要。

1. 活动控制的过程

活动控制是伴随公益慈善活动整个过程的动态过程，与一般的管理控制一样，包括制定标准、衡量绩效、纠正偏差。制定标准是对公益慈善活动各环节和内容的细化和规范化；通过标准的具体化，公益慈善活动具有可操作性和一定的弹性。衡量绩效是保证公益慈善活动持续有效的关键。公益慈善活动中出现的偏差可能会损坏活动的公信力和公益性质，而纠正偏差不仅有助于完成公益慈善活动，而且有助于维持公信力，维护公益价值。

公益慈善活动控制的关键在于做好沟通，因为只有信息传递、情感交流、及时发现问题，才能加以改进。活动管理者、直接责任人和外部监管者要对可能出现的偏差进行准确判断。当发现问题和偏差时，要果断采取纠偏行动，不欺骗、不隐瞒。

2. 活动控制的种类

公益慈善活动的控制分为自我监测、公益慈善组织监督、捐赠人监督、政府和社会监督。

（1）自我监测，即活动管理者的自身控制。管理者对活动目标、任务最了解，对可能出现的问题和偏差更能及时发现或警觉。

（2）公益慈善组织监督。公益慈善组织要对以该组织名义开展的活动进行全面监督，指导活动的进程；必要时，有权通过变更活动管理者的方式保证活动的顺利进行。

（3）捐赠人监督。活动资金的提供者有权对活动情况、款物使用情况进行监督。

（4）政府和社会监督。包括政府主管部门和监管部门的监督、新闻媒体的监督、社会公众的监督，确保公益慈善活动的规范、透明和公开。

四、公益慈善活动的评估

公益慈善活动的评估，是指对公益慈善活动整个过程和最终结果的效果进行评估，也就是对公益慈善活动的完成情况进行档案整理、信息汇总、绩效评估等，目的是总结经验、吸取教训。同时，可能要根据需要和评估结果，谋划采取进一步的行动。评估内容包括：评估公众评价与反响；评估活动计划的完成情况；制作活动的影像资料；撰写活动总结；做好新闻报道、简报资料等的存档工作。

公益慈善活动的影响分为有形影响和无形影响。通常，无形影响通过描述性的方式进行评估，主要集中在对社会、文化和人们生活的影响，以及该活动的长远影响。其中，公益慈善活动的组织工作恰当与否，直接影响整体活动的效果，成为公益慈善活动评估的重点。由于不同活动的目的不同、目标不同，公益慈善活动的目的和目标的实现情况，也是评估的重要内容。此外，公益慈善活动的效果还深刻反映在社会舆论、公众评价上。

五、对活动结果的跟进和深化

对一项公益慈善活动进行评估，不一定是该项公益慈善活动的最后过程。绝大多数公益慈善活动在活动结束后，还需要进一步的行动，那就是对活动的结果进行跟进和深化，包括：了解受助者状况的改变情况，捐助、捐建款项的最终落实情况及其反响等。

第三节　公益慈善项目的评估

一、公益慈善项目评估的概念

1. 公益慈善项目评估的定义

所谓评估，是指在监测的基础上，对正在进行或已经完成的计划、项目、政策进行的系统的、客观的评价，包括对计划、项目、政策的设计、执行及对结果的评价，以了解项目成效、探讨项目对目标群体造成的影响。基于此，公益慈善项目的评估是指借助一定的科学方法，通常是定量与定性相结合的方法，通过科学的调研和分析，对在一定时间维度和拥有社会资源、具有明确目标、有组织的公益慈善活动的设计、执行和结果进行评价，以帮助项目团队调整和把握项目发展方向，改进项目使其具有成效，预测公益慈善活动对社会的影响。

2. 公益慈善项目评估的作用

（1）它是一个阶段性成果的展示，能展示阶段性成果与最终目标的差距。
（2）可以知道项目是不是可持续化的，是否可以在下一年度或下一季度继续开展。
（3）评估社会影响力，公益项目的开展带来了多少影响，包括量化的影响和不可量化的影响。
（4）发现项目执行过程中存在的问题，提供建设性的意见和建议。

3. 公益慈善项目评估的分类

根据公益慈善项目的实施阶段，可以将公益慈善项目评估分为如下几种。
（1）项目前期评估，主要包括项目需求分析、项目合作方甄选和项目策划。
（2）项目中期评估，主要包括项目监测和项目阶段性实施成果评估。
（3）项目终期评估，主要包括项目终期成果的评估和项目社会影响的评估。
根据公益慈善项目评估的内容，又可以将公益慈善项目评估分为以下 5 个方面。

（1）项目内容评估。主要包括：其一，项目需求，如项目是否具备针对性、受益群众有多少、项目是否迫切等；其二，项目设计，如项目是否具备独特性、创新性，以及项目设计目标、目标的量化指标、项目设计的合理性等；其三，项目团队，如项目团队数量、人员构成、板块分工、专业水平、相关经验等。

（2）项目可行性评估。项目可行性评估是指基于项目立项前的调研，对项目背景、可行性及项目具体任务等诸多方面的分析。

（3）项目过程评估。项目过程评估侧重于项目的覆盖面和主要项目活动的质量、满意度。

（4）项目效果评估。项目效果评估主要围绕项目的目标，利用对照组进行对比分析，因为项目执行、项目策划、项目启动、项目验收及项目监测等都是围绕项目的目标进行的。

（5）项目影响评估。项目影响评估主要指对项目产出、成果或长期影响的评估。具体方法是，找到一个在结构和趋势两个方面相似的对照组，将干预组的变化减去对照组的变化，就是项目的影响。

根据评估的参与方维度进行划分，公益慈善项目评估还可以分为以下4类。

（1）慈善组织的内部评价，包括组织内部年度目标、关键绩效指标和预算、项目管理等的评价。

（2）受益群体的外部评价，主要包括受益群体的故事、感受和建议，甚至是批评和投诉。

（3）邀请独立团队进行评估，捐赠机构会邀请独立评估机构进行项目效果评估，同时也包括独立第三方评估机构对治理和管理水准的评估。

（4）政府和媒体对机构的评估、认可、嘉奖。

公益慈善活动的评估维度多样，评估方式也多样。"这些年国际发展潮流趋势发生变化，从传统的单维度技术评估转向参与式的多元化评估。"对独立第三方评估有多年研究经验的清华大学公益慈善研究院副院长邓国胜认为，目前更强调参与式评估。这种评估方式让不同的主体参与到评估中，组织内部人员、受益群体，以及其他利益相关方一起梳理评估，评判哪些做得好、哪些做得不好。这样既能达到监督和问责的目的，又能实现自我学习和改进。

二、公益慈善项目评估流程

公益慈善项目评估流程包括项目评估前期的准备工作、项目中期评估及项目终期评估3个阶段。其中，评估前期的准备工作包括：建立评估小组，确定评估方法、内容与指标，确定数据收集方式；项目中期评估是指评估开始后的具体评估工作，包括评估实施与数据分析；项目终期评估主要是指评估报告的撰写工作。3个阶段互相联系，前一个阶段的完成和完成质量与下一个阶段的完成和完成质量息息相关，最后一个阶段为下一个项目的开展提供借鉴与参考。图 5-1 所示为公益慈善项目评估流程。

图 5-1　公益慈善项目评估流程

三、公益慈善项目评估指标

公益慈善项目的评估，重点是进行项目管理评估及项目绩效评估。

1. 项目管理评估指标

评价一个公益慈善组织的项目管理，关键是评价公益慈善组织是否具备战略思考与规划，这是公益慈善机构项目管理的基础。项目管理评估指标包括：组织是否具备战略的思路与想法；组织是否已经有了一个经理事会批准的战略发展方案；是否编制了符合国际标准的、与战略规划一致的计划和年度工作预算；是否有创新或示范作用的活动计划；与其他公益机构相比，是否在提供社会服务方面居于主导地位；项目是否制定了项目管理制度并确保执行水平；项目是否实现合同化管理；项目实施过程中的监督反馈与实际问题的差异；项目是否具备完善的项目总结与项目评估资料。

根据以上几个层面及每个层面下的具体指标对项目指标量化并赋值，得出项目管理评估指标体系，如表 5-1 所示。

2. 项目绩效评估指标

项目绩效评估是指对公益慈善组织实施项目或活动的适当性、效率、效果、社会影响、可持续性、受益群体满意度等的评价。根据具体的项目要求，可选取部分或者全部项目绩效评估指标。

项目的适当性评估指标包括：项目是否可视为优先项目；项目立项的迫切性；项目是否对目标群体需求有及时回应；项目是否与组织的宗旨一致等。

项目效率的评估指标包括：项目的成本及收益如何；项目在实施过程中是否节约了时间；项目经验在当地的推广情况；项目经验在其他地区的推广情况。

项目效果的评估指标包括：受益群体生活条件的变化；受益群体生活方式、行为的变化；受益群体精神面貌的变化。

表 5-1　项目管理评估指标体系

评估指标				四级指标分值	评估小组记分栏	评估方法与说明
一级指标	二级指标	三级指标	四级指标			
工作绩效（410分）	公益项目（120分）	项目管理（50分）	项目管理制度	5	0	查看项目管理制度及执行情况的相关证明材料： （1）制定项目管理制度且执行较好　5分 （2）制定项目管理制度但执行一般　3分 （3）未制定项目管理制度　0分
			项目管理合同化	5	5	（1）所有项目管理全部实现合同化　5分 （2）个别项目管理未实现合同化　3分 （3）所有项目均未实现合同化　0分
			项目前期有论证和计划，履行必要的报批程序	15	5	查看项目前期的论证资料及计划、理事会会议记录等： （1）项目运作事先有完善的论证，并履行了报批手续　15分 （2）项目运作事先有论证、计划，并履行了报批手续，但论证计划不够完善　5~10分 （3）项目运作事先有论证和计划，但未履行报批手续　3分 （4）项目运作无事先论证、计划，也未履行报批手续　0分
			对项目实施监督与反馈	15	10	查看项目运作中实施监督与反馈的相关证明材料： （1）对项目能较好地实施监督与反馈　15分 （2）对项目实施监督与反馈不到位　5~10分 （3）未对项目实施监督与反馈　0分
			项目总结与评估	10	8	查看重大项目事后总结和项目评估材料： （1）重大项目完成后有完善的总结和项目评估材料　10分 （2）重大项目完成后有总结和项目评估材料，但不够完善　3~8分 （3）重大项目完成后无总结和项目评估材料　0分

　　项目社会影响的评估指标包括：项目对消除贫困的影响，项目对民族关系的影响。

　　项目可持续性的评估指标包括：项目的管理制度是否完善；项目管理人员的责任心；项目管理人员的变更；项目的风险性；项目的后续管理是否到位。

　　受益群体满意度的评估指标包括：受益群体对工作人员或志愿者服务态度的满意程度；对服务内容的满意程度；对资金安排的满意程度；对项目实施时间选择的满意程度；对项目结果的满意程度。另外，对各项指标进行赋值，如表 5-2 所示。

表 5-2　项目绩效评估指标体系

评估指标				四级指标分值	评估小组记分栏	评估方法与说明
一级指标	二级指标	三级指标	四级指标			
工作绩效（410 分）	公益项目（120 分）	项目内容（70 分）	适当性	10	10	查看证明项目适当性的材料： （1）项目与机构的宗旨、使命完全一致　10 分 （2）项目与机构的宗旨、使命基本一致　5~8 分 （3）项目不符合机构的宗旨、使命　0 分
			可持续性	20	20	查看相关证明材料（项目开展持续 3 次以上）： 开展可持续性的公益项目，在 3 次的基础上，举办一次加 5 分，加满 20 分为止
			项目完成情况	25	20	查看项目计划及项目完成程度的相关证明材料： （1）全部或超额完成项目计划目标内容　25 分 （2）完成项目计划目标内容的 90% 以上　23 分 （3）完成项目计划目标内容的 80%~90%　20 分 （4）完成项目计划目标内容的 60%~70%　10~15 分 （5）完成项目计划目标内容的 60% 及以下　0 分
			社会效益	15	10	查看反映社会效益的相关材料： （1）项目针对性强、受益面广、社会效益显著　15 分 （2）项目针对性一般、受益面有限、社会效益一般　5~10 分 （3）项目产生负社会效益　0 分

第四节　公益慈善品牌

一、公益慈善品牌

1. 公益慈善品牌的概念

品牌是社会大众对某种产品（或服务）知名度和认知度的评价。美国营销大师菲利普·科特勒给品牌的定义是，"一种名称、名词、标识或设计或其组合运用，目的是借以辨认某个销售者或某群销售者的产品，并使之同竞争对手的产品区别开来。"品牌不但有价值，而且不可模仿，因为它是一种消费者的认知，是一种心理感觉，这种认知和感觉不能被轻易模仿。

学术界目前对公益慈善品牌还没有一致的定义。杨明刚等认为，公益慈善品牌是社会上对公益慈善事业有杰出表现、得到公众广泛的认可和偏爱、产生巨大的效益，以及具有良好的形象和社会声誉的慈善组织、慈善企业和慈善个人的名称、术语、标识、符号或图案及其提供的公共产品和公益服务。基于此，公益慈善品牌可以界定为，"在为社会公众谋福利的活动中得到广泛认可和响应，具有极高信誉和评价的慈善组织、企业、个人的名称、符号及公益产品。"公益慈善品牌具有公益性、文化性、社会责任性、非营利性等特征。

首先，公益性是公益慈善品牌的最显著特征，志愿提供财物、服务等，有益于他人和社会。公益慈善品牌的公益性既体现了公益慈善组织或公益慈善活动的公信力，也是取信于民、生存于社会的重要保证，有助于呼唤理性、成熟的公益环境和宽容的公益态度，提升人们参与公益慈善的热情。

其次，文化性是指人们基于对公益慈善事业的认同而建立的一种利他主义的价值观。在经济发展、财富不断扩大和积累的今天，社会伦理和社会责任越来越被关注和重视。通过公益慈善品牌的传播，可以让更多人建立一种健康的财富观和责任观，提升公众的社会人格和道德情操。

再次，社会责任性是指公益慈善组织、企业、个人（家庭）或其他组织通过自愿行为而非强制行为、通过民间形式而非官方追求社会公共利益。企业和个人（家庭）自身是社会化的产物，负有维护和增进其他社会主体利益的义务；而公益慈善组织所打造的公益慈善品牌，对公益慈善事业的长远发展和社会责任感的提升具有放大效应。一个有社会责任感的企业家，应当在努力发展自己的同时坚持不懈地回报社会，推动人类良知和灵魂的进步。

最后，非营利性凸显了人们将企业或个人的私有财产、物品捐献给他人、社会的奉献性。当然，当代慈善经济学的理论假设逐步从"道德人"转到了"互惠人"，因而公益慈善活动及其所呈现的品牌存在一定的互惠性或互利性。但是，不管是奉献性还是互惠性，在强化公益慈善立法和监督、管理的基础上，公益慈善品牌的基本特性并未改变。

2. 公益慈善的品牌意识

当前，公益慈善事业日渐规范化、制度化、专业化、国际化、品牌化，人们也越来越多地认识到品牌化的公益慈善工作对于推进公益慈善事业的意义和影响，从而意识到公益慈善品牌的重要性。新时代，各公益慈善组织都把打造公益慈善品牌作为工作目标；一些企业在慈善工作中逐渐提炼和形成了一些标志性的慈善品牌，取得了很好的效果。此外，秉承慈善新理念，构建公益大品牌，以公益活动引发社会对公益慈善事业的关注，从而提升媒介的社会公信力和品牌影响力，已成为电视媒体品牌建设的一大新亮点，获得了极高的认可度和美誉度。

二、公益慈善品牌建设的意义

1. 公益慈善品牌建设的必要性

在市场经济条件下，公益慈善事业发达的国家或地区以商业或娱乐为体现形式的公益慈善活动比比皆是，如慈善演出、慈善拍卖、慈善赛事等，很多知名人士都乐于参与其中。这些活动既扩大了公益慈善活动方的影响，又顺利筹集到了公益慈善资金。

但是，市场是讲品牌的。随着公益慈善事业"市场化"、国际化程度的提高，公益慈善活动在慈善募捐、志愿服务、组织管理方面的竞争也越来越激烈，因此需要建设品牌。品牌就是竞争力，公益慈善活动构建品牌战略机制，不仅可以募集更多资金，而且可以参与竞争。

2. 公益慈善品牌建设的价值

公益慈善活动需要品牌效应。比较成功的品牌在公益慈善募捐中具有极大的感召力。开展公益慈善活动，有必要推出有吸引力的项目，发挥名人或明星效应，通过有号召力的标志形象来扩大公益慈善活动自身的影响。

知名公益慈善机构的品牌可以轻易实现社会动员。从理论上看，公益慈善组织要有富有吸引力的品牌项目，在某个领域达到一定的影响力，才能争取到更多的社会资源。从经验来看，公益慈善组织的社会效益、经济效益都是通过实施项目来实现的，而项目需要专门的组织进行专门的运作，只有名牌产品（服务）才能持续发展，并能够根据社会的需要最有效地开发和运用公益慈善资源。因此，要强化公益慈善品牌的推销，以公益慈善品牌公益慈善项目为依托，巩固已开发的公益慈善资源，开拓潜在的公益慈善资源，强化品牌项目对社会公益慈善资源的动员和聚集。

三、塑造公益慈善品牌的路径

一个成功的品牌，最核心的要素包括知名度、美誉度、忠诚度。其中，高知名度是指某项产品（或服务）市场占有率高、竞争力强、广为人知；高美誉度是指产品（或服务）工艺精湛、品质卓越、质量可靠、服务优良、使用者称赞；高忠诚度是指消费者在使用某项产品（或服务）后比较满意，产生信任感、安全感，不断重复购买。从品牌的核心要素出发，塑造公益慈善的品牌，也就是着力打造公益慈善品牌项目的知名度、美誉度、忠诚度。当然，需要指出的是，公益慈善活动需要特别清楚自身的定位及应遵循的原则，公益慈善品牌的建设要以社会效益、公益精神为主要目标，通过公益慈善品牌来提升社会文明程度。

1. 提高公益慈善品牌的知名度

其一，需要确定和提炼品牌项目的核心价值。建立品牌知名度，需要对品牌进行准确的定位，这个定位是为了让消费者清晰地识别品牌的特征及品牌的核心价值，能在第一时间得到消费者的认可，进入消费者的大脑，形成品牌形象，这是民众选择公益慈善项目的重要依据。公益慈善项目的推出需要提炼项目的核心价值，清晰地揭示项目的核心思想和救助目的。

其二，公益慈善活动应积极推动与知名企业、知名人士的合作关系，寻找企业、消费者、慈善机构三方都获益的合作方式，通过"慈善营销"（与商业行为的合作方式）提升所开展公益慈善项目或活动的知名度，可采取的方式包括：取得知名企业的直接捐助；举办明星、社会名流的义演、义拍、义卖活动；开展嵌入式"慈善营销"活动，企业通过宣传鼓励消费者购买其产品，然后捐出部分利润，实现合作共赢。

其三，发挥民间慈善思想和慈善资源的作用。中华民族源远流长，文化传统中积累下来的济慈、行善的观念及其活动，对于今天公益慈善事业的发展，显然是一种重要的品牌资源。

2. 提高公益慈善品牌的美誉度

其一，加强公益慈善项目或活动的管理，积极实现信息的公开、透明，主要包括：依法主动进行公益慈善资金的募捐、使用、保值、增值行为的信息披露，依法主动接受外部审计。

其二，规范公益慈善组织运作，提高社会信任感。公益慈善组织是公益慈善活动的中介环节，是公益慈善资金的筹集者、管理者，直接影响人们对公益慈善事业的理解及对公益慈善项目的支持。有些公益慈善组织的腐败（如"贪污、截留和挪用善款"）及不尽责（如"捐赠款物未送达最需要的人手中"）影响了一些公益慈善组织的公信力，大大败坏了公益慈善事业。

其三，健全公益慈善监督机制，完善公益慈善资金使用反馈机制，增加善款、善物流向的透明度，主动增强新闻媒体、公众等社会力量的依法监督力度。

3. 提高公益慈善品牌的忠诚度

当前，公益慈善组织和公益慈善项目越来越呈现多元化趋势。公众会不会反复参与某个公益慈善组织推出的公益慈善项目或活动，体现出其对该组织或项目的忠诚度。

其一，公益慈善组织需要加强自身的文化建设，促使社会公众在活动参与过程中形成一种满足感、成就感，从而建立起对公益慈善品牌的忠诚度。

其二，加强公益慈善活动的社会反馈机制，强化公益慈善项目的档案建设，包括通过网站发布相关财务信息、进行在线调研、与网民互动等。

其三，树立良好的公益慈善形象、专业与配套服务。公益慈善品牌不仅是公益慈善组织的商标、商号和名称等经营性标志，也体现为良好的公益慈善形象、精湛的公益慈善专业、完善的配套服务及深厚的人文内涵。

第五节　公益慈善市场化

一、公益慈善市场化的概念

所谓市场化，是指用市场作为解决社会和经济问题的基础手段。目前，中国公益慈善领域存在内部性、发展资金不足、缺乏专业管理人才、发展模式畸形等问题，于是有学者提出借鉴市场化蕴含的竞争、择优、创新等理念及市场化的运行机制、运作模式，将市场化的概念运用到公益慈善事业的革新中。

公益慈善市场化，是指在公益慈善领域引入市场机制来促进公益慈善事业发展的过程。其内涵有两点：其一，公益慈善市场化借鉴的是市场机制所体现的平等、契约、竞争、创新、高效等理念与价值；其二，市场化是实现公益与慈善的手段而非目的。换言之，公益慈善市场化并非以市场竞争中私人利益最大化为目标，而是运用市场的机制、理念、方式来促进公益慈善组织的优化、竞争、效率，维护公益慈善事业的秩序，促进公益慈善事业的发展，以便公益慈善活动能够更好地满足民众需求及实现公共利益最大化，从而捍卫社会公益的价值。

二、公益慈善市场化的主体

一般来说，市场主体是指在市场上从事经济活动、享有权利和承担义务的个人和组织，包括投资者、经营者、消费者。基于此，公益慈善市场的投资者，即捐赠人，以个人、企业和基金会为主体；公益慈善市场上也有公益慈善组织及其管理者，组织一般会设理事会，作为捐赠人和公众利益的代表行使决策权，管理者即公益慈善组织的经营者；

至于公益慈善市场的消费者，包括受益群体/个人、捐赠人、受赠人、志愿者等。其中，捐赠人既是投资者，同时又是消费者。捐赠人的慈善捐赠行为，本质上是购买公益慈善项目或者公益慈善组织的服务，并将这些服务转赠于他人。

三、公益慈善市场化的趋势

市场规律的背后是人的趋利性。公益慈善市场的无形之手背后，同时受人的趋利性和利他性所左右。人类的博爱心、同情心、荣誉心和宗教情怀，是公益慈善的根本源泉。

公益慈善的市场化旨在恢复市场在公益慈善资源配置中的基础性地位，因此，公益慈善事业也要尊重这种内在的市场规律。不过，市场化不能等同于商业化，因为市场化偏重于规则，商业化偏重于利益。

四、公益慈善市场化的困境

1. 自利困局

公益慈善组织属于公共部门范畴，难以摆脱"内部性"自利的困扰。"内部性"即公共部门在发展过程中，违背"公共"导向，转而谋求自身利益最大化，表现为搭乘公权力便车，利用制度缝隙和监督疏漏以公益慈善之名谋求部门和个体最大化利益之实。

2. 资金限制

公益慈善组织普遍存在资金短板问题。公益慈善组织和公益慈善事业依赖社会捐赠，自身难有造血功能。市场竞争力弱的公益慈善组织难以获得大量项目资金支持，其话语权、影响力甚微，资金来源相对不稳定，易于出现资金链断裂的现象，也就不利于提供优质的社会服务。

3. 发展畸形

传统的公益慈善组织通常依附于政府管辖和政府的资金支持，因此缺乏自主、自治发展，致使组织运转效率不高、资金管理不透明、贪污腐败丑闻等负面消息时有发生、公信力不足。这种畸形的发展状况，制约了公益慈善的市场化发展。

第六节　公益慈善活动的风险管理

风险管理是基于对风险的预测而力图避免风险或降低风险带来损失的过程。风险管理包括对风险的量度、评估和应变策略。从技术经济的角度看，风险管理是在降低风险的收益与成本之间进行权衡，并决定采取何种措施的过程。

公益慈善活动的风险管理，是指对一项具体公益慈善活动（项目）的风险从识别到分析，再到采取应对措施的一系列过程，包括在公益慈善活动开展之前及开展过程中"将积极因素产生的影响最大化"和"使消极因素产生的影响最小化"这两个方面的内容。具体来讲，对活动中可能出现的风险进行识别并制订预案，在活动之前或开展之初就对潜在风险进行分析、评估、制订防范措施，对活动中已经出现的风险，要减轻损失或回避风险。

一、公益慈善活动风险的分类

一般地，风险有两种界定：一种定义强调风险表现为不确定性，另一种定义强调风险表现为损失的不确定性。公益慈善活动涉及的风险主要包括政策风险、经济风险、信任风险、资源获取风险、价值冲突风险等。

（1）政策风险。政府对非营利组织的登记管理，以及对公益慈善活动的审批管理非常严格，致使公益慈善活动在社会宣传和资金筹集上面临压力。因此，开展公益慈善活动需要考虑可能的政策风险，保证公益慈善活动开展的安全性、稳健性和合法性。

（2）经济风险。慈善基金会所掌握的公益慈善资金可以用于投资，这就存在投资风险。当基于保值、增值目的而进行资金运营或投资时，公益慈善活动就面临一定的经济风险。

（3）信任风险。信任或公信力是公益慈善事业的生命所在。对公益慈善活动的每个环节都要考虑到信任风险，对任何有可能损害公益慈善活动公信力的行为都应规避、杜绝。

（4）资源获取风险。公益慈善活动的资源以社会捐赠为主，外部依赖性很强，这可能给公益慈善活动的开展带来一定的难度和不确定性。资源获取风险包括：其一，遭遇信任危机时募集不到公益慈善资金；其二，当公益慈善组织过分依赖某个或某几个部门的财物捐赠时，将导致组织失去独立性、自主性，甚至可能会偏离组织的宗旨、使命、目标。

（5）价值冲突风险。中西方文化价值差异客观上是存在的，当与境外非营利组织建立合作关系或合作开展公益慈善活动时，活动成员与公益慈善活动所在地的社区居民、救济帮扶对象之间可能会存在文化差异和价值冲突，影响公益慈善活动的效果或目标的实现。

二、公益慈善活动的风险识别

风险识别就是将公益慈善活动风险的因子进行要素归类，并分层地查找出来，辨别潜在的风险及可能造成的破坏。风险识别包括确定风险的来源、预判风险产生的条件、描述风险特征及确定哪些风险有可能影响项目。风险识别是对公益慈善活动进行风险管理的重要步骤。不是所有的风险都是会对公益慈善活动产生严重后果的高风险；但是，犹如蝴蝶效应，小风险的累积也可能会对公益慈善活动产生严重影响。在我国公益慈善活动的实践中，管理者容易忽视风险的范围、种类和严重程度，甚至出现欺骗言论和行为，导致对公益慈善活动隐含风险的评估、分析和处置产生差错，造成严重损失。

风险识别方法要与公益慈善活动性质适应，常用的方法有德尔菲法、头脑风暴法、情景分析法、面谈法等。此外，风险识别不是一次就可以完成的，需要在公益慈善活动中自始至终地进行。

三、公益慈善活动的风险防范

在公益慈善活动过程中，风险防范与风险应对措施可以从改变风险后果的性质、降低风险发生的概率、减轻风险造成的损失3个方面制订策略，包括风险回避、风险转移、减轻风险、风险应急和风险分担等。对不同的公益慈善活动风险可采用不同的处置方法和防范策略。

（1）风险回避。排除特定威胁的关键是排除威胁起源。风险回避是指当公益慈善活动的潜在风险发生的可能性很大，不利后果可能很严重，而又无其他替代性策略来减轻损失时，采取主动放弃活动或改变活动目标和行动方案，从而回避风险的一种策略。风险回避意味着从根本上放弃使用有风险的公益慈善项目资源、项目技术、活动方案，从而避开活动风险，因此，采取风险回避的策略，要对风险、威胁出现的可能性和后果的严重性有清晰把握。

（2）风险转移。风险转移又称为合伙分担风险，是将公益慈善活动面临的风险转移给其他个人或单位承担的行为，目的不是降低风险发生的概率及减轻不利后果，而是借用合同或协议，当风险发生时将损失的一部分转移到活动以外的第三方身上，如政府兜底或保障。风险转移通常适用于对付那些发生概率小、一旦风险发生损失却较大，或者公益慈善组织很难控制风险的情况，大多借助于协议或合同来实现，将法律责任或财务后果转由他人（特别是政府）承担。

（3）减轻风险。减轻风险是一种积极的风险处理手段，是指公益慈善活动管理者和活动团队不回避也不转移风险，而是降低风险发生的可能性，减小其不利影响的损失程度。减轻风险是对付无预警信息的公益慈善活动风险的一种重要措施。

（4）风险应急。风险应急是针对公益慈善活动中那些可能出现的、可以预料其来源和具体发生过程的风险所制订的应对措施，也是应对无预警信息风险的一种重要措施。

（5）风险分担。风险分担是指依据公益慈善活动风险的大小及活动团队成员、其他利益相关者的不同风险承担能力，根据合法、有效的协议由大家合理分担风险的一种措施。

四、控制公益慈善的道德风险

公益慈善是一项高尚的爱心事业。但是，公益慈善领域也容易出现道德问题、腐败问题，面临道德风险的可能性很大。因此，控制公益慈善活动的道德风险是风险管理的重要内容。

道德风险主要包括信任风险和价值冲突风险，大致分为3种：其一是项目操作风险，主要是公益慈善项目实施过程中因责任心的缺失而导致的瑕疵或缺陷，引起公众质疑；其二是机构风险，包括合作机构风险和公益慈善组织内部风险，导致道德上的连带责任和公信力的下降；其三是个人风险，也就是公益慈善从业者个人的素质、能力和品德优劣，也关系到公益慈善活动效果的好坏、目标的实现程度。

对公益慈善组织来说，不控制道德风险有可能将公益慈善机构几十年甚至上百年辛苦建立的公众形象毁于一旦，其直接后果是破坏了捐赠人对公益慈善组织的信任。同时，道德风险也必然会破坏公益慈善组织领导人的社会形象，降低公众的包容度。此外，道德风险也会影响公益慈善组织内部的各种关系，导致组织成员之间的冲突甚至内部分裂。防范道德风险的举措有以下4项。

第一，倡导社会责任意识。公益慈善事业是非功利的，其目标是纯粹的，不能让捐赠人、受助人、政府、媒体乃至社会公众从公益慈善活动中捕捉到功利的气息和过度的利益空间。

第二，直接面对服务对象。通常，服务主体和服务对象面对面直接沟通交流，可以减少"黑箱"环节，形成捐赠人与受助人有效互动的局面，实现相互之间的配合与监督。

第三，信息公开、透明。阳光是最好的防腐剂。信息披露有利于公益慈善组织加强自我约束，有利于消除公众的猜测和质疑，道德风险也就尽可能地降到了最低。

第四，完善公益慈善组织的内部治理。公益慈善组织要注意道德风险控制，全方位地加强自身建设，实现公益慈善组织的自立、自律和自强。

第七节　宗教公益慈善活动

一、宗教公益慈善的概念

本书第一章分析表明，公益是有关社会公众的福祉和利益（且多指卫生、救济等群众福利事业）。而对于慈善，我国的传统理解为"从同情、怜悯或宗教信仰出发对贫弱者提供金钱或物质上的援助"（见《中国大百科全书》），西方的定义则为"最为悠久的社会传统之一，它借由金钱的捐助和其他服务，来提升人类的福祉"（见《大美百科全书》）及"为上帝而普爱众生"（Charity）。显然，公益慈善的发生领域是在宗教与社会之间，具有某种宗教的社会关怀。以基督教为例，基督教将《圣经》作为活动指南，其公益慈善传统深深地影响着西方人的思想和行为方式，其慈善思想其实就是基督教文化中关于爱的看法的现实表现。《圣经》中上帝通过基督彰显无私的爱——"我怎样爱你们，你们也要怎样相爱""不要让你的左手知道是你的右手做的"，倡导人与人之间形成更为广泛而深沉的爱，这种无私的牺牲的爱使人们摆脱了个体的束缚，重视穷人和弱势群体的尊严和价值，实现了爱的对象的延伸，由此也形成了"爱邻舍""爱人如己"等关于爱的诫命，且这里的邻舍是广义的，与血缘、地缘、亲缘无关，强调不求回报、保持谦卑。

基于公益慈善与宗教之间的这种关系，可以对宗教公益慈善做出如下定义：宗教公益慈善是指发生领域介于宗教与社会之间的，从宗教信仰出发对贫弱者施以金钱、物资、服务上的援助，或者提供一些其他实际援助的社会事业，其本质为宗教的社会关怀。

随着公益慈善事业的发展，宗教组织与宗教公益慈善成为受到高度重视的力量，近年来引起了学术界的广泛关注。王佳以厦门南普陀寺慈善会等3个佛教慈善组织为重点个案，对其慈善活动及组织运行机制进行剖析，提出了佛教慈善组织的"救济型慈善""服务型慈善""弘法型慈善"3种基本类型。廖南德考察了相关道教蔷色园的社会服务和社会教育事业，简要探讨了道教公益慈善组织的现代化及可持续发展问题，并认为解决这一问题的关键举措是在组织现代化的层面上大兴社会公益服务事业和社会教育事业。黄海波在《青年会模式：以宗教信仰为基础的社会公益组织及其特征——以上海基督教青年会为例》一文中总结了上海基督教青年会（SYMCA）在社会公益事业领域取得较大成就的3个经验：①把握时代脉搏，探索组织定位；②持守博爱理念，延伸服务意识；③提升专业能力，塑造组织品牌。黄海波还认为，上海基督教青年会创造性地将基督教背景转化为对组织生存与发展有实际引导功能的组织要素，从而突破了基督教背景所带来的约束，使基督教的精神价值和资源转化为社会公益事业的组织化参与力量，实现了宗教背景与现代化非营利组织的成功结合。

二、宗教公益慈善的特征

宗教公益慈善是近年来政府和社会常用的说法，也是在人民群众中接受程度较高的一种说法。宗教公益慈善与一般的公益慈善存在许多共通之处，但与一般的公益慈善相比，宗教公益慈善也有自身的特征。

1. 宗教公益慈善的一般特征

一般来说，宗教公益慈善具有一般公益慈善的基本特征，包括以下4个方面。

（1）以宗教善爱之心作为道德或伦理基础。宗教公益慈善以悠久历史形成的宗教理念内涵为基础，从"宗教是慈善之母"中便可充分体现两者间的关系。在宗教慈善活动中，除强调物质帮扶外，更强调心灵和精神上的安抚，以帮助贫弱者树立自信、重拾生活。

（2）以贫富差距的存在为社会基础。唯有贫富差距的存在才能构成公益慈善的两极社会成员——捐赠者与受助者，公益慈善和宗教公益慈善才能成为沟通两者之间关系，并适度平衡其利益再分配的良好途径。

（3）以社会捐赠为独特的经济基础。公益慈善的发展必须要有社会捐赠的支持，宗教公益慈善也不例外。如果没有社会捐赠的支持，宗教公益慈善机构及其活动也将不复存在。只有拥有相应的社会捐赠，宗教公益慈善才具有慈善行为的本源意义。

（4）以民间机构为组织基础。不同的组织基础决定了各类活动的不同社会性质，倘若由政府实施对弱势者（家庭）的帮助、救助、扶助行动，则属于社会保障系列，不属于公益慈善活动；如果是由企业操作，则成为企业形象建设与社会责任承担的一部分。因此，作为第三方机构的民间性社会组织才是宗教公益慈善的组织基础。

2. 宗教公益慈善的独有特征

宗教公益慈善与一般公益慈善的不同之处体现在其以宗教理念为内涵的理论基础、

以民间组织为唯一机构的组织基础、具有宗教特色的运作方式等方面。其中，宗教公益慈善组织的运作方式最有特色。美国休斯敦大学曾在2003年通过问卷对休斯敦和得克萨斯的慈善组织进行调查，以此来比较宗教公益慈善服务和一般公益慈善服务之间的差异。研究发现，宗教公益慈善的独有特征可总结为以下3点。

（1）在吸纳捐款方面，宗教公益慈善占有较大的优势。宗教公益慈善组织比普通公益慈善组织更少得到政府的资助；宗教公益慈善组织的资金来源更加多样、自主。

（2）在组织动员方面，宗教公益慈善组织受益于宗教公益慈善精神信仰的向心力和宗教领袖的号召力，因而比普通公益慈善组织略胜一筹。

（3）在管理成本方面，宗教公益慈善组织的管理成本明显较低。绝大多数宗教公益慈善组织在进行公益慈善活动时，会招募志愿者，尤其是具有宗教信仰的志愿者，并使其通过活动表达对信仰的见证，从而大大降低了管理成本。

三、发展宗教公益慈善的现实意义

宗教的各个体系都蕴含着丰富的公益慈善思想，并以一种超凡脱俗的精神来推动人们寻求社会的公正、和谐、纯洁与道义，成为当代公益慈善发展的原动力和源源不断的精神养料。因此，党和国家历来高度重视宗教问题和宗教工作，越来越重视发挥宗教在社会各领域，尤其是公益慈善领域的积极作用。在建设中国特色社会主义的关键时期，各个宗教体系都以自身的方式努力响应党和国家的号召，积极融入新时代公益慈善事业发展的大潮之中，为建设和谐、公平、友爱的社会贡献力量。

1. 发展宗教公益慈善的必要性

（1）宗教公益慈善是我国公益慈善事业发展的有力补充。我国现有宗教团体、宗教活动场所、宗教界人士和信教群众数量多，且各个宗教都有从事公益慈善事业的优良传统及独特优势，是我国发展公益慈善事业不可或缺的重要组成部分。

（2）发展宗教公益慈善，是创新宗教事务管理的客观要求。党的十九大报告提出，"全面贯彻党的宗教工作基本方针，坚持我国宗教的中国化方向，积极引导宗教与社会主义社会相适应。"社会治理创新，就是要最大限度地激发社会活力。这要求宗教自觉走与社会主义公益慈善相适应的发展道路，以增进社会团结，促进社会和谐稳定。

（3）发展宗教公益慈善，是宗教自身健康发展的客观要求。发展宗教公益慈善事业，必然会挖掘宗教经典教义中的公益慈善思想及文化资源，促进宗教的文化建设，体现宗教的社会价值，树立宗教的良好形象，促进宗教与社会各界的协调与发展。

2. 发展宗教公益慈善的意义

引导宗教界积极参与公益慈善活动、兴办各类公益慈善组织，是缓解公益慈善供需缺口、促进公益慈善事业持续发展的重要内容。我国宗教界一向秉持爱国爱教、荣神益人、慈悲济世、服务社会、造福大众的优良传统，积极参与扶贫救灾、捐资助学、环境保护等活动，对公益慈善事业发展产生了积极意义。

（1）满足社会群众的需求，弥补公益慈善的缺口。宗教公益慈善的特别之处在于以一定的宗教思想为指导，创造一些特殊人性关怀的活动方式，形成人与人之间爱心的互动，净化大众的心灵，提升社会的良知，发挥其他团体活动难以企及的教化作用，弥补我国公益慈善的缺口。

（2）扩大交流，促进社会和谐。宗教界在开展或参与公益慈善活动的过程中，不分民族与国界，在公益慈善事业中找到了共同点，促进了交流与理解，增进了整个社会的和谐。

（3）推动个体参与公益慈善活动，促进个人价值的实现。各宗教组织都号召、动员广大信众积极从事扶贫、助残、救灾、环保、教育、医疗等公益慈善事业，在实践中体现宗教的社会属性和应尽的国民义务。

总之，在新时代中国特色社会主义建设的关键时期，我国宗教公益慈善也迈上了符合国情、具有特色的现代化发展道路。良好的政策与制度环境，能够让宗教公益慈善发挥更重要的作用。

四、宗教公益慈善活动的范围

当前，我国宗教公益慈善活动的基本形式为捐款捐物、设立慈善项目、创办公益组织，已经形成良好的导向效应，赢得了社会各界的赞誉，其主要活动范围涵盖以下 10 个方面。

（1）灾难救助。救灾赈灾历来是各宗教组织最重视的传统慈善活动，每逢发生自然灾害或者社会事件等突发性灾难时，宗教界都在第一时间发动信众、捐募物资、奉献爱心。近年来，这些突发性灾难的救助主要包括抗洪救灾、疫情救灾、海啸救灾、雪灾救灾、抗震救灾、台风救灾、援助社会事件中的受伤群众。

（2）扶持残疾人。宗教界一直十分关注残疾人帮扶事业，他们呼吁社会大众消除对特殊人群的偏见和歧视，为特殊群体及其家庭融入社会营造包容、理解、友爱、关怀的社会环境。

（3）敬老爱老。敬老爱老一直是宗教界的良好风气，关爱老人是促进社会和谐的爱心之举。宗教公益慈善活动中养老的项目和内容很多，各宗教组织也始终致力于为老人，尤其是社会贫困老人提供更多的帮助，设立了多家养老机构，且养老服务专业到位，受到了社会的广泛赞誉。

（4）托幼。关心和保护未成年人健康成长是全社会应尽的责任，各宗教组织也努力发挥其人力资源优势为未成年人提供服务，如设立孤儿院、幼儿园，以及组织义工为孤残儿童发放温暖包等。

（5）扶贫济困。扶贫济困是宗教公益慈善的重要内容，主动关心和帮助身边有需要的人群。近年来，在党的领导下，其扶贫济困活动呈现整体性、协调性特点，发挥了很大的社会效益。

（6）捐资助学。宗教界捐资助学方面的公益慈善活动非常多，积极支持我国贫困地区，尤其是西部地区发展教育事业。

（7）医疗卫生服务。施医送药是宗教界从事公益慈善活动的传统内容，包括开设诊所、组织义诊、捐款资助贫困病患治疗、无偿献血等多种形式在内的宗教公益慈善活动，挽救了无数贫困人口的生命。

（8）环境保护。宗教界主张保护环境，促进生态平衡；开展植树造林行动、组织放生活动、倡导垃圾分类、开展节约能源活动等环境保护活动。

（9）社区公共设施建设。宗教界仍秉承爱心理念，为有需要的社区和群众修建公共设施，践行信仰。

（10）阐释与重构宗教公益慈善文化。与一般的公益慈善相比，宗教公益慈善更强调心灵的抚慰，在调和心理、提供精神支持方面发挥着独特作用，促进宗教公益慈善思想的传播和发扬。

总之，在党的领导和政府的政策支持下，未来我国的宗教公益慈善活动，将进一步完善宗教团体的发展规划及促进宗教界人士的专业培训，形成上下支持、左右联动、各方配合的良好局面。

本章提要

1．公益慈善活动是指公益慈善组织或其他社会组织，以及政府、企业、社会公众、公民个人基于公益慈善目的开展的一系列活动或从事的公益慈善项目。

2．我国公益慈善活动内容包括筹募善款、赈灾救助、扶贫济困、慈善救助、公益援助、交流与合作、宣传与培训、业务指导等。

3．公益慈善活动平台主要包括网络公益、媒体公益、商业公益慈善活动及传统公益慈善活动。其中，网络公益主要包括 QQ 公益、公益慈善网站、慈善网购及微博公益；媒体公益包括新闻、电视和广播慈善；商业公益慈善活动主要指赞助和基于购买的捐赠等；传统公益慈善活动，包括通过慈善组织认捐、一对一捐赠、拍卖会等。

4．公益慈善活动的策划，可以分为活动的启动、执行、控制、评估、对结果的跟进与深化共 5 个阶段。

5．公益慈善品牌是指在为社会公众谋福利的活动中得到广泛认可和响应的、具有极高信誉和评价的慈善组织、企业、个人的名称、符号及公益产品。塑造公益慈善品牌的路径是：提高公益慈善品牌的知名度、美誉度、忠诚度。

6．公益慈善市场化的内涵有两点：其一，公益慈善市场化借鉴的是市场机制所体现的平等、契约、竞争、创新、高效等理念与价值；其二，市场化是实现公益与慈善的手段而非目的。

7. 公益慈善活动的风险管理是指进行公益慈善活动的风险分类、风险识别、风险防范与道德风险控制。

8. 宗教公益慈善是指发生领域介于宗教与社会之间的、从宗教信仰出发对贫弱者施以金钱或物质上的援助，或者提供一些其他实际援助的社会公益事业，其本质为宗教的社会关怀。宗教公益慈善的基本特征为：其一，以宗教善爱之心为道德或伦理基础；其二，以贫富差距的存在为社会基础；其三，以社会捐赠为独特的经济基础；其四，以民间机构为组织基础。

9. 善款的筹措途径是宗教公益慈善研究的重要内容；常用的善款筹集途径包括发动信众捐款、举办慈善晚会、举办义卖、创办实体经济及发展网络慈善等。其中，创办实体经济及发展网络慈善是宗教团体在顺应时代发展潮流的前提下，与时俱进地融入当代公益慈善事业的具体表现。

案例分析

【案例 5-1】一个失败的公益市场化案例：对非洲儿童饮水项目的反思

来源：雷怡然．NPOCN；有删减。

为非洲儿童提供免费、洁净的饮用水是许多慈善组织都在努力的事业，如果有一种方法可让儿童通过参与简单的游戏就能获得饮用水是不是很吸引人呢？PlayPumps 曾经做到了。

Playpumps 的点子很简单但非常有趣：在缺水的社区建立儿童旋转游乐设施，利用设施转动所产生的动力带动水泵抽取地下水，从而解决当地居民长途取水的困难。同时，水箱的四面可以租给社会服务机构或商业机构张贴广告，设想以此为 PlayPumps 带来可持续资金。从 1994 年在南非农村地区初次安装两台 PlayPumps 抽水机，到 2000 年 PlayPumps 赢得"世界银行发展市场"比赛，这个抽水机界的创新产品越来越多地受到国际媒体的关注和欢迎。截至 2005 年年底，PlayPumps 已经在南非建立了约 700 台抽水机。

2006 年，美国国际开发署（USAID）联合凯斯基金会（The Case Foundation）投入超过 1600 万美元来支持这个项目在非洲南部实施，同时，USAID、凯斯基金会和世界银行国际金融公司也开始负责 PlayPumps 在美国本土的资金募集宣传，一时间社会各界的名流和明星都开始投入 PlayPumps 的筹资活动中，开展了一系列演唱会、电视节目和比赛等活动，甚至打出了"100 天（建造）100 个抽水机"的宣传口号。

在 PlayPumps 发展初期，资金的主要来源是个人投资和水箱上的广告收入。2003 年，PlayPumps 的创始人建立了一个非营利组织 Roundabout PlayPumps（RPP）来专门负责推动投资。RPP 同时与营利性企业合作，将 PlayPumps 抽水机的安装外包出去，同时建立了另一家营利性企业负责抽水机的生产制造。2006 年之后，因受到美国政府的支持，PlayPumps 开始被越来越多的高端政客、名流慈善家及所谓"慈善娱乐界"（Charitainment）关注，普通大众通过大量消费 PlayPumps 合作企业的相关产品，也逐渐成了重要的捐赠人。资金的大量流入使 PlayPumps 变得雄心勃勃起来，他们开始在非洲南部扩张，在更多的地区安装抽水机，并且开始寻找当地代理商负责相关业务。

然而，问题也随之出现了。许多 NPO 都开始批评 PlayPumps 的过度扩张。首先，在自然条件不适宜、人口密度小的地方安装抽水机几乎没有机会获得广告收入；其次，即使在有稳定广告收入的地区，广告也大多是烟酒广告，这显然不利于社区建设和社会福利提升；最后，太过夸张地宣传抽水机的效果使 PlayPumps 想达成的高目标根本无法实现。调查发现，儿童们每天需要在旋转设施上"玩耍" 27 个小时才能提供联合国难民署（UNHCR）规定的每人每天 15L 的用水需求。当儿童们不在 PlayPumps 抽水机上玩耍时，需要打水的妇女们发现 PlayPumps 供水系统未安装前臂，使整个打水过程变得更复杂、更辛苦了；同时，由于高额的维修成本，很多村庄坏掉的 PlayPumps 供水系统无人更换。

2010 年，更多的质疑和批评接踵而至。很多国际媒体开始报道 PlayPumps 是受市场驱使敛财的骗局，因为抽水机的旋转娱乐设施本身并没有宣传的那样为非洲的孩子带来乐趣，相比之下反而更像一种利用儿童劳动力来运作的产品。另外，水箱本身作为广告牌并没有带来预期中长期持续的收入，大约只有 22% 的广告牌有固定的广告。媒体风向一变，随之而来的就是名流慈善家的一哄而散，不仅仅因为 PlayPumps 项目自身饱受诟病，更因为在上流圈子持续了许久的"非洲慈善热"也渐渐过气了。迫于舆论和资金的双重压力，PlayPumps 原有的机构将其转卖给了一家商业企业，PlayPumps 项目宣告失败。

PlayPumps 项目引起了人们对于市场化慈善究竟是福是祸的热烈讨论。

首先，PlayPumps 项目让儿童参与简单的游戏就能获得饮用水的想法太过浪漫了，这种美好的想法诚然能够迅速引起投资者的兴趣，但是情绪化的回应其实掩盖了贫苦非洲人民真正迫切的需求。很多时候那些真正的需求都被富裕阶层人们的情感擅自下了定义，以至于他们的捐助只是一厢情愿地在满足自我的情感需求。

其次，市场化慈善能否成功，很大程度上受制于慈善项目的市场可行性，并且承担着市场变化的风险。市场本就是风雨变幻的，这无疑注定了市场化慈善为受助人带来的支持和服务也是充满变数的。更何况媒体和名流的口味往往很难取悦，像 PlayPumps 这样被舆论打入冷宫的 NPO，对于业界其他 NPO 的形象也带来了不小的负面影响，对于其今后的市场化探索或者健康发展都产生了阴影。除此之外，市场化慈善的一大特点就是将目标量化，像 PlayPumps 提出的"100 天（建造）100 个抽水机"的口号，听起来很激动人心，可是既没有经过仔细的计算评估，也没有配套的策略去跟进，使目标最终流为妄谈。

最后，也是最令人痛心的一点是，市场化慈善使慈善组织与大众的关系由之前的慈善精神纽带沦落到简单的买卖关系，这是和慈善的初衷相违背的结果。

市场化慈善仍然处于探索阶段，有很多问题仍然没有满意的解答，例如，过度消费主义和营销在慈善事业应该担当的角色问题，如何将慈善的目标与市场更好地结合，如何实现道德营销，这些问题仍然需要通过研究和实践寻找答案。

问题

1. 基于本案例，公益慈善市场化存在哪些隐性问题？
2. 结合本案例，讨论如何规避市场化公益慈善活动的风险。

思考与练习

一、名词解释

1. 公益慈善活动
2. 公益慈善品牌
3. 宗教公益慈善

二、简答题

1. 简述公益慈善活动的平台。
2. 简述公益慈善活动的内容。
3. 简述公益慈善品牌建设的路径。
4. 举例说明如何进行公益慈善活动的风险防范。

三、论述题

1. 结合实际，阐述公益慈善活动的市场化困境。
2. 阐述你对公益慈善道德风险及其防范的理解。
3. 结合现实，阐述宗教公益慈善的意义和价值。

参考文献

[1] 刘怡仙. 揭秘公益圈里的第三方评估：要问责项目效果，更要提升执行能力[J]. 南方周末，2017-11-23.
[2] 陈勇. 秉承慈善新理念 建构公益大品牌——大型电视公益慈善活动的创新与突破[J]. 中国电视，2007（7）：36-39.

[3] 杜玉华, 梁玉. 论慈善品牌战略机制的构建——以结构功能主义为分析视角[J]. 学习与实践, 2009（7）: 99-104.
[4] 杨明刚, 商婷婷. 秉承慈善新理念 建构公益大品牌——慈善品牌的内涵与基本特征初探[J]. 华东理工大学学报（社会科学版）, 2008, 23（4）: 57-61.
[5] 高一村. 慈善事业需要有吸引力的品牌项目[N]. 中国社会报, 2008-03-12（2）.
[6] 翟倩. 基金会"贫富"不均: 慈善也需要品牌效应[N]. 中国社会报, 2007-11-19（4）.
[7] 何兰萍. 慈善、道德与社会和谐[J]. 东南大学学报（哲学社会科学版）, 2006（5）: 8-11.
[8] 罗文恩, 周延风. 中国慈善组织市场化研究——背景、模式与路径[J]. 管理世界, 2010（12）: 65-73, 89.
[9] Ralph Borland, Stephen Graham Saunders. Marketing-driven philanthropy: the case of PlayPumps[J]. European Business Review, 2013, 25 (4) : 321-335.
[10] 陈延超. 社会建设视野中的宗教公益慈善研究[M]. 武汉: 华中科技大学出版社, 2015.
[11] 王佳. 中国佛教团体与慈善公益事业研究评述[J]. 世界宗教文化, 2011（2）: 6-11.
[12] 廖南德. 从宗教组织的社会服务看道教组织的现代化——以香港啬色园为例[J]. 宗教学研究, 2010（2）: 214-217.
[13] 黄海波. 青年会模式: 以宗教信仰为基础的社会公益组织及其特征——以上海基督教青年会为例[J]. 学会, 2010（6）: 11-14.
[14] 张士江, 魏德东. 中国宗教公益事业的回顾与展望[C]. 北京: 宗教文化出版社, 2008.
[15] 毕素华. 论基督教的慈善观[J]. 南京社会科学, 2006（12）: 55-59.
[16] 姚任. 宗教公益: 宗教与社会主义社会相适应的有效途径[J]. 特区实践和理论, 2010（4）: 86-88.
[17] 郑筱筠. "另类的尴尬"与"玻璃口袋"——当代宗教慈善公益的"中国式困境"[J]. 世界宗教文化, 2012（1）: 52-58.
[18] 董栋. 宗教界开展公益慈善事业问题研究[J]. 世界宗教文化, 2012（1）: 47-51.
[19] 邓国胜. 公益项目评估——以"幸福工程"为案例[M]. 北京: 社会科学文献出版社, 2003.

第六章 公益慈善从业者

知识目标

1. 掌握公益慈善从业者的概念及其类型
2. 了解公益慈善组织从业者的素质与能力要求
3. 掌握公益慈善组织从业者的招聘方式
4. 理解对公益慈善组织从业者的约束机制

能力目标

1. 理解公益慈善组织从业者与社会工作者之间的区别和联系
2. 掌握公益慈善组织从业者管理的国际经验
3. 把握当前我国公益慈善组织的人才状况

素质目标

1. 正确看待公益慈善组织从业者的薪酬待遇
2. 正确认识普通群众积极参与公益慈善活动的意义和价值

第一节　公益慈善从业者的概念

公益慈善事业的发展，只有热情是远远不够的，更需要专业人才。不仅需要有社会责任心和公共精神的慈善专业人才，也需要更多有财务管理经验、沟通协调能力、资产管理经验和战略视野的专业人士加入公益慈善事业，推动中国的公益慈善事业透明、专业、可持续发展。

一、公益慈善从业者的类型

公益慈善事业的持续发展，离不开财力、物力的投入，也离不开人的参与和奉献。在公益慈善领域，常见的公益慈善从业者有慈善工作者、公益慈善组织从业者、志愿者、慈善家和捐赠人等。

1. 慈善工作者

慈善工作者是指为公益慈善服务、追求广泛的社会公共利益的工作人员。具有如下特点。

（1）自愿性。慈善工作者自愿参与或专门从事公益慈善事业及其相关工作，普遍具有强烈的奉献意识，通常渴望能够以自己的知识和专长帮助有需要的人群，并且通常能积极主动地帮助他人、服务社会。

（2）利他性。慈善工作者的工作是帮助他人，且不向被帮助者索取任何报酬，他们的日常收入有的从公益慈善组织获取（专职人员的工资福利），有的从自己本职工作单位获取，有的不接受任何酬劳。

（3）自律性。慈善工作者的工作出发点和行业从业动机决定了他们需要具有良好的自我约束能力，能抵制金钱、名誉的诱惑，全心投入公益慈善事业。强大的自律能力是慈善工作者职业道德中十分突出的特色。

2. 公益慈善组织从业者

公益慈善组织从业者，是公益慈善组织中从事管理、策划、服务、项目运作等专门工作的专职工作人员，属于非营利机构员工（Nonprofit Employee）。公益慈善组织从业者除了具有慈善工作者的特征外，还有如下特点。

（1）职业性。公益慈善组织从业者将奉献和自愿从事公益慈善工作作为一种职业，主要利用自己的专业知识、专长等服务社会，帮助有需要的人群。

（2）专职性。公益慈善组织从业者是各种公益慈善组织的专职人员，有一定的专业技能和知识，且以公益慈善组织中的任职为唯一或主要收入来源。

3. 志愿者

志愿者（Volunteer），又称"义工"或"志工"，是指不以利益、金钱、名誉为目的，利用自己的时间、技能等资源，为近邻、他人、社会乃至世界提供服务、做出贡献的人。志愿者通常需要具有一定专业技能，不以谋求物质报酬为工作或服务目的，自愿贡献个人的时间、精力、知识，主要从事扶助弱势群体、抗灾救灾、服务社区、促进教育、保护环境等专业性、技能性、爱心性服务活动。志愿者起源于19世纪西方国家宗教性的慈善服务，中华人民共和国成立后中国第一个志愿者团体是成立于1990年6月的"深圳市义工联合会"。

志愿者工作具有志愿性、无偿性、公益性、组织性4个特征，其本质是服务社会、传递"爱与责任"。志愿者工作的核心精神是"自愿、利他、不计报酬"。因此，志愿者具有如下特点。

（1）自觉性。志愿者是自觉、自发参与公益慈善活动的人，不受年龄、性别、民族和职业等限制，任何有意愿且具备相应能力的人都可以参与志愿者工作。

（2）非获利性。志愿者活动是一种利他行为，不以谋求个人利益为目的，旨在推动人类发展、促进社会进步和增进社会福利。

（3）非专职性。大多数志愿者是社会上其他各行各业的工作者，他们主要利用业余时间从事公益慈善活动，有的志愿者只是临时、偶尔地参与某一个志愿者项目，工作不具有长期性。

（4）间接的自利性。志愿者在帮助他人、服务社会的过程中也会积累社交经验，并满足了个人的心理需求。从事志愿者工作是实现个人价值、促进身心健康发展的良好途径。

（5）谨守职业道德。志愿者是非受薪雇员，但也应恪守职业道德，包括尊重他人、对服务对象友善、出勤守时、信守承诺、做事主动、有使命感、严守秘密、合理使用个人隐私、不滥用志愿者身份、不贪污、不欺诈、不私下推销有私利的商品或服务。

4. 慈善家

慈善家（Philanthropist），一般是指具有一定社会影响力、热心公益事业、经常参与慈善活动、对公益慈善组织或公益慈善活动/项目等进行长期或大量捐助，并大力宣传的社会知名人士，如慈善企业家、慈善大使等公众人物。慈善家也是慈善工作者。

5. 捐赠人

公益慈善的捐赠人（Donor），也称捐款人，是指向公益慈善组织、公益慈善活动或项目、政府或处于困境中的个人（或家庭）、群体等捐赠财产（包括货币、实物、房屋、有价证券、股权、知识产权等有形和无形财产）的自然人、法人和其他组织，包括个人（家庭）、企业、政府或社会组织、宗教机构。慈善家通常也是捐赠人。

二、公益慈善从业者与社会工作者

通常，慈善家与捐赠人主要在财物上对公益慈善事业提供支持，而慈善工作者、公益慈善组织从业者和志愿者主要付出时间、具体劳动或服务。通常，不能将一个服务于公益慈善事业的人（组织）进行简单归类，因为一个参与公益慈善活动的人，可能扮演多种角色。因此，需要基于公益慈善事业的实践工作对公益慈善从业者加以区别。

1. 公益慈善组织从业者与志愿者的异同

公益慈善组织从业者、志愿者和慈善家，都是慈善工作者；公益慈善组织从业者和慈善家有时候也会充当志愿者的角色。公益慈善组织从业者与志愿者的联系如下。

（1）两者都是公益慈善事业的实际参与者。公益慈善组织从业者与志愿者虽然负责的具体工作不同，但一个公益慈善项目或活动通常是在公益慈善组织从业者和志愿者的共同参与下进行的。

（2）两者的根本目的相近。无论公益慈善组织从业者是否从公益慈善组织领取工资，也无论志愿者是否领取适当的补贴，他们参与公益慈善活动都不以获取物质利益为目的。实际上，只有真正具有社会责任感和奉献精神的人，才可能持久地奉献于公益慈善事业。

公益慈善组织从业者与志愿者的区别如下。

（1）从业主体不同。公益慈善组织从业者主要是指在公益慈善组织中对组织的日常事务、公益慈善活动/项目等进行管理、组织、策划的专职人员；而志愿者主要是利用业余时间自发参与各项公益慈善活动的各行各业的劳动者，只要符合基本条件人人都可以参与。

（2）招聘方式不同。公益慈善组织从业者需要特定公益慈善机构通过专门渠道进行招聘甄选得以任职；而志愿者一般是志愿者组织或公益慈善项目公开募集的，有些志愿者是主动前往各种志愿者组织办事处或通过网络进行登记注册成为注册志愿者的。

（3）甄选标准不同。公益慈善组织从业者和志愿者的工作性质有一定的区别，对两者的能力要求也不尽相同。公益慈善组织从业者需要专业知识和技能，如策划、组织、财务管理等；而志愿者主要担任具体的操作工作，除心理咨询、外国游客引导等一些需要特定能力的工作岗位以外，志愿者只要具备一定的脑力、体力，就能胜任大部分的志愿者工作。

（4）工作内容不同。公益慈善组织从业者主要在公益慈善组织中担任管理或服务工作，是公益慈善组织的员工；而志愿者处理一些具体的工作，是公益慈善活动的一线工作者。

（5）收入来源不同。公益慈善组织依法从募集的善款中提取一定比例用于组织的管理费用及员工的工资、福利、保险，这是专职公益慈善组织从业者的主要收入来源；而志愿者有其本职工作，基本上无偿奉献时间、知识、精力，不从中获取任何物质报酬。

（6）监管机构不同。公益慈善组织从业者接受政府相关部门、社会的直接监督和管理，公益慈善组织及其工作人员的工作行为和资金运作被严格监管；而志愿者主要受公益慈善组织或公益慈善活动举办方的管理，并接受服务对象的监督。

（7）劳动关系不同。公益慈善组织从业者是公益慈善组织的正式员工，他们与公益慈善组织是雇佣劳动关系，一般有正式的、书面的劳动合同；而志愿者自发参与公益慈善组织或其他组织举办的公益慈善活动，一般经过申请和注册就能成为该组织的志愿者，但他们一般不向该组织收取酬劳（必要的活动经费、补贴除外），是组织者和参与者的关系。

2. 公益慈善组织从业者与社会工作者的异同

社会工作者（简称社工）是运用社会工作专业知识、技巧和方法科学地为有需要的个人、家庭、机构、社区提供专业性服务的专业人员。社会工作者与公益慈善组织从业者既有联系又有区别。公益慈善组织从业者与社会工作者的联系如下。

（1）指导原则相同。社会工作者和公益慈善组织从业者均以"利他主义"为指导原则，扶弱济贫，缩小贫富差距，追求社会正义，构建和谐社会。

（2）掌握的专业知识是包含关系。社会工作者具备的专业知识包含公益慈善组织从业者所具备的专业知识。公益慈善组织从业者和社会工作者都需要掌握公益慈善相关知识及社会保障、管理、经济、法律等相关知识，但社会工作者还需要具备心理学等专业知识。

公益慈善组织从业者与社会工作者的区别如下。

（1）价值理念不同。社会工作者秉持"助人自助"的价值理念，而公益慈善组织从业者通常帮助他人，给予其需要的东西。

（2）服务方式的差异。公益慈善组织从业者首先确定困境群体，然后开展相关的公益慈善项目或活动，通过募捐等方式为困难群体提供财物或服务等，进而帮助困难群体解决问题。而社会工作者以社工的三大方法——"个案、小组、社区"开展服务工作，运用"同理心、聆听、自我披露"等技巧，获得受助者信任，增强工作效果。社会工作者不仅为受助者提供财物等实质性的帮助，还为受助者提供心理辅导、心理咨询等精神方面的帮助。

（3）服务的倾向性不同。社会工作者注重预防，而公益慈善组织从业者主要倾向于事后援助。社会工作者利用其专业知识主动去探索受助者的需求，进而从多方面提供服务援助；而公益慈善组织从业者在这方面显得比较被动，提供援助的方式较少。

（4）薪资来源不同。目前中国社会工作者的薪资报酬大部分来源于政府的财政拨款或政府购买服务；而公益慈善组织从业者的薪资主要来源于公益慈善组织所募集的善款。

3. 社会工作者与志愿者的异同

社会工作者与志愿者既有联系又有本质区别。两者的联系如下。

（1）两者都要有社会责任感和奉献精神。社会责任感和奉献精神是社会工作者和志愿者的内在本质。社会工作者通过所学的专业知识和技巧服务于社会；而志愿者虽没有专业性知识，但也在做自己力所能及的事情，为社会服务，为他人负责，希望社会更加美好。

（2）两者都是参与社会治理、增进社会和谐、提供社会服务、促进社会发展的重要群体。社会工作者和志愿者为需要帮助的人提供服务，追求社会公平、正义的总目标是相同的。

社会工作者和志愿者的区别如下。

（1）获得报酬不同。对社会工作者来说，社会服务是其职业，是有薪资报酬的；而志愿者自愿贡献自己的时间、知识和精力，为他人、公众、社会提供服务而不求回报，没有薪资。

（2）专业性程度不同。社会工作者经过系统、专业的教育和培训之后运用自己的专业知识和手段来提供社会服务，而志愿者通常不需要经过这种系统的专业训练；社会工作者一般要通过社工资格考试获取资格证书才能从事社会工作，而志愿者没有专业资格限制。从这个意义上说，社会工作者在专业知识、技术、能力方面要强于志愿者。

（3）服务范围的广泛程度不同。志愿者的服务范围比社会工作者的服务范围更加广泛。志愿者的服务包括了一系列为他人、社会提供服务的无偿性活动；而社会工作者的服务范围一般是其工作的范围，如社会救助、社会福利、社会就业、社区管理、医疗康复服务等。

（4）专业伦理和价值的遵循程度不同。社会工作者需要遵循严格的专业伦理和价值，是强制性的；志愿者遵循社会伦理和价值，但没有社会工作者那么严格和专业，一般只要不超出道德规范、不触犯法律等约束即可。

（5）服务理念不同。从社会使命看，社会工作者以帮助社会弱小、解决社会问题为己任；从专业使命看，社会工作者秉持"助人自助"的服务理念，运用专业知识和手段帮助服务对象自助。志愿者倡导"奉献他人、提升自己"的服务理念，强调"赠人玫瑰，手留余香"。

4. 社会工作者与慈善工作者的联系

社会工作者和慈善工作者的根本目的、终极目标是一致的。将社会工作者引入公益慈善领域，一方面，充分挖掘社会工作者的专业知识和技术技能，有利于公益慈善事业趋向专业化；另一方面，社会工作者的服务理念、价值伦理，也有助于公益慈善服务价值的完善，促进公益慈善从业者队伍的能力、素质提升。此外，公益慈善组织也可以购买社会工作服务，实现公益慈善与社会工作的转化、融合，提升公益慈善服务的专业水平。

第二节　公益慈善组织从业者的管理

一、当前公益慈善组织的从业概况

1. 公益慈善组织的从业人才概况

根据李长文、张耿瑞的《中国公益组织人才供需发展报告 2016》，我国公益慈善组织从业者大部分为年轻女性、国内本科学历、在北上广就业；公益慈善组织人才供给与需求严重不平衡，需求远大于供给，某些岗位缺乏大量的专业人才；公益慈善领域就业竞争小。从我国慈善工作者的人才供给与需求来看，公益慈善组织需要大力扩充从业者人数，提升从业者素质，建立健全公益慈善事业人事制度，慈善从业者队伍建设任重而道远。

2. 公益慈善组织人才缺乏的原因

（1）薪酬待遇普遍不高。薪酬低是公益慈善事业对人才吸引力不足的主要原因，尴尬的收入水平难以吸引高水平的人才进入公益慈善行业。单凭公益慈善从业者的热情和良知，不足以支撑整个复杂的公益慈善事业。

（2）工作强度大。公益慈善活动的工作强度较大，较为辛苦，导致人手不足。实际上，工作强度大和人手不足是相互影响的。人手不足导致现有从业者工作强度大，而工作强度大、薪资待遇低又导致公益慈善组织难以招聘新晋人才；如此恶性循环下去，人才越来越缺乏。

（3）社会保障制度不健全。公益慈善组织从业者的基本社保、保险、医疗、养老等权益难以保障，阻碍了高素质人才进入公益慈善事业或现有人才大量流失。

（4）社会认同度低。目前，从事公益慈善事业作为一个就业选项在我国还未被广泛接受。许多人对公益慈善理解片面，对专职公益慈善从业者的职位缺乏认识。

（5）提升空间小。公益慈善组织属于非营利组织，其职业吸引力要小于提升空间较大的企业，导致许多大学生认为公益慈善事业没有前途、职业前景不明朗，因而不愿意选择从事公益慈善事业。

二、公益慈善组织的岗位设置

随着公益慈善事业的发展，公益慈善组织对人才的需求越来越大，客观上为社会提供了广泛的就业机会。公益慈善组织已经并将在未来继续成为我国吸纳就业、服务社会的重要平台。我国公益慈善事业大致提供以下几个职能部门的职位。

1. 内务部门

内务部门的职位及其职业要求包括：①志愿者管理，对公益慈善组织的志愿者进行统一管理、调度；②项目策划管理，对具体公益慈善项目进行策划、安排；③专业服务，对具体公益慈善工作提供专业技术支持，如法律咨询、医疗康复服务等；④人力资源管理，基于现有及未来所需人力资源的评估和预测，按需调动、招聘及管理人才。

2. 外联部门

外联部门的职位及其职业要求包括：①募捐，为公益慈善组织或特定的公益慈善项目筹集善款，组织募捐活动、游说、组织义卖活动等；②宣传，通过网站、杂志、公益广告等公关手段，对社会公众宣传公益慈善组织及其公益慈善活动或项目，让外界了解公益慈善组织的目标、任务、宗旨、使命和当前的工作状况。

3. 后勤部门

后勤部门的主要职位及其职业要求包括：①行政，主要负责公益慈善组织日常事务管理、运作，负责与政府相关职能部门的联络、支持与互动；②财务，负责公益慈善组织日常的财务运行，包括资金往来、款项运作、办公费用管理、会计、出纳及账目管理、工资发放等。

4. 高层管理

高层管理是公益慈善组织高级管理人员的职位，负责组织架构、机构宗旨、发展目标、工作方向、大型公关事务、危机应对等重大事项。高层管理职位的工作者多数由公益慈善组织的创建者、发起人来担任，通常也是其所隶属公益慈善组织的主要捐赠人或贡献者，是公益慈善事业的重要开拓者和倡导者，有丰富的其他行业工作经历或社会、政治影响力。公益慈善组织的高层管理人员也是公益慈善从业者队伍中的一员。

三、公益慈善组织从业者的素质要求

在各种公益慈善活动中，公益慈善组织从业者不仅要面对实际工作和众多有不同需要的受助人群，有时也要接触并管理、运用好大量的善款和物资，其工作既要有社会效益，也要在客观上讲究经济效益，这就要求公益慈善组织从业者具备不同于一般企业员工的素质和能力。作为一名公益慈善组织从业者，应该具备如下3个方面的基本素质或能力。

1. 专业素质

其一，要熟悉公益慈善事业的相关法律、法规、规章及地方相关管理办法或法规，自觉地严格遵守相关制度，合理、高效地运用公益慈善资金帮助那些有特殊需要的人群。

其二，专业知识和技能。公益慈善组织从业者要具备专业知识、良好的心理素质和综合能力才能胜任。综合能力包括募集善款的能力、项目开发设计的能力、动员宣传能力。其中，募集善款的能力是公益慈善组织能否长久发展的关键因素，需要具备良好的沟通协调能力、快速反应能力、把握捐赠人意图和动机的能力；项目开发设计的能力直接决定一项公益慈善活动的成败，需要开发设计准确、鲜明的项目名称，切实、有效的项目内容，清晰、可操作的项目宗旨；而动员宣传能力是能否吸引更多社会知名人士参与的关键。

其三，适当的管理能力，如决断能力、应对能力、承受压力能力、激励能力等。公益慈善组织管理者就像一盏指路灯，指引公益慈善组织的前进方向。

2. 社会交往和适应素质

其一，具备良好的交流、沟通能力。从事公益慈善工作，既要与同事、上级、捐赠人、政府、志愿者、其他组织的人员打交道，更要直接面对那些接受帮助的特殊群体或个人（如病人、老人、残疾人、心理不健康的人及遭遇地震等重大灾难的群众），还要跟媒体打交道，因此，从业者不仅需要一般的管理沟通能力，还需要具备与这些特殊被救助者进行友善、有效沟通交流的技巧和心理素质，更需要做好保密工作。

其二，团队协作能力。公益慈善组织是一个大的慈善团队，非常强调协同、协作和团队合作精神。因此，公益慈善组织从业者须具备团队协作的素质。

其三，应变能力。公益慈善项目或活动，无论策划得多完美，活动过程中还可能会出现意外，因此从业者必须具备较强的应变能力才能有效地应对工作中出现的问题。

3. 职业道德素质

其一，尊重受助者、受益人。公益慈善组织从业者应以平等的方式去帮助受助人群，学会尊重、包容、体谅受助者，注意帮助、救助、扶助的方式技巧，体会受助者的心理。

其二，具备爱心、耐心等特质。爱心是一名合格的公益慈善组织从业者应具备的前提条件，耐心会让公益慈善组织从业者坚持下去。所以，爱心和耐心对公益慈善组织从业者来说是缺一不可的。

其三，具有博爱精神。公益慈善组织从业者通常怀着帮助他人、推动社会进步的理想进入公益慈善事业领域，他们发自内心地去帮助弱势群体或有特殊需要、遭遇特殊困难的人，以促进社会和谐和进步为职业使命和职业追求，不仅仅为了谋取金钱、名誉。

小贴士

卓越的公益慈善组织从业者，能够积极思考并恰当地回答以下问题

（1）您愿意要的是公益慈善组织的绩效，而不仅仅是良好意图？

（2）您愿意做出严格的以事实为依据的决定，即使这些决定与流行观点或以自我利益为中心的捐赠人的看法相左？

（3）您喜欢的是影响力而非赞誉？

（4）您愿意为了获得广泛影响力而扩大经过检验的创新，而不仅仅追求小打小闹的创新？

（5）您愿意将自己最出色、最热情、最具创造力、最训练有素的自我投身于公益慈善事业吗？

四、公益慈善组织从业者的招聘

1. 独立发布招聘启事

公益慈善组织有社会团体、基金会、社会服务机构等组织形式。由于公益慈善组织的服务对象和服务针对性不同，因而实际工作中公益慈善组织对人才的需求有所不同。此时，独立招聘就成我国许多公益慈善组织常用的招聘方式。公益慈善组织通过对人力资源进行测评和研究，包括任职条件、求职者个人条件、需要具备的专业素质和专业技能等，以确定具体的人才需求。经过一定的程序后，公益慈善组织以独立身份在报纸、电视、网络上向社会招聘人才。

当前，由于互联网的普及，大多数公益慈善组织都拥有了自己的慈善网站，在网络上发布招聘信息，具有受众广、成本低等特点，受到公益慈善组织的青睐。

2. 综合招聘网站

网络招聘逐渐进入人们尤其是大学生的生活，一些公益慈善组织以低廉的成本通过综合招聘网站发布招聘信息。一方面，能使更多有工作需求的人接触到公益慈善行业，了解其人才需求，使有意向且符合需求的人才有更多的机会与公益慈善组织取得联系，为寻找工作的年轻人提供一个新的职业选择；另一方面，也有利于公益慈善组织更广泛地招揽人才。

例如，国际狮子会（International Association of Lions Clubs）是一个世界性公益慈善组织，其在为盲人和视力受损人士提供服务方面享誉全球，为世界各地听力和癌症检查项目提供大力支持。表6-1是国际狮子会运用综合招聘网站的人才招聘方式发布在国际人才网上的招聘信息。

表 6-1　国际狮子会的网络招聘信息

国际慈善组织（国际狮子会）干事	职位编号：
标签：国际　慈善　组织　国际狮子　干事	
职位信息	
工作地点：广东　东莞市	工作性质：全职
招聘人数：若干人	薪酬待遇：面议
职位要求	
工作经验：一年以上	学历要求：无
性别要求：无	年龄：25~40岁
语言要求：英语，一般	
职位描述	
工作目标：通过内部组织发起各种慈善活动，积极传播爱的文化价值和信念。	
岗位职责	
1. 行政系统建设与维护：制定行政管理、广东狮子会绿洲服务队管理规章制度并推动贯彻、执行。	
2. 广东狮子会绿洲服务队工作管理：起草广东狮子会绿洲服务队各类文件，主要包括但不限于项目文件、对外和对内文件；定期策划、组织、协调广东狮子会绿洲服务队的日常活动，并传播、推广；参与广东狮子会绿洲服务队活动考察，跟进进度并撰写报告；收集、整理、存档广东狮子会绿洲服务队相关活动资料、文件；协调广东狮子会绿洲服务队与各部门的工作。	
3. 档案管理：建立、管理项目利益相关方，如资助人、合作机构、政府部门、媒体、服务对象、专家等单位和个人的档案。	
4. 组织文化活动管理：组织、策划、协调员工各类文化活动，倡导促进组织发展的组织文化。	
5. 公关协调：参与组织的公关活动及部分外联工作。	
职位要求	
1. 管理、市场营销相关专业本科以上学历。	
2. 三年以上组织文化建设工作经验，擅长大型活动的策划、组织和协调。	
3. 优秀的组织协调、分析判断能力，良好的服务意识和团队协作精神，富有责任感。	
4. 有志于从事各类公益慈善活动。	

3. 合作招聘

为推动公益慈善事业的健康发展，政府相关部门通常会与企事业单位、公益慈善组织、其他社会组织共同合作，推出相关的用人计划，鼓励人才进入公益慈善行业，投身公益慈善事业。

一般地，针对一些需求大、影响广、意义深远的公益慈善项目，需要多方联手才能扩大项目或活动的影响力，让慈善和公益的声音传播给更广泛的群体，公益慈善组织的人员招聘也可以利用这种跨部门的联合平台，在更广范围内招揽合适的人才。另外，在我国，政府的影响力非同一般，因此，政府向公众推广公益慈善机构和项目的同时，也可以储备公益慈善人才。

五、公益慈善组织从业者的培训

组建高水平公益慈善组织从业者队伍，必须把造就、培养、挖掘和使用相关专门人才，以及提高现有从业者的素质、能力放在战略位置。为此，政府应发挥积极的导向作用，要鼓励高等院校开设公益慈善领域的相关高职、高专、本科、研究生专业方向，扩展途径让已经投身公益慈善事业的从业者接受再教育和专业培训；同时，以学历或证书等方式对公益慈善人才予以承认，扩大就业途径，并保障公益慈善组织从业者的薪酬待遇与福利，让广大毕业的大学生、研究生有热情、有尊严、有底气、有专长地投身公益慈善事业。

近年来，公益慈善组织从业者的教育与培训工作取得了一些进展。除一些公益慈善组织对其专职工作者和志愿者进行自主培训外，2010年10月8日广州志愿者学院挂牌成立，成为全国第一家公益慈善人才培训机构，该学院最重要的功能设定为"培训"和"研究"。中山大学公益慈善硕士研究生课程进修班是全国首个高校开办的以公益慈善为方向的硕士研究生课程进修班，其培养目标是为民间公益组织、政府相关部门等传输具有高度社会责任感、无私奉献精神、执行能力强的高素质人才。2015年6月25日，安徽铜陵市成功举办了公益慈善组织从业人员培训班，由铜陵市民间组织管理局和社会组织促进会共同举办。2016年3月10日，郑州市首次隆重召开公益慈善组织能力建设培训会，旨在提升公益慈善组织从业者的综合素质，加强慈善组织的自身建设。2017年10月20日，由东莞正阳社工等机构主办的"公益传播研修班"正式开班教学，旨在培养公益慈善组织从业者的公益传播和动员能力。此外，"银杏伙伴成长计划"从2010年开始运行，旨在帮助青年人成为卓越、勇敢的新一代公益慈善组织的领导型人才。2015年7月20日，北京市银杏公益基金会正式成立，其工作内容主要是为热心公益事业的优秀人才开展相关培训和交流活动。此外，中民慈善捐助信息中心、安利公益基金会共同举办的"中国公益慈善人才培养计划",通过实战培训、专家指导、海外交流、论坛讨论等形式培养中国公益慈善领域的新型人才。

六、公益慈善组织从业者的薪酬福利

《中国公益组织从业人员薪酬调查报告 2016》调查结果显示,公益慈善组织从业者的薪酬福利水平普遍偏低,甚至低于公共服务行业社会平均水平,这是一个严峻的社会现实。我国公益慈善组织从业者薪酬低,除资金不足外,还因为社会对公益慈善组织从业者高薪的不认可,甚至还有一些公众认为公益慈善组织从业者应当无偿奉献。

鉴于此,应该尽快建立健全公益慈善行业的薪酬福利制度。一方面,公益慈善组织要完善薪酬福利制度,构建一个公开、透明、合理的薪酬体系。这是提高公益慈善组织的公信力及公益慈善组织从业者职业发展的根本保证,也是吸引人才、利用人才、留住人才的根本要求。专职的公益慈善组织从业者理应获得相应的酬劳以维持其家庭的基本生存,适当调整公益慈善组织行政开支比例的制度规定,可吸引出色的公益慈善专业人才。另一方面,公益慈善组织也要完善激励约束制度。从事公益慈善事业是专职的公益慈善组织从业者的职业,其薪酬福利体系应该具有的激励约束功能,与其他行业或其他职业并无本质不同,原因如下。

其一,从业者确实为公益慈善事业和组织的发展做出了贡献,他们与其他行业的劳动者一样,付出了心血和汗水,当其贡献超出常规时理应获得额外的奖励。

其二,奖励是一种激励,这是对公益慈善职业的肯定。公益慈善组织从业者的工作被认可,有助于促进组织内部竞争,促进创新、高效。

其三,公益慈善行业普遍工资低、工作辛苦,这对那些图钱、图名誉的人来说并不是一个良好的选择,而专职的公益慈善组织从业者是以热情投入,适当的激励会激发其更多的热情。

七、对公益慈善组织从业者的约束

2011 年 6 月"郭美美事件"暴露了公益慈善领域的巨大监管漏洞,以及公益慈善组织从业者的道德素质问题,其不当的行径大大冲击了中国红十字会。因此,强化对公益慈善组织从业者的约束就成了维护公益慈善秩序、净化公益慈善事业的重要内容。一般来说,可以从绩效评估、内外监督、信息披露、投诉举报、责任追究 5 个方面约束公益慈善组织从业者。

1. 绩效评估

对公益慈善组织从业者进行绩效评估,其目的为以下 4 个方面:其一,确保成员不偏离组织的使命、目标，注重组织效益，降低组织成本；其二，帮助公益慈善组织从业者寻找工作差距、漏洞或缺陷，以扬长避短、精益求精，提高工作质量和服务水平；其三，有利于政府部门了解公益慈善组织的运营状况，强化对公益慈善组织的监管和良性互动；其四，给社会公众尤其是捐赠人一个交代。

公益慈善组织一般不创造利润，也不制造具体、有形的产品，主要提供无形服务，其服务依赖于从业者的道德品质、奉献精神和志愿情怀。因此，对公益慈善组织从业者的工作绩效很难用单一、定量的方法进行测评，需要综合评估。评估方法有如下几种。

（1）社会评价。社会评价即社会公众对公益慈善组织从业者的口碑或看法。不过，社会评价的搜集并不容易，可以采用网络方式进行在线调查，也可以随机邀请部分公众通过互联网或调查问卷对公益慈善组织及其从业者进行评价。

（2）问卷调查。让受助者填写调查问卷来评价公益慈善组织从业者的服务、能力和效果。受助者作为直接服务对象，对从业者的工作状况有切身感受，其意见最直观、最有价值。

（3）互评。公益慈善组织从业者内部之间的相互评价。从业者在共同的工作中需要协调一致、相互协作，对彼此的工作状况有一定的了解。作为内部交流，不同部门之间、同一部门不同人员之间可以互评，帮助从业者了解自身缺陷，以改进不足、互相促进、共同进步。

（4）自评。基于自律性要求，公益慈善组织可以要求工作人员从德、勤、绩、能、廉等角度对自己的工作进行自我评价，帮助工作人员正确认识自己，客观看待工作，实现自我提升。

2. 内外监督

（1）自我监督。自我监督不是在公益慈善组织内部设立监督部门，而是从业者对自己的约束，避免工作人员不正确地运用善款及出现不恰当的行为、言论。

（2）立法考评。要弱化政府对公益慈善组织的直接作用，但需要根据公益慈善立法来实施监督，实现从业标准的制度化，以及公益慈善组织高级管理人员的遴选、考核、弹劾、聘用的制度化。

（3）行业监督。通过公益慈善行业的内部竞争，实现对公益慈善组织从业者的约束。那些绩效差、诚信差、声誉差乃至违法犯罪的公益慈善组织及其从业者理应难以在行业内立足。

（4）社会评估。社会（如社会舆论、新闻媒体、公众、捐赠人、受助者）对公益慈善组织从业者的工作绩效、服务精神、服务意识、服务效果、公信力和廉洁度的评价、监督。

3. 信息披露

信息披露主要是筹募方式、捐赠款物接受情况、慈善项目方案、资助对象、资助审批程序、捐赠款物使用情况、选择受助对象的方式、监督和审计情况等信息的公开。具体包括公开基金慈善、项目慈善、大众慈善等筹募方式及现场捐赠、邮寄、转汇等捐赠渠道;公开捐赠款物接受情况(处理好隐私保护信息);公开慈善项目背景、项目规模、受助对象条件、受助申请相关文件等信息;在进行隐私保护后将受助对象的资料向捐赠人公开;受助审批程序的公开;直接公布或直接向捐赠人反馈捐赠款物使用情况;建立爱心捐赠人档案,公布评选资格和条件,公开评选爱心捐赠人;慈善项目进度、财务情况和资助情况的公开。

4. 投诉举报

社会公众有权将公益慈善组织及其从业者的不良行为向政府部门和媒体进行投诉举报。国务院 2014 年发布的《关于促进慈善事业健康发展的指导意见》明确提出,加强社会监督,畅通社会公众对慈善活动中不良行为的投诉举报渠道,鼓励单位或个人积极举报。任何单位或个人发现任何组织或个人在慈善活动中有违法违规行为,可以向该组织或个人所属的慈善领域联合会、行业性组织投诉,或向民政部门及其他政府部门举报。

2013 年广州市成立了慈善监督委员会,这是全国首个慈善组织第三方监督机构,有五大职责:监督公益慈善组织对善款的使用情况;提出或转达社会公众对公益慈善组织的工作意见;向民政部门或其他政府部门投诉举报公益慈善活动中存在的违法违规行为;主动开展民众质疑的慈善事项调查,监管、公布调查结果;向民众公布年度监督工作报告。由上可知,公众不仅可以向民政部门等有关部门投诉或举报,还可以向慈善监督委员会投诉或举报。

5. 责任追究

责任追究是针对公益慈善组织从业者的一种硬约束。首先,要明确责任主体,责任主体是一切利益相关者,包括政府、公益慈善组织、志愿者、捐赠人、受助者;其次,应内部问责和外部问责相结合,其中,内部问责为公益慈善组织内部的批评、奖惩,外部问责主要是权力机关的问责、社会公众的问责和新闻媒体的问责;最后,应合理确定责任,规范落实责任追究。

第三节　公益慈善从业者的管理创新

一、公益慈善从业者管理的国际经验

总体来看，在经济较为发达、社会改革全面、公民社会相对成熟的欧美国家，公益慈善事业相关人才市场的发展有着悠久的历史、良好的文化氛围和社会基础及健全的制度架构。相对而言，我国公益慈善从业者在专业培训、约束管理机制、薪酬福利方面尚存在差距。因此，欧美国家公益慈善从业者的管理经验值得借鉴。

1. 欧美国家公益慈善从业状况

许多欧美国家有庞大的慈善工作者及志愿者队伍，参与公益慈善事业对许多民众而言是日常行为，他们可以在家附近、工作地点、广场、街头得到志愿者招募信息，经过简单的手续就能成为某个慈善机构的注册志愿者，利用下班、周末或者假期从事公益慈善活动，主要通过教会或社区团体，以参与募捐、义卖、助教、分发食品等形式提供志愿服务。在公益慈善机构林立的国家，当拥有志愿者经验的人想要全职从事公益慈善事业时，他们能相当容易地在公益慈善机构找到工作岗位。另外，女性是欧美国家公益慈善事业的强大力量。

2. 公益慈善专职从业者的培训

在欧美国家，公益慈善组织的专职从业者与其他职业的工作者没有本质区别，其薪酬和培训制度也与其他行业的工作者无异。在一些大型公益慈善机构从业人员招聘网站上，一般会发布相应的职业技能培训信息，但这些培训通常是要收费的，和其他职业培训一样。另外，不论是志愿投身于公益慈善行业的培训课程的报名者，还是想按劳取酬谋取一份公益慈善机构职位的培训课程报名者，他们所要缴纳的培训费用是一样的。

其实，这种状况是公益慈善从业者职业化发展的必然结果。欧美国家认为，在公益慈善机构任职与在商业企业中任职的工作内容或从事行业虽然不同，但工作者的基本能力与素质要求是一致的，甚至公益慈善从业者要比一般公司员工更具有自律性和爱心、奉献精神。因此，在市场经济条件下，公益慈善的专职从业者光凭热情是不够的，还要在职业能力、职业素质和职业水平方面提升自己，并平等地支付费用、接受培训。

3. 对公益慈善从业者的约束

相对而言，欧美国家的公益慈善制度要健全一些，对公益慈善从业者或慈善工作者的激励与约束制度也更完备一些，但这些国家仍会因对慈善工作者的约束不力而经常暴露出问题。1992 年，《纽约时报》揭露美国联合劝募会前任主席阿尔莫尼自占捐款用于度假、购买豪华别墅和其他奢侈物品，轰动一时。2008 年，英国广播公司（BBC）被揭露侵吞超过 10 万英镑善款，且 BBC 环球公司一些员工经常私下扣留本应用于慈善用途的钱款。2008 年，联合国儿童基金会德国委员会负责人迪特里希·加里希思被揭露乱用捐赠基金，其领导下的基金会也内部管理混乱，捐赠过程缺少透明度。

公益慈善工作者的不当行径影响着整个公益慈善行业的信誉和公信力，因此，欧美国家的公益慈善组织对职员的内部管理约束及政府对公益慈善从业者的外部监督都非常严格。美国各慈善基金会均建立了完善的内部治理机制，对其员工都参照企业的激励约束模式加以管理；而美国税务局则严格要求慈善机构提供年度报表，包括年度收支明细账，以及付给董事、执行官、骨干雇员和 5 位收入最高员工的薪酬等，对公益慈善从业者的酬劳及资金运作进行严格的财务监督。另外，美国建立了非常完善的个人诚信系统、机构自律体系和行业评级机制。

4. 公益慈善组织从业者的薪酬待遇

在欧美很多国家，公益慈善组织从业者被视为一般社会工作者，其获取的薪酬与其他非营利行业工作者或企业员工并没有太大区别。譬如，在英国有一家专门提供慈善工作岗位的网站 Third Sector Jobs，在该网站上寻找工作，可以利用"Narrow your search"版块的分类进行范围搜索，分类方式包括工作部门、慈善机构所在地、全职或兼职薪酬等级。健全的社会保障体系也让西欧一些国家的慈善工作者没有后顾之忧，人们可以无压力地全力参与公益慈善事业。美国薪酬制度允许慈善工作者享有与一般企业同等的待遇。公益慈善组织为了与营利性组织竞争人才，也必须要给公益慈善从业者较高的薪酬。薪酬水平是通过与相同环境下相同领域且同样规模的营利性企业类似职位的从业人员的平均薪酬来界定的。公益慈善组织给每位员工的薪酬都必须有据可依，否则将会受到罚款处分，甚至丢掉免税资格。

二、公益慈善从业者的管理创新

专业人才的欠缺和社会服务观念、理念的滞后，成为制约公益慈善事业发展的瓶颈之一。各类公益慈善组织从开始创建、启蒙到发展，迫切需要具有专业技能、专业素养和服务观念的理论研究人才、高级管理人才、项目运作人才、专业服务人才、宣传推广人才。公益慈善专业人才的培养，既要依托高校、科研机构的培养输送，也要公益慈善组织去培育、发掘，建设一支高水平、高素质、高专业技能的公益慈善从业者队伍，并通过普及公民教育，让更多的人从愿意捐助、参与公益慈善活动或志愿服务转变为加入公益慈善行业，从事公益慈善事业。

其一，大力推动公益慈善从业者的专业培训，开设有针对性的课程，不断丰富公益慈善工作者、志愿者和社会工作者的理论知识、专业技能和专业素养。

其二，政府应积极引导机关、企业、公益慈善组织与从事公益慈善问题研究、培养公益慈善专业人才的高校、科研院所合作，促进公益慈善从业者队伍的专业化、社会化、市场化。

其三，完善我国专职公益慈善从业者的薪酬、福利制度和社会保障制度，健全志愿者的权益保障、奖励表彰制度，增强公益慈善事业的吸引力，吸纳更多专门人才。

其四，制定或完善公益慈善行业的从业标准，以社会的需要、受助者的需求为导向，提高公益慈善从业者的服务意愿、服务水平。

其五，健全激励约束机制，促进公益慈善信息的公开透明，完善投诉举报机制，推进政府监管、社会监督和行业自律，有效约束公益慈善从业者的行为。

三、促进普通民众参与公益慈善事业的建议

1. 普通民众参与公益慈善事业的意义

我国的公益慈善事业与美国等发达国家相比还有较大差距，这种差距尤其表现在普通民众参与公益慈善事业的程度上。目前，我国普通民众对公益慈善事业参与的热情不高，导致公益慈善组织的资金主要来源于政府拨款，这不利于中国公益慈善事业的长远发展。因此，需要推动普通民众参与公益慈善事业。理由如下：

（1）普通民众参与公益慈善事业能够增加幸福感和快乐感，让自己生活更充实和满足；

（2）普通民众参与公益慈善事业能够体现其社会责任感和人道主义精神；

（3）普通民众能够为公益慈善事业提供稳定的资金来源；

（4）慈善救助不仅包括捐赠财物，还包括随机的、经常的、地点时间不限的志愿者服务，因此普通民众的参与能让公益慈善事业更加有活力。

2. 促进普通民众参与公益慈善事业的举措

可以从公益慈善教育、构建信任关系、鼓励经常性的小额捐款3个方面促进普通民众参与公益慈善事业，促进公益慈善事业的长远发展。

（1）公益慈善教育。营造慈善氛围，弘扬慈善文化，让普通民众全面了解慈善，化解普通民众对公益慈善的误区。公益慈善事业应从教育抓起，在当前教育体系中加入以公益慈善为核心的课程，让青少年在学习过程中正确理解和把握公益慈善，培养青少年

的公益之心。

（2）构建信任关系。公益慈善组织与捐赠人应建立相互信任的关系，这要求公益慈善组织强化慈善信息公开透明，督促公益慈善组织合法、公开、透明、有效运作。

（3）鼓励经常性的小额捐款。建立经常性的小额捐款机制，实现慈善基金来源的稳定，减少成本的浪费，优化当前针对特定目的、特殊救助对象的轰动性、短暂性捐款格局。

3. 普通民众参与公益慈善活动的途径

其一，积极参与志愿服务。普通民众可以在志愿者服务网站注册成为志愿者，相关网站会不定期更新招聘志愿者的信息，通过面试筛选就可以参与慈善活动服务他人。

其二，积极参与义卖活动。义卖的本质也是捐赠。

其三，积极参与慈善拍卖、慈善晚会、乡村支教、进社区关爱空巢老人等活动。

其四，在确保可信度和真实性前提下，积极参与网络募捐、爱心筹款平台等活动。

本章提要

1. 支撑整个公益慈善事业大厦的是慈善工作者、公益慈善组织从业者、志愿者、慈善家和捐赠人，他们虽然以不同的身份参与公益慈善事业，但都有一颗大爱的心。

2. 随着社会发展，公益慈善事业对专业人才的需求越来越大，公益慈善组织亟须建设一支高水平、高素质的人才队伍，不仅需要他们有投身慈善工作的热情，还要熟悉公益慈善的法律、法规、章程，具备专业的知识技能、良好的实践能力和开拓创新精神。

3. 目前我国公益慈善从业者队伍建设仍面临诸多问题，如待遇过低导致人才吸收和存留困难、公益慈善工作的社会认同度不高、缺乏有影响力的人才招聘渠道等。为此，必须转变人才观念，重视人才的纳新、培养和提升，建立一套公益慈善从业者队伍的建设方案，为我国公益慈善事业的发展输送更多高水平的专业人才。

4. 借鉴发达国家的公益慈善从业者管理经验和教训，我国要扩大公益慈善事业的社会参与面，吸收各领域、各专业的人才进入公益慈善组织，强化对公益慈善专职从业者的教育、培训，健全公益慈善从业者薪酬体系、约束机制，为公益慈善人才发展提供良好的社会和政策环境。

案例分析

【案例5-1】红十字基金会一名志愿者涉嫌诈骗受审

摘自：朱燕. 抗洪英雄马书军涉嫌诈骗红基会救助款25万元受审.《新京报》，2010年11月26日。

马书军，中国红十字基金会前志愿者，也曾是一名白血病患儿的家长，在求助社会治愈孩子后，他在救助其他患儿的过程中"变质"，骗取中国红十字基金会救助款25万余元。2010年12月20日上午，北京东城法院对此案做出一审判决，马书军犯诈骗罪，因有自首情节，被从轻判处有期徒刑7年，并处罚金7000元。

马书军在法庭上辩称，随着自己名气的增大，先后有上百位患者家长找到他帮忙申请救助金，在没有基金会书面授权的情况下，他帮忙整理材料申报。在此期间，有患者家长提出"帮忙申请，拿钱分成"，在金钱的诱惑下，马书军同意了。患者的银行卡都由马书军掌控，取善款也是由他经手，很多家长根本不知道办卡的事情，只知道将身份证交给了他。每申请一笔2~3万元的救助金，马书军会截留一半。案发后，有的家长称只收到了1万元，有的家长称只收到了5000元，有的家长称甚至一分钱也未收到。对于善款总共有多少，患者家长表示马书军没有告诉过他们。经调查，申请审批名单出来后，马书军购买假的就医发票上报给基金会，等待善款划账。

据了解，马书军案发，源于一些申请资助的患者家长未拿到善款到基金会查询，而这些申请的经手人和联系人均为邯郸红十字基金会工作人员王某。王某在接受调查时称，未给申请者善款是马书军交代的。马书军对王某的证言异常愤慨。马书军说，有的善款就是被王某克扣了。有患者找到基金会后，王某才以"工作忙，疏忽了"为由，将钱匆忙补给患者。由于诈骗罪以非法所得为目的，王某拿到的钱都返给了患儿，且王某不承认诈骗，因此无法追究其刑事责任。目前王某已辞职。另外，法庭考虑马书军自首、退赔等情节，以及社会危害性不大，对其从轻判决。

马书军事件的发生，暴露出中国红十字基金会在人员管理方面的漏洞，社会上对中国红十字基金会提出了质疑。中国红十字基金会秘书长助理兼项目管理部部长雷淑敏坦言，出现马书军截留善款的事情，基金会肯定有责任，"最大的漏洞就是当时没有及时进行回访，没有跟踪善款的去向和使用情况。"基金会刚成立时只有两三名工作人员，面对上千人的资助申请，没有能力进行善款拨付到位后的追踪，为马书军的诈骗埋下了隐患。为了弥补管理漏洞，基金会成立了监督委员会，从社会上招聘监督巡视员，为基金会进行善款使用情况回访；修改了资助告知书，让受助者更加清楚申请流程，并印发了工作指南和求助指南，指导中国红十字基金会工作人员和申请人对遇到的具体问题进行处理。此外，基金会加大了拨款后的回访力度，并要求省级及其以下基金会100%核实，中国红十字基金会进行30%的抽访。

问题

1. 马书军一案折射了公益慈善组织在志愿者管理方面存在哪些漏洞？
2. 如何看待邯郸红十字基金会工作人员王某的行为？
3. 结合案例，阐述强化对公益慈善从业者监督的具体举措。

思考与练习

一、名词解释

1. 慈善工作者
2. 志愿者
3. 公益慈善组织从业者

二、简答题

1. 志愿者与公益慈善组织专职从业者有什么不同？
2. 简述慈善工作者与社会工作者的区别与联系。

三、论述题

1. 讨论公益慈善从业者管理的欧美经验在我国的适用性。
2. 讨论如何实现对公益慈善组织从业者的有效约束？

参考文献

[1] 王思斌. 社会工作概论[M]. 北京：高等教育出版社，2011.

[2] 重庆市慈善总会. 重庆市慈善总会信息八公开制度[Z]. 2014-03-10. http://cq.qq.com/a/20130503/000290.htm.

[3] 益宝计划. 中国公益人保障状况专题调查报告 2017[R]. 2017-11-22. http://www.chinadevelopmentbrief.org.cn/news-20489.html.

[4] 王镜宇. "重奖"志愿者与志愿精神南辕北辙[EB/OL]. 2011-04-22. http://news.xinhuanet.com/sports/2011-04/22/c_121334439.htm.

[5] 李勍. 慈善监管：政府最大的"慈善困惑"[J]. 中国西部，2009（Z7）：74-75.

[6] 高一村，杨炳珑. 九三学社建议：建设一支专业化的慈善从业人员队伍[N]. 中国社会报，2008-03-13.

[7] 林红. 银杏伙伴成长计划——探索支持公益人才的路径[M]. 北京：社会科学文献出版社，2011，186-187.

[8] 杨团. 慈善蓝皮书·中国慈善发展报告（2011）[M]. 北京：社会科学文献出版社，2011.

[9] 李长文，张耿瑞. 中国公益组织人才供需发展报告 2016[R]. 2017-05-22. http://www.chinadevelopmentbrief.org.cn/news-19560.html.

[10] 王小波. 试论普通人参与慈善事业的意义、影响因素及其途径[J]. 道德与文明，2006（2）：12-15.

[11] 苏伦军. 全面提升民众慈善观念，全力推行"平民慈善"理念——对新形势下发展慈善事业的几点思考[A]. 摘自：寒山寺文化研究院. 寒山寺文化论坛论文集（2009）[C]. 2009.

[12] 徐彤武. 美国政府对公益慈善事业的管理及启示[M]. 北京：社会科学文献出版社，2011，305-333.

第七章
公益慈善资金

知识目标

1. 掌握公益慈善资金的基本概念
2. 掌握公益慈善募捐、捐赠的概念和方法
3. 掌握公益慈善资金的使用及原则
4. 熟悉公益慈善资金的投资理念
5. 理解公益慈善组织的财务管理

能力目标

1. 理解中西方公益慈善体系的差异
2. 比较中西方公益慈善组织募捐和捐赠的差别
3. 对公益慈善组织的投资案例进行分析
4. 理解公益慈善组织的成本管理方法

素质目标

1. 理解公益信托的价值
2. 把握公益慈善资金的管理趋势
3. 明确公益慈善资金的意义和价值

第一节 公益慈善资金管理概述

公益慈善资金的管理主要包括公益慈善相关资金（主要是善款，也包括可以折合成货币的捐赠物资、设备、厂房等固定资产）的筹集、组织、运用和核算。因此，其资金管理的内容也主要存在于这4个环节中。近年来，我国在公益慈善物质、资金的筹集、运作、使用、投资等管理过程中出现了一些问题，严重影响了公益慈善组织的公信力和公益慈善事业的发展。本章重点讨论公益慈善资金筹集、运作、使用、投资过程中的管理问题。

一、公益慈善资金的概念、特征

公益慈善资金是指社会捐赠或国家财政资助的，主要用于公益慈善目的或相关活动的各种财物。资金是构成公益慈善活动及保障公益慈善组织、其他慈善机构正常运转的物质基础，也是实现慈善与公益职能、推动公益慈善事业发展的物质载体。

公益慈善资金有广义与狭义之分。其中，狭义的公益慈善资金是指以现金、银行存款或电子货币形式等货币资金体现的各类善款（电子货币具备了流通货币的特征，本书把它纳入资金的范畴）。对善款的透明使用或运作，是社会公众最关注的事项。广义的公益慈善资金也称公益慈善资源，包括公益慈善组织可以运作的各种捐赠善款、物资及非物质或非金钱体现的服务，如心理康复服务等，但主要是善款及各类捐赠物资。具体地，广义的公益慈善资金除货币资金外，也包括各种捐赠的物质、机器、设备、土地、厂房、知识产权、时间、体力劳动、智力劳动、专业知识等非货币资金。由于捐赠的物质、机器等理论上可以折合成货币资金（现金），且实际上公益慈善组织在统计捐赠总额时通常会将捐赠物资折算成现金计入总账。因此，本书涉及的公益慈善资金并不进行广义、狭义的区分，在不做特殊说明时也不具体区分是货币资金还是非货币资金。公益慈善资金一般有以下几个特征。

(1)公益慈善资金来源的多样性。在我国，公益慈善组织及其他公益慈善活动的资金来源主要是社会捐赠（捐助、捐献）和政府的财政支持，此外还有善款的投资收益。其中，社会捐赠包含国内外个人、家庭或企事业单位、社会组织、宗教机构的捐赠，以及外国政府、国际组织的捐赠。公益慈善组织或公益慈善活动必须靠大量的捐赠、投资基金及政府财政部门的扶持来获得资金。当然，公益慈善组织与某项具体的公益慈善活动/项目并不单纯依赖某种资源，其资金来源多元化，但民众和企业捐赠是最重要的来源。需要指出的是，尽管我国公益慈善的社会捐赠和政府财政支持近年来呈快速上升的趋势，但社会捐赠的总体规模还不够大，公益慈善资金规模与我国社会发展的需求相比还有很大的差距。

(2)公益慈善资金的产权虚化。捐赠人自愿从自有的合法财产中拿出一笔财产，用于公益慈善相关活动、公益慈善事业或向公益慈善组织捐赠；当捐赠行为依法完成后，捐赠人就与这笔财产脱离了关系，公益慈善组织或个人、其他机构、政府部门在法律或契约的框架下有对财产处置、运营、管理等权利。此时，捐赠人失去了对这笔资金、款项的所有权，然而受助者也不拥有一般意义的所有权或产权。譬如，公益慈善组织只享有一定范围内的控制权，公益慈善捐赠的受助者是社会上的不特定人群，具有虚拟化的特征；又如，接受捐赠的受助者（或其监护人）对资金的使用也不具有完全产权意义上的自由，必须合法且符合捐赠合约要求，或者至少符合当初的捐赠目的。

(3)公益慈善资金的无营利性。公益慈善资金因其特殊的慈善或其他公益用途，一经捐出便无偿地供受助者使用，不得存在任何营利行为。公益慈善资金通常也可以基于保值增值目的、在保障资金安全的前提下进行投资，其投资收益或其他孳息也只能用于公益慈善事业，不是任何组织或个人的私利，也不能用收益的多少来衡量公益慈善组织的运作效率。

二、公益慈善资金的管理及其财务特征

联合国、世界银行、经济合作与发展组织于1993年共同编写的《国民经济核算体系（SNA）》明确规定，非政府、非营利性机构必须"受社会和政策的严密审视，有相应的财务管理制度和监督制度"。在公益慈善的组织化、专业化、规范化和法治化时代，公益慈善资金的管理重点是公益慈善组织的资金或善款的管理。公益慈善组织的资金管理，不只是政府财政部门和公益慈善组织内部财务的事情，还需要建立一整套公益慈善资金管理制度。

公益慈善组织的资金管理分为两个层面。其一是公益慈善组织的外部财务管理，包括政府的会计、审计、监管部门所进行的制度性约束或管理，以及社会第三方审计、媒体监督、公民监督等社会非正式财务监管；其二是公益慈善组织的内部治理体系或依据

国家财务制度所呈现的内部管理与自我约束,为实现内部管理与治理目标服务,一般健全的公益慈善组织都配置了专门的资金管理部门。公益慈善资金的管理,内部要建立起完善的会计、审计和其他财务管理制度,外部要建立、健全公益慈善资金相关法律法规和社会监督、制约机制。

但公益慈善事业的民间性、非营利性、非政府性,使得公益慈善组织的资金管理具有不同于企业或政府的财务特征,表现在如下方面。

(1) 职责权利不清晰。由于不存在利润最大化目标,公益慈善组织的筹资、投资及活动、项目运作等内部各部门的职责履行情况难以考核评价,资金运用上的职责、权利难以体现。

(2) 产权形式特殊。公益慈善组织不能对公益慈善资金及其权益进行转让、出售,通常必须严格按契约或捐赠人的要求来运作、管理或处理,不开展损益计算,不进行利润分配。

(3) 不存在利润指标。公益慈善组织不以获取利润为目的,管理者和其他职员在各种目标的重要性或目标实现程度上通常分歧较大,不同组织之间的绩效对比主要看社会影响力。

(4) 资金保障依赖社会声誉。公益慈善组织运作的资本保障及组织的生存、发展强烈地依赖于其使命及其在社会公众中的声誉,包括受助者传递给社会公众的服务质量信息。

(5) 资金规划的预算管理损耗了资金效益。公益慈善组织的资金规划通常采用预算管理的方式,但公益慈善组织通常会遭遇比政府组织、企业更复杂的外部环境。而预算管理的各种掣肘(如政策性审核、可靠性审核、合理性审核、完整性审核和技术性审核等各种审核)可能使公益慈善的使命、价值难以有效实现。

小贴士

公益慈善资金管理的财务特征源于公益慈善事业的经济特征

根据美国财务会计准则委员会的《财务会计概念公告》第四号《非营利组织财务报告的目标》,非营利组织具有如下经济特征:
(1) 资金的供给不期望收回或据以取得经济上的利益;
(2) 业务运营的目的主要不是获取利润或利润同等物;
(3) 没有明确界定的出售、转让、赎回、清算/结算上的所有者权益。
中国台湾地区的会计界认为非营利事业具有的经济特征是:
(1) 不以营利为目的;
(2) 不能以任何方式向任何特定的个人或组织输送特殊利益;
(3) 不进行损益计算和利润分配。

三、公益慈善资金的管理目标

一个组织的资金管理目标取决于组织本身的目标、使命。同样，公益慈善组织/活动/项目的资金管理目标取决于公益慈善组织/活动/项目的使命、目标。譬如，持续性地服从于公益慈善目的是公益慈善组织存在的基础，其目标就是实现该组织的社会使命。基于此，公益慈善资金的管理目标，其基本内涵是：公益慈善社会效益的最大化及维系组织/活动/项目的持续发展，也就是"实现社会效益最大化"和"维持自身可持续发展"的有机统一。

一方面，公益慈善资金的运用必须以社会效益最大化为目标。在完成其使命、任务及保障资金安全的前提下，富余的公益慈善资金可以基于保值、增值目的投资或经营，但不以最大化地获取投资收益或利润为目标；否则，极容易导致腐败或偏离组织的宗旨、使命。

另一方面，公益慈善组织应当从募集的资金及其投资收益中取得法律、法规许可和社会可承受的提成比例，支付组织运营的管理费和职员的薪酬、购买保险或其他正当福利待遇，以延续组织的生存、提高服务能力。

不过，社会效益具有不确定性，边界模糊，难以量化；因此，独立第三方机构和政府职能部门的审计、评估、年检，以及公益慈善组织的社会声誉、社会影响力大小，是刻画公益慈善资金管理目标（效率、效果）的重要指标。

四、欧美国家公益慈善资金的管理体系

从目前来看，欧美等西方国家公益慈善的历史比较悠久，法律、法规等相关制度体系比较健全，公民的公益慈善意识较高，社会的公益慈善氛围比较浓厚，公益慈善文化较为发达，公益慈善资金的管理体系也较为健全。主要表现为以下几个方面。

（1）公益慈善机构通常有比较完善的治理结构，既有完备的内部财务预算、财务风险管理体系，也有健全的资金监管机制，有助于安全、高效地管理、使用资金，避免资金风险。

（2）公益慈善机构有相对完善的财务管理体系，可以实时反映公益慈善机构的财务状况、财物性质，预测财务变化趋势，从而保证其财务特征能准确地反映组织的财务情况。

（3）资金管理的信息化。运用现代信息技术，公益慈善机构建立了全面、翔实的财务信息资料库，拥有强大的信息收集、整理、归类能力和信息披露机制。

（4）财务人员具备专业水准。公益慈善组织的财务人员要具备计算机、风险管理、金融、法律等业务知识，一些公益慈善组织还会聘用注册会计师等高级财务人员。

第二节　公益慈善募捐与捐赠

公益慈善的资金规模决定了公益慈善事业的规模和水平。公益慈善资金的筹集是公益慈善组织财务行为及进行资金管理的起点，资金的募集管理决定了公益慈善资金的规模及其使用，并影响其投资管理的有效性。目前，我国公益慈善捐赠与公益慈善募捐的格局是：经济发达地区的公益慈善机构、单位往往能获得较多的慈善资源，但公益慈善项目通常在偏远的经济欠发达地区。例如，教育、救灾和社会服务等是国内最能吸引慈善资源的领域，国家民政部、团中央和全国性慈善组织（如中国红十字会总会、中华慈善总会及全国性公募基金会）占据了较大市场，这些机构集中在北京、上海、广州、深圳等经济发达地区，但公益慈善项目分布于全国各地，尤其是西部欠发达地区和边疆、边远的贫困地区。

一、公益慈善的募捐方式

公益慈善募捐或公益慈善资金的募集，根据筹资手段可以分为常规筹资、项目筹资、活动筹资等。根据筹资载体的不同，又可分为街头劝募、广告劝募、媒体劝募、会议劝募、网络众筹等方式。公益慈善活动的资金绝大部分来自面向公众的募捐，包括以下几种方式。

1. "一对一"筹款

"一对一"筹款，是指通过公益慈善组织或其他社会组织、福利机构、政府机构的牵线搭桥，把捐赠人与受助者有针对性地挂钩，进行直接联系、定向资助，其特点是直接的、特定的资助，捐赠人可以自由选择受助者。

2. 在公共场所设置募捐箱

在银行、商场、超市等公共场所设置固定募捐箱，或者在公园、市政广场、校园广场等人流量较为密集的公共场所设置流动募捐箱，都是较为常见的募捐方式。需要注意的是，在公共场所设置募捐箱，除需要事先取得公开募捐资格证书之外，还可能需要取得公共场所管理者的同意和城市市容市政等部门的许可。

3. 专门活动筹集

为了达到一定的目的，通过举办义演、义卖、义赛和慈善晚会等专门活动来筹集资金。选择专门活动进行筹资，需要考虑筹资方案的吸引力、活动时间和场合的适当性、志愿者的参与、可重复性、设计有感染力的口号及保证足够的初始投入等。我国公益慈善机构利用专门活动筹款的成功范例很多，例如，广东省中山市红十字会利用传统阴历大年初七进行"万人行"募捐，已积累十多年经验，每年能筹资数百万元；上海慈善基金会利用家庭与乡里观念动员筹资，通过"社会大家庭，情系千万家""温馨家庭""春风吹遍千万家，慈善联系你和他"等口号获得成功；上海浦东新区社会发展基金会最初开展"慈善一日捐"活动，后来发展到"慈善周"和"慈善公益联合捐"活动。

4. 网络众筹

网络众筹（Crowdfunding）是指通过互联网方式发布筹款项目，并募集资金。随着新媒体和移动互联网的发展，近年来发展了一种网络众筹的公益慈善募捐方式，像轻松筹、水滴筹就是常见的网络众筹方式，可以用来支持灾害重建、大病救助、科学研究等。

5. 通过广播、电视、报刊、互联网等媒体发布募捐信息

慈善组织开展公开募捐的效果如何，还要看募捐信息的传播速度和范围。当前，通过广播、电视、报刊、互联网等媒体发布募捐信息已经屡见不鲜了，这种方式能够使更多的人熟悉募捐活动，《中华人民共和国慈善法》肯定了这些做法。

6. 其他公开募捐方式

生活中比较常见的募捐方式还有上门募捐、电话募捐、短信募捐等，而且随着信息技术的不断发展，出现新的信息传播途径，募捐方式也必将不断创新。

小贴士

如何开展公开募捐

（1）应当编制募捐方案。募捐方案应包括募捐目的、起止时间和地域、活动负责人姓名和办公地址、接受捐赠方法、银行卡号、受助群体、所募款物用途、募捐成本、剩余财产的处理等。

（2）应在募捐活动现场或者募捐活动载体的显著位置，公布募捐组织名称、公开

募捐资格证书、募捐方案、联系方法、募捐信息查询方法等。

（3）不具有公开募捐资格的组织或者个人基于慈善目的，可以与具有公开募捐资格的慈善组织合作开展公开募捐，募得款物由具有公开募捐资格的慈善组织管理。

二、美国的公益慈善捐赠

在美国，公益慈善资金的"社会捐赠"和"政府资助"来源可以进一步分为4个渠道：国内民间捐赠、服务收费、政府补贴和国外援助。大体上，多数国家的公益慈善资金依赖于民间捐赠和政府补贴，一些发展中国家的公益慈善机构也依赖于境外或国际组织援助。

1. 民间捐赠

国内的民间捐赠包括来自个人、企业、非营利组织和宗教机构的捐款。民间捐赠是大部分美国私人基金会的主要资金来源，也是公益慈善组织与政府、企业的主要区别。

（1）美国民间捐赠的优点。

其一，有利于维护基金会的自主性、民间性。服务收费、政府补贴、国外援助等方式都不可避免地会影响公益慈善组织的独立性，而民间捐款的附带条件要少得多。

其二，有利于聚集民间资源。公益慈善组织聚集大量民间资源，减轻了政府财政压力，对百姓渡过困境、难关和危机具有重要作用。

其三，有利于帮助贫困群体，传递爱与正义。接受民间捐赠的公益慈善组织更倾向于关注弱势群体，而鼓励民间捐赠也有利于营造和谐、友爱、互助的社会风气。

（2）美国民间捐赠的特征。

提起美国的公益或慈善捐赠，人们很容易想到《福布斯》《财富》《商业周刊》等财经杂志的全球慈善家及慈善企业排行榜，想到安德鲁·卡耐基、比尔·盖茨、戈登·摩尔、沃伦·巴菲特、乔治·绍罗什、詹姆斯·斯托尔斯等慈善人物。但实际上，普通百姓（个人或家庭）才是美国慈善捐赠、社区志愿服务的主流。美国民间捐赠的主要特征如下。

其一，美国民间捐赠的主体是个人（或家庭）捐款。历年的统计数据显示，美国慈善捐款总额中个人（家庭）捐款占绝大多数，美国绝大多数家庭平均每年捐款上千美元，绝大多数初中生以上的美国人每周平均做4个小时以上的志愿服务。总体而言，美国公益慈善捐款是全民行为和以个人捐款为主的公民参与的社会公益形态。

其二，遗产慈善捐款比例较高。这与美国遗产税法和美国社会传统价值观有关系。慈善捐款可以免税，很多美国人愿意或不得已将遗产拿出一定比例捐献给社会。

其三，私人基金会和公司的捐款在美国慈善捐款中有重要影响力，但多数基金会的慈善捐款来自家庭基金会，如比尔及梅琳达·盖茨基金会（The Bill & Melinda Gates Foundation）。

其四，美国慈善捐赠公信力的塑造体系相当完善。公信力是公益慈善事业的命脉。通过相关法律、第三方评估、媒体的合力打造，美国拥有一套完善的慈善捐赠公信力监督体系。

（3）美国民间捐赠的方式。

民间捐赠对一个国家或地区公益慈善事业发展的贡献很大。表 7-1 揭示了美国民众公益慈善捐赠的主要途径与方式。

表 7-1　美国民众公益慈善捐赠的主要途径与方式

捐赠方式	解释与说明
现金捐赠	小额现金直接给予受助者或公益慈善机构；大额款项主要是支票。 网络捐赠逐渐流行，以适应互联网发展、慈善项目的全球化及公益慈善对效率、透明度的需求
有价证券捐赠	一年及以上有价证券的捐赠，能获得减免税资格；用有价证券的升值获利进行捐赠，可以少缴税；有价证券亏损，用卖掉证券所得的本金进行捐赠，可享受卖掉证券的减税和现金捐赠的免税政策
地产捐赠	美国地产买卖的资产收益税相当高，但若选择用地产进行捐赠而不是卖出时，就不再负有地产增值的偿付责任
个人实物捐赠	个人实物捐赠在美国有专门的减税规定
未来财产捐赠	个人通过拟遗嘱、找信托公司或直接与慈善机构签订合约等多种方式，实现未来财产（如人身保险、退休保障金、遗产等）捐赠
活期捐赠	选择一个期限，把财产"借"给慈善机构或慈善咨询公司帮忙管理。在期限内，慈善机构可以通过项目运作使其增值，增值部分用于救助他人。财产到期后，慈善机构再把它还给捐赠人或其继承人
无形财产捐赠	捐赠你自己的"体力"和"才力"，最普遍的例子是做义工。 很多专家、学者或教授捐赠自己的知识，如无偿提供其最新的研究成果和指导意见、向贫苦孩子提供免费教育等

资料来源：根据网络资料加以整理而成。慈善研究专家、美国著名募捐咨询机构 Sharpe Group 总裁罗伯特·夏普（Robert Sharpe）根据美国慈善募捐情况，总结了上述 7 种捐赠方式。

2. 服务收费

服务收费是公益慈善事业获得资金的一个重要来源，它是公益慈善组织收入的组成部分，包括会费、收费活动和商业经营的收入等。美国的民间慈善基金可以适度商业化；慈善医院可以兴办面向社会的健康俱乐部；慈善博物馆可开办礼品店；慈善社团与公司签订产品认可或促销协议，以换取对方的捐款。不过，如果公益慈善过度商业化，可能会扭曲公益慈善行为。

3. 政府补贴

政府补贴包括直接拨款（政府直接给予公益慈善组织补贴以支持它们的活动和项目）、合约（公益慈善组织向有资格享受某些政府项目的人提供服务，由政府支付服务费）和补偿（向那些有资格享受政府项目，并从公益慈善组织那里购买服务的人支付补偿费）。在美国，政府对于慈善机构的资助分为"直接资助"和"间接资助"两种形式。其中，直接资助就是联邦政府或州、州以下政府对公益慈善事业的直接资助；间接资助是联邦政府豁免慈善机构所得税，对私人和企业慈善捐款减税，州和州以下政府对慈善组织所得税、财产税进行豁免。

发展中国家的政府补贴不是慈善组织的主要收入来源，但在德国、法国等西欧发达国家，慈善组织最大的资金来源之一就是政府补贴和拨款，其次是服务收费，而民间捐赠较少。

4. 外国援助

在广大发展中国家或特别贫困国家，政府、企业和百姓的收入还十分微薄，公益慈善组织在国内难以筹集到足够的资金，外国援助（外国政府、基金会等慈善组织、国外个人、国际组织的捐赠）就成为这些贫穷国家一些公益慈善组织收入的重要来源。美国是发达国家，外国的公益慈善援助相对于贫穷国家就要少得多，但也有一部分公益慈善组织、大学等机构会得到来自美国以外的个人（家庭）、企业、社会组织、国际组织、外国政府的捐赠。

三、中国的公益慈善捐赠

中国公益慈善事业的资金来源主要是社会捐献和政府财政支持。随着政府职能的转换，国家财政对公益慈善事业的直接支持越来越少，公益慈善组织主要依赖于国内外各类社会捐赠及发行彩票获取的彩票公益金。近年来，人们的捐赠热情在持续升温，千万元级甚至亿元级的大额捐赠不断涌现；个人捐赠蓬勃发展，小额捐赠次数多、覆盖面广、数额增长较快；各类公益慈善捐助活动此起彼伏；社会捐赠总额大幅攀升，表7-2展示了2001—2015年共15年间社会捐赠的情况。

不过，当前我国的公益慈善组织并不单纯依赖某种资源，其资金来源呈现多元化特征，包括个人捐赠、基金会捐赠、财产捐赠、企业捐赠、财政资助、利息收入和投资收益、福利彩票、境外捐赠、网络捐赠等，其中，个人捐赠、企业捐赠、财政资助所占的比例相对较高。但总体来看，我国的公益慈善捐赠及资金来源构成主要有以下7种方式。

表 7-2　2001—2015 年社会捐赠情况

年份	社会捐赠款物合计（亿元） 社会捐赠资金 民政部门	社会捐赠款物合计（亿元） 社会捐赠资金 各类社会组织	社会捐赠其他物资折合资金	接受社会捐赠衣被数量（亿件）
2001 年	27.6	4.1	8.3	1.3
2002 年	11.1	7.9	1.8	2.3
2003 年	29.2	11.9	2.4	2.0
2004 年	17.1	16.9	1.2	0.9
2005 年	31.3	29.0	1.6	1.0
2006 年	43.0	40.1	6.4	0.7
2007 年	50.9	81.9	15.6	0.9
2008 年	479.3	265.2	19.6	11.6
2009 年	66.5	417.2	2.2	1.2
2010 年	179.8	417.0	4.9	0.3
2011 年	96.6	393.5	4.8	0.3
2012 年	101.7	470.8	6.3	6.3
2013 年	107.6	458.8	8.7	8.7
2014 年	81.7	287.1	11.9	11.9
2015 年	44.2	610.3	5.2	5.2

数据来源：历年《中国统计年鉴》中的"社会捐赠情况"整理、汇总得到；2012—2015 年最后一列数据由社会捐赠其他物资折款和接受社会捐赠衣被数量汇总得到。

1. 个人捐赠

个人捐赠几乎是每个公益慈善组织都不可缺少的资源，但传统上我国的个人捐赠较为分散、数量小，占公益慈善组织筹资额的比例较小。不过，汶川大地震后，尤其是近年来，我国的个人捐赠呈不断上升趋势，在公益慈善事业中扮演着越来越重要的角色。据统计，2016 年我国个人捐赠达 293.77 亿元，占捐赠总额的 21.09%，同比增长 73.52%；2016 年捐赠过亿元的慈善家共 35 人（夫妻和家族按单一主体计算），捐赠总额达到 79.73 亿元，同比增长 24.25%；10 万元以下的个人捐赠从 2015 年的 75 亿元跃升至 2016 年的 90 亿元以上，同比增加约 20%。这意味着普通民众正成为我国个人捐赠的中坚力量，慈善捐赠正以网络化、趣味化、年轻化、小额化的方式进入普通民众的生活，日趋成为一种生活方式。此外，陈光标"作秀"慈善、陈发树股权捐赠、曹德旺与中国扶贫基金会的对赌协议等虽存在争议，但都是个人捐赠方式。

2. 企业捐赠

中国企业长期以来扮演着公益慈善资金的主要捐赠人角色，在历年的捐赠来源中企业捐赠占了一个比较大的比例。其中，民营企业是中国慈善市场捐赠的主力，而房地产企业与垄断性国企是主要捐赠方，基金会是主要受赠方。

3. 财政资助

国家财政资助在我国公益慈善资金来源中占十分重要的地位，且数额一般比较大，是公益慈善组织的保障资金来源。财政资助的方式多种多样，常见的有直接拨款、政府采购、免税待遇等，如美国减免税收和购买服务的形式，以及中国香港特别行政区政府帮助民营的财政主导类社会公益事业等。我国财政资助主要体现为政府各部门的财政支持和税收优惠政策。其中，项目资金是中央财政通过民政部门预算安排的专项用于支持社会组织参与社会服务的补助资金，通常包括发展示范项目、承接社会服务试点项目、社会工作服务示范项目、人员培训示范项目等，且具体资金分配会根据项目申报和评审结果予以调整。

4. 境外捐赠

随着我国对外交往的蓬勃发展，官方与民间接受境外公益慈善捐赠越来越频繁，由此产生的捐赠外汇收入也越来越多。从来源上看，美国、意大利等西方国家、国际组织，以及华人华侨的捐赠善款和物资占很大比例。

5. 利息收入和投资收益

在一定的条件下（重点是保障公益慈善项目目标的完成及资金的安全性），把公益慈善捐款存入银行或投资于基金，其利息收入和投资收益部分仍用于发展公益慈善事业。

6. 福利彩票

福利彩票是我国公益慈善资金的重要来源之一。福利彩票从一开始就是为了筹集社会福利资金、弥补民政经费不足、建设社会福利事业而设的，公益性、慈善性是福利彩票的基本属性。历年来，我国福利彩票公益金一直保持稳定的增长速度。

7. 网络捐赠

随着互联网技术的发展，尤其是手机移动支付等支付方式的日趋成熟，网络捐赠（通过网络平台进行捐赠的方式）逐渐成了一种新兴的慈善模式，如腾讯公益平台、蚂蚁金服公益平台、淘宝公益平台等（见图 7-1）；而众筹就是一种重要的网络捐赠方式。网络捐赠的领域主要是医疗救助、教育助学、减灾救灾和环境保护。从捐赠渠道看，手机等移动端捐赠占据主流，广东、北京、江苏、浙江、上海等经济发达地区的网络捐赠人数最多、金额最大。

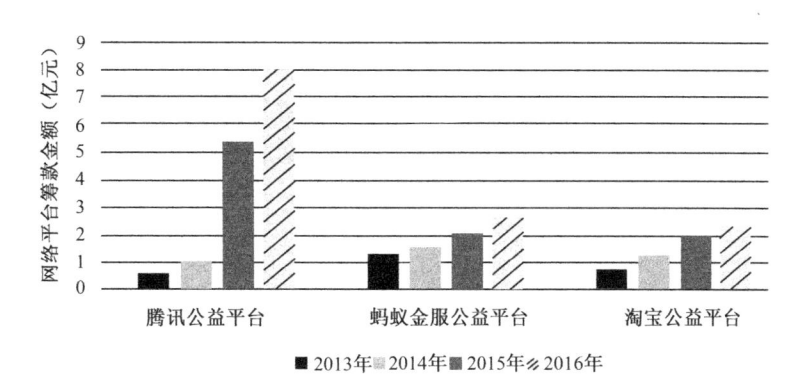

图 7-1　2013—2016 年三大网络平台筹款金额

数据来源：民政部社会福利和慈善事业促进司、中民慈善捐助信息中心.《2016 年度中国慈善捐赠报告》，2017。

四、公益慈善捐赠的原则

1．平等原则

在捐赠主体上，个人、企业或其他组织均可进行捐赠，用于公益慈善事业。捐赠主体没有高低贵贱之分，个人无论性别、年龄、国籍、经济状况、宗教信仰等情况，组织无论是否具有法人资格，均有权捐赠。捐赠主体是多元的，捐赠是一项平等的权利。

2．自愿无偿原则

参与公益慈善捐赠的个人、企业或其他社会组织、宗教组织、境外政府、组织或国际组织捐赠财产用于公益慈善事业的，是自愿和无偿的，禁止强行摊派或者变相摊派。

3．公益原则

个人（家庭）、企业或者其他组织、单位向公益慈善组织或其他非营利组织、机构捐赠，其捐赠财物用于公益慈善事业，不得以捐赠为名从事营利活动。公益慈善组织受赠的财物及其增值部分，任何单位、个人不得侵占、挪用和损毁。

4．尊重隐私原则

捐赠的公益慈善行为中存在隐私问题，捐赠人（捐助人）、受赠人（受助人）的隐私权要得到同等的尊重和保护，不能受到侵犯。公益慈善组织有保护捐赠人、受赠人的责任，也有严格保密的义务。在《国际募款伦理守则》规定的"诚实、尊重、廉正、移情、透明"5个通用准则中，就包含尊重捐赠人的权利。捐赠物的使用信息透明；要尊重捐赠人的隐私和意愿；尊重受赠人的权利，并维护其尊严、自尊。

5. 法治原则

国家鼓励个人、企业、社会组织对公益慈善事业进行捐赠，但公益慈善捐赠要遵守法律、法规，不得违背社会公德，不得损害公共利益和其他公民的合法权益。国家表彰对公益慈善事业捐赠有突出贡献的个人、企事业单位、社会组织或其他组织。

第三节 公益慈善资金的使用

公益慈善资金的使用包括所有受赠人或受益人对受赠资金的运用，如个人、家庭、政府、福利机构、公益性事业单位、公益慈善组织或其他组织、部门、单位。个人/家庭、政府、福利机构等对善款或公益慈善资金的使用主要用于解决实际问题、缓解困境，而公益慈善组织获得善款后一般较少直接解决自身的问题，而要将资金投入该组织承诺或所计划的公益慈善项目或活动上去，同时提取管理费用于公益慈善组织的正常运转及发放工作人员的工资、福利、津贴等。这些是公益慈善资金运用中最受公众关注的重点，也是最容易出问题的环节。"郭美美事件""河南宋庆龄基金会的雕像事件、放贷事件"等都属于公益慈善组织在资金使用、运用上暴露出的重要问题。因此，本书重点讨论公益慈善组织对其掌握资金的使用，这也是公益慈善资金管理的重点。

公益慈善组织对慈善资金的使用，按照用途可以分为拨出经费、拨出专项款、事业支出、专项支出等，其管理任务是要确保公益慈善资源的优化配置和合理利用。公益慈善资金的分配和有效利用是包括基金会在内的公益慈善组织公共支出管理的核心问题。

一、公益慈善资金的流向

通常，公益慈善资金的主要（及最终）流向是需要得到帮助的受益人。除私人基金会外，美国慈善捐款通常集中捐献给教会、大学，特别是私立大学。哈佛大学、耶鲁大学、斯坦福大学等常春藤名校的资金来源主要是社会特别是校友的捐款。美国社会给予医疗、健康等公共事业、国际援助和环境保护上的公益慈善捐款比例也较大。总体来看，美国的教会、教育机构、基金会、公共事业、医疗健康服务行业、社会团体、文化和人文组织、困难家庭或个人、国际援助、环境保护等领域，是美国公益慈善捐款的主要流向。

我国公益慈善的主要工作领域包括扶贫济困、安老助孤、助残助医、文化教育、公益援助等，因此公益慈善资金的主要流向是赈灾救助、扶贫济困、慈善救助，教育、科学、文化、卫生、体育事业，环境保护、社会公共设施建设（如社区体育、健身设施），以及促进社会文明与进步的其他社会公共和福利事业。中国是重大自然灾害或重大安全事故频发的国家，城乡呈二元结构、贫富差距大，农村特别是偏远地区的贫困家庭多，因病致贫现象突出。因此，我国在应急救助、救灾、帮残、农村教育与发展、社会服务、公共健康和大病救助等领域比较能吸引捐赠资源。图 7-2 显示了 2016 年公益慈善资源的具体流向。

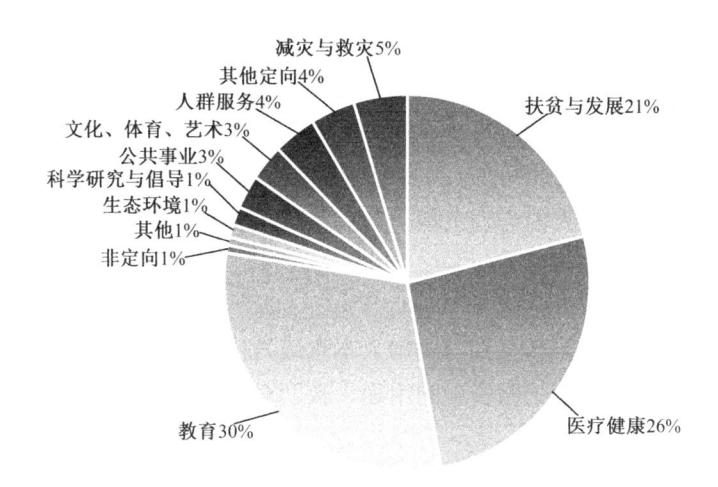

图 7-2　2016 年中国公益慈善资源的具体流向

数据来源：民政部社会福利和慈善事业促进司、中民慈善捐助信息中心.《2016 年度中国慈善捐助报告》. 2017。

二、公益慈善资金的使用原则

公益慈善资金的使用，必须遵循以下几个原则。

1. 扶贫济困原则

公益慈善事业从事的是一种救济行为，旨在帮助处于困境中或劣势地位的人们，重点解决困难群众基本生活问题，也帮助困难群众排忧解难、心理康复，提高困难群众的基本生活水平。

2．自愿无偿原则

公益慈善捐赠是捐赠人自主实施捐赠的自愿行为，受赠人或受助人无须偿还财物，也无须为捐赠人的捐助、捐赠行为或服务支付任何物质报酬。

3．公开透明原则

公益慈善资金的管理、使用，要接受社会和专门机构的监督，公益慈善组织要依法定期公开其公益慈善活动、项目的财务收支情况，公布资金账目，但是否公开或在何种程度上公开捐赠资金或受赠款物，需要尊重捐赠人或受赠人的意愿。

4．依法使用原则

国家为公益慈善资金的使用提供制度架构，制定公益慈善相关的法律、法规、规章或国家政策，规范募捐行为和捐赠资金的使用，维护公益慈善组织和捐赠人、受赠人的合法权益。

5．平等尊重原则

捐赠人和受赠人是人格平等的，公益慈善资金的使用要尊重隐私，受赠人有保持自尊的平等权利，免除受赠人的心理负担是公益慈善救助必须考虑的重大问题。

6．靠近问题原则

公益慈善资金通常必须转移到与捐赠人本意最为接近的公益慈善项目上，未经捐赠人的同意，一般不允许改变捐赠资金的用途、救助对象和目标。

7．科学决策原则

公益慈善组织对资金的流向和使用，要评估论证、科学决策。公益慈善资金的流向，要视财力的可能，秉持普惠精神，分清先后缓急，综合平衡，科学论证，并坚持民主决策。

三、公益慈善资金使用的管理规定

1．公益慈善资金的登记造册

受赠人接受捐赠后，向捐赠人出具合法、有效的收据，将受赠财产登记造册，妥善保管。

2. 公益慈善资金的有效使用

公益慈善资金体现了捐赠人和捐赠单位的社会责任和良善愿望,其资金使用是否恰当、流向是否正确,不仅直接影响公益慈善组织或受助对象的声誉,也直接影响未来的捐款。公益慈善组织募集到的各种善款、财物,是公益慈善事业的专用资金,必须按照公益慈善组织的服务宗旨、公益慈善资金的适用范围或捐赠协议的约定专款专用(见表 7-3)。

表 7-3　公益慈善资金的使用情况介绍

对　　象	解释与说明
公益慈善组织	（1）按照法律的规定支付工作人员工资、福利及行政办公支出等各项正常开支； （2）公益慈善资金要用于资助符合其宗旨的活动和事业； （3）对于灾害救助的慈善资金应当及时用于灾害救助活动； （4）每年用于资助公益慈善事业的资金数额，不得低于国家规定的比例； （5）严格遵守法律规定，在保障安全性的基础上实现捐赠财产的保值、增值； （6）公益性非营利事业单位应将受赠财产用于发展本单位的公益事业，不得挪作他用； （7）对于不易储存、运输和超过实际需要的受赠财产，受赠人可以变卖，所取得的全部收入用于捐赠目的； （8）受赠人与捐赠人签订了捐赠协议的，应当按照协议约定的用途使用捐赠财产，不得擅自改变捐赠财产的用途；如果确实需要改变用途的，应当征得捐赠人的同意
县级以上政府或政府职能部门	及时依照规定对捐赠财产进行管理
接受捐赠的个人（或其监护人）或家庭	（1）本着感恩和节约的原则，及时将受赠财物落实到有用之处，合理、合法使用受赠财物，在让自己摆脱困境的同时得到能力的提升； （2）有条件的受赠人应当及时将受赠财物的使用情况通报给捐赠人或公益慈善组织
基金会组织	（1）公募基金会每年用于从事章程规定的公益支出，不得低于上一年总收入的 70%； （2）非公募基金会每年用于从事章程规定的公益支出，不得低于上一年基金余额的 8%
民办非企业慈善机构	（1）按照国家有关规定取得的合法收入，必须用于章程规定的公益慈善活动； （2）接受捐赠、资助，必须符合章程规定的公益慈善宗旨和公益慈善事业范围，且必须根据与捐赠人、受赠人约定的期限、方式和合法用途使用； （3）应当向业务主管单位报告接受、使用捐赠和资助的有关情况，并将有关情况以适当方式向社会公布

3. 强化捐赠资金的财务管理

公益慈善组织或其他受赠人，需要依照国家的有关规定，建立、健全公益慈善资金的财务会计制度，加强对受赠财产的财务管理。

4. 接受政府和捐赠人的监督

接受捐赠的公益慈善组织或其他机构，必须接受政府职能管理部门及捐赠人的监督，并依法定期或不定期公开资金使用情况等相关信息。

> **小贴士**
>
> （1）受赠人每年度应向政府职能部门报告受赠财产的使用、管理情况；必要时，政府可以对其财务进行审计。
>
> （2）海关对减免关税的捐赠物品依法实施监督和管理。
>
> （3）县级以上政府侨务部门可以参与对华侨向境内捐赠财产使用与管理的监督。
>
> （4）捐赠人有权向受赠人查询捐赠财产的使用、管理情况，并提出意见和建议。对于捐赠人的查询，受赠人应当如实答复。
>
> （5）受赠人应当公开捐赠的情况和受赠财产的使用、管理情况，接受社会监督。

5. 厉行节约

公益慈善组织（公益慈善类社会团体、基金会及公益慈善类社会服务机构）要厉行节约，降低管理成本，工作人员的工资、办公费用及利息收入分配应严格按国家规定的标准开支。

第四节　公益慈善资金的投资

一、基本概念

公益慈善组织为完成社会使命，需要有充足的资金支持与物质保障。公益慈善组织所掌握的资金，不是来自以市场价格为基础出售的商品或劳务，而是来自组织成员缴纳的会费和社会的无偿捐赠或政府资助。因此，公益慈善组织并非生产单位，而是具有"暂时保管性质"的接受单位。除来自社会捐赠和政府财政支持外，也可以通过对资金进行科学的管理以保值、增值，获得投资收益或其他孳息等自创收入。国家的法律、法规要求/提倡基金会这类公益慈善组织应当按照合法、安全、有效的原则实现基金的保值、增值。

1. 公益慈善组织的自创收入

在公益慈善资金的保值、增值过程中，其产生的收入是公益慈善组织的自创收入，主要包括业务收入、经营收入和投资收益。

业务收入是指公益慈善组织为实现其社会使命开展业务活动而取得的收入，它是公益慈善组织自创收入的重要形式，表现为公益慈善组织对其顾客提供产品或劳务时收取的一定费用，构成公益慈善资金的一部分。公众支持型公益慈善组织，可以对其服务对象收取一定的费用，以拓展公益慈善组织的收入来源，更好地提供公益慈善服务。

经营收入是指公益慈善组织在实现其社会使命的业务活动以外开展经营活动，进行一定的有偿服务而取得的收入，需要进行经济核算。例如，一些公益慈善组织通过办展览会、宣传会活动适当售卖一些门票；慈善商店销售商品获得收入等。对有些公益慈善组织而言，从事经济活动从而获利，构成公益慈善资金的一部分，是一项极重要的公益慈善资金来源。不过，公益慈善组织从事合法的经营来获取经营收入，需要符合以下两个条件：①所获得的净收入不可分配给其创立人、会员、董事或员工，利润也不返还给捐赠人，而用于补偿完成其社会使命的花费；②主要目的不是单纯从事经济活动，而是为更好地实现其公益慈善服务的宗旨，将盈余继续用于公益慈善事业，并支持公益慈善组织的持续存在。

投资收益是指公益慈善组织将沉淀资金在用于某项公益慈善活动之前，通过资本运作方式进行投资所取得的收入。公益慈善组织应认真研究投资项目的风险、收益，并优化投资组合，在控制风险的条件下使收益增高，或在一定收益条件下降低风险，以实现资金的保值、增值。在投资活动中如果辅以较高的资金管理运作水平和风险防范措施，可以实现保值、增值的目的，维护公益慈善组织的使命和公益慈善事业的发展。

总之，公益慈善组织需要结合自身丰厚的人力资本（公益慈善组织拥有许多其他组织必须付费才能使用的专业技术人才或志愿者）、实物资本（闲置的设备、土地或建筑物）、环境资本和社会资本，通过扩大规模、延伸服务方式等创新方法，在法治和保障资金安全的框架下开展经济活动，扩大自创收入。

2. 公益慈善资金的投资

前已述及，基于市场的角度，货币保值、增值的重要途径是投资与再投资。所谓公益慈善资金的投资，是指依照法律、法规规定，在确保捐赠资金发挥应有公益效益、实现慈善目标及保障资金安全的基础上，以保值、增值为目的，将所得捐赠资金用于市场投资，所得投资收益也用于公益慈善事业。将公益慈善资金保值、增值是公益慈善组织需要履行的一项重要义务和职责，也是促进公益慈善事业持续发展的前提条件。

> **小贴士**
>
> 为实现公益慈善资金投资的效益最大化，不少基金会委托专业公司理财。
> （1）上海慈善基金会同时委托数家公司进行资金的运营，这几家公司均承诺：一旦出现亏损，会将捐赠款补足。
> （2）中国香港的施氏家族慈善基金会将投资增值事务交由 JP 摩根打理，资金支出与汇丰银行合作，且主要投资于政府债券与蓝筹股等安全性、收益性高的领域，主要资助方向为气候、环保、能源、文化遗产保护等。

进行合理投资，获取回报，并将部分收益用于慈善，剩余收益和本金将继续投资，这通常也是国外基金会的基本运作模式，最著名的例子莫过于诺贝尔基金会，此外还有比尔及梅琳达·盖茨基金会。有文献显示，自 2001 年以来，比尔及梅琳达·盖茨基金会每年都将总资产的 88%～94%用于投资，捐出数额的占比仅为 3%～8.5%。出色的投资回报是很多公益慈善组织的有力依靠，有助于减少其对于募款的依赖性。

> **小贴士**
>
> 1900 年诺贝尔基金会成立，其初始资金是诺贝尔 3100 万瑞典克朗的遗产，其中约 2800 万瑞典克朗是"主要基金"或"奖金基金"，剩余的部分被用于设立"建筑物基金"和"组织基金"。"建筑物基金"用于基金会办公楼和颁奖仪式会场的租金开支，"组织基金"用于各颁奖机构及各委员会的组织费用。另外，颁奖机构自己的"特别基金"和"储蓄基金"用于某些特定需要的开支。
> 诺贝尔基金会的资产运行方法：每年将"主要基金"投资净收益的 10%作为公积金继续投资，余下的 90%再均分为 5 份，交给各颁奖机构，各颁奖机构再将分到的 25%用作评奖费用和诺贝尔研究所的经费，剩下的 75%就是当年诺贝尔奖奖金金额。每年"主要基金"净投资收益的约 13.5%是当年各项诺贝尔奖的奖金金额。
> 诺贝尔基金会的投资规则有一个历史发展变迁过程。
> 起初，按照诺贝尔的遗愿，只有诺贝尔基金会的红利和利息等直接收益才能用于诺贝尔奖奖金，资本收益不能用作奖金。投资规则也规定进行"安全可靠的投资"，主要是指金边证券或以金边证券和不动产为抵押的贷款。
> 1946 年，瑞典议会决定同意诺贝尔基金会享受免税待遇。
> 自 1953 年起，诺贝尔基金会在美国的投资活动享受免税待遇。
> 1953 年，瑞典政府允许诺贝尔基金会独立进行证券、不动产和股票等方面的积极投资。
> 20 世纪 80 年代，股市增长迅速，诺贝尔基金会的资产不断增值，不动产也在不断升值。

> 1987年，诺贝尔基金会决定将其拥有的不动产转到一家名为"招募人"的新上市公司。
>
> 自2000年1月1日起，诺贝尔基金会被批准可以将从资产售卖中获得的资本收益用于诺贝尔奖奖金，支付各种授奖活动及其他开支；从此，诺贝尔奖的奖金除来自利息、红利外，也可以来自投资所得。
>
> 受诺贝尔基金会理财与操作模式影响的科学技术大奖还有："日本奖"和"京都奖"这两项日本科学技术大奖；瑞士的巴尔赞（BALZAN）基金会。

实际上，我国的公益慈善资金（慈善基金）在捐助资源有限的背景下实现资金保值、增值的有效方法也是投资。国家允许公益性慈善基金在资本市场上对风险资产进行投资以实现资金保值并获得收益；或者通过委托专业基金公司代理进行投资管理。当然，相对而言，我国公益慈善基金会的投资较为保守，慈善资金投资所需的法律、评估、风险管理及专业的项目管理人才就是一大瓶颈。

二、公益慈善资金投资的必要性

公益慈善组织募集到善款后，除开展公益慈善事业（依其宗旨或契约开展）和必要的行政开支之外，可能会有资金富余，这些剩余资金可能会有一个沉淀期。依照国家的有关规定，剩余资金在沉淀期可以用于投资，包括买卖一些债券、股票、短期投资项目、国债、商业票据、短期贴现债券、企业债券等，或者将不动产出租，或者和商业机构合作以获取一定收益。投资是指放弃现在可用于消费的价值以获取未来更大价值的一种经济活动，实际上，本金在未来能增值或获得收益的所有活动都可叫作投资。在保证资金安全性的前提下，这是合理的，也是必要的。因为公益慈善资金的投资获利，是要让公益慈善资金发展壮大，这样才能更好及可持续地推进公益慈善事业。著名的诺贝尔奖，就是利用诺贝尔基金会在债券、股票、房地产等方面的投资获利，100多年来诺贝尔基金会不断增值、积累，奖金金额也逐年增长。此外，社会的发展要求公益慈善组织在继续争取传统财源的同时，合理、适当地进入营利性领域寻求新的资金来源或慈善增长点，保证业务活动的自由开展，尽可能不受外界捐赠不足的制约。

基于公益慈善资金的来源性质，公益慈善组织实际上是一笔社会财富的托管人，所谋划的是一种赚取信任的生意，所享受的是公众的信任和社会的进步。因此，问题不在于公益慈善资金能否用于投资，而是公益慈善组织如何能够获得足够的社会信任，如何规范自身的投资理财行为，以保障公益慈善资金的安全性。这意味着，公益慈善资金的管理应该像"透明的玻璃口袋"，公众尤其是政府、捐赠人能够了解并监督资金是如何进行投资运作的。公益慈善资金承载着更多的责任、寄托和希望，为了保障资金的安全性，其投资通常不能用于进行高风险的商务运作或改变资金的用途。

三、公益慈善资金投资、交易的相关原则

1. 公益慈善资金的投资原则

公益慈善资金的投资决策必须充分考虑投资目标、投资期、风险极限、预期回报率、支出原则、契约、制度限制等因素，充分考虑慈善资金的安全性、收益性和流动性。安全性是指充分保障资金的安全；收益性考量经济效益的高低和社会效益的大小；流动性则包含投资期限的长短、变现能力和款项划拨的便捷性等。基于此，对公益慈善资金的投资，应遵循以下原则。

（1）合法原则。这是重要的、前提性的原则。公益慈善资金被用于投资活动，其投资形式和投资经营领域，都必须符合相关的法律、法规、规章和党的政策。例如，公益慈善资金的投资项目必须与公益慈善项目绝对分开，避免出现"善款放贷"现象；又如，我国一般禁止公益慈善资金涉足房地产等高风险投资领域。

（2）安全原则。公益慈善资金是社会财富，其投资活动不应是高风险的。就投资而言，一般高回报也意味着高风险。为了避免高风险，公益慈善资金的投资不应过于追求高利润。公益慈善资金的来源构成及公益慈善组织所应担负的社会寄托、社会责任，使投资活动不能过于冒险；否则，一旦出现问题，就无法向社会公众、捐赠人和受赠人（服务对象）交代。

（3）有效原则。有效是指投资方案可行，也就是要对投资项目进行充分的论证。只有充分、有效、经过科学论证的投资项目，才能保证有一定的投资回报率，保证基金的增值。

（4）流动性原则。公益慈善组织要维持日常运转、保证捐赠款项的及时划拨、应对突发事件（事故、灾难）的资金需求；而流动性低不利于资金周转和公益慈善活动的开展。

（5）道德原则。公益慈善组织董事会、理事会和管理层的投资决策，应着眼于公益慈善组织自身长远利益和社会利益，遵循道德原则，不涉入不健康的产业或危害环境的产业。

> **小贴士**
>
> 上述原则其实就是公益慈善资金投资"允许但限制"政策的反映：
> （1）公益慈善资金的保值、增值应当合法、安全、有效，符合公益慈善组织的宗旨、使命，维护其信誉和公信力，遵守与捐赠人和受赠人的约定；
> （2）进行投资实现保值、增值的资金仅限于非限定性资产，以及在保值、增值期

间暂不需要拨付的限定性资产；

（3）如果进行委托投资，应当委托银行或者其他金融机构进行。

2. 公益慈善资金交易、合作及保值、增值的相关原则

公益慈善组织的资金进行保值、增值工作非常重要。由于通货膨胀等一系列原因，如果将资金存放，意味着资金在缩水，是对公益慈善资金的不负责任。如果有额外的投资收入，可以弥补管理费用的不足，也可用于机构建设和人才培养等。因此，通过资金的保值、增值，保证公益慈善事业持续发展，而不完全依靠捐赠人的捐赠，对于公益慈善组织来说，这是可持续发展之道。对于公益慈善资金的交易、合作及保值、增值，应当注意以下原则。

（1）区分原则。不能混淆公益慈善组织的交换、交易收入和捐赠收入。交换、交易收入包括出售物资、提供服务、授权使用或转让资产（含无形资产）等交换、交易取得的收入，这类收入应当计入商品销售收入、提供服务收入等相关会计科目，不得计入捐赠收入，不得开具公益慈善事业捐赠票据。

（2）合法原则。公益慈善组织进行交换、交易，应当保护自身和社会公众的合法权益。不得以低于公允价值的价格出售物资、提供服务、授权或者转让无形资产；不得以高于公允价值的价格购买产品和服务。

（3）公益性原则。公益慈善组织不得将本组织的名称、公益项目品牌等其他应当用于公益目的的无形资产用于非公益目的；不得向个人、企业直接提供与公益活动无关的借款；不得直接宣传、促销、销售企业的产品和品牌；不得为企业及其产品提供信誉或者质量担保。组织所有行动的出发点都以公益为重。

> **小贴士**
>
> 公益慈善组织在进行保值、增值活动时，应遵守以下规定。
> （1）公益慈善组织进行保值、增值应当遵守合法、安全、有效的原则。符合组织的宗旨，维护组织的信誉，遵守与捐赠人和受赠人的约定，保证公益支出的实现。
> （2）公益慈善组织可用于保值、增值的资产限于非限定性资产及在保值、增值期间暂不需要拨付的限定性资产。
> （3）基金会进行委托投资，应当委托银行或者其他金融机构进行。

四、公益慈善资金的投资方式与风险

必须指出的是，既然是投资，就是市场行为，因此就必定有风险。完全没有风险的投资是不存在的。公益慈善资金的投资风险始终存在。1996年中国敦煌石窟保护研究基金会捐款被骗作抵押担保贷款、2002年中国青少年发展基金会投资巨额亏损等，就是一系列公益慈善资金投资失败的案例，不但没有起到保值、增值的效果，还扰乱了金融市场。

由于市场风险的客观存在，对应该选择什么样的投资渠道和投资方式做出具体的规定注定是徒劳的。基于此，国家的相关法律、法规、规章并未对此做具体限定，而是确立一些基金会的基金或其他公益慈善资金投资的基本原则，如"合法、安全、有效"等。至于公益慈善组织中的慈善资金可用于投资的比例，按照规定，一般除按其宗旨、章程规定或协议必须用于公益慈善事业的支出（如公募基金会不得低于上一年总收入的70%，非公募基金会不得低于上一年基金余额的8%）与必要的行政办公经费等开支外，剩余资产都可以用于投资。但是，违反国家法律、法规、规章和公益慈善组织章程的投资决策不当，致使投资遭遇财产损失，参与决策者应当承担赔偿责任。因此，我国公益慈善资金的投资总体上比较谨慎、保守，在捐赠收入不稳定、通货膨胀的经济状况下，并不利于公益慈善事业的健康发展。

至于公益慈善资金的投资途径，具体而言可分为被动收入投资途径和主动收入投资途径。被动收入投资途径是相对保守或保险的投资途径，主要通过银行存款利息、购买股票/债券、购买国债、一次性转让不动产及房租等；主动收入投资途径通常属于风险性的投资，包括经营与公益或慈善目的相关的项目，或经营与公益慈善目的无关的经济实体。以慈善基金为例，公募基金可以购买国债、银行存款，可以有条件地介入资本市场审慎、稳健地投资，也可以在完善投资风险补偿制度下委托投资（如受托者承诺出现亏损时，将捐赠款补足）；而私募基金除利用公募基金的投资途径外，还可以基于长期、中期、短期或不同行业，审慎、稳健地通过长期债券、票据、股票、短期投资等进行组合投资。

表7-4列举了公益慈善资金投资的方式及潜在的风险状况。

表7-4　公益慈善资金投资的方式及潜在的风险状况

投资方式	风险解释与说明
银行存款	通过银行存款进行投资，这种方式安全性、流动性较高，但银行利率水平较低，收益性较差，资金的增值空间较小
股权投资	流动性较低，其安全性、收益性由所投资公司的资产和经营状况决定，风险通常较大
证券投资	分为债券投资和股票投资两大类。债券投资包括国债和企业债券；国债发行量大，信誉高，流通性好，安全性最高，收益比银行存款略高，适合公益慈善资金投资；企业债券流动性好，收益性好，但风险大
信托存款	金融信托投资机构可以吸收公益慈善资金1年期及以上的信托存款，其安全性基于金融信托机构的信誉，收益随市场变化。当国家政策对高息揽储行为实行严格监管时，信托公司容易出现信誉危机
委托贷款	其安全性基于金融机构的信誉，风险由公益慈善组织自身承担
信托投资	信托投资是指受托人按照委托人指明的特定目的或要求，收受、经营或运用信托资金、信托财产的金融业务

不过，必须指出的是，无论选择哪种投资方式，需要注意 3 点：①价格预测，即在判断某项投资是否可行时，必须尽可能预测各种债券的价值、投资各债券的收益率；②时机选择，确定合适的入市与出市点；③资金配置，包括投资组合的设计和多元化安排，在不同投资工具之间分配资金，权衡收益与风险。

> **小贴士**
>
> 美国大学基金会的投资，首先由校理（董）事会确定投资的目标收益，然后聘请职业风险投资家或委托中介机构开展具体投资活动，并由审计机构对结果进行审计，确保资金保值、增值，最后扣除投资活动开支，其收益按规定份额投入大学发展，其余部分转作资本金继续投资。例如，加州大学伯克利分校有 22 亿美元的投资；南加州大学有超过 37 亿美元的投资，其投资利润的 5%可以使用，其余的继续投资；圣荷塞加州州立大学投资利润的 20%用于大学发展，其余继续投资。美国高校基金投资有几点值得关注：
> (1) 美国大学基金会的投资，一般由大学校长或校董直接掌控，由专业人士操作；
> (2) 普遍注重投资的安全性；
> (3) 采取银行存款、信托投资、证券投资、购置土地等多种形式；
> (4) 将每年投资所得的一部分用于学校的发展和建设。

此外，作为一种市场主体的经济活动，公益慈善组织资金的投资存在银行利率调整、股市波动、法律法规调整、政府行为等外部市场风险及内部组织使命转移的风险，并随之波动。特别地，在基金会的运作过程中，可能还会出现支出结构不合理、资金流向过于集中、过于行政化等导致基金运作效率低、资源浪费、影响社会公平等问题。

五、公益信托制度

公益信托又可称为慈善信托，是指委托人基于慈善目的，依法将其财产委托给受托人，由受托人按照委托人意愿以受托人名义进行管理和处置、开展慈善活动的行为。公益信托的信托财产及其收益，不得用于非公益目的。公益信托对解决社会贫困问题、推进现代福利国家的发展进程起到了重要作用。英、美等国家的很多大学、美术馆、博物馆、贫困人口救济和医疗事业等都得到公益信托不同程度的支持，诺贝尔基金会就是国际性公益信托事业的典范。

我国鼓励发展公益信托。依据我国《信托法》第 6 章关于"公益信托"的规定，基于以下公共利益目的之一设立的信托属于公益信托：①救济贫困；②救助灾民；③扶助残疾人；④发展教育、科技、文化、艺术、体育事业；⑤发展医疗卫生事业；⑥发展环境保护事业，维护生态环境；⑦发展其他社会公益事业。《信托法》同时规定了受托人、信托监察人、报告公益信托事务及财产状况等事项。公益信托投资也是我国实现公益慈善资金保值、增值的重要途径和方式，其重要意义表现在：①发挥信托的金融理财功能，将超额收益部分用于公益慈善事业，使投资者在获得稳健收益的同时向社会奉献爱心；②通过引入公益信托制度，使公益基金会的管理更透明；③吸引更多的社会投资人关注公益信托理念，扩大社会参与公益慈善事业的途径，促进公益慈善基金发展。

小贴士

公益信托的业务流程

（1）确定公益信托资金来源及设立信托的公益性目的。

（2）经批准后，信托公司作为受托人接受公益资金，并设立信托监察人；公益信托业务可以采取单一信托和集合信托两种形式。

（3）委托人与受托人签订《公益信托合同》，确定信托资金金额、信托期限等条款，并在受托人处开立公益信托专户，将公益资金交付受托人。

（4）受托人对公益信托资金采取独立账户、封闭管理的运作方式，在公益事业管理机构和信托监察人的监督下，运用专业知识及多种金融工具，对信托资金加以管理运用。

（5）受托人运作公益资金所获得的收益，在扣除一定比例的手续费和管理费后，其余资金划入公益信托专户。

（6）受托人应当至少每年出具一份信托事务处理情况及财产状况报告，经信托监察人认可后，报公益事业管理机构核准，并由受托人予以公告。

（7）公益信托终止时，受托人应当于终止事由发生之日起 15 日内，将终止事由和终止日期，报告公益事业管理机构。

（8）受托人做出的处理信托事务的清算报告，应当经信托监察人认可后，报公益事业管理机构核准，并由受托人予以公告。

（9）信托受益人在每次分配信托资金及收益时，应由收益代理人通过相关规定和程序确定，信托受益人自信托生效之日起，享有信托受益权。

第五节 公益慈善组织的财务管理

财务管理是有关组织资金的筹集、投放和分配等的管理工作，是在一定目标下关于资产的购置（投资）、资本的融通（筹资），以及经营中现金流量（营运资金）及利润分配的管理。财务管理过程处理的是一个组织内部的财务关系。

公益慈善资金是用于公益慈善事业的专项资金，健全的财经制度和严肃的财务管理制度是公益慈善事业健康发展所必需的。因此，公益慈善组织应建立与自身性质、实践和使命相符合的财务管理制度，赢取公益慈善组织信誉，使公益慈善事业有可持续发展的支撑。

一、公益慈善组织的财务管理体系

目前，从整体情况来看，我国尚缺乏健全、完整的公益慈善组织财务监管法律体系及专业、有效的监督与管理部门，国家的税收优惠政策在执行和实施上存在不少掣肘，公益慈善组织的资金募集、财务自我管理常常出现问题，如规模较小、岗位职责不明确、账簿和原始凭证不规范、慈善资金是否按捐赠意愿使用信息不透明、内部财务监管部门缺失或缺位、财务信息失真等。因此，我国必须加快建立公益慈善组织的财务管理体系。借鉴现代企业财务管理制度和其他非营利组织的财务管理体系，构建公益慈善组织的财务管理体系，应重点把握以下6个方面。

（1）财务预算管理。财务预算管理是信息社会对财务管理的客观要求。公益慈善组织必须根据公益特点和市场变化情况，建立科学、有效的财务预算管理体系。

（2）财务控制管理。对公益慈善组织资产的运转或资金的耗费进行控制，在公益慈善项目/活动过程中，要对各项资产或资金需求的耗费情况加以控制，节约成本。

（3）财务监督管理。设置专门的内部审计部门及人员对财务收支和慈善活动实施审计和评价，审计结果根据情况向有关职能部门、捐赠人、慈善行业协会或社会公众报告。

（4）财务风险管理。慈善项目运作的变化和经济发展周期对慈善捐赠、公益慈善资金的投资、经营等有客观影响，因此，公益慈善组织应健全财务风险预警和管理系统。

（5）会计记录管理。会计记录管理是公益慈善资金管理的基础，也是传递和报告公益慈善组织财务信息、市场征信的重要凭据。

（6）绩效评价管理。公益慈善组织的绩效评价管理包括员工工作质量的评价及慈善组织公信力的评价、社会贡献评价。评价内容应重点把握社会效益、资金效率、员工贡献等。

二、公益慈善组织的财务管理要求

1. 诚实信用的财务

诚实信用，即愿意对自己的行为承担责任，是公益慈善组织财务管理的基本要求，也是公益慈善组织形象的基础及其存在的巨大财富基础。只有建立了诚信的财务体系，才能为公益慈善组织营造一种良好的社会公众认可、信赖心理，吸引更多的捐赠或资助。诚信的要求包括：财务记录和财务报表客观、真实、完整、公允，不说假话，不做假账，不出假报告。

2. 制度制约的财务

公益慈善组织的财务管理，不仅要满足内部管理和内部控制的要求，使组织管理、运行有序化，而且要体现治理层次的作用，使公益慈善组织的管理层得到有效的监督和制约；通过制度、机制、治理结构的优化，确保公益慈善组织朝着向社会、捐赠人负责的方向发展。

3. 公开透明的财务

公开透明是诚信要求的延伸，也是诚信要求得以实现的保证。公益慈善事业的性质、使命也对公开透明的财务提出了明确要求。这就要求公益慈善组织完善信息披露制度，向政府、行业协会、捐赠人及社会公众及时、可靠地提供真实的财务会计信息和其他经济信息。

三、公益慈善组织的财务管理目标

财务管理目标，就是通过财务管理所要达到的目的；正确的目标是公益慈善组织财务系统实现良性循环的前提。通常，企业等营利性组织的财务管理目标依次是持有最多的股份、利益最大化、最大的边际效益、行为目标和社会责任；但公益慈善组织的财务管理目标依次是稳定、宗旨、责任、行为目标和社会责任。公益慈善组织不能像企业那样拼命追求经济利益，也不能像企业那样一发生危机就裁员、减员以保全资产。公益慈善组织追求的是公益、社会的目标。按照管理层次，公益慈善组织的财务管理目标分为战略目标和具体目标。

1. 战略目标

战略目标在管理领域是指一个组织的总目标，涉及一定时期内带动全局发展的方针、政策、任务的制定，是组织内部的资源因素与外部的环境因素互动进行机会与威胁、优势与劣势的合理、有效匹配的结果。从战略上看，公益慈善活动必须服从或服务于社会公共利益，其财务活动的社会责任、社会压力非常大。因此，公益慈善组织财务管理的战略目标在提供财务计划、指导财务管理工作方向、实现慈善组织使命等方面发挥着十分重要的作用，其战略目标的具体描述是：有足够的财力、物力、人力，确保能够为社会上处于困境中的人（家庭）、社会公众提供持续不断的救助、救治、扶助，为社会的文明与进步提供支撑服务。

2. 具体目标

（1）加强预算管理，保证公益慈善项目、活动等工作任务的完成。加强预算管理，有利于优化公益慈善资源（资金）的配置、合理安排和使用，可提高资金使用效率。公益慈善组织的财务预算管理可以借鉴企业的预算管理模式进行。

（2）加强收支管理和控制，提高资金效率。公益慈善组织的财务收支管理，是预算管理顺利实现的保证。其中，收入管理主要对慈善收入项目、标准及收入进度等进行管理，支出管理主要对慈善支出项目、范围、标准等进行管理。

（3）加强资产管理，防止资产流失。资产是公益慈善组织开展业务活动、完成工作任务不可缺少的物质条件。要切实防止重钱轻物的思想，不仅要把钱管好，还要把物管好，努力做到"计划、适当、认真、负责、制度、完备、健全"等关键行为，账账、账实要相符，防止资产损坏、丢失及闲置，提高资产使用效率。

（4）加强财务分析和财务监督，如实反映公益慈善组织及其项目的财务状况，为财务决策提供依据。公益慈善组织一方面应建立一套符合自身特点的财务分析体系，当好参谋；另一方面应该努力适应财政部门、政府主管部门和公益慈善行业协会等中介组织的监督。

（5）建立健全财务制度和会计责任体系，包括预算、决策制度、收支管理制度、开支标准制度、资金管理制度、财产物资管理制度、财务分析制度、财务监督制度及内部会计责任体系，规范公益慈善组织财务行为。

四、公益慈善组织的财务管理任务

公益慈善组织的财务管理任务，一方面，降低成本，提高效率，使有限的资金发挥最大的社会效益；另一方面，树立外部形象，提高组织的信任度。具体财务管理任务如下。

（1）体现组织宗旨。公益慈善组织的收入和支出项目，体现了组织活动是否符合其宗旨，也是判断组织是否具备免税资格的财务依据。

（2）提高资金利用效率。公益慈善资金的有限性和无偿性决定了严格收支管理、提高资金利用效率的必要性。好的财务管理体系有助于保障公益慈善项目所需的收支和安全运营。

（3）预防腐败。组织的财务状况反映该组织及其工作人员的工作规范和作风。严格的财务管理使公益慈善组织的每个环节处于透明和公开的状态，可有效地遏制腐败。

（4）监督组织的运作。财务管理记录了日常活动情况，相当于从侧面监督了组织的财务状况。其中，理事会成员定期检查财务状况，是对组织的运作管理进行监督；社会公众通过财务报告，也可以监督组织活动的公益性、合法性和有效性。

（5）争取减免税收。公益慈善组织可以享受各种减免税收政策；好的财务管理报告，可以争取到更好的税收减免待遇。

（6）预防危机。公益慈善组织可能面临各种困难、危机和投资风险，这些风险将阻碍公益慈善活动的开展，危及公益慈善组织的生存。公益慈善组织在开展的项目、活动中做好财务预算和财务分析，有助于保障公益慈善资金的合理使用，预防和化解财务危机。

（7）提高公信力。公益慈善组织的财务报告是展示给捐赠人的一个规范的书面交代，只有健全、透明、高效的财务管理架构，才能提高公益慈善组织的社会公信力。

五、公益慈善组织的财务管理原则

（1）交流获准原则。公益慈善组织与捐赠人双方基于一致的意愿签署捐赠协议，如果协议的捐赠项目在实施中发生变更，包括增减活动、调整资金或其他重大财务事项，应与捐赠人沟通，征得捐赠人的同意。

（2）确保资金用途原则。由于公益慈善活动或项目预算通常都明确了资金的用途、范围和标准，合作双方应恪守协议约定，专款专用，确保公益慈善资金按照约定及时到位，并严格用于捐助内容和范围的慈善事项。

（3）预算控制原则。公益慈善资金的开支应以预算为基础，遵循预算内容和标准，通过对比预算与实际支出情况等手段使公益慈善活动与慈善资金相互印证，有效控制公益慈善项目的进度和资金计划。

（4）实报实销原则。通常，除项目预算明确约定采用包干结算的事项外，其他费用应按实际发生额核销，以反映公益慈善活动开支的真实情况。

（5）利益回避原则。内幕交易情况、关联业务、内部利益输送情况等事项是公益慈善组织必须向政府监管部门、捐赠人和社会公众交代的事项，否则将影响资金使用的公允性和公益慈善组织的公信力。

六、公益慈善组织的成本管理

公益慈善组织的业务活动体现为资金或价值运动和转换过程。其中，资金运动过程的每个阶段与一定的财务活动相对应。另外，经认定的公益慈善组织还可以减免税收。

公益慈善事业的这种财务特性决定了其财务管理的重点是收入和费用的管理。其中，收入会导致公益慈善组织本期净资产增加或者服务潜力流入，费用将导致公益慈善组织本期净资产减少或者服务潜力流出。我们既应该区分捐赠收入与业务收入、经营收入、投资收入，并分别加以管理，也应该严格区分经营性成本和公益性费用，并分别加以管理。

1. 成本

开展公益慈善活动，实施公益慈善项目，需要大量的人力、物力、财力，并支付相应的费用；公益慈善组织维持自身正常运行所需的管理费用也是财务支出的一部分。这些成本如下。

（1）工资、津贴和必要的社会福利等公益慈善组织员工的薪酬。

（2）公益慈善活动的开销，如慈善物资的运送、仓储、保管、分配等过程中发生的费用等。公益慈善是把善款（物资）转化成社会需要的特殊服务，这种服务需要有人去提供，转化过程中需要有大量的专业人士参与，这些参与都是需要支付成本的。

（3）传播沟通成本。公益慈善组织的劝募工作需要成本，如合作、谈判、公益广告等。

（4）项目研发成本。公益慈善事业要寻找迫切需要解决的社会问题，要做项目创新或产品（服务）研发设计，要服务、落实、评估，这些都需要支付成本。

2. 管理费的提取

公益慈善组织由于特殊的产权关系，其管理费的合理安排与政府类似。管理费的提取在我国有严格的法律限制，例如，《中华人民共和国慈善法》规定，慈善组织中具有公开募捐资格的基金会年度管理费不得超过当年总支出的 10%。这个规定在实践中容易出现两种现象：一是部分公益慈善组织确实因工作需要，其管理费会超出规定的比例；二是部分公益慈善组织会把 10%的管理费作为"行规"，而不是实报实销，不管运营过程到底花费了多少。

不过，管理费的提取比例在中国是个争议性话题，国际上对此做了非常严格规定的也不多，关键在于公益慈善组织所做的事，以及其信誉、公信力。实际上，管理费所占的比例小，并不能说明公益慈善组织的运营效率就高，也可能是其专业性或能力不足造成的。多数社会公众并不清楚公益慈善组织的运作模式，主观误判的也较多。譬如，管理费的限制很可能束缚公益慈善组织的手，无法开发、选择、创新及研发其他更有价值的项目，导致成本管理与项目目标脱节。因此，管理费的提取比例，应该根据公益慈善项目的性质和捐赠人的意愿确定。从规模经济来看，大规模、具有规模效应（如发生重大自然灾害时）的公益慈善项目管理费可能要低一些，但规模较小且需要四处调研、落实和精细化管理的公益慈善项目，其管理费可能会高一些。显然，管理费的提取，需要充分披露资金用途和使用效率，保证慈善组织运营状况的透明化，完善社会诚信体系，健全诚信监管机制。

当然，管理费提取的比例限制也确实是制约和控制公益慈善领域腐败的有效途径。一直以来，在公益慈善事业或其他领域中的弊案层出不穷，如诈骗、奢侈浪费、滥用资金、贪腐、挪用资金、内部财务管理混乱等，对公益慈善事业带来了巨大的负面影响。

3. 管理成本的控制

（1）监管机制。美国的慈善监管机制相对比较成熟。美国大多数州政府都规定慈善机构必须向州首席检察官提交年度报告，首席检察官还可以代表公众对触犯公共利益的慈善机构提起公诉，任何美国公民都可以向慈善机构查阅账目，慈善机构一旦遭到慈善评级机构的信誉质疑，将直接影响以后的正常运作。另外，美国政府需要参与监管，慈善机构每年都要填写美国国税局统一编制的申报表，详细报告本年度资金来源和运转情况，税务部门负责对慈善机构的财务状况进行监督。中国香港特别行政区社会福利署对慈善组织进行两个方面的监管：其一，对慈善机构的服务表现进行监察；其二，对慈善机构的筹款活动进行监督。社会福利署制定了服务表现监察制度，确保社会福利署及受资助机构能更有效率地提供以人为本、问责、重服务表现的福利服务；社会福利署还发布《慈善筹款活动：内部财务监管指引说明》，确保善款用于指定用途、记录收支明细，以及遏制贪污、欺诈、谋利、滥用等失德行为。

（2）自律机制。自律包括公益慈善组织自身的自律，以及公益慈善行业的自律。公益慈善组织通过制定一些资源管治守则，加强自律，提高工作透明度以对公众负责。例如，香港世界宣明会的目标是运用约 90% 的善款在服务上，约 10% 的善款在行政事务和筹款费用上，还设立内部审计部门，聘请独立审计师进行年度审计。

（3）薪酬体系。公益慈善需要复杂的专业技能，涉及对工作人员和庞大志愿者群体的管理。因此，公益慈善组织从业者的薪资通常没有一定的上限或下限，但可以参照公务员的薪资水准或行业水平。政府及公众可以通过审计来调查公益慈善从业人员的薪酬（工资、红利、退休金、医疗保险等福利）是否超过了其应得的部分或必要的限度，薪酬发放必须有据可依。

本章提要

1. 公益慈善资金的管理包括资金的筹集、组织、运用和核算。公益慈善资金管理具有职责权利不清晰、产权形式特殊、不存在利润指标、资金保障依赖社会声誉、资金规划的预算管理损耗了资金效益等财务特征。因此，广义慈善资金的管理目标是有效地使用资金实现社会效益最大化和维持自身可持续发展的有机统一。

2. 公益慈善资金主要来源为财政支持和社会捐献。公益慈善组织应依照法律及组织章程开展筹资活动，使筹资规模与组织发展规模相协调，确保资金来源合理，选择经济、风险小的筹资方式，应避免误用或滥用捐赠人的捐赠，防止捐赠人的隐私被泄露。

3. 现阶段公益慈善组织资金来源呈现多元化趋势，其中，个人捐赠、企业捐赠、财政资助所占的比例相对较高，属于最主要的来源方式。公益慈善捐赠应遵循平等、自愿无偿、公益、法治等原则，确保公益慈善活动平稳、顺利进行。

4. 由于我国的特殊国情，在应急救助、救灾、帮残、农村教育与发展、社会服务、公共健康和大病救助等领域较能吸引捐赠资源。同时，对于公益慈善资金的使用应遵循扶贫济困、自愿无偿、公开透明、依法使用等原则，确保合理、有效地使用善款。

5. 公益慈善组织应按照合法、安全、有效的原则进行投资管理，实现资金的保值、增值。投资方式包括银行存款、股权投资、证券投资、信托存款、委托贷款和信托投资等。公益慈善组织在选择不同的投资方式、投资结构时，还应预测投资风险。

6. 公益慈善组织的财务管理旨在通过建立与自身性质和实践相符合的财务管理制度，确保为社会公众提供不断的救助、救治、扶助服务，为社会的进步提供支撑服务。其中，如何降低和控制管理成本是财务管理的研究重点。

案例分析

【案例 7-1】河南建巨型雕像遭网民质疑，否认是宋庆龄雕像引更大争议

材料来源： 沈泽玮．《联合早报》，2011 年 11 月 7 日。

河南省郑州市一座 8 层楼高的宋庆龄雕像正在打造中，媒体称雕像是由河南宋庆龄基金会为献礼辛亥革命百年而定制的，组图引发大量网友转发，并质疑建造雕像的资金来源。河南宋庆龄基金会工作人员随即回应："雕像不是宋庆龄，是黄河女儿。"结果引起更大的争议。

据报道，高达 24.15 米的巨型雕像主体由 1787 块近 1 米高的石材堆砌而成，而雕像 800 平方米的基座将设计成可容纳 600 多人的会议厅，旁边还有 4 幢 6 层小楼。2011 年 7 月该雕像在福建完工后被拆解，之后陆续运往郑州组装，目前施工人员正在施工中，预计 11 月底全部完工。

雕像完工后要做什么用呢？《河南商报》的记者进入修建中的雕像和 6 层小楼打听，仍无法揭开谜底。有水电工说，除了巨型雕像，旁边正在施工的 4 幢 6 层小楼，有 3D、4D 电影院，以及会客厅。正在修门的工人称，在装修过程中，因为要建标间、套间、总统间，所以一些房间有特殊要求。

巨型雕像的照片在网上流传后激起千层浪，引来不少网民拍砖。有人骂道："糟蹋纳税人的钱财，把投入这些无聊工程的资金用于民生、医疗、教育多好！"也有网民质问："慈善捐款用来做这么华而不实的事，热衷于慈善、一贯做实事的宋庆龄女士在天之灵会高兴吗？"

尽管媒体报道和网民都认出雕像人物就是孙中山的妻子、曾任中华人民共和国名誉主席的宋庆龄，但面对舆论炮轰，河南宋庆龄基金会的工作人员却回应："雕像不是宋庆龄，而是黄河女儿。"

对于该说法，网民觉得过于牵强，舆论炮火全开，并把焦点放在资金的来源上。有网友说，"宋庆龄基金会的各位财神爷，我们关心的不是那座雕像塑造了宋庆龄先生还是'黄河儿女'，我们想问，你们就是这么珍惜捐款人的钱的吗？善款就是为了给你们树碑立传、流名后世用的吗？"

这不是河南宋庆龄基金会第一次被推上舆论的风口浪尖。2011年9月，河南宋庆龄基金会就被媒体揭露存在"善款放贷""慈善基金变钱庄""公益项目缩水"等问题，资金运作模式引起质疑，使中国慈善基金会的公信力一度降至冰点。

当时，媒体报道称，河南宋庆龄基金会下属独资公司投资领域涉及证券、地产、融资担保等众多行业，资产超过30亿元，在全国2000多家基金会中名列第一，然而公益支出前十名的榜单中并无河南宋庆龄基金会的踪影。

针对河南宋庆龄基金会时隔两个月又卷入争议，北京都市报《新京报》发表社论指出，按照《基金会管理条例》规定，基金会依照章程从事公益活动，应当遵循公开、透明的原则，如果宋庆龄雕像及其附属建筑属于公益项目，河南宋庆龄基金会理应迅速公开相关信息，以缓解公众焦虑；如果不属于公益项目，是一项商业运作，也应该说清楚，雕像所为何来、所为何事，有没有动用捐赠人的善款。

广州《羊城晚报》也发表评论文章称，劳民伤财地打造"宋庆龄巨型雕像"，肯定违背宋庆龄女士平生所愿，自称"一生和少年儿童联系在一起"的宋庆龄女士说过，"一切工作和努力的结果，归根结底，应该使儿童的健康和福利得到改善，这是适用于每个地方、每个人的一条规律。"

文章还说："在我们周围，尚有一些儿童上不起学、看不起病、吃不起饭。某些单位有钱搞形象工程，没钱改善民生，这实在与宋庆龄的人生和工作理念相悖！假如她老人家泉下有知，绝对会对此行为大加喝止。"

问题

1. 请结合案例材料，分析河南宋庆龄基金会在公益慈善资金使用上存在的问题。
2. 如何理解公益慈善资金的投资？
3. 结合材料，讨论如何完善公益慈善资金使用的信息披露规则？

【案例7-2】中信开行爱心信托计划

材料来源：《金融时报》，2010年5月15日。

"中信开行爱心信托项目"由中信信托于2008年8月与国家开发银行、招商银行合作设立。招商银行发行人民币理财计划募集资金,中信信托为所募集资金成立爱心信托计划,购买国家开发银行的信贷资产。信托资产规模约 10 亿元,信托期限为 10 个月,受托人预期年收益率为 4.5%~4.7%,在扣减投资人收益和相关税费后的剩余信托收益通过中国宋庆龄基金会捐赠给灾区。中信信托和国家开发银行对本项目不收取任何费用。

截至 2009 年 5 月该信托计划结束时,累计向中国宋庆龄基金会捐款 956 万元,是国内捐款规模最大的公益性信托。项目所捐款项用于援建四川省绵阳市平武坝子乡中心小学及在四川省 39 个县(市、区)的 50 所中小学和 50 个安置点捐建 100 所"宋庆龄爱心图书室",并捐赠 2000 余万册图书。

1. 信托计划概况

信托计划概况	
发行机构	中信信托有限责任公司
产品名称	中信信托"中信开行爱心信托项目"
信托期限	288 天
信托规模(万元)	99973
资金运用	委托人基于对受托人的信任将自己合法拥有的资金委托给受托人,由受托人按委托人的意愿,以自己的名义运用信托资金,部分收益通过中国宋庆龄基金会捐赠用于地震灾区学校援建项目。信托资金指定用于购买国家开发银行对中国铁通集团发放贷款的债权。
发行地	北京市
信托产品类型描述	权益信托
成立日期	2008-08-05
信托状况	运行中
投资领域	灾区建设、教育

2. 受托人简介

中信信托有限责任公司成立于 1988 年 3 月 5 日,是经国家金融监管部门批准设立的全国性金融机构,其前身为中信兴业信托投资公司。公司股东是中国中信集团公司和中信华东(集团)有限公司,注册地为北京市,目前注册资本为 12 亿元。

中信信托秉承"无边界服务"和"无障碍运行"的经营理念,以风险控制为前提,以信用建设为基础,以创新服务为手段,以价值实现为目标,坚定不移地大力发展全方位的信托业务,致力于成为信托关系框架下综合金融解决方案的提供商和多种金融功能服务的集成者,提升以差异化为标志的市场地位,提高公司持续性竞争力。

3. 信托产品特点

第一,规模和捐款数额高。在信托行业中,信托规模达到 10 亿元的本来就不多,而以 10 亿元的信托规模用于公益事业并捐赠达到 956 万元更是罕见,这显示了信托公司从事公益事业的积极性和主动性。

第二，金融机构之间联合的形式成就了高额的捐赠，也探索出了一条新路径。该公益性信托计划能够有如此大的规模和如此高的捐赠额，与这种形式有一定的关系。近年来，信托公司与其他金融机构之间的合作不断加强，将理财投资范围从银行业务拓展到多个领域，有效地为投资者提供了更宽、更广、手段更专业、品种更繁多的理财业务，为投资者提供了更广阔的投资途径及更丰厚的收益回报。

4. 信托项目成果

在汶川地震两周年即将到来之际，由"中信开行爱心信托项目"捐助700万元援建的四川省绵阳市平武县爱心信托中心小学于2010年5月10日举行了揭牌仪式。该爱心信托项目另外捐赠200万元建设的100个"宋庆龄爱心图书室"也已全部投入使用。至此，"中信开行爱心信托项目"画上了一个圆满的句号。

问题

1. 中信信托属于哪种信托种类？
2. 画出中信信托的结构。
3. 简述通过公益信托的方式对灾民进行救助的好处。

【案例7-3】南都公益基金会投资介绍及投资思考

材料来源：《新浪公益》，2013年6月。

现任南都公益基金会秘书长刘洲鸿在2013年6月第四届中国非公募基金会发展论坛上曾表示：南都公益基金会投资的具体收益情况是这样的，南都公益基金会2007年投资收益1600万元，主要来自股市；2008年股市大跌，亏损较大，南都公司捐资弥补了亏损。除2008年亏损外，其他年份收益还不错。在投资对象选择上，南都公益基金会在2008年之前主要涉及短期投资中的股票。2008年亏损之后，为了减少风险，南都公益基金会于2010年开始做信托，做了两笔信托共5000万元。2011年又续了一年，回报率大概为10%。2011年以后，选择了长期投资中的私募基金——红杉资本，做的是私募股权，共计投入1亿元，分期投入，每次投入25%，即2500万元。回报率大概为50%左右，投资期为4年，期间不分红。私募投资周期比较长，回报比较慢。

问题

1. 分析南都公益基金会的投资渠道、投资方式。
2. 结合材料，讨论公益慈善资金再投资的必要性及原则。
3. 公益慈善资金投资存在一定的风险，如何理解投资风险？

思考与练习

一、名词解释
1. 公益慈善资金
2. 公益信托

二、简答题
1. 简述公益慈善资金的来源、特征及可能的流向。
2. 简述公益慈善事业募捐的方式。
3. 简述公益慈善资金的使用原则。
4. 简述公益慈善组织的成本管理方法。
5. 简述公益慈善资金的投资方式及其风险。

三、论述题
1. 对比并阐述中、美两国公益慈善捐赠方式的异同。
2. 试分析当前我国公益信托制度存在的问题。

参考文献

[1] 张玮. 我国慈善基金的资金管理问题研究[D]. 苏州：苏州大学，2009.

[2] 王崇赫，宫永健. 我国非公募基金会资金管理研究——基于资金来源视角[J]. 社团管理研究，2009（6）：35-37.

[3] 张玲. 我国慈善组织财务管理探讨[J]. 现代商贸工业，2011（2）：168-169.

[4] 周批改，周亚平. 国外非营利组织的资金来源及启示[J]. 东南学术，2004（1）：91-95.

[5] 郑国安，赵璐. 我国公益事业的营销战略及相关的财务管理[J]. 经济管理，2011，25（13）：120-126.

[6] 李春燕. 我国公益事业单位财务管理中存在的问题与对策研究[M]. 北京：北京邮电大学出版社，2012.

[7] 付春丽，陈美林. 公益事业单位资金成本与效益分析的有效性[J]. 金融经济，2011，12（10）：11-14.

[8] 胡卫萍. 商法思维下的慈善公益资金运营思考[J]. 中国商法，2013（1）：205-210.

[9] 李婕. 政府在慈善资金运作中的角色定位[J]. 中国市场，2014（29）：100-102.

[10] 李楠. 我国慈善组织的财务管理问题浅析[N]. 山西经济日报，2014-08-19.

[11] 胡卫萍，田田. 慈善资金的信托运营研究[J]. 企业经济，2012（9）：63-67.

[12] 王昌沛，王晶玉. 当代英国慈善资金筹募渠道析论[J]. 聊城大学学报（社会科学版），2017（6）：83-88.

第八章 公益慈善文化

08

知识目标

1. 定义公益慈善文化
2. 掌握公益慈善文化的特征及功能
3. 理解公益慈善文化的构成
4. 熟悉公益慈善文化建设原则
5. 了解中西方公益慈善文化的异同

能力目标

1. 理解西方社会公益慈善文化的理念
2. 描述我国公益慈善文化存在的缺陷
3. 理解公益慈善文化的更新路径

素质目标

1. 解释制约我国公益慈善文化进步的观念因素
2. 塑造公共精神,传播和弘扬公益慈善文化

第一节　公益慈善文化概述

一、公益慈善文化的相关概念

1. 文化的概念辨析

文化是一个组织成员共有的价值和信念体系,这个体系在很大程度上决定了组织成员的行为方式。文化有广义、狭义之分。广义的文化是指人类的物质生产和精神生产的能力及其全部产品,包括物质文化、行为文化、制度文化和精神文化。其中,物质文化是指一个组织、一个社会的物质基础、物质条件和物质手段等方面的总和;行为文化既包括组织成员的生产行为、分配行为、交换行为和消费行为所反映的文化内涵和意义,也包括形象、风尚和礼仪等行为文化因素;制度文化的主要内容有组织与领导制度、工艺与工作管理制度、职工管理制度、分配管理制度等,不同的文化意识,就会有不同的制度建设思想;精神文化是指文化的核心和主体,是社会成员共同而潜在的意识形态,包括管理哲学、敬业精神、价值观念、道德观念等。狭义的文化则是人类的精神活动及其产品的总称,即精神文化,本质上属于社会意识范畴,是对社会存在的反映。其中,狭义的精神文化是广义文化的灵魂。

也有一些学者基于文化的内部结构,将文化分为4个层次:物态文化层、制度文化层、行为文化层、心态文化层。其中,物态文化层是人类的物质生产活动方式和产品的总和,是可触知的、具有物质实体的文化事物;制度文化层是人类在社会实践中组建的各种社会行为规范;行为文化层是人际交往中约定俗成的,以礼俗、民俗、风俗等形态表现出来的行为模式;心态文化层是人类在社会意识活动中孕育出来的价值观念、审美情趣、思维方式等主观因素,相当于通常所说的精神文化、社会意识等概念,是文化的核心。

从影响层面来看,文化又具有表层和深层之分。文化的表层,也就是行为模式上的艺术、文学、风俗等层面;而文化的深层,是一种文化信念（Cultural Faith）,也就是由价值观和理想信念所构成的人生观与世界观,包括了一系列行为方式、信仰形式、价值标准和社会伦理规范等。一些学者指出，这种深层次的文化信念可以用4句话来表达：植根于内心的修养，无须提醒的自觉，以约束为前提的自由，为别人着想的善良。

2. 志愿（者）精神

与"精神文化"密切相关的还有"志愿（者）精神"这个概念。志愿（者）精神是，在自愿的、不求回报的条件下，救济处于困境或有需要的个人（家庭）、群体，或完善社区工作，参与推动人类社会发展、促进社会文明和进步的具体化或日常化的人文精神。志愿（者）精神作为促进社区发展、社会进步和社会成员个人（家庭）身心完善的一种价值观念和社会心理，体现为个人对生命价值的尊重，对人生、社会、人类的一种积极态度。一般来说，志愿（者）精神具有两个方面的层次结构：①较低层次的、社会心理层面的志愿精神，如个体性格、情感、态度和社会风气等；②较高层次的、社会意识形态层面的志愿精神，如志愿群体的自觉意识、理论原则和价值取向等。此外，志愿（者）精神还有3个方面的特征：①自愿性或非强制性；②公益性或非牟利性；③参与性或亲身实践性。

志愿（者）精神作为个体参与志愿服务过程中所折射出的道德理想和精神指引，以社会心理作为其形成的基础，以社会意识形态作为其发展的动力，概括起来就是奉献、友爱、互助、进步，在日常生活层面的实际体现形态就是志愿行动。其中，奉献是志愿者精神的重要因素，也是志愿（者）精神的内核和要义。奉献指不以名利、回报为目的、满怀深情地为他人服务，为社会的发展做出积极的贡献。一个人，对国家、社会、人民，应该有所担当、有所付出，从而呈现最丰富的人格魅力。通过奉献，可以增加人与人之间的信任，构建平等、友爱的交流渠道，蓄积社会前进和发展的正能量。

这里，我们有必要提起美国的志愿者精神。美国的志愿者精神在政府和领导人的倡导下得到了很好的弘扬。从早期移民者建立公共图书馆和志愿消防部门开始，美国人就一直向世人展示出其建设公共事业，并牺牲自我的时间、力量和金钱来帮助同胞的热忱。美国的联邦、州和市镇地方政府历来高度重视这种热情，并不断鼓励民众继续发扬志愿者精神；美国领导人和社会上流人物渐渐认识到民众所拥有的巨大才智、精力和无私精神是一笔非常有价值的、实实在在的、可以赢得其他民族尊敬的财富，可以帮助改善美国社会、为他人树立典范。在1961年的就职演说中，约翰·肯尼迪总统发出了一个号召："不要问你的国家能为你做什么；要问你自己能为国家做什么。"肯尼迪说，"志愿工作能够真正地照亮世界。"1961年，肯尼迪创建了和平队，培训志愿者在健康、教育和农业项目中所需的技能，并将国外政府的援助请求分配给他们。截至1966年，共有1.5万名美国人在将近48个国家提供过志愿服务。肯尼迪的继任者林登·约翰逊推行了大量的政府计划，鼓励并利用志愿服务，资助社区服务。

3. 公益素养

"公益素养"也是与"精神文化"密切相关的一个概念。为了更好地理解素养，可以将素养与素质的含义进行对比。《辞海》对素质的解释是："人的先天的解剖生理特点，主要是感觉器官和神经系统方面的特点。素质只是人们心理发展的生理条件，不能决定人的心理内容和发展水平。人的心理来源于社会实践，素质也是在社会实践中逐渐发育和成熟起来的，某些素质上的缺陷可以通过实践和学习获得不同程度的补偿。"而素养是平时修习的涵养，是平时养成的良好习惯，如艺术素养、文学素养、道德素养、法律素养等。《汉书·李寻传》中有："马不伏历，不可以趋道；士不素养，不可以重国。"陆游《上殿札子》曰："气不素养，临事惶遽。"刘祁《归潜志》卷七中有："士气不可不素养。如明昌、泰和间，崇文养士，故一时士大夫，争以敢说敢为相尚。"郭沫若《洪波曲》第八章提到："他虽然是一位经济学专家，而对于国学却有深湛的素养。"可见，素质与素养之间存在差异。素质更强调与人的本质相关的特质和特性，而素养则更强调人的后天修习和通过学习而逐步形成的涵养特性。"素"本身就是指平时，"素来已久""素不相识"中的"素"指的就是从来、平时的意思；"养"应该可以解释为涵养、修养，是人的一种逐步形成的文化特质或者精神、观念和态度上的特点。

因此，所谓"公益素养"，是一种通过教育加以培育的、公民在公益慈善方面的修养与能力。它包含了公益认知、公益情感、公益理念、公益信仰及公益行为能力等多个方面的要素，是一种综合性的社会共同评价，应该包含3个方面的体现：①关于一个具备公益素养的人的行为描述；②关于一个具备公益素养的人的心智状态描述（认知、情意、行为能力、价值观等方面）；③关于培育具备公益素养的人的教育条件。

一个人的生命历程中可能会遇到与公益有关的个人的、社会的、政治的、经济的各种问题，对这些问题的理性思考需要公益素养；而公民的公益素养，是公益慈善事业发展的基础条件。因此，应该加强对公民公益素养的教育，以增强公民的公益理念，培育公益慈善文化。

4. 社群主义

美国的报刊上经常出现"Communitarianism"（社群主义）这个词，用来特指社会公益精神——一种文化。社群主义是一种提倡民主，却与个人主义、自由主义对立的政治哲学，又称为"社区主义""共同体主义""合作主义"等。社群主义全然反对自由主义的基本价值，认为自由主义忽略社群意识对个人认同、政治和共同文化传统的重要性。社群主义旨在恢复社群价值的重要性，重申社群对个人的重要性。20世纪90年代，社群主义者如阿米太·爱特热尼、菲力普·塞尔尼克和威廉·加尔森等，不仅强调在个人权利问题上责任与社会利益平衡的重要性，而且强调应确保强大的社群不会压迫个人的需要。

社群主义极力主张将个人的善与社群的善统一起来，并将这种共同的善作为评价社群生活方式的标准，因此共有价值高于个人自由选择的价值。社群主义认为社群本身有一种"内在善"，这个"善"的观念来自个体身处社群中的文化传统，不但提供了个人在选择时所需考量的参考标准，也构成了个人的认同。从内在的"善"衍生而成的共同价值和目标可吸引个人，对社会的运作也具有凝聚性和连续性。另外，由于每个社群生活的标准不同，对"善"的定义也不一样，因此，共同的善只有在特定的社群内才能达成，需要一个拥有共同的历史和文化的特定社群，也需要社会制度、社群成员的行为配合，共同实行具有共同的善标准的生活方式。

在生活上，社群成员以"共同合作"的方式来促进共同的善。社群内的每个人对社群中的生活规范有共同的理解，形成相互的责任与义务，并通过表达对彼此的关心、分享共同的价值及相互了解，提高社群成员道德的起点，建立成员对社群的认同感及归属感。此外，共同的善虽然是社群的共同价值，但不意味着社群成员必须毫无疑问地接受共同的善的标准或规范，成员间可通过公开讨论和沟通，对共同的善的标准加以修正或排除。

5. 公益慈善文化

与文化的概念相对应，公益慈善文化也有广义、狭义之分。广义的公益慈善文化，即人类在长期的社会实践中形成的公益慈善意识及公益慈善活动、公益慈善组织应当遵守的价值与信念体系。广义的公益慈善文化包含3个层面的内容。

第一个层面是观念层面，即人类在社会生产、生活实践中孕育而生的、对自身所取得财富的态度，对他人特别是社会弱势群体的关心程度，以及对公益慈善行为的价值评价和社会认可度。主要包括人的爱心、责任感及乐善好施、扶贫济困等风俗、传统、信念和信仰，以及系统的道德观念和价值体系等，是一种深层次的文化价值观。

第二个层面是制度层面，即人类在公益慈善实践中构建的调整人与人之间关系的社会规范、规章制度。它们从制度上勾勒了公益慈善文化的特定内容，蕴含了观念层面的精神文化。

第三个层面是行为层面，指众多的社会成员在志愿基础上从事的无偿的、对社会弱势群体的救助行为。它通过合法的公益慈善组织，以社会捐献、社区服务等方式，按特定的需要把可汇聚的财富、知识、行动集中起来，再通过合法途径用于无力自行摆脱危难的受助者。

狭义的公益慈善文化，即广义的公益慈善文化的观念层面的含义，是指人类在长期的公益慈善实践活动中及公益慈善事业发展过程中形成的思想价值观念，它是公益慈善事业的精神支撑，是推动公益慈善事业发展的内在驱动力，是人类文明和先进文化的有机组成部分。

现代意义上的公益慈善文化根植于对和谐、美好生活的追求和向往，注重社会道义，强调社会责任和仁爱、利他，更多地考虑社会分配的公正性，把从社会得来的利益，再回报给社会，与公民社会有不可分割的联系。现代意义上的公益慈善文化，其内涵是包括基于平等尊重的人文关怀、以人为本的价值观、公民社会责任观、利他主义价值观、理性社会财富观、志愿精神等精神或理念的综合。

本书所讨论的公益慈善文化主要是狭义的公益慈善文化，是由价值观和理想信念构成的精神文化或文化价值。在公益慈善事业领域，文化价值扮演着极为重要的角色，是推动整个社会、整个民族、整个国家公益慈善事业发展的灵魂和精神内核。

二、公益慈善文化的特征

1. 自觉性

公益慈善文化与其他文化价值的最本质区别在于，公益慈善文化要求个人或组织的行为在主观上是自愿的。公益慈善社会成员出于慈爱之心和友善之情对社会特殊群体或社会弱势群体进行的无偿救助行为，是一种自发、自愿、自觉的救助、捐助、帮扶行为。具体表现为：其一，公益慈善资源的聚集实际上依赖于个人或组织在时间、金钱、服务等方面的自愿奉献；其二，公益慈善组织的成员或其他参与者通过自愿行为追求社会的公共利益；其三，公益慈善组织成员或其他志愿者、社会公众的自觉行为，其动力来源不是经济利益、权力动机或其他物质利益，而是其内在的信念、价值观；其四，公民个人把从事公益慈善活动当作个人的责任，是社会公益慈善文化被个人内化的结果，且这种内化是一个柔性的过程，体现的是"自觉性"，而不是一个强制的过程。因此，公益慈善文化具有自觉性的特征。

2. 社会性

公益慈善文化的自觉性特征决定了公益慈善事业本质上是社会的、民间的公共事业。政府有时候会参与公益慈善活动，但政府不是主导；个人（家庭）的公益慈善行为实际上汇聚为一个社会整体；而企业（市场）的本质决定了企业只能是公益慈善行为的社会参与者。公益慈善文化的社会性根源有以下几点：其一，公益慈善资源（各种资金、财物、志愿服务等）主要来源于民间的社会捐助，公益慈善事业通过宣传慈善美德和公益行动，动员更多有能力帮助他人的社会成员筹措捐赠资金、提供无偿服务；其二，在公益慈善资源管理环节，每笔慈善资金必须用于捐赠人所指定的或捐赠人与公益慈善组织协商的慈善项目或公益活动，公益慈善组织要自觉接受捐赠人和社会的监督，其对社会捐献的款项通常只有看护权，而无所有权和自主使用权；其三，在实施救助、帮扶环节，公益慈善行为必须尊重捐赠人的意愿，并保证资金的社会公共利益效果。公益慈善文化的社会性特征，决定了公共行政主体可以对公益慈善文化的建设进行有效的引导，而非直接干预，通过尊重并保护社会公众自我慈善意愿的表达方式，促进并发挥公益慈善资源使用效率和效果的最大化。

3. 时代性

公益慈善文化的形成与发展、公益慈善文化的内容与形式，都受到经济、政治、社会、制度的影响，不同时期或不同历史阶段的公益慈善文化具有不同的表现形式和运作模式，有一个不断发展变化的过程。纵观中国公益慈善事业的发展历程，公益慈善文化最初是本土的儒、墨、法及道教文化中的慈善特质，后来又加入了外来的佛教文化，而近代以后中国公益慈善理念的变化又深受基督教文化的影响；当前，公益慈善文化也体现在社会主义核心价值体系中。从传统到现代、从东方到西方，公益慈善文化展现出明显的时代性。

4. 民族性

受文化信仰的影响，公益慈善文化具有显著的民族性特征。从世界范围来看，各民族、各国家所处的社会环境、自然环境不同，经济、社会、气候、信仰和人们的生活条件也不同，文化的形成、积累和传播方式也大不相同，导致不同的民族群体具有不同的精神特点，并在风俗习惯、宗教信仰、伦理观念和生活行为方式等方方面面形成了各具特色的民族文化和社会文化，而这些各具民族特色的文化直接影响这个民族、这个社会、这个国家的公益慈善文化。这也意味着，公益慈善文化必然体现着一个民族、一个国家、一个社会的特性。我国的公益慈善文化与我国的传统思想、文化观念有着密切关系，具有中华民族的自身特色。而美国、欧洲等西方国家或中东地区国家的公益慈善文化，与西方传统基督教、天主教、犹太教、伊斯兰教文化有着密切的联系，具有该国家或地区的特色。

5. 利他性

"利他"本是一个行为概念，而非文化概念。学术界通常将利他行为定义为供给时间、资本、实力以帮扶、辅助别人的行为，但也有学者认为利他行为在本质上是一种不期待受助人做出回报的自愿的行为。"不期待回报"有两层含义：一是利他的具体行为，即在时间、资源、金钱上帮助别人的行动；二是对受助人的报答没有心理预期，不因自己的行为有利他性，而认为他人应该回报或者帮助自己。利他行为体现为怜悯心、捐款捐物、救苦救难、无私奉献、牺牲自己等。一些学者进一步研究发现，从心理学的角度看，利他行为在客观上是利他，但在主观上存在一些明显的差别，譬如，有些人的利他是为了获得实质性的经济物质奖励；有些人的利他是单纯地利于别人的行为，例如，习惯性地帮助孤苦伶仃、生活困难者等社会弱势群体，实际上就体现了为别人的美好生活而扶助别人的公益慈善观念，具有文化内涵。这里把利他行为冠以文化内涵其实是想通过弘扬利他主义来彰显公益慈善文化的特性。

三、公益慈善文化的功能

1. 普及慈善理念，促进公益慈善事业

公益慈善文化是发展公益慈善事业的不竭精神源泉。固然，公益慈善事业的发展依赖于经济的发展和财富的积累，依赖于法律、法规的完善和制度建设，但也需要公益慈善文化的推动和全社会慈善意识的增强。公益慈善是一种自主行动、自发行为，既不能强迫，也不能摊派，只能通过公益慈善文化的"文治教化"，使倡导关爱之心、追求共同富裕成为一种社会风气，最终演化为人们共同的行为准则，从而促使人们自觉、自愿地参与到公益慈善事业中来。因此，公益慈善文化决定了公益慈善理念，决定着公益慈善观念的生机与活力。

当前，我国正处于全面建成小康社会、全面推进现代化建设、全面深化改革、进一步扩大开放、全面推进依法治国、为实现中华民族伟大复兴的中国梦而团结奋斗的新的发展阶段，在这样一个每天都有新变化发生的时代背景下，要大力发展社会主义公益慈善事业，必须有"人文关怀"的良好社会环境，而这种环境的形成，有赖于文化的承载和激励。只有加强公益慈善文化建设，发挥公益慈善文化对公益慈善事业的精神动力和智力支持作用，才能使我国社会主义公益慈善事业具有不竭的精神动力。

2. 倡导人文关怀，促进精神文明

公益慈善文化从本质上讲是一种关注人民福祉，特别是关注弱势群体和特殊困难群体福利增长的社会价值选择，是人类社会文明的有机组成部分。因此，弘扬公益慈善文化不仅有助于帮助处于困境中的社会群体或个人，鼓励和引导社会公众从事善举、帮助他人、关爱他人，而且有助于人们充实精神、陶冶情操、提升自我，进而营造"以人为本""助人为乐""谦卑"的人文关怀的社会环境，推动社会主义精神文明建设，促进经济的健康发展和社会的和谐。

3. 增进社会道德，化解社会矛盾

公益慈善文化以其对他人困难与不幸的同情和关注，彰显了人性的美好，突出了人的尊严和价值，调整了社会关系，其中蕴含的人道主义、仁爱关怀，是和谐社会的内在道德基础和价值导向，促使全社会形成一种普遍认同和奉行的诚信、友爱、团结、互助的道德观念、道德规范，对促进社会公平正义、维护社会安定团结意义重大。

此外，社会的和谐并不完全取决于刚性的规范与约束，还需要公民自觉自愿的行动。由于公益慈善是在自觉参与基础上建立的为公众利益服务的事业，因此，公益慈善文化

具有化解社会矛盾、促进社会和谐的强大作用。

总之，当公益慈善文化被认知主体内化后，能够为人们提供从事公益慈善活动的内在动力，并形成特定的价值取向。公益慈善文化中的"仁爱、利他"等观念一旦被大多数人接受，公益慈善就成为多数人的行动，从而为调整社会关系、建立一个更和谐的社会奠定基础。

四、社会主义公益慈善文化构成

公益慈善文化作为一种观念形态和精神意识，是一定社会、经济、政治状况的反映。随着历史的进步、社会的发展，不同国家或地区的经济、社会处于不同的发展阶段，公益慈善文化也在不断演进、转型和本土化。结合当前我国的新时代特征与具体的国情，在促进经济发展及建设和谐社会的目标下，本书所理解的社会主义公益慈善文化包括以下 7 个方面的价值理念。

1. 平等、尊重的人文观

公益慈善文化是一种爱的召唤与善的关怀，它不仅表现为对特殊困难个体（家庭）或群体的同情和爱心，更体现为对人的平等、尊重和尊严的肯定，以及对教育、科学、文化、体育事业的公益支持。公益慈善作为一种非强制性的自愿、自觉、自主行为，受人的爱心、同情心、责任心驱使。同情心是一种怜悯情怀，是人类非常宝贵的情感，是许多道德情感的基础。也正因为有了人的同情心、爱心或怜悯心，社会才会形成善待他人、关心弱者的人文关怀理念，并肯定人的价值和尊严，建立平等和尊重的制度。通常，在一个发育成熟的文明社会里，对特殊困难群体或困境中的个体（家庭）给予特别的关爱与呵护，恰好是"爱心""尊重"的自然流露；同样，当尊老爱幼的社会公德得到了很好的延续和发扬，这种理念就可以成为人们关注、关心、关怀特殊社会群体的精神支撑。

在现代公益慈善理念中，公益慈善是平等主体之间出于真诚、友爱、怜悯的情怀而做出的善举或支持社会进步的公益举动。因此，社会主义公益慈善文化也应彰显尊重人的价值观和权利观，无论是施者还是受者，任何人在人格上都是平等的，都享有人的尊严。社会主义的一切公益慈善行为也都应当以尊重权利、人格和尊严为前提，以满足需要和促进发展为目的，对教育、科学、文化、体育事业的公益支持也以不干预和尊重其独立自主为条件。

2. 以人为本、促进社会发展的价值观

"人"在一定社会历史条件下有物质和精神的双重需要。公益慈善事业调动全社会

的力量帮扶特殊困难群体的生存需要，并促进其发展，或依托全社会的力量促进教育、科学、文化、体育等社会进步事业的发展。因此，公益慈善文化体现的不仅是人与人之间的关爱、尊重与帮助，也体现了人对社会进步事业的关心和支持。这意味着，作为公益慈善事业精神支撑的公益慈善文化，其核心价值观必然是以人为本、以促进社会发展为最高指向。换言之，公益慈善文化的核心价值在于"人"自身的发展和"社会"的进步，而"社会"的进步最终也落实到"人"；"人"是做公益慈善的根本目的，也是公益慈善的最终指向，一切公益慈善为了"人"，一切公益慈善依靠"人"，二者的统一构成了以人为本的公益慈善文化的完整内容。因此，社会主义公益慈善文化，也应满足人的生存和发展的需要。

上述人类这种弘扬仁人而爱物的精神，使人类与万物和谐相处、相得益彰。从人类社会发展趋势来看，公益慈善文化中的人本主义思想，对谋求人类生存环境的改善和社会的有序发展具有积极的引导、促进作用，并将日益明显地主导人类的可持续发展战略。

3. 公民社会的责任观

公益慈善事业倡导一种广大社会成员之间的制度化、社会化的自觉、自愿互助行为，因此，公益慈善捐赠也是基于公民社会责任意识的自主行为，并非外在强加的义务。基于此，社会主义公益慈善文化既是社会善意和调整社会分配的一种观念体现，也是一种充满责任感的精神生活方式。社会责任是在特定的社会环境下，个人（家庭）或组织、群体在心理上对他人进行帮助的意识，是一个人或组织道德情感升华及道德自律外化的结果。这就意味着，公益慈善文化在一定意义上是以责任为基础的道德教化，公益慈善行为是履行社会责任的一种方式。所以，社会责任感是公益慈善行为的精神推动力。

在现代公益慈善理念中，公益慈善责任是一种社会责任，具有广泛性。譬如，就个人而言，一个人之所以从事公益慈善事业，并非简单地做好事，而是个人承担了对他人的社会责任，且这种责任不单是个人分外的德行，也是个人分内的义务，是公民在公共生活中主体地位的体现。就企业而言，企业的公益慈善责任意识，是指企业有权利也有责任为建立一个和谐稳定的社会做出应有的贡献，以某种形式承担对社会的责任。当前，社会责任意识在我国还比较淡漠，因此，社会主义公益慈善文化建设也应培育公民的公益慈善责任观。

4. 利他主义价值观

利他主义本是西方伦理学在承认私有制前提下的一种道德原则，其特点是：从人的仁爱之心出发，或者为了更有利地实现个人利益而关心他人利益，或者在实现个人利益的同时增进了他人利益。在中国，个人与集体关系的处理也可以遵循这样的道德原则，崇尚仁爱之心，社会主义的集体利益并不排斥个人利益的正当追求。

利他主义的公益慈善文化价值观，其精髓在于个人要充分领悟自己对他人、对特殊困难群体、对社会文明和进步肩负的不可推卸的社会责任，充分认识博爱、给予、利他、济世的社会价值，营造"助人为乐"的人文环境。中国也应提倡和努力实践利他主义伦理价值。

5. 合理、理性的社会财富观

公益慈善文化倡导为富者"仁"的价值取向，把用自己创造的财富造福人类看作一种价值追求，这代表了一种合理、理性的社会财富观。在这个方面，美国、英国、德国等西方国家以基督教"罪富文化"为基础的财富观有值得借鉴之处。譬如，卡耐基主张，富人仅仅是财富的托管者，富人的财富来源于社会，死后应返还社会；卡耐基（Dale Carnegie，1888—1955 年）认为，"在巨富中死去，是一种耻辱。"这些合理、理性、健康的财富观对于人们慈善意识和公益精神的激发起着积极的促进作用。

实际上，在我国的传统文化中，也有"仗义疏财，乐善好施""钱财为身外之物，生带不来，死带不去""钱财如粪土、仁义值千金"等财富观念。但是，另一种财富观念更具主导性，即所谓的"福荫子孙"，这种中国传统社会的财富观念根植于传统家庭伦理及其社会土壤，在一定程度上形成了公益慈善事业的思想障碍。只有对这种财富观念进行改造，培育现代文明、健康、理性的财富观念，才能将互惠主义的传统慈善行为（好人有好报）转化为无私奉献的慈善行为。因此，国家在推动让更多的人创造财富、拥有财富的同时，也要推动树立一种合理、理性的财富管理支配理念，促使更多的人拥有超越财富的精神追求。

6. 奉献的志愿精神

公益慈善事业不仅表现为捐钱赠物，更表现为人们奉献志愿服务的行动，而这种自觉、自愿和爱心的行动是受志愿精神驱使的。联合国前秘书长安南在"2001 国际志愿者年"启动仪式上的讲话中指出："志愿精神的核心是服务、团结的理想和共同使这个世界变得更加美好的信念。"这句话指出了志愿精神的本质，表达了人们对志愿服务的由衷赞美。

本着奉献、友爱、互助、进步的精神，国内外许多志愿者在不求回报、不求名利的情况下，凭借自己的双手、头脑、知识和爱心参与、开展各种志愿服务活动，帮助那些处于困难和危机中的人们，或自觉维护人类生存的环境，或为促进人类社会进步贡献自己的智慧和金钱。在全世界，志愿精神唤醒了许多人内心的仁爱和慈善，使更多的人付出所余、持之以恒地真心奉献，从而成为推动人类发展、促进社会和谐的重要力量。特别地，志愿精神表现出的公民互助合作意识、社会参与意识、独立自主意识及无私奉献意识等，理应构成社会主义公益慈善文化的重要内容，成为推动我国公益慈善事业发展的力量源泉。

7. 普及性的公益素养

公益素养包括扎实的公益知识、真挚的公益情感、正确的公益理念、坚定的公益信仰和良好的公益行为能力等。其中，公益知识在公益素养中居基础性地位；公益情感是人们对公益及公益现象等的主观感受和心理体验，是一种直观的、自发自觉的意识形态；公益理念是高层次、高水平的公益意识，是对公益慈善组织和公益现象等的认识和理解，其核心和灵魂是公益价值观；公益信仰是人们内心对公益诚服与坚信的态度，它不仅是个体潜在修养的重要内容，也是公益知识、公益意识表现为外在修养的源泉；公益行为能力是人们完成公益活动所具备的本领和力量，包括完成公益慈善活动的具体方式及所必需的生理、心理条件。

公益素养的培育是社会主义公益慈善文化建设的重要内容，应从个人到社会全方位、立体式地引导、塑造，包括：①创设公益课程；②创造便利条件，推动人们参与公益实践；③培育健康的公益人格；④优化社会环境，促使大众传媒引导公民的公益意识。

第二节　西方社会的公益慈善文化

一、西方社会的公益慈善文化理念

西方社会现代公益慈善文化早期源于宗教。基督教的"原罪说""救赎说"使人相信人生而有罪，每个人都要用一生的劳作和对他人的博爱为自己赎罪，以求死后灵魂进入天堂。以对上帝的信仰为精神支柱和价值根基，西方社会早期培育和形成了博爱、罪感、恩典、谦卑等文化理念，并直接推动了现代西方公益慈善事业的发展。

1. 博爱精神

博爱，即广泛地爱一切生命。在西方国家传统的信仰体系中，"博爱"包括"爱上帝"和"爱人如己"两个方面。在基督文化中，"爱上帝"是伦理的基础，因此"信上帝"和"爱上帝"是其最基本的信念；而"爱人"是伦理的体现，基督信仰把"上帝"绝对的"爱"转化为人与人之间的爱，鼓励人们泛爱和互爱，鼓励"宽恕""爱仇敌"、避免仇恨，特别强调对弱者的爱与"饶恕"。在美国、英国、德国等西方社会，"爱人如己"被当作基本行为准则。

2. 罪感文化

"罪感"来自人的"原罪",基督教有一种基本精神,叫作"罪感"。基督教认为人具有原罪,每个人是带着原罪来到世界上的,且人不能自我拯救。为了赎罪,在"神就是爱"的观念下,人们"爱上帝"和"爱人如己"。这样,在"罪感文化"背景下,西方社会倾向于将慈善活动和公益行为作为"赎罪"的一种形式。

3. 恩典观念

在西方传统的基督信仰观念中,人本该得到灭绝,但因上帝的恩典,上帝给予人悔改的机会。在这种恩典的感召之下,西方社会倾向于给予他人爱和怜悯,帮助处于困境中的人或家庭。

4. 谦卑心理

"谦卑"是指人应以一种行为谦虚、不自高自大的心态去践行自己的道德信念,行为自如,心胸坦荡。既不因自己的善行而感到心理满足,也不期望自己的善行被他人所知,而要始终坚持"自知其行其善微不足道,尚须不断努力,持之以恒"。"谦卑"就意味着反对假冒伪善的虚伪和诡诈,倡导个体秉持谦卑之心去做慈善。反之,若一个人在道德实践中持有骄傲心态,则失去了道德价值之本真。

谦卑是一种态度,是一种高尚的道德情感和信念,要求人们时刻怀有一颗柔和、谦卑之心去为人处事。公益慈善行为也要做善事不求回报、不求自我满足,且不以善小而不为,这样善行才能持久,才能持之以恒。另外,伪善、骄傲自满是可恶的,因此,谦卑之心还警醒着人们不弄虚作假、不欺骗、不诡诈、不骄傲彰显自己。

二、西方社会公益慈善文化的特点

1. 具有广泛性,强调普遍互助

西方社会公益慈善文化的广泛性体现在 "博爱""爱人如己"。"博爱"有两个显著特征:第一,西方社会公益慈善文化将"博爱"建立在宗教伦理的基础上,不考虑人类的血缘亲情及与生俱来的亲情等自然感情;第二,西方社会公益慈善文化不期待对道德的回报之心,将"博爱"的道德理念看作人的一种义务或本能。可见,西方社会的"爱人"遵循的是"普遍主义"原则,提倡"爱无远近,爱无亲疏,爱无等级差别"。

互济文化是美国人热衷公益慈善事业的另一个文化背景。在美国独立之前,美国人没有任何社会保障,一直到美国联邦宪法通过前,美国政府都没有税收。在这样的社会背景下，个人及民间团体为了生存就不得不组织起来。

2. 具有强制性，强调他律

西方社会公益慈善文化主要源于"原罪"论和"富罪"论。在这种慈善观说教下，人们把救赎的希望寄托在上帝的恩典上，他们强调顺从上帝，以期死后灵魂能升入天堂。

因此，西方社会倾向于将自己的财产捐给社会或穷人。这种"富罪文化"深入早期西方人的骨子里，不停地提醒着人们将财富捐献出去。由此可见，西方社会公益慈善文化实际上也体现了一种他律诉求。例如，美国前总统罗斯福曾指出："富人出钱救济穷人不是慈善，而是在尽一份社会责任。"

3. 具有民主性，强调个人奋斗

个人主义是西方社会文化的基本精神，它强调社会赋予个体的权利，强调个人自主、个性自由，同时也倡导个人自立、实现自我等价值观。西方文化中自立、实现自我等价值观促使慈善捐赠成为许多人的自觉行为。受传统新教观念的影响，西方社会的公益慈善文化在"本体论"上属于"个人本位"，把人看作"原子式的个人"，即无差别的、独立的、平等的个体，赋予每个人选择自身目标及实现这些目标的手段的自由和责任。

传统的西方社会认为靠自己的奋斗获得的成功才是最有意义的，他们对继承家族财产不以为然，认为巨额财产只会助长他们坐享其成、不思进取的思想。美国许多企业家、慈善家不断回馈社会，把帮助穷人作为自己的一项义务和道德要求。因此，在西方社会，慈善捐赠成为许多人的自觉行为。

三、西方社会公益慈善文化的现代化历程

基于宗教信仰传统，在西方一些发达国家，公益慈善是一种事业，已成为人们生活的常态。西方社会公益慈善事业的广泛发展是建立在人们对"慈善"二字的深刻认识之上的。以美国为例，北美殖民时代早期，移民就将清教伦理中的慈善观念和实践带到了北美殖民地。例如，佐治亚州最初就是几个慈善家与其他一些因为单纯的明确目标而斗争的力量共同开拓的结果；而乔治·皮博迪、本杰明·富兰克林等的努力探索，对美国基金会的发展有着直接的影响，为美国现代基金会的建立奠定了基石。

20世纪，卡耐基（Dale Carnegie，1888—1955年）的"科学慈善"理念对美国现代公益慈善文化有深远的影响。卡耐基是美国"科学慈善"领域的开拓者，他"科学地运用和管理富人的剩余财富，并使之为社会的长远利益服务"的观点，意义重大；他揭示的"财富福音"的基本原则，推动了美国慈善基金会的建立和完善，奠定了卡耐基公益慈善事业的基础。随着现代基金会的逐步发展，一大批在世界经济舞台上有影响力的

企业家加入公益慈善事业中来，代表性的有福特（Henry Ford，1863—1947年）及比尔·盖茨，都遵循卡耐基"科学慈善"理念及"发了财就捐赠"的思想传统。

与此同时，在公益慈善文化的推动下，西方社会公益慈善组织与制度也日趋建立、健全，慈善基金会是其中的典型。1913年，美国最早的私人基金会洛克菲勒基金会成立，关注教育、健康、扶贫等领域；1936年，福特基金会成立；2000年，比尔和梅琳达·盖茨基金会成立；2006年，沃伦·巴菲特宣布将他85%的财产捐赠给比尔和梅琳达·盖茨基金会。时至今日，基金会成为美国支持社会弱势群体、调节收入分配、缩小贫富差距、缓解社会矛盾的重要工具；基金会的资助方向从传统的济贫扩大到科技、教育、医疗保健、文化设施、人才培养、社会思想研究、国际交流等广阔的领域，成为美国支持大学、图书馆、博物馆、研究机构及科学家、艺术家等文化教育发展的重要经济力量。此外，慈善免税制度、慈善捐赠信息公开制度及慈善管理制度的建立和健全，凸显了美国公益慈善的生命力和公信力，例如，1918年成立的美国慈善信息局（NCIB），既可帮助公益慈善组织维护合法权益，又能促进公益慈善组织的自律。

四、西方社会公益慈善文化的启示

西方社会公益慈善文化的终极指向是"奉献""救助"，因此，西方社会公益慈善文化对我国公益慈善文化建设的借鉴意义如下。

首先，公益慈善文化与公益慈善事业有内在的逻辑关系，公益慈善文化影响公益慈善事业的发展，公益慈善事业的发展程度折射出公益慈善文化的穿透力。一方面，西方传统社会以"博爱"文化为核心的文化价值观，使公益慈善文化成为西方社会文化的精神支柱，由此推动了西方社会公益慈善事业和福利事业的发展。另一方面，在当代经济发达国家，慈善捐助和公益活动已成为一种社会风气，从事义工或社区志愿服务是社会公众普遍的道德意识和自觉行为，显示出公益慈善文化的影响力。

其次，构建现代公益慈善价值观需要借鉴与弘扬人类共同的公益慈善文化资源，这是我们进行公益慈善文化建设应有的态度。人类社会公益慈善文化的形成有其共同的社会基础，传承和弘扬优秀的公益慈善文化传统是当今社会责无旁贷的选择。我国也需要在历史长河中寻觅更多符合现代文明心态的、适应现代社会道德认同感的价值观念，从文化信仰深层次去体会、领悟、包容更多的公益慈善文化资源，努力改变公益慈善事业的封闭性、内敛性状况，塑造适合现代公益慈善事业发展的新理念、新观念。

再次，营造深入人心的慈善文化氛围和公益生态环境，对于我国公益慈善事业的健康、持续、快速发展至关重要，这也是我国公益慈善文化建设的重要内容。文化是一种历史沉淀的产物。作为一种软实力，公益慈善文化的影响力在很大程度上使公益慈善行为具有稳定性、常态性。公益慈善行为不但是偶尔的给予和施舍，还是每个人从内心深处发出的仁慈之心，其关注半径超越了以亲情和血缘为纽带的家族范畴，扩展到社会上的陌生人乃至仇人。博爱精神的传播使之成为一种强大的道德情感和内心信念，成为西方社会公益慈善文化的根基所在。因此，中国的公益慈善文化建设就要不断培育具有开放性特点的慈善文化氛围和生态环境，摆脱内敛性、封闭性的现状，超越中国传统家庭伦理和血缘、亲情等自然感情。

最后，公益慈善事业的进步，不仅要依靠人们发自内心的道德自觉，形成现代慈善意识，而且要尽力营造一种人人向善、人人尽责、人人奉献的公益慈善文化氛围，并通过各种途径激发深藏于人们心中的公共意识、责任意识和博爱意识，形成助人为乐、扶危济困的社会环境。只有将公益慈善意识内化为一种群体意识和民族心理，并使之广泛渗透于人们的社会生活和行动之中，使之在人们精神生活里占统治地位，我国的公益慈善事业才可能健康发展。

第三节　中国的公益慈善文化

一、中国传统公益慈善文化的变迁

中国传统公益慈善文化的演变可以概括为 4 个阶段，分别是：以"仁"为核心的古代慈善文化；以"救国"为目标的近现代慈善文化；中华人民共和国成立初期的公益慈善文化；改革开放至今的公益慈善文化。这 4 个阶段的划分也决定了不同历史时期我国公益慈善文化发展所包含的公益慈善意识和公益慈善价值观具有明显的历史痕迹，表现为不同历史时期人们有不同的慈善观念和公益追求。

1. 以"仁"为核心的古代慈善文化

从先秦时期的慈善思想，到东汉末年佛教济贫思想的传入，再到宋元时期民间慈善和明末清初现代慈善意识的萌芽，这个阶段经历了 2000 多年的发展历史。

（1）儒家慈善思想。儒家提出的"民贵君轻""节用爱民""仁者爱人"之说，是对人道主义思想的古朴阐释，奠定了儒家思想形成慈善观念的理论基础，也是后来实行仁政、惠民政策的思想来源。《礼记·礼运篇》中提出，要使世界"讲信修睦，故人不独亲其亲，不独子其子，使老有所终，壮有所用，幼有所长，鳏寡孤独废疾者，皆有所养"的"大同"思想。孟子也提出"守望相助，出入相支，疾病相持"的主张。可见，中国慈善文化早期出现于以家庭为基础的全社会的普通百姓中，有深厚的民族基础。早期慈善文化要求人们不仅关心家庭、慈爱亲人，还要让社会中所有的鳏寡孤独和残疾人得到关怀和照料。在儒家思想影响下，中国社会形成了家庭照顾制度和以村庄、邻里、宗族为单位的自助式基本生活安全保障制度。

（2）道家慈善思想。老子的道家思想形成于春秋时期，是我国传统文化思想中一个有重要影响力的哲学派别。传统的道家思想和道教教义充满了对人的善念和仁慈之心，体现在"劝善去恶"理念中，强调广做善事、行善积德、多给予、少索取。在社会慈善方面，道家思想主张应当以天地为宗，顺其自然，以"道德"治天下，强调体道悟道、以善为本、广积德行。

（3）佛教的公益慈善思想。慈悲是佛教的基本理念，佛教极力倡行慈悲、救渡众生，核心是行善的功德论，倡导慈悲为怀、广种善果，宣扬"福报""修福""善有善报，恶有恶报"等因果报应观念。佛教寺院的各种慈善活动较多，包括扶贫救济、医治病痛、提供住宿、施粥放生等很多方面，使得古代中国有了最早的民间慈善救济场所。这种宗教观念一度成为上至统治阶层下及普通百姓行善积德的精神支柱。

（4）现代慈善意识的早期萌芽。明末清初，商品经济的发展，带来了城市商业的繁荣，促进了社会阶层分化，导致社会问题众多，在很大程度上冲击了传统的思想伦理道德。在江南等富庶地区、民间资本发展繁荣的州县，慈善组织进一步壮大，慈善思想进一步弘扬。例如，在自然条件较好、经济较为发达的江南无锡、太仓等地区，先后出现了一种非宗教性、非个体性的慈善救济组织，如同善会、广仁会、同仁会等民间慈善团体。特别值得注意的是，同善会除对一般贫民实行救济以外，特别注重对受助者的道德说教，劝人向善，与人为善，不做坏事，具有现代公益慈善文化思想的萌芽特征。

2. 以"救国"为目标的近现代慈善文化

1840年鸦片战争后，中国陷入严重的内忧外患，并逐渐沦为半殖民地半封建国家。由于政局动荡、国力衰微，此时面对民生的水深火热，政府没有能力进行制度性慈善救助，民间慈善组织承担了许多扶贫济困的慈善救济工作。这种特殊的时代背景，使得近代中国公益慈善文化被深深地打上了救亡图存的时代烙印。风起云涌的社会运动和扑面而来的西方文化促进了近代中国慈善文化的兴起，而传统慈善文化在这个阶段开始了新的尝试、探索和发展。

（1）现代慈善机构的建立，促进了现代公益慈善文化的发展。从鸦片战争到1949年这段时期，民间慈善机构发展较迅速，逐渐成为近代中国公益慈善事业的主要力量，如中国红十字会、华洋义赈会等慈善组织，救助资源丰富，海内外联系广泛，不仅有能力进行大量救济赈灾活动，也在民众中广泛宣传、教导公益慈善理念。

（2）东西方慈善文化在碰撞中逐步融合。伴随着中国半殖民地半封建社会的日益加深，"西学东渐"带来的西方慈善文化开始猛烈地冲击中国传统慈善文化，其中既有帝国主义文化侵略、渗透及经济控制、资源掠夺，也有一些爱心人士动机单纯，本着国际主义、人道主义精神，真诚地把慈善当作一种国际性的救援事业来实施，其中不可避免地会出现中西方慈善文化的碰撞、融合，并在中国逐渐形成了一些新的现代公益慈善文化的观念。

（3）由于近代中国社会性质的巨大变化，救民必先救国，传统慈善文化受到民族存亡的严峻考验，慈善文化在宣传和动员全民族拯救国家中起了重要作用。康有为的大同思想、新文化运动中陈独秀提倡的民主与科学、孙中山的平均地权等思想理论，都突破了中国古代慈善文化原来意义上的乐善好施、赈灾救民、扶贫济困、尊老爱幼、苦乐共享等狭隘范围，而与整个中华民族的存亡、富强联系在一起。

（4）初步传播了马克思主义思想指导下的慈善文化。中国共产党肩负起民族独立、国家富强、人民幸福的历史重任。通过开辟农村革命根据地、"打土豪、分田地"等革命行动，把科学社会主义的理论和实践融入公益慈善文化中，形成了"耕者有其田，居者有其屋"的朴素思想。

3. 中华人民共和国成立初期的公益慈善文化

中华人民共和国成立后，公益慈善文化在目的、组织方式、服务对象、宣传发展等方面与以往的慈善文化有本质的区别。

（1）中华人民共和国成立初期宣传人民政府爱人民。中华人民共和国成立初期实行计划经济体制，政府包揽全体社会成员的基本生活，最大限度地促进就业，全体社会成员享有政府配给的相同的基本福利，各种大小灾害均由政府救助。所以，中华人民共和国成立初期提倡互助互爱、互相进步的社会主义新风尚，倡导邻里融洽、父慈子孝、尊老爱幼。

（2）中华人民共和国成立初期强调劳动光荣。全体社会成员树立劳动光荣、劳动创造一切的理念，政府帮助一大批吸毒、卖淫等人员重新做人，使其成为自食其力的社会主义劳动者，树立了良好的社会风尚和社会观念。

（3）中华人民共和国成立初期人们的慈善观念和公益精神受到了强烈的冲击。人们几乎完全抛弃了与公益慈善相关的理论与实践活动，民众对慈善与公益及人道精神的认识偏离了方向，一些传统慈善美德被破坏，社会的公益意识被抛弃。

4. 改革开放至今的公益慈善文化

改革开放迎来公益慈善事业发展的春天，一些传统美德得以恢复，与公益慈善相关的文化观念得到了很好的宣扬。伴随着经济的快速发展，人民群众的人文关怀意识逐步增强，内容丰富的公益慈善活动和一些现代公益慈善观念越来越深入人心。

二、我国公益慈善文化的缺陷

中国公益慈善文化尽管融合了一些现代公益慈善的思想，但深受传统思想的影响，整体上我国公益慈善观念尚处于自发自觉的初步阶段，现代财富观和社会责任意识尚未形成。

第一，社会公众的公益参与意识和慈善观念淡漠，对公益慈善的认识存在许多误区和观念障碍。很多民众强调政府的救济和对政府的依赖，很多民众不参与公益慈善活动，现代公益慈善理念尚未深入人心，全社会还未形成浓郁的公益慈善意识和社会氛围。

第二，企业公益慈善文化建设缺位。应该说，近年来我国大量工商企业参与了公益慈善事业，奉献了大量人力、物力、财力来支持中国公益慈善事业的发展，但从整体上讲，我国企业的公益慈善观念和社会责任还比较缺失，大多数企业参与公益慈善活动积极性不高，企业捐赠表现出很强的突发性、短期性、被动性特征，尚未形成企业公益慈善文化。此外，我国大多数企业的捐赠在承担社会责任和赚取利润之间没有找到很好的平衡点，捐赠理念更多地停留在"好人意识"思维，缺乏与企业发展战略相结合的整体规划。

第三，行政慈善文化色彩浓厚，民间慈善文化的公共空间狭窄。长期以来，我国的慈善工作形成了由民政部门牵头、官方或半官方公益慈善组织主导、有关部门配合、社会各界参与的运行机制，在救灾和群众生活困难救助中发挥了积极作用。但是，行政色彩过于浓厚，整个慈善活动运转方式不公开透明，在一定程度上影响了公益慈善事业的公信力，限制了民间组织从事公益慈善的公共空间，不利于全社会自觉、自愿参与公益慈善文化的形成。

第四，传统慈善文化与现代公益慈善文化接轨滞后。现代公益慈善已从扶贫济困、赈灾援助、社会福利等领域扩展到关爱自然、关爱地球、关爱人类问题，公益慈善事业日益跨越国家和地区，成为更具有和平、互助、进步的世界性重大行动。而中国传统慈善文化仍具有封闭性、内敛性特点，虽然近年来通过开展全国助残日、世界艾滋病日等大型慈善活动，以及扶贫帮困、公益助学、尊老爱幼等民生慈善事业，使得公益慈善文化的宣传普及得到提升，但与建立系统、全面、全方位的公益慈善文化宣传体系还有一定距离，在与现代意义的公益慈善文化接轨上还存在不足，与现代意义的公益慈善文化还有很大差距。

第五，公益慈善文化宣传市场混乱，公信力欠缺。譬如，一些网络媒体、不少都市报/商业报关于公益慈善的相关报道标题雷人，出噱头吸引公众眼球，破坏了公益慈善文化。例如，"卖身救母""短命工程做贡献""谁能为我父申冤，我愿意嫁给谁"等标题，抓人眼球，哗众取宠，急功近利，重心不稳，后劲不足。公益慈善报道忽视慈善精神的传播、慈善意识的培养,或只关注富豪、明星、大企业等的公益慈善举动,缺少对普通百姓的慈善义举的报道。

第六,缺乏良好的社会舆论环境。这是当前我国缺少大慈善家和未形成良好的公益慈善氛围的重要原因。企业"原罪"的社会心态、社会"仇富"心理及"枪打出头鸟"的社会陋习,使公民、企业对财富都有隐藏心理,害怕招致非议,避免引起不必要的麻烦,制约了公益慈善文化的形成。此外,的确有部分人或企业打着公益慈善的幌子炒作或做一些违背公益慈善宗旨的事情。在这种社会环境下,现代性公益慈善文化难以形成。

第四节　公益慈善文化更新:原则、路径与公共精神

一、公益慈善文化的建设原则

1. 个性与共性相结合

不同国家、民族、社会及同一个国家在不同的历史发展阶段,可以具有不同表现形式的公益慈善文化。走中国特色社会主义的公益慈善事业发展道路,传承和弘扬中华民族优秀的慈善文化传统是当今社会责无旁贷的选择。中国传统文化中"乐善好施""助人为乐"等美德,以及"仁者爱人""恻隐之心""施惠于人""周济贫困""先天下之忧而忧,后天下之乐而乐"等文化价值理念应予以传承,但传统文化中消极、过时的慈善观念也应坚决摒弃。

同时,现代化是物质现代化和精神现代化的过程,中国公益慈善文化建设,需要借鉴成熟市场经济国家具有共性的优秀文化理念,遵循公益慈善事业的发展规律和文化准则。人类共同的思想资源、西方社会公益慈善文化的一些优秀价值观和一些具有普遍意义的道德原则,可以融入我国的公益慈善文化中,从而凝聚成超越民族、地域乃至制度差别的人文关怀,使之成为人们的价值标准和行为规范。

2. 自律与他律相结合

公益慈善是一项需要道德支撑的社会事业,需要依靠信念、传统和教育来发挥作用。

社会成员的慈爱之心和责任意识是公益慈善行为的内在驱动力，倘若缺乏这种精神文化信仰，就不可能有真正意义上的公益慈善事业。因此，在公益慈善文化建设过程中，要坚持自律，强调内力，通过各种宣传、教育，唤醒人们内在的爱心与责任感，提升社会成员的精神境界和公益慈善组织的公信力，增进社会信任，在全社会形成互助友爱、共同进步的良好风尚。

此外，公益慈善文化建设还需要注重他律。公益慈善是一项长久事业，公益慈善意识的培养单靠道德说教难以持久，公益慈善文化的深入人心乃至成为全民文化，还需要通过制度规范进行激励和约束。为此，调整、完善涉及公益慈善事业的各类法规或规章，完善公益慈善税收的制度和政策体系，完善信息披露制度，形成包括政府监督、独立的第三方评估及媒体、公众的监督与评估在内的三位一体的监督制度。利用制度的持久力量，让社会爱心绵延不断。

3. 过程与结果相结合

文化建设有其自身的发展规律。所以，建设公益慈善文化，既要有明确的阶段性目标和长远目标，又要高度重视建设过程，通过公益慈善活动过程中的宣传教育、社会影响、舆论导向等途径，使公益慈善意识深入人心，形成浓郁的社会氛围，并外化为全体社会成员共同遵守的社会文化。从这个角度看，公益慈善活动的实施过程本身就充满价值。

对此，公益慈善文化建设应该制定阶段性规划与战略目标，通过运用社会化的手段整合社会资源。过程与结果是相辅相成的，过程通向结果，结果通过过程实现。

二、公益慈善文化的更新路径

公益慈善事业作为一项社会事业，它的发展需要一种社会氛围，需要公民慈善意识和公益慈善价值观的支撑。构建公益慈善文化，需要从人类社会发展的大视野中准确定位，在与各种文化的碰撞和磨合中凝聚共识、整合资源，彰显公益慈善文化应有的价值。

1. 树立现代公益慈善理念，丰富公益慈善文化内涵

首先，弘扬中华传统美德，尤其是传统慈善观念中的优良传统，加强社会公德、职业道德、家庭美德、个人品德教育，引导人民增强道德判断力和道德荣誉感，自觉履行法定义务、社会责任、家庭责任，在全社会形成知荣辱、讲正气、做奉献、促和谐的良好风尚。

其次，树立人格平等的公益慈善理念。公益慈善文化建设需要吸纳西方社会施予者、受助者人格平等的现代公益慈善精髓，抛弃那种居高临下、亲疏远近和施恩图报的观念。

再次，树立助人与自助的公益慈善理念。一个地域范围内的社会成员既要相互帮助，形成一种休戚与共、守望相助的精神，以免遭受饥饿、疾病及由此引发的心理恐惧，又要激发受助者的奋斗精神。助人与自助是现代公益慈善事业的本质要求。

最后，树立职业化、专业化的现代公益慈善理念。公益慈善作为一项事业必须走职业化、专业化的发展道路，如统计调查、抗灾救灾、心理辅导、捐赠款物的有效配置等都需要具有专业知识的高级、专门人才，政府和公益慈善机构需要树立这样的专业理念，在组织和动员企业家队伍、公务员队伍、宗教人士、广大群众等社会各界力量充分发挥自身优势的同时，积极推动公益慈善工作队伍的职业化及公益慈善工作开展的专业化。

2. 强化宣传引导，提升公益慈善文化的影响力

首先，普及公益慈善文化教育。中小学和高等院校是培育公民公益慈善文化的重要阵地，要承担塑造当代学生公益慈善价值观教育的责任。在学校开展与之相关的教育，倡导感恩、分享、互助的精神，通过社区服务、募捐义卖等社会活动，弘扬公益慈善精神，传播公益慈善文化，让新一代人真正意识到公益慈善不是遥不可及的，而是自己实实在在的社会责任。

其次，加强社区公益慈善文化建设。城乡社区作为基础的社会生活共同体，由比较稳定的居民群体构成，在社区内宣传公益慈善理念、开展公益慈善活动，比较容易被大众认同。在社区内以群众喜闻乐见的方式广泛开展公益慈善教育，弘扬扶贫、济困、诚信、友爱、互帮、互助、奉献的社会风尚，培育社区居民的参与意识，广泛开展志愿服务，改善邻里间的关系，增进邻里间的友谊，拓展扶贫济困、扶弱助残、礼让宽容的人际关系，再辅助以公益慈善政策法规的引导，从而营造全社会都来关心、支持公益慈善事业的社会文化氛围。

再次，培育企业慈善文化，强化企业公民意识。企业公民的角色使得企业更加关注慈善责任，以主动创造或改善企业的市场竞争环境，回应社会期待。应从意识形态上倡导企业法人公民理念，引导企业承担社会责任，并把公益慈善事业纳入企业的发展战略规划。

最后，营造公益慈善文化革新的舆论氛围，宣传新的价值体系，形成有助于达成社会共识的社会舆论氛围。为此，加强与宣传、教育、民政、文化、广电等部门的联系协作，充分运用好报刊、电台、电视台、互联网、平面公益广告等各类媒体，以及微博、微信、QQ群、网络贴吧、视频网站、直播平台等多种形式的新媒体，深入、广泛地开展公益慈善精神宣传，倡导公益慈善社会风尚，吸引、引导更多的社会公众关心、关注，并参与公益慈善文化讨论。

3. 加强法制建设，营造公益慈善文化的法治环境

首先，完善公益慈善法制建设，为公益慈善文化建设提供制度保障，包括建立健全

激励约束公益慈善组织、民间公益捐赠、政府行为、社会组织行为、志愿者、捐赠人、受助者的法律法规，重建公益慈善组织的公信力，形成规范的公益慈善市场，以唤醒公众的公益慈善意识。

其次，树立"依法公益慈善"的法治观念，将公益慈善的各个环节、各个参与者都纳入法制保障体系，以法律为最高权威，在全社会树立严格依照制度从事公益慈善活动的观念。

再次，制定相应的激励政策。在税收政策上对公益慈善倾斜，通过税收调节政策鼓励社会公众建立承担责任、奉献社会的文化信仰。研究、出台《遗产税法》，引导社会富裕阶层承担更多的社会责任，并通过政府购买服务等方式，保障公益慈善文化建设的投入。

最后，尝试构建公益慈善回馈机制。公益慈善回馈机制有助于强化社会成员的精神满足和价值实现，充分感受参与公益慈善事业的幸福和快乐。可结合实际情况，设立与公益慈善有关的奖项，定期表彰在公益慈善文化建设领域做出突出贡献的个人、机构及项目。

4. 塑造公共精神，培育公益慈善行动的公共意识

在当代社会，尽管公益慈善仍然是个人和社会群体自觉自愿进行的私人行为，但实际上却是这些主体的公共责任，表现如下：

首先，公益慈善是所有个人和社会群体都应该承担的责任，而不是富人、企业和政府的专利；

其次，公益慈善对象都能够公平地受益，是对所有贫困者的普遍责任；

再次，公益慈善活动具有制度性、经常性（不因灾难的发生而进行，也不因灾难已战胜而停止）、规范性；

最后，公益慈善目标的实现有助于推动实现公共利益、实现社会公平、维持公共秩序、促进社会发展。

上述分析意味着，从事公益慈善事业，要有怜悯心，更要有公共精神。公共精神是一种关怀公共事务、公共事业和公共利益的责任意识与行为态度。公共精神以公共责任意识为实质内容，超越个人狭隘眼界和个人功利目的，体现在公民社会责任意识的行为和性格上。公共精神既包含人们对公共事务的积极参与，也包含人们对社会基本价值观念、伦理的认同及对公共规范的尊重、维护，具体体现为社会成员在公共生活中对共同生活及其行为的准则、规范的主观认可，以及在客观行动上的遵守、执行和维护。Terry L. Cooper 认为，在现代条件下公共意识并非"期望公民必须变得无私，并在行为上完全利他，但它确实意味着，公民有责任既要发现他们自己的个人利益也要发现政治社群的利益，而对社群利益，他们负有契约性的、自制的责任"，因此公共精神还意味着对公共利益与个人利益联系的认可，因为只有这样，才能促使公民主动进入公共领域，参与包括公益慈善行动在内的公共事务。

本章提要

1. 广义的公益慈善文化即人类在长期的社会实践中形成的公益慈善意识，以及公益慈善活动、公益慈善组织应当遵守的规章制度，包括观念层面、制度层面和行为层面3个层面的内容。狭义的公益慈善文化，即广义公益慈善文化的观念层面的含义，是指人类在长期的公益慈善实践活动中和公益慈善事业发展过程中形成的思想价值观念，它是公益慈善事业的精神支撑，是推动公益慈善事业发展的内在动力，是社会主义先进文化的有机组成部分。

2. 公益慈善文化具有自觉性、社会性、时代性、民族性和利他性的特征。公益慈善文化价值理念包括：平等、尊重的人文观，以人为本、促进社会发展的价值观，公民社会的责任观，利他主义价值观，合理、理性的社会财富观，奉献的志愿精神，普及性的公益素养。

3. 公益慈善文化具有以下功能：普及慈善理念，倡导人文关怀，促进公益慈善事业，促进精神文明，增进社会道德，化解社会矛盾。

4. 西方公益慈善的核心文化价值理念建立在以"博爱精神""罪感文化""恩典观念""谦卑姿态"为基础的基督教伦理之上。中国传统的慈善文化演变可以概括为4个阶段：以"仁"为核心的古代慈善文化，以"救国"为目标的近现代慈善文化，中华人民共和国成立初期的公益慈善文化，改革开放至今的公益慈善文化。

5. 我国公益慈善文化的更新，首先，应树立现代公益慈善理念，丰富公益慈善文化内涵；其次，应加强宣传引导，增强现代公益慈善文化的影响力、凝聚力；再次，应加强法治建设，营造公益慈善文化建设的法制环境；最后，塑造公共精神，培育公益慈善行动的公共意识。

案例分析

【案例8-1】慈善项目屡遭质疑是慈善文化不成熟的表现

资料来源：霍宇昂.《新文化报》，2017-12-25；有删节。

日前，一个名为"分贝筹"的爱心活动刷爆微信朋友圈。活动页面宣传"一元助TA改变命运"，用户输入自己的生日，可寻找和自己生日相同的贫困学生，为其捐赠一元。然而，网友质疑，同一位受助的贫困学生，却在不同的生日界面中出现，而且名字也不同。"分贝筹"回应称，活动在测试阶段被发到朋友圈后传播开来，出现了信息错误和界面不稳定的情况，就此向公众道歉（据2017年12月24日《北京青年报》）。

必须承认，这个爱心活动的发起者很有创意，用生日作为筛选条件，不仅成功激发了网友的参与热情，而且从概率上来讲，善款也会很平均地分配下去。然而，还是出了问题，例如，一位叫阿豪的小朋友出生在 5 月 5 日，而另一位叫阿豪的小朋友则出生在 12 月 26 日，而这两位小朋友用的是同一张照片。有网友认真找出了 6 组类似的情况。更荒唐的是，一位小朋友出生在 2009 年 2 月 29 日，可这一年的 2 月并没有 29 日。面对质疑，"分贝筹"给出的解释是活动还在测试阶段，换句话说，这个活动界面还没有彻底调试完成，所以才出现信息错误。

这两年，网络慈善捐款蓬勃发展，但经常爱心献着献着，事情就发生了反转。例如，同样发生在 2016 年年底的"罗一笑事件"，后来被查明罗尔一家其实颇有家产；再比如，前两个月的"一元钱购画"帮助自闭症儿童的爱心活动，后来也遭遇了质疑，而那 1500 万元善款，到现在也没见到使用明细；另外，就是如今这个"一元助 TA 改变命运"又遇到了质疑。遭遇质疑其实是好事，它暴露了网络慈善本身存在的问题。

网络慈善的一大优点就是众人拾柴火焰高，好像只要人人都献出一点爱，世界就变成美好的人间。但反过来，也正是只需要献出一点爱，就让很多人献爱心的时候有点不假思索。例如，这些只需要捐一元的慈善活动，实在是价格低廉到不需要考虑对方资质的地步了，一元，买不了吃亏买不了上当。但网络捐款的基数太大，当这些一元聚沙成塔，就非常可观了，很难避免有人打着慈善的旗号敛财，爱心人士因为善款额度太低而生不起戒心。

网络慈善的这种眼球效应，反映的恰恰是我国慈善文化的落后。网络慈善是个新生事物，尤其对于中国人来说，突然好像我们就是一个慈善大国了。当然，这基本上就是个幻觉。美国慈善援助基金会每年发布《世界慷慨指数报告》，在 2015 年的报告里，中国排名几乎垫底。这份报告中的慷慨指数由 3 个分项构成，分别是"援助陌生人""慈善捐赠""志愿者服务"，根据这份报告，23% 的中国人会对陌生人施加援手，8% 的中国人参与过慈善捐赠，而志愿者仅占中国总人口的 4%。

2016 年"罗一笑事件"后，慈善法学者、清华大学公共管理学院教授贾西津接受媒体采访时介绍，在英、美等国家任何人都可以募款，一般很难发生罗尔募捐事件，可能会有一点捐款，但不会出现大量资金的堆积，因为英、美社会已经形成公益参与文化。例如，美国捐款额超过 GDP 的 2%，常见的是持续小额捐款，诸如白血病等临时性需求，可以向相关基金会或特殊群体组织寻求帮助，而不是依靠一个个案获得大量资金。

在成熟的慈善文化里，捐赠人和受助者之间，应该有一道筛选机制，它的作用是把最需要帮助的人挑选出来，再把慈善资源合理分配下去。过去，承担这份责任的是中国红十字会等公益慈善机构及传统媒体。现在，中国红十字会的公信力打了折扣，传统媒体的这部分功能也被新兴的互联网平台大大分流。但问题也随之而来，互联网平台并不具备传统行业悠久的行业伦理和成熟的筛选机制。或者说，互联网让受助者绕过筛选机制，直接和爱心人士对接。面对缺乏辨别能力的爱心人士，网络慈善就难免泥沙俱下了。

中国的慈善，还需要通过法律和市场重建可信赖的筛选机制。而在这之前，我们每个人需要珍惜自己的爱心，既不要不假思索地轻易奉献出去，也不要因为现实的丑恶而愤怒地关闭自己的爱心。

问题

1. 根据案例及分析材料，试解读我国公益慈善文化的不足之处。
2. 如何建设我国的公益慈善文化，以防止网络慈善中出现的问题？

【案例8-2】志愿者的汗水、绽放公共精神

资料来源：邓辉林.《深圳特区报》，2011年8月22日。

深圳，近年来已成为志愿者倾情奉献的地方，而大运会让志愿者的身影比往常更集中地出现于媒体。辛苦"备课"的随车志愿者、79岁的爷爷志愿者、每天帮助运动员拖着帆船和帆板上下水的志愿者……大家为了赛会付出的点点滴滴，让人们的心灵一次次受到触动，并仔细品读公共精神的可贵。

公共精神是一种价值取向，它追求利他、奉献；公共精神是现代公民的素质，包含维护公共利益、主动担责等要素。没有大张旗鼓的动员，中国香港地区就有逾万人申报"紧俏"的大运会志愿者岗位，国内外120多万名志愿者就能乐呵呵地走到服务赛会的台前幕后，他们的动力源在哪里？正是公共精神。

专业、周到、贴心的服务，是志愿者公共精神的生动体现。盐田综合体育场馆"擦地哥"的表现，是国际大体联官员向国际排联推荐的场地擦拭教材；紧急救护突发疾病的教练、想方设法为国外运动员修好相机、激发观众热情为运动员加油……为了他人的难事和社会的需求，志愿者们敢于担当全新的工作，用心管好自己的"责任田"，这种"一切为了公共服务、为了公共服务的一切"的表现，就是公共精神的写照。

尽管工作很辛苦，但志愿者们不马虎、不懈怠，以主动服务、创新服务提升服务质量。五星级义工郭流昌推出社会共建方式运作U站，既破解了龙岗区缺少高校依托的难题，又为社会力量服务大运会拓宽了平台。高校里那些"志愿者的二次方"，每天用温馨的仪式欢送志愿者出发、迎接志愿者回校，为志愿者提供永续动力。世界之窗U站提供免费立体照相，让大运会嘉宾和市民纷纷前来"过把瘾"。志愿者不仅自愿承担公共服务，而且主动想办法、出点子，追求做到更好，如此精彩的表现，得益于公共精神的激励。

投身公共事务，体现着公共精神；积极主动提升服务水准，升华着公共精神。当志愿者力量越来越壮大，城市公共服务就能不断迈上新台阶，一个"我为人人、人人为我"的良好社会环境就会早日形成。

问题

1. 结合案例材料，归纳、总结公益慈善事业中的志愿者精神。

2．理解公共精神在公益慈善事业建设与发展中的重要作用。

思考与练习

一、名词解释

1．公益慈善文化
2．志愿（者）精神
3．社群主义
4．公共精神

二、简答题

1．公益慈善文化的特征和功能是什么？
2．公益慈善文化有哪些基本理念？
3．制约我国公益慈善文化发展的因素是什么？
4．如何加强我国公益慈善文化建设？

三、论述题

1．试讨论观点："现代公益慈善除帮助具体的人外，还涉及社会整体利益的改善。"

2．致力于国际慈善事业，曾担任"环球健康与教育基金会"和"轮椅基金会"这两个国际慈善机构主席的慈善家肯尼斯·贝林曾经说过，"不要妄自揣测别人。我们需要腾出空间和机会，迎接一颗纯洁和善良的心。这样的心最值得我们为之投资。"请根据这个材料，阐述你对公益慈善文化价值观的理解。

参考文献

[1] 张敏. 公众参与才是慈善的真谛——中国慈善事业调查[N]. 工人日报，2006-02-05.
[2] 靳环宇. 试论中国慈善文化形态及其变迁[J]. 船山学刊，2005（1）：152-155.
[3] 蒙长江. 中国传统慈善文化的历史沿革及现实挑战[J]. 西南民族大学学报（人文社科版），2005（1）：44-47.

[4] 王丽芳. 我国慈善文化建设研究[D]. 厦门：厦门大学，2007：7-23.

[5] 李萍. 建设中国特色慈善文化研究[D]. 上海：华东理工大学，2010：12-19，32-33.

[6] 严琼. 慈善文化提升途径探析[J]. 湘潮，2010（4）：8-9.

[7] 武菊芳，薛涛. 关于我国慈善文化建设的多维思考[J]. 河北师范大学学报（哲学社会科学版），2011（1）：122-127.

[8] 高红，李雪卿. 论和谐社会视阈中的慈善文化[J]. 中共青岛市委党校（青岛行政学院）学报，2007（5）：53-57.

[9] 黄家瑶. 中西方慈善文化的渊源比较及启示[J]. 学术界，2008（4）：27-31.

[10] 李萍. 近五年慈善文化研究综述[J]. 重庆文理学院学报（社会科学版），2010（5）：202-205.

[11] 齐兰芬，黄建玲. 慈善文化教育研究综述[J]. 当代教育论坛，2009（8）：24-26.

[12] 张时俊. 西方慈善文化的主要渊源[J]. 赤峰学院学报（汉文哲学社会科学版），2016，37（3）：168-171.

[13] 韩丽欣，郑国. 中西方慈善文化传统资源的比较研究[J]. 南昌大学学报（人文社会科学版），2014，45（1）：104-109.

[14] 杜妍英. 我国慈善文化建设研究[D]. 石家庄：河北师范大学，2015.

[15] 彭小兵，谢丹. 管理学基础[M]. 重庆：重庆大学出版社，2017：222-223.

[16] 彭小兵. 论"中国梦"与公共精神的培养[A]. 见：吴康明，张四平. "中国梦"与政府建设[C]. 光明日报，2014：119-122.

第九章 公益慈善伦理

知识目标

1. 掌握公益慈善伦理的概念界定
2. 熟悉公益慈善伦理的层次划分
3. 把握公益慈善伦理的特点

能力目标

1. 理解公益慈善伦理的思想源泉
2. 理解公益慈善伦理的财富基础
3. 把握我国公益慈善伦理的构建路径

素质目标

1. 理解当前我国公益慈善伦理失范问题
2. 掌握慈善行动中如何恪守公益慈善伦理

第一节　公益慈善伦理概述

一、公益慈善伦理的概念

1. 公益慈善伦理的缘起

本书第一章有关公益慈善事业的概念及内涵表明，现代意义上的公益慈善是个体、群体或社会组织自觉自愿依附于自己内心真实的道德意识、自觉自愿地向处于社会弱势地位的个人或群体赋予关爱，并无偿捐赠或服务的道德行为，是人人参与、人人享受的道德权利和义务，体现的是一种超越性的大爱，表征着全人类的普世价值、社会理想和伦理规范。

自人类产生开始，人与人之间就存在一种互助行为，随着时代的不断演进，这种互助行为逐渐成了一种具有公益慈善性质的救助活动。人类文明在不断进步，公益慈善也由自发性行为逐步走向自觉性行为，以至于演变成一项具有社会建制的古老而崇高的道德事业、公益事业，即本书所界定的"公益慈善事业"。就公益慈善的功效而言，公益慈善的价值既体现了社会对个人的尊重和满足，也体现了个人对社会的责任和贡献。公益慈善对于人们来说，不仅是调节人与人之间关系、社会和谐的手段，而且是人类生活中蕴含的主体性的自由升华，是一种人类所独有的超生物性的精神活动。公益慈善的力量是一种道德的力量，它会充实人的精神生活、塑造人的崇高品格、提高人的思想境界，其中蕴含了丰富的伦理价值。

2. 伦理的概念及内涵

伦理的一般含义是一定社会的基本人际关系规范及其相应的道德原则。从学术角度来看，人们往往把伦理看作对道德标准的寻求。因此，理解伦理的概念，包括以下两个方面：其一，伦理是道德的上位概念，是社会的人际"应然"关系，对这种"应然"关系的概括就是道德规范，主体在道德实践中把道德规范内化为自己的德性、外化为自己的德行；其二，伦理是"人际"的，是为了协调人与人之间的关系。伦理作为一系列指导行为的观念，是从概念角度对道德现象的哲学思考，不仅包含人与人、人与社会、人与自然之间关系处理的行为规范，也蕴含着依照一定原则规范行为的深刻道理。由此可知伦理的两重含义：一是指人们之间的一种社会关系，二是指人们的行为应遵循的规范。

3. 公益慈善伦理的概念界定

公益慈善作为人类特有的一种社会现象与社会活动，其背后必然有一定的道德源泉作为推动力。同时，作为一种公益慈善参与者与慈善客体共同参与的互动活动，公益慈善也必然会像其他人类社会活动一样体现出应有的道德内涵与道德依据，即应有一定的伦理道德规则对其加以规范。结合对伦理的理解，"公益慈善伦理"既含有公益慈善参与者和慈善客体在慈善互动过程中所体现出来的道德意识、道德心理、道德选择和道德行为的意义，也含有救助与援助弱势群体的慈善活动中的人际"应然"关系，以及概括这种"应然"关系的道德原则和规范的意义。因此，"公益慈善伦理"是探讨慈善活动的道德价值生成、选择及评价公益慈善活动的道德价值标准，是合乎当代社会发展客观需要的关于公益慈善事业的特殊道德规范的理论体系。公益慈善伦理是分析和揭示提高公益慈善参与者行善的道德自觉性的方法，以及在对弱势群体实施人道救助的慈善活动过程中，调节公益慈善参与者和慈善客体各方面关系的道德原则和规范的总和。此外，也有研究认为，公益慈善伦理应该是慈善主客体的各种道德意识、道德意志、道德选择、道德行为的综合体现，是依据一定社会伦理道德的基本价值观念对慈善救助活动的客观要求所进行的理性认识和价值升华，是集"理念、行为、制度"三位于一体的理论体系。

简单而言，公益慈善伦理就是一种研究如何以公益慈善的方式有效地帮助弱势群体的理论。为了更全面地理解公益慈善伦理的定义，下面将从公益慈善伦理的层次和特点展开论述。

二、公益慈善伦理的层次划分

"公益慈善伦理"是社会道德体系的重要组成部分。从大文化的概念来说，公益慈善伦理属于文化的范畴，是一种行为制度模式，是一种道德心理积淀。公益慈善伦理就是围绕公益慈善这个主体内容产生且逐渐形成的一种思想理念。公益慈善伦理从里到外可以分为 3 个层面，即观念层面、制度层面、行为层面。

1. 公益慈善伦理的观念层面

观念层面是公益慈善伦理的深层，主要是指慈善活动的道德促进因素，以及在慈善活动中逐渐形成的应共同遵循的慈善意识、慈善理念、慈善目标等。公益慈善伦理的核心是无条件的利他主义价值观，包括 3 个方面：一是公益慈善伦理在观念层面就要树立纯粹慈善的理念，积极倡导仁爱、济贫恤弱、关爱社会弱者的精神，使公益慈善成为人们自发、自觉的道德追求；二是在尊重人、关心人、帮助人的基础上，公益慈善伦理将个人内心的快乐幸福与救助他人的行为、效果联系起来，强调"快乐慈善""幸福慈善"；三是公益慈善伦理要求人们超越个体局限，以平等开放的心态去帮助受助者，从而形成平等互助的公益慈善伦理，发展"尊严慈善"。

2. 公益慈善伦理的制度层面

制度层面是公益慈善伦理的中间层，是指在公益慈善伦理建设过程中，用于鼓励、规范公益慈善行为的政策依据、法律法规、成文规定等。制度层面的慈善伦理分为3种类型：一是指导公益慈善事业发展的政策法规；二是规范公益慈善机构内部管理的规章制度；三是关于公益慈善的、社会上约定俗成的成文或不成文的规定。当前中国，制度层面的公益慈善伦理尚不完善。

3. 公益慈善伦理的行为层面

行为层面是公益慈善伦理的表层。理念是行为的向导，制度是行为的保障。理念与制度必然会影响行为的选择与行为的实际效果。公益慈善伦理的行为层面由两项内容组成：一是公益慈善参与者行为规范，即施助者在公益慈善活动中面对受助者时应表现出何种行为规范，以符合公益慈善的本质要求；二是慈善客体行为规范，即受助者在接受慈善救助与援助时也应具有相应的行为要求，不能一味地、卑微地接受救助，而应体现自立、自强等行为要求。

上述公益慈善伦理的3个层面是一个相辅相成、辩证统一的有机整体。一个"仁爱、诚信、人人向善"、富有公益慈善传统的社会，必然会有优良的公益慈善伦理精神；反之，优良的公益慈善伦理精神又会促进"善"的公益慈善制度形成，促使公益慈善参与者依据行为规范积极投身于公益慈善事业的伟大实践中来，并在此基础上进一步优化、提升公益慈善伦理、价值、理念与慈善制度。如此，形成一个循环往复、不断促进的永恒发展过程。

三、公益慈善伦理的特点

公益慈善伦理作为贯穿于公益慈善活动，并且支持公益慈善行为的所有伦理道德的总和，包含众多的要素，是社会道德体系的一个有机组成部分，具有自身的特质、特点。

1. 利他性

公益慈善伦理最基本的价值内核在于利他主义的价值观。这种价值观要求人们自觉地认识到自身对于他人和社会的责任和义务，并在积极的利他精神的指引下，实现对于他人和社会的责任和义务。作为公益慈善伦理首要的价值核心，利他主义的价值观重点强调人们的道德自觉和道德认识，要求人们必须自觉地认识自身对于他人和社会的道德义务，充分认识博爱、仁义、济世、给予的价值和意义。

2. 无偿性

公益慈善本身就是伦理的。公益慈善伦理包含无偿、奉献、不求回报的伦理要求。就慈善的道德实质而言，它实际上是无私的，是一种义务，也是一种责任。这种义务与政治义务、经济义务、法律义务不同，后者强调的是寻求某种回报和利益，而前者则不计报酬。公益慈善义务强调的是对自己部分利益的无私奉献和牺牲。公益慈善中施助者和受助者双方是一种平等关系，公益慈善参与者绝不能利用公益慈善行动非法谋求自身的利益和荣誉。

3. 人道性

人道主义原则可以说是人类发展的一个永恒的道德原则，这个原则完全适用于公益慈善伦理。人道主义原则是一种绝对命令，它强调任何个人、任何群体都不能以贵贱、种族、性别、肤色的差异来区分，人们均应享有做人的基本道德权利，享受基本的生存权、发展权及其他权利。接受帮助的社会弱者同样享有与社会强者一样的存在和发展的基本权利；对社会弱者的尊重与理解构成了公益慈善伦理的人道主义基本原则。

4. 自律性

自律作为公益慈善伦理的内在特征，是人类道德的一般特征。人类道德的一般特征有赖于自律性；在公益慈善伦理中，同样存在自律的特点。当人们在决定从事公益慈善活动时，应该以道德的自觉为原动力，公益慈善参与者的自觉自律贯穿于公益慈善活动的整个过程。反之，倘若公益慈善活动缺少了公益慈善伦理的自律性质，那么不仅参与者不能产生从事公益慈善活动的道德自觉意识，公益慈善实践活动也会失去人类道德的一般意义与价值。

5. 自愿性

公益慈善伦理的自愿性主要表现在两个方面：其一，公益慈善是出于慈爱之心、友善之情而自愿自发的一种救助与援助行为，把从事公益慈善活动当作个人责任，是公益慈善伦理被内化为个人德性的结果，且这种内化应该是一个柔性的过程，体现为"自愿性"；其二，接受救助与援助也应该是自愿、自由的行为，不能强迫、变相强迫或被引诱接受。

四、公益慈善伦理的基本原则

1. 一般伦理原则

公益慈善本身也是一个伦理道德范畴，公益慈善活动的直接或唯一目的就是追求仁爱这种道德价值，因此它具有超政治性、超功利性，是高度道德敏感的。道德敏感即公益慈善活动是否切实体现了其追求的道德价值、是否遵守了道德原则；否则，公益慈善活动会异化为"伪善"，会严重打击人们的道德信念与慈善热情，危害公益慈善事业。公益慈善事业应该遵循的一般伦理原则包括自愿、非交易、平等、诚信。

（1）自愿原则。人作为理性存在物，其意志应当是自由的。自由是每个人由于他的人性而具有的独一无二的、与生俱来的权利。否则，公益慈善事业不仅会失去其本性，也会失去其愉悦心灵的功能。

（2）非交易原则。公益慈善事业的超功利性决定了它的非交易原则。在某种程度上，为了保证公益慈善基金的保值、增值及公益慈善事业的可持续发展，现代公益慈善事业可以依托合法的慈善机构筹措、运作，甚至进行某种商业化的经营与管理，但依然不能偏离其自身所具有的特殊的道德要求，不能以营利为主要目的，必须遵循非交易原则。

（3）平等原则。公益慈善是平等的捐赠人与受助者双方对爱心的确认。公益慈善的核心内涵，不仅出于对弱势群体的一种物质救助，也包含对受助者尊严的维护。受助者是独立的、有尊严的、人格平等的个体。一分钱和一亿元在爱心上是平等的；善无多少，爱心无贫富。只有遵循平等原则，公益慈善事业才能和谐发展。

（4）诚信原则。公益慈善活动需要诚实、守信，这样爱心才能充分而真实地显现。公益慈善活动中任何失信的行为都是对公益慈善事业的亵渎，会影响人们的信心与热情。

2. 公益慈善参与者的特殊原则

公益慈善活动是由捐赠人、受助者和公益慈善组织共同参与完成的。由于各方的角色不同，参与者应该遵守一些特殊的伦理原则。

（1）捐赠人的伦理原则，包括尊重对方、履行承诺、不图回报。其一，公益慈善活动中捐赠人一般处于优势地位，这就要求捐赠人不能利用自己的优势地位自觉或不自觉地损害受助者的尊严；其二，捐赠人履行承诺，不能"赖捐""骗捐"，如果确实出现了新的情况而不能履行承诺，也应如实说明；其三，公益慈善活动要完全出于仁爱之心。

（2）受助者的伦理原则，包括信息真实、珍惜关爱、感恩图报。其一，受助者要诚实守信，不能弄虚作假、骗取善款；其二，要珍惜他人的关爱，要求捐赠的数量要适当，对捐赠要合理处置、不能滥用爱心;其三,人的感情是双向流动的,感恩意识是人类基本的伦理意识,且不应该局限于个体,而应该扩展到感恩社会,以及适当地回报他人或社会。

(3)公益慈善组织的伦理原则,包括公开透明、廉洁自律、公平。公益慈善组织不是营利机构,其主要任务是为公益慈善活动提供信息和组织方面的便利条件,协调各方要求。其一,各种活动特别是经济往来必须是公开透明、可核查的,应对捐赠人和社会负责;其二,廉洁自律,努力提高公信力,厉行节约,降低管理成本,严守国家规定;其三,努力保障每个有特殊困难的受助者受到同等的关心和平等的尊重。

3. 政府原则

公益慈善政府管理部门的主要任务是制定政策、规章、制度,进行合法性监督、管理、协调,规范募捐行为,维护公益慈善组织和捐赠人、受助者和其他利益相关者的合法权益。其遵循的主要伦理原则是不干预、关心爱护、科学管理。

(1)不干预原则。传统公益慈善是在政府的提倡、号召与动员下的自觉、自愿和自发行为,而现代公益慈善依靠各类社会组织完成慈善行为,包括募集资金、选择项目、组织活动、公开账务、效果评估等。政府作为公权力,其应遵循的伦理是定准位、不干预。

(2)关心爱护原则。政府的责任与义务是为人们提供基本利益。政府应关心、爱护、支持与扶植公益慈善事业的发展。

(3)科学管理原则。对于方兴未艾的中国公益慈善事业,政府应统一协调、依法监管、综合评估、引入适度竞争、促进学术研究,推进公益慈善事业的规范化、现代化。

第二节 公益慈善伦理的财富基础

一、社会财富的本质属性使然

"财富"这一概念在人类话语体系中有广义和狭义之分。"广义的财富"包括人类能够拥有的一切物质财富和精神财富,如人的体力、才能、精神成果,以及外在于人的自然资源等物质财富;"狭义的财富"则指人类能够拥有的、有使用价值的天然财富及通过人的劳动创造的物质财富。财富的基本特性为:①物质性,即财富以某种物质的形式存在；②效用性，即财富必须对人类有使用价值，就公益慈善而言，无用的东西不能实现慈善的价值和意义；③社会性，即财富是一种社会存在物，具有社会性特点；丧失了社会性的财富会成为社会撕裂的源头，财富的社会性是财富可持续增长的伦理根基。毋庸置疑，财富的本质属性就是社会性，是一种物化了的社会关系。

既然财富的本质属性是社会性，财富是一种社会关系，是属于全社会、全人类的；那么，人们所创造的财富也应当用于社会、服务于社会，并服务于这种社会关系使其更好地发展。社会财富的"第三次分配"为公益慈善现象提供了合理的理论解释。总之，财富的本质属性成为公益慈善伦理的逻辑起点。

二、社会运转的内在要求

从终极观念上来说，公益慈善成为一项流行的社会事业，其深层原因是社会发展的必然要求与维系社会正常运转的内在要求。人类财富占有的求同性诉求的满足途径是多样化的，而公益慈善却是满足这一诉求的有效形式。

其一，财富占有差异是社会发展的必然结果；也正由于这一差异的出现，使公益慈善具有一种可能性。其二，追求"类的同一性"是社会发展的内在要求，是公益慈善发生、发展的内在依据。贫富差距的存在是社会发展的必然结果，而贫富差距扩大化涉及正义与社会稳定的问题，"求同"是弱势群体面对差异或过度差异的主观心理倾向或本能反应。为了维护社会的有效运转和富人的自身利益不被暴力冲突所剥夺，处于财富占有优势的部分有识之士提出要拿出一部分财富与穷人共享。此时，富人和穷人达成了"财富共享"的基本共识，人的"类的同一性"诉求也就在不同程度上得到了满足。

三、公益慈善参与者的道德认知

上面的分析表明，财富的本质属性使公益慈善成为一种"必然"，社会贫富的"差异与同一性"使公益慈善成为一种"必需"，同时成为一种"可能"。倘若要使公益慈善成为一种"可行"，则必须分析公益慈善参与者的道德认知，或者分析慈善发生的内在心理机制。真正意义上的公益慈善是出于一种自身道德认知的自愿捐赠与服务。道德认知包括对"慈爱、善良、同情、人道主义规约下的义务原则"等道德元素的认知。公益慈善参与者因为有了"怜悯、同情和爱""人道主义的义务"等道德认知，才产生了一种公益慈善意识、意志，进而形成自愿的公益慈善行为，形成公益慈善事业的道德自觉；只有当这种道德认知转化为慈善义举时，公益慈善才具有更多的伦理意义。

第三节　公益慈善伦理的思想源泉

一、西方公益慈善伦理的思想源泉

西方社会很早就产生了公益慈善伦理的思想。起初,公益慈善事业是作为宗教事业的一部分而存在的;随着时代的发展和公益慈善实践的推进,公益慈善活动从对某些不幸者的施舍逐渐扩大为对人类社会公共生活的普遍关注,其公益慈善伦理思想的发展也与此同步,包括古希腊罗马时期、中世纪、近代及现代发展时期的经典思想。

古希腊罗马时期西方公益慈善伦理的经典思想包括:①苏格拉底认为,"知识就是善"——强调慈善必须接受道德意识的指导;②柏拉图将人类"善"的世界范围分为"具体的善的世界"和"理念世界"两类,且"具体的善"是由"理念世界"决定的;③亚里士多德主张,"至善的追求就是对幸福的追求""人有慈善道德责任"。

中世纪西方社会的慈善观或慈善伦理思想具有宗教神学的特征,以神性的规定限制和规约慈善的必然性与合理性,表现为上帝的博爱精神、救赎精神、济世救困精神。此时,对上帝的信仰及其引申而来的财富观念(智慧、节制、虔诚与慈善的结合)成为中世纪西方社会公益慈善伦理构建的内在基础。

近代西方社会从具体的现实需求出发解释慈善伦理的形成,扶危济困、慈善与同情等概念也得到了进一步的阐释,但情感主义、功利主义、义务论、进化论、空想社会主义等公益慈善伦理的思想资源纷繁杂芜。

现代,西方公益慈善事业取得了飞速发展,与之相伴的公益慈善伦理的思想也发展出了自由主义、社群主义、第三条道路等流派。

纵观西方公益慈善伦理思想的演变过程,西方社会的公益慈善伦理思想本身就是西方社会宗教理论体系的一部分,并具有以下几个基本特征。

(1)博爱——不讲究人与人之间血缘亲情的、无差别的爱,不讲究求回报之心的爱;超越了种族、民族、阶层及国别和文化的差异,遵循普世主义原则,凸显了慈善伦理博爱的无远近、亲疏、等级、差异的互助性质,彰显了朴素的世界主义博爱原则。

(2)突出责任与他律——人的慈善道德自觉离不开外在强制力量的约束。为了寻找外在的慈善道德自觉的强制性制约力量，基督教设立了人类的"原罪"观，即上帝的监督。在这一观念中，赎罪成为人们慈善道德自觉的形而上的动力因素，使其不得不遵照上帝的慈善规定在尘世间履行上帝赋予的职责——慈善责任。长此以往，这种不断深化的思想意识成了西方社会人们的一个最基本的生活常识和人生理念。

（3）个人奋斗——在慈善的问题上不主张人们坐享其成。个体精神和独立人格的倡导，西方社会推崇个人奋斗所获得的成功和财富，并将个人奋斗获得的财富反馈给社会。

二、中国公益慈善伦理的思想源泉

中国传统慈善伦理思想起源于古代氏族社会和农牧社会，与公益慈善实践的萌芽具有同步特征。应当肯定，中国传统公益慈善伦理思想资源丰富，涵盖诸子百家的基本思想，构成了中国现代公益慈善伦理的源泉之一。

中国公益慈善伦理思想在氏族社会主要表现为"损有余而补不足"的观念。另外，在氏族社会末期形成的图腾崇拜意识驱动下，人们被要求互助互爱、共同生活。

中国明确的公益慈善伦理思想约产生于西周时代，著名典籍《尚书》《易经》等均有详细记载（《尚书》提出了"善心"的慈善伦理概念，表明了惩恶扬善、积德行善的基本思想），但主要是儒、释、道及墨家等几大流派。其中，儒家思想在2000多年的中国社会起到了历史主导作用，其"仁爱""民本""大同"等思想构成了跟儒家思想及其实践相伴随的公益慈善伦理观念。此外，墨家学派为平民阶层提供道德文化的资源，兼爱、贵义尚利、赏善罚恶、志功及非攻等思想也影响了公益慈善伦理观念的形成。

综合而言，中国传统公益慈善伦理的思想皆具有深远的历史影响力，发挥了积极的历史作用，被传承并继续发挥重要的导向作用，其特征如下。

（1）反映了传统优秀文化的核心和精髓，反映了中国人民生生不息的民族特性和优良品德。中国传统慈善文化起源于家庭，推及社会，主张通过仁者爱人来实现少孝、中爱、老慈，进而实现齐家、治国、平天下的目标。

（2）注重视人若己及众生平等的理论形态。"众生平等、推己及人"是中国传统慈善伦理思想的基本特征之一，本着这种观念行善是发展尊严慈善的应有之义。

（3）注重道德践行，富有敢于实践的精神。这个特征为中华民族乐善好施等美好风尚的形成发挥了积极的推动作用。

（4）道德的践行依靠外在力量的督促。在缺乏慈善制度的古代中国，必须依赖外在的监督推动道德的践行，以"大同"理想为代表的追求也影响和规范着人们的慈善行为。

第四节　当前中国公益慈善伦理问题

一、当前我国公益慈善伦理失范问题

中国的公益慈善事业已取得了一系列成就，但纵观中国公益慈善实践的整体现状，它还存在一些令人深思的伦理缺失问题。这些伦理缺失主要体现为公益慈善活动中的诚信问题、公益慈善参与者道德自觉与动机问题、慈善方式失调问题，以及慈善发展制度的公正与慈善资源配置的公平问题等。这些问题直接影响着中国现代慈善伦理的有效构建。

1. 诚信问题

（1）慈善组织的诚信问题。公信力是公益慈善组织和公益慈善事业的生命力所在。当前，各种公益慈善组织的公信力或诚信缺失主要表现为：违背"自愿捐赠原则"，面向企业、公职人员等的摊派、（变相）逼捐、劝捐情况时有发生；缺乏信息透明机制，挫伤了捐赠人的捐赠热情；缺乏责任心，背弃诚信，违规违法操作。

（2）捐赠人的诚信问题。表现为："假慈善"，在一些特定场合"喊口号式"的承诺捐赠，但实际落实到位程度低；"诈捐"行为，假借公益慈善之名谋取个人私利。

（3）受助者的诚信问题。表现为：隐瞒自己的真实情况骗捐；违背捐赠人的本意把善款挪作他用；渡过困境后继续享受捐助。

2. 公正问题

"公平、正义"是人类的美好价值追求。公正的慈善制度设计和慈善资源分配有助于公益慈善事业的良性发展。但是，在当前的公益慈善活动过程中，不公平、不公正的现象层出不穷，如慈善组织无法注册、慈善资源被垄断、慈善资源分配缺失公平、随意设计慈善资助项目、重复资助、设置不正当的慈善资助项目等。

这些问题不仅造成了公益慈善资源的大量浪费，又对迫切需要慈善援助的贫困者和弱势群体造成了伤害。公益慈善资源配置若失去了基本的公平、公正，公益慈善伦理的价值将不复存在。

3. 道德自觉与作秀问题

公益慈善参与者的道德自觉与道德动机对公益慈善事业的健康发展非常重要。但在实践过程中，部分人（企业）参与公益慈善的道德自觉明显缺失，参与慈善的道德动机不纯甚至变异导致了诈捐、骗捐等行为的发生。此外，作秀式捐款等慈善方式扭曲的现象也大量存在。

二、当前我国公益慈善伦理问题的成因

构建中国现代公益慈善伦理，必须以对当前中国慈善伦理缺陷的纠正为前提；而纠正当前中国慈善伦理缺陷，又必须明白其成因。毋庸置疑，当前中国慈善伦理问题的成因是极其复杂的，涉及政治、经济、文化等多方面的因素。

1. 政治因素

政治因素突出表现为：第一，政府对公益慈善活动插手过多，或部分公益慈善组织过度行政化；第二，公益慈善政策法规不健全；第三，公益慈善税收优惠政策不健全。这些因素淡薄了人们参与慈善的道德自觉，影响了公益慈善组织的公信力，阻碍了公益慈善事业的发展。

2. 经济原因

中国人均经济总量及水平仍然落后，老百姓潜意识里的备荒以解燃眉之急的观念难以抹消；人们面临沉重的教育、住房、医疗、养老等负担，社会大众无暇顾及公益慈善事业，导致社会公众对公益慈善伦理的失范现象关注、监督和抵制不足。

3. 文化原因

文化原因主要体现为：第一，传统文化的内敛性、封闭性特征深深影响着公益慈善伦理观念；第二，财富观的扭曲导致公益慈善伦理缺失，如"不露富""荫庇子孙""为富不仁"等思想根深蒂固；第三，部分人对公益慈善事业存在一些错误认识，公益慈善伦理观念落后。

4. 社会原因

中国社会处于转型期，社会矛盾尖锐，各种社会思潮不断涌现，多元思想不断激荡。于是，社会结构的多元化格局导致公益慈善伦理参差不齐，社会舆论评价过于道德主义思维，社会信仰的缺失及各种异化的社会思潮导致公益慈善观念扭曲。

第五节　当代中国公益慈善伦理构建

一、构建理念

当代中国公益慈善伦理构建的基本理念,就是要构建中国特色社会主义公益慈善伦理。所坚持的基本立场包括:其一,联系具体的社会历史关系辩证地看待慈善观念和行为;其二,坚持全球慈善伦理思想的立场和本土化转换,与全球慈善伦理思想展开对话;其三,坚持"中国传统"与"中国现实"的立场,即批判地继承优秀的传统慈善观念,并立足于当前我国公益慈善伦理建设的客观现实,进行新时代的诠释与升华。

当代中国公益慈善事业正处于转型、夯实阶段,一方面社会公众公益慈善热情高涨,另一方面又面临着公益慈善伦理资源匮乏、公益慈善公信力不足等问题。为促进公民道德建设,遏制拜金主义、享乐主义和极端个人主义思潮,塑造尊重人、理解人、关心人的社会风气,缓解社会阶层对立、社会关系紧张,缓和贫富阶层之间的矛盾,推动公益慈善事业健康发展,中国迫切需要对公益慈善伦理进行价值更新和制度规范。此时,构建中国特色社会主义公益慈善伦理,要立足于历史进程及现实的问题,结合公益慈善伦理具有的特点与内涵,用全球眼光构建中国特色社会主义公益慈善伦理。

二、构建路径

1. 立足于传统,取其精华去其糟粕

基于传统视角,即中国特色社会主义公益慈善伦理的构建,要在传承传统慈善文化的基础上进行现代化诠释和价值提升。

(1)化"仁爱"为"博爱"。使公益慈善超越亲缘关系,继承"推己及人""仁者爱人"及其衍生的尊老爱幼、邻里相帮、济人危难等优良慈善品质,破除"爱有等差"的观念,使之注入时代因素,将"仁爱"转化为"博爱",更加强调超越亲缘关系、惠及陌生人的无私帮助。

（2）化"恻隐之心"为"个人责任"。公益慈善不再停留于传统的同情怜悯，更强调一种基于公民责任与义务的公民意识。在"同情怜悯"理念的基础上，注入现代意识，以"恻隐之心"为起点，与现代公民责任义务意识相融合，使公益慈善参与者以一种更加平和、平淡的心态自觉自愿地践行公益慈善活动。

（3）化"个人美德"为"社会正义"。弥合正义与慈善的差别，以个人美德为基础逐步转化为社会正义，以个人伦理为基础逐步走向社会伦理。当然，将"个人美德"提升为"社会正义"并非否定个人美德与个人伦理，使慈善不仅仅成为个人的道德要求，也成为一种社会责任。

2. 吸收精髓，兼容并蓄，西体中用

公益慈善是世界各国的一种共同现象，并且西方的公益慈善事业在相当程度上是比较成熟和发达的，应合理借鉴、吸收西方公益慈善伦理的思想，从中获取有益启示。

（1）将新型财富观融入我国现代公益慈善伦理中。西方社会的财富观是理智、清醒、冷静，在法律意义上个人财富是私有的，但在道德意义上，超出生活需要的部分是社会的。因此，西方人大都以一种比较开放的态度对待私人财产，契约意识浓厚，对于私人财产中多余的财富，很多人选择回报社会的慈善处理方式。中国应努力构建一种与现代公益慈善事业发展相契合的财富观，使财富在获取、继承、使用的过程中都担负一种伦理性的责任。

（2）将公益慈善意识凝聚为一种民族心理、群体意识。要将那种爱的信仰意识凝聚为一种群体意识与民族心理，推动中国特色社会主义公益慈善伦理的构建。

（3）强化公益慈善法治建设，创新激励、评价机制。将"以社会正义为基础的规范伦理"作为公益慈善伦理基础之一，就要加强慈公益善法规的建设、完善税制、创新激励机制，使各收入阶层的人都自觉自愿地将减免个人所得税的所得贡献给社会。

3. 结合国情，着眼于现实

现实视角是指立足于当前我国公益慈善文化的现实与公益慈善活动本身。

（1）建立与公益慈善事业发展相适应的财富伦理，发展微慈善。受传统"忧患意识""一方有难八方支援"的救急文化的影响我国传统慈善具有自发性、偶然性、非常态化的救急倾向，是一种临时性、阶段性、依靠外力推动的公益慈善模式。因此，构建当代中国公益慈善文化，必须转变人们的公益慈善理念，改变"富才行善"和"救急行善"的慈善误区，引导公众树立一种与现代公益慈善发展相适应的财富观，使社会民众养成公益慈善行为习惯与生活方式。

（2）建立与中国传统慈善文化相适应的感恩慈善伦理。感恩意识是人类一种基本的伦理意识。感恩与公益慈善事业的发展并不是相悖的，慈善之树需要感恩意识的浇灌才能茁壮成长。

（3）建立以制度为支撑的诚信伦理。政府应该建立一种以内在道德驱使和外在责任约束相结合的诚信机制，将现代慈善伦理系统化、制度化地纳入广泛的社会慈善道德实践中，制定规范各个群体履行慈善责任的法规，建立以制度为支撑的诚信伦理。当道德对于那些道德沦丧的人无能为力时，法律就可以作为威慑力去约束不道德的行为。

（4）建立适应新时代发展要求的层次伦理。道德是有层次的，仅仅将慈善定位于崇高、纯粹的层次是不符合现实的，也是片面的。因此，构建公益慈善伦理，一方面要尊重受助者的尊严；另一方面受助者要回馈社会，在接受别人帮助后感恩社会。

本章提要

1. 公益慈善伦理是探讨公益慈善活动的道德价值生成、选择及评价公益慈善活动的道德价值标准，是合乎当代社会发展客观需要的、关于公益慈善事业的特殊道德规范的理论体系。公益慈善伦理作为社会道德体系的重要组成部分，属于文化的范畴，是一种行为制度模式，是一种道德心理积淀。

2. 公益慈善伦理从里到外，具体可分为3个层面，即观念层面、制度层面、行为层面。此外，公益慈善伦理还具有利他性、无偿性、人道性、自律性及自愿性等特性。

3. 西方公益慈善伦理思想作为西方社会宗教理论体系的一部分，具有3个基本特征：其一，突出博爱的特性，强调人们应当具备的无差别的爱；其二，突出责任与他律的特征；其三，突出个人奋斗的精神。

4. 中国公益慈善伦理思想具有4个特点：其一，反映了中国传统优秀文化的核心和精髓；其二，重视"视人若己""生而平等"的理论形态；其三，注重道德践行，富有敢于实践的精神；其四，道德的践行必须依靠外在力量的监督。

5. 当代中国公益慈善伦理构建的路径包括：其一，立足中国传统文化，取其精华去其糟粕；其二，吸收西方思想精髓，兼容并蓄，西体中用；其三，结合新时代的具体国情和社会主要矛盾的变化，构建中国特色社会主义的公益慈善伦理。

案例分析

【案例9-1】：让慈善伦理步入"法时代"

资料来源：《北京晨报》，2015年3月13日，有删节。

慈善伦理决定慈善的"钱程"。时下，不少热衷于公益慈善的群体，几乎都本着"天地良心"行事，而慈善的"公平与效率"成为其次。慈善伦理"站得不高"，慈善事业自然"望得不远"，很多时候处于原地踏步或低水平循环状态，并且稍不注意就会被卷入"深渊"。

重构慈善伦理，才能更好地推进慈善事业。有关人士分析称，中国富豪的慈善伦理脱胎于他们经营企业的大伦理，其中，通过慈善获取更多的"资源"与"资本"是条重要路径。长此以往，不仅容易形成扭曲的"商慈关系"，而且会衍生出不健康的"政商关系"。慈善伦理必须与时俱进，进入新常态，步入"法时代"，一方面有利于慈善事业的健康发展、可持续发展，让慈善品质更优良；另一方面有助于"政商关系"的改善，预防权力的"任性"，培养慈善的个性。

慈善立法，要成为科学立法、民主立法的"样本"。上海社会主义学院姚俭建教授认为，当前，社会上存在资本逻辑下的市场慈善模式、需求逻辑下的人力慈善模式及资本加需求逻辑下的市场与人力相叠加的慈善模式，这3种慈善模式都需要规则约束，要把社会主义核心价值观落实到慈善立法和依法治理各个方面。在充分吸收"社会营养"的前提下，加快立法步伐，这是对中国慈善事业的"慈善"，可以更好地释放慈善"正能量"，激活更多人的善心与良知，让慈善在法治轨道上前行。

问题

为什么说，"重构慈善伦理，才能更好地推进慈善事业？"并讨论如何更好地构建公益慈善伦理。

思考与练习

一、名词解释

公益慈善伦理

二、简答题

1. 简述公益慈善伦理的层面。
2. 简述公益慈善伦理的基本原则。
3. 简述公益慈善伦理的基本特征。

三、论述题

1. 阐述公益慈善伦理的思想源泉。
2. 分析当前我国公益慈善伦理失范问题及改进路径。
3. 讨论公益慈善伦理在公益慈善事业中的作用和价值。

参考文献

[1] 彭柏林，卢先明，李彬. 当代中国公益伦理[M]. 北京：人民出版社，2010.
[2] 张芳芳. 浅论公益伦理的社会价值[J]. 河南广播电视大学学报，2012，25(2)：14-15.
[3] 刘美玲. 政府部门管理公益慈善组织应遵循的伦理原则[N]. 中国社会报，2014-08-18.
[4] 刘美玲. 慈善公益组织管理部门应遵循的伦理原则[N]. 中国社会报，2013-09-23.
[5] 郭静文. 慈善伦理建设如何跟上慈善事业的发展步伐[N]. 中国社会报，2015-06-08.
[6] 向玉乔. 财富伦理的慈善维度[N]. 中国教育报，2013-10-11.
[7] 齐久祥. 慈善伦理需要诚信支撑[N]. 中国社会报，2016-07-18.
[8] 周中之. 中国慈善伦理的文化血脉及当代价值[N]. 中国社会科学报，2014-10-22.
[9] 郭祖炎. 中国慈善伦理研究[D]. 长沙：湖南师范大学，2013.

第十章 国内外公益慈善管理制度概况

知识目标

1. 了解国外典型国家的公益慈善监管机制
2. 了解历年来我国公益慈善事业的制度规范
3. 熟悉我国公益慈善制度规范的构成体系

能力目标

1. 比较中西方公益慈善管理体制的异同
2. 理解国外公益慈善监管机制的启示

素质目标

1. 结合社会热点事件理解公益慈善制度的意义和价值
2. 结合捐赠领域的焦点事件理解公益慈善捐赠机制

第一节　典型国家和地区的公益慈善管理制度

一、公益慈善事业的管理制度体系

公益慈善事业的宏观管理制度体系包含国家、政府的宏观管理、激励约束制度，主要包括登记注册管理制度、公益慈善资金管理制度、公益慈善组织监管制度、税收优惠制度等。

1. 登记注册管理制度

在公益慈善活动越来越活跃的今天，民间公益慈善组织的独立性、合法性是一个国家社会建设、社会管理创新中要解决的重要问题。据估计，我国有数百万未注册但活跃在民间的草根组织，大量慈善义工组织徘徊在法律边缘，寻求"法外生存"。然而，公益慈善组织只有实现法律认可的合法性，才能通过合法途径根据被服务对象的需要提供服务，集聚并配置社会资源。因此，公益慈善组织的登记注册管理制度成为公益慈善事业管理制度体系中重要的制度规范。

2. 公益慈善资金管理制度

资金是一个组织得以生存和发展的生命线，而公益慈善资金则是开展公益慈善活动、维持公益慈善组织持续运转的物质基础。公益慈善组织要充分践行公益慈善的宗旨、切实有效地履行慈善功能，就必须保证公益慈善资金能够得到正当、合理、高效的使用。相反，资金管理机制若不健全，将导致监管漏洞，引发大量慈善丑闻及腐败现象。因此，各国都建立了公益慈善资金管理制度，对公益慈善资金的运营管理进行及时、全面的监管。总之，公益慈善资金的合理、规范使用，有利于公益慈善组织的宗旨、目标的实现，对于促进公益慈善事业发展具有重要意义。

3. 公益慈善组织监管制度

公益慈善事业的巨大社会需求催生了公益慈善组织的快速发展，但与此同时，公益慈善组织的公信力始终难以得到有效提升。因此，需要加快完善公益慈善组织监管的立法，完善对公益慈善组织的管理、监督，运用法律的手段对公益慈善组织予以规制，充分发挥公益慈善组织的职责，使公益慈善事业成为阳光下的事业。对公益慈善组织监管的立法是各国公益慈善立法的核心，也是我国迫切要研究解决的重要课题。

4. 税收优惠制度

作为社会保障体系的重要补充，公益慈善事业在社会发展中发挥着非常重要的作用，不仅有利于缓解社会矛盾、提高社会福利待遇，而且能促进社会财富的合理分配、加快市场经济的发展、促进社会和谐和民族团结。政府不但要培育公益慈善事业，而且要利用税收优惠政策与制度，确保国家对公益慈善事业的长期支持。

二、典型国家和地区的公益慈善管理模式

1. 干预型的英国行政监管模式

（1）政策法规干预。

在英国，民间公益慈善组织的登记注册和公益慈善的监督管理有一套严格的法律制度框架和相对独立、职能完备、体系健全的行政管理体系。例如，英国早在19世纪就制定了关于公益慈善组织理事会定位及其管理原则的法规——《托管人管理法》（2000年修订）；英国《慈善法》明确规定，公众有权获得公益慈善组织的年度账目和财务报告；英国内政部、文化部及独立于政府之外直接受议会领导的英国慈善委员会，分别作为公益慈善组织与政府间的协调机构、资助机构及登记注册和监督部门发挥重要作用；英国1998年签署的《政府与志愿及社区组织合作框架协议》就是为了加强政府与民间组织之间的合作。

（2）英国慈善委员会。

在非营利组织信息披露方面，英国采用"行政监管模式"。在英国，民间公益慈善组织的登记注册和监督部门是1860年成立的英国慈善委员会（Charity Commission），这是一个有近160年历史的官方机构，依据英国《慈善法》设立，主要采取分类监管的方式，监督管理和规范公益慈善组织的行为，增强公众参与公益慈善事业的信心。根据1993年修订的英国《慈善法（1993年）》，英国慈善委员会由英国财政全额拨款，属公务员体制，其主席由英国女王任命，相当于政府阁僚，但其运作管理独立于政府机构和议会之外，是一个依法设立、依法行使职能的独立机构。

英国慈善委员会有4项职能：其一，对符合条件的公益慈善组织进行登记注册；其二，对在英国慈善委员会登记或者没有登记但需要帮助的公益慈善组织提供信息、技术、法律政策咨询等方面的支持；其三，对在英国慈善委员会登记的公益慈善组织按照不同

规模进行相应的监管；其四，对在管理或公共资源使用上有违反法律嫌疑的公益慈善组织进行调查，对被发现的违法者可以移交法院处理。由独立于政府的英国慈善委员会对公益慈善组织进行监管，不仅缓解了政府压力，还避免了公益慈善组织的行政化、政治化倾向，有利于英国公益慈善事业的发展。

（3）税收调节。

英国民间公益慈善组织的收入来源除政府资助以外，还有很大一部分来自社会捐赠。公益捐赠减免税制度是鼓励和推动社会捐赠的重要措施。在公司捐赠方面，根据英国公司法的规定，提供公益捐赠的部分会被免去公司所得税（约占30%）。在个人捐赠方面，英国法律规定，个人向公益慈善组织的捐赠可获得免税待遇，但免税的对象主要不是个人，而是公益慈善组织。因此，所有的公益慈善组织在英国必须掌握相关的所得税知识，以向政府索要退税的部分。英国慈善援助基金会的主要工作之一，就是帮助公益慈善组织向政府索要退税的部分。

在英国《慈善法（2006年）》的约束下，英国大多数慈善机构都以社会企业的方式运作，尽量降低运作成本。例如，很多大型慈善机构在英国各地都有许多慈善商店，这些商店是免税的，店员都是义工、没有工资，店面租金都是房东以优惠价格出租或免费提供的，水电等费用可得到很大程度的优惠。

2. 宽进严出的美国全方位监管模式

（1）注册管理松散。

美国的公益慈善组织可以不注册而存在，注册通常为了获得税收优惠的身份。一个组织进行注册的流程：首先，向其所在的州正式提出结社的要求；然后，必须从美国税收当局（美国联邦国税局）获得慈善团体的身份；最后，在它想要从公众那里筹款的每个州登记注册。美国公益慈善组织的注册程序比较简单，而且条件宽松。

（2）利用税收鼓励慈善。

现代公益慈善事业在一定程度上依赖于经济利益的驱动。公益慈善事业尽管以社会成员的自愿捐赠为经济基础，但在市场经济条件下，资本和个人也是逐利的，要想让公众更积极地参与公益慈善活动，除道德说教、宗教劝导、社会向善之外，制度的导向也非常重要。美国制定了一系列税收优惠政策，使捐赠人更愿意将一部分社会财富投向公益慈善事业。

公益慈善组织在美国是享有免税资质的。公益慈善组织要具备免税资格，必须向联邦国税局提出申请，组织必须非常详细地描述所从事的活动，并报告每笔款项的来源和支出。美国的慈善机构在运营中可以小范围地进行一些以营利为目的的活动，但这些营利活动的所得必须用于公益慈善事业或支持公益慈善机构的正常运行。慈善捐款对个人也是免税的，即捐赠人在申报个人所得税时，捐款将从总额中除去。志愿者活动的交通费和其他一些费用也能享受免税。

在美国，有一个定义公益慈善组织的明确办法，就是税法中的501（C）（3）条款。

凡符合这一条款的组织被统称为慈善机构，享受免税待遇。在这些组织中，除传统的救助性慈善和宗教组织之外，还有教育、科学、公共安全、实验、文学、促进业余体育竞争、防止虐待儿童或动物共 7 类组织不必缴纳联邦税。向慈善机构捐赠的个人也享有捐赠减税政策，以此鼓励公司或个人在经营期间，将应当缴纳的各项税收按比例转换成对慈善机构的捐赠，既树立了良好的企业形象，又最大限度地利用民间资源为需要救助的人们提供物质支持。同时，美国联邦国税局通过类型化细分，把所有公益慈善组织分为慈善机构（Public Charity）、私人基金会（Private Foundation）两大类，鼓励民间从事公益慈善事业、参与公益慈善活动。

（3）首席检察官制度。

针对公益慈善事业，美国还发展了一个独具特色的首席检察官制度。这个制度历史悠久，可以追溯到 1601 年在英国施行的《慈善用途法》（又称《伊丽莎白一世法》）。当时，英国的首席检察官可以全权代表公众，为保障民众慈善信托项目对从事公益慈善事业的各个机构提出诉讼，用于加大对慈善机构的监督。后来，首席检察官制度就在美国各州广泛推广，现已是一项通过立法确认的制度。

美国首席检察官的职权很广，享有调查权，可传唤证人，有权查阅任何非营利组织法人的账目和有关工作会议记录等材料。首席检察官还拥有起诉，并参加诉讼的广泛权力。同时，首席检察官对美国的公益慈善组织还拥有监督权，可以对所有慈善机构的运营规范、是否按时报告其财务状况等进行监督，一旦发现慈善机构未履行法律规定的义务，州首席检察官可以依法强制慈善机构董事从其个人资产中罚没资产，用以填补慈善机构因不当运营而造成的损失。不过，虽然美国的首席检察官权力巨大，但对慈善机构的正常运营过程，首席检察官是不予过问的，只有出现运营状况时，首席检察官才对慈善机构行使监督权和强制措施。

（4）组织评估制度完善。

美国有不少独立的评级机构，会对公益慈善组织资金运用情况、慈善资金用途和日常运作经费比例等进行评分，级别从高到低（4 星到无星）不等，为捐赠者提供参考。同时，还提供各标准下的前十名排行榜，其中不少是负面排行榜，如筹款回扣率排行、财务危机排行、劣等机构 CEO 薪水排行、捐赠款囤积花不出去排行等。

美国拥有全国慈善信息局、公益咨询服务所、公益慈善事业全国委员会等颇具公信力和影响力的第三方评估、审计机构，主要功能是交流信息、研究公共政策、增进组织的公开度和透明度。例如，全国慈善信息局就是一个由民间的管理者、学者、律师、会计师自发联合、成立的，独立于政府、慈善机构的民间评估机构。又如，美国慈善研究所评选优秀公益慈善组织的标准是：公开披露经过审计的财务报表和税表；每募捐 100 美元，经营费用不超过 25 美元；将 75% 以上的募捐用于慈善项目，而不是筹款或其他经营活动。实际上，美国的慈善机构达到一定规模，就必须接受包括律师在内的、独立的第三方审计。

（5）监督系统发达。

美国对公益慈善事业最有效的监督是社会舆论媒体的监督和宣传，其监督非常严密。一方面，媒体帮助公益慈善组织扩大影响，招来潜在的支持者和捐赠人；另一方面，媒体对于公益慈善组织的丑闻会穷追不舍，直到直接负责人得到应有处理。除媒体全方位、全流程的监督外，捐赠人和普通大众的监督在美国也非常方便、快捷、有效。美国联邦法律规定，任何人都有权向免税机构要求查看公益慈善组织的原始申请文件及前3年的税表；同时，人们也可写信给国税局，了解某免税组织的财务状况和内部结构。

美国的政府监督主要是财务监督。享受免税的非营利组织每年向美国联邦国税局报送 I990 表（美国的机构报税表，类似于证券上市公司的报表），主要内容包括：①机构的基本财务信息，如各类收入、开销和资产负债；②关于开销的详细分类信息，要注明项目开销的用途；③主要的机构领导、理事、委托人和关键雇员的联系地址、工作时间、收入和补助；④有些大机构还要详细列出全部基金会捐赠款和给所有小机构包括海外机构的每个项目的拨款。该报表还要求提供与所有董事会成员有关的金融交易记录，如果交易有问题，慈善机构可能失去免税资格。年度毛收入低于 2.5 万美元的慈善机构可以不填写 I990 表，而私人基金会要填写 990PF 表（Private Foundation），其形式类似于一般公益慈善机构填写的 I990 表，但内容稍有不同。私人基金会无论大小都必须填写 990PF 表。

美国绝大多数州都规定，公益慈善机构必须向州首席检察官提交年度报告，首席检察官还可以代表公众对触犯公共利益的公益慈善机构提起公诉。美国联邦国税局每年还会对享受免税待遇的非营利组织的财务状况进行抽查或突击检查，如发现营利行为，或者有不符合其宗旨的活动及不当财务支出，其免税资格就会被取消。

（6）行业自律机制完备。

美国公益慈善组织的自律性较强。在美国，无论机构大小，每个公益慈善组织内部都必须有一套完整、严格的管理制度，分别对董事会和运营机构做出规范。公益慈善运作机构的日常工作要向社会公布，通过这些公布的工作细节，达到公益慈善机构的合法、健全运营。

美国的公益慈善事业已经发展成包括多个层次的、相互依赖的网络结构。从捐赠人、私人基金会、公众基金会、社区组织、非营利慈善执行机构、倡导机构、能力培训和支持机构，再到学术研究机构，形成了一个产业链或产业生态系统。在一些产业媒体（如《慈善新闻》）和主流慈善机构的倡导下，美国的公益慈善事业提出和默认了一些行业的基本原则和共识。譬如，对于政治性/游说性资金的限制，对于向海外传递资金的监管，对于公益慈善机构的财务监督，以及对慈善机构运作费用的约束、监管等。

3. 健全的德国慈善管理模式

（1）监管机制健全。

德国是一个法制完备的大陆法系国家，其法定慈善机构分为协会和基金会两大类。

德国地方法院规定公益慈善组织每三年将自己的资产负债表和其他财务文件提交当地财务部门审核，以确保基金会的运行符合慈善目的。

德国的第三方机构主要有社会福利问题研究所和天主教联盟两家机构，致力于监督慈善组织的运营和善款的使用，其功能与美国的全国慈善信息局相似，不带有强制性。两家机构基于自身的权威性，通过评比系统给通过审查的公益慈善组织颁发"捐助徽章"，有效期限为一年，到期重新评比。如果公益慈善组织存在违规操作，社会福利问题研究所有权撤销"捐助徽章"，取消对该公益慈善组织的募捐资质认证。

德国没有专门的管理慈善机构的法律，通过一套其他领域的法律制度来规范公益慈善组织的运营，包括涉及公益慈善组织的组织立法、涉及税收优惠的税收立法、涉及筹款方面的社会福利立法等，进而对公益慈善组织的监管形成了一整套以组织立法为骨干、以税收立法和其他法律为补充的制度框架。

（2）税收优惠制度健全。

企业和个人向慈善机构捐赠获得的税收减免，经慈善机构认证以后，捐赠人需要将相关的证明资料送交审核。若个人和企业的捐赠行为符合公益慈善目的，则有权享受高达5%的税前扣除。公益慈善组织的税收优惠，包括免征所得税、贸易税、遗产税、赠予税、增值税等。公益慈善组织既可以直接享受税收优惠，也可以通过慈善捐赠等间接享受税收优惠。慈善捐赠的免税减免，一般不超过5%，但捐赠对象是科学、教育、文化、卫生事业的例外。

（3）慈善机构内控机制健全。

基金会是德国公益慈善组织的典型代表，也是德国公益慈善事业的主体。德国的基金会数目众多，不仅有明确的发展方向、始终专注的主题领域、开阔的全球化视野及高超的项目运作能力，而且具有完善、健全的内部管理体制。

以贝塔斯曼基金会为例，该基金会以社会可持续发展为目标，致力于激发人们对重要社会问题的讨论，为社会变革提供智力支持和实践经验。贝塔斯曼基金会采取理事会和执行委员会的二元治理模式。理事会负责咨询和监管，执行委员会负责日常管理工作。执行委员会有权委托顾问委员会负责资产管理和定期资产评估，顾问委员会向执行委员会报告资产管理活动情况。基金会通过媒体、官方网站、基金会年报等多种渠道进行信息披露工作。富有特色的是，某些基金会还设计了专业的人才培养方案和人性化的工作计划安排。

4．紧密型的新加坡慈善管理模式

新加坡的公益慈善事业主要是政府推动发展的。新加坡社团有官方和民间两种。其中，官方社团是政府为了某项事业出面组织的团体，其任务由政府规定，资金由政府拨付，负责人由政府任免；而民间社团是公众自愿组合的组织。新加坡善堂救济总会、新加坡同德善堂念心社和中医中药赠医施乐部等，是新加坡最著名的公益慈善组织。包括公益慈善组织在内，新加坡的民间组织可依据不同的法律注册，如《社团法令与条令》

《互惠组织法》《合作社法》《慈善法》《公司法》，其中最重要的是 1967 年颁布、其后多次修订的《社团法令与条令》。该法令对社团释义、登记官的任命及其权力、拒绝登记的情况、年度登记的公布、社团的终止和自愿解散、分支机构的登记、社团提供信息的规定、社团变更登记的情形、不能担任社团高级职员情形的规定、社团标志旗帜的使用、非法社团及其罚则等有关社团的注册、终止、解散、变更、违法行为处罚的活动规范进行了详细、严格的规定。

新加坡社团注册局在监管方面的主要职权有：①命令自动注册的社团更改名称和章程，或者指示它通过普通程序重新申请注册；②命令任何注册社团提供其资料、文件、账目和账簿；③只要有理由相信该地点被用来进行非法活动，就有权进入注册社团的任何运作地点进行搜查；④社团注销需要内政部部长批准。

新加坡的社团基本上是自治的，当社团发生内部纠纷时，社团注册局并不进行仲裁，而是告知其应该根据章程或遵循法律途径解决。但是，新加坡有较严格的社团活动规范，凡在政府注册的社团都必须在该社团登记的宗旨范围内活动，不能从事章程规定以外的任何活动，如有违反，政府必予以追究；不能以社团的名义进行任何政治活动，否则政府必然出面干涉；未经登记的社团被视为非法组织，一经发现则严惩不贷。

新加坡社团每年要向社团注册局提交年度管理报告和财务报告，资产 50 万元（新币）以上的财务报告须经独立审计事务所审计。此外，社团注册局还通过传媒报道、公众举报等线索掌握社团违法行为，并协同警察、反贪等机构进行查处，发出警告信或解散社团。此外，为了防止滥用和耗尽公益慈善资金，新加坡还规定了公益慈善募捐款的年最低使用额。

5. 积极不干预的中国香港地区慈善管理模式

中国香港地区政府对公益慈善的管制特色是行政主导的政治行政系统，奉行积极的不干预方针。中国香港地区的慈善管理模式反映在中国香港地区政府与民间组织的关系上：中国香港地区各领域都有大量民间组织存在，只要不违背法律，政府一般不干涉公益慈善组织的活动，其管治特点可归纳为：①登记简便，即注册简便容易，有多种方式可供选择；②管理宽松，公益慈善机构有较大的自主权，政府较少干预；③广泛参与，参与民间组织等第三部门已成为香港市民社会生活不可缺少的部分；④法例明确，对涉及公益和其他公共利益的事宜，政府有明确的法律和规则指引；⑤以慈善服务为导向，鼓励志愿精神和义工行动。

中国香港地区为促进经济增长一贯采取低税率政策，早期的社会福利主要依靠慈善机构、海外基金等资助，政府很少介入，各项社会服务主要由民间组织承担。1958 年中国香港地区成立社会福利署，负责制定社会福利制度、推行社会福利服务。中国香港地区的公益慈善组织必须根据《香港税务条例》注册为非营利慈善团体，并要求有良好的管理和财务背景，社会福利署担当制定政策和服务方针、分配资源、监察服务质量的角色。民间公益组织或慈善机构也接受政府的补助，按服务及补助协议的条款承办指定的福利服务。从社会福利署对民间组织的监管看，主要措施如下。

（1）制定公益慈善组织规范和行为指引。中国香港地区出台了《慈善筹款活动内部财务监管指引说明》《领导你的非政府机构—机构管制——非政府机构董事会参考指引》；与廉政公署联合制定《防贪锦囊》《受资助非政府福利机构的人事管理》《受资助非政府福利机构的采购程序》等，保证对公益慈善组织在员工聘任、采购、董事会管理、策略性领导、财务职责、行为操守等方面有足够的监察和制衡。

（2）增强透明度和问责性。中国香港地区要求将公益慈善活动与项目的决策过程、投入资源、使用资源、项目表现、财政记录和成果等相关文件资料公开，供公众查阅，接受公众投诉，对慈善项目进行定期汇报、核算、评估。特别是实施整笔拨款计划，要将所提供的服务成效与拨款分配挂钩，要求公益慈善组织对其行为和结果负责，提高财政效率和问责性。

（3）设立项目监管及审查制度。凡政府资助的公益慈善项目，均须在拨款要求中载明监管与回应的条文，并设立明确的量化目标和奖励机制。监管与回应的方式有定期约见、提交书面进度报告、资助管理人审查等，也鼓励公益慈善组织进行内审自查。

（4）加强沟通和提供支持。社会福利署要组织研讨会，中国香港地区政府官员与公益慈善组织董事会成员之间要在机构策略、问责提升、财务管理、法律责任等方面交流意见和经验，并通过各类咨询委员会收集意见，开展对公益慈善组织负责人的培训。

第二节　中国公益慈善管理制度体系

一、历年来我国公益慈善的制度规范

目前我国涉及公益慈善事业的法律、法规有《中华人民共和国慈善法》《中华人民共和国公益事业捐赠法》《社会团体登记管理条例》（国务院令第 666 号）、《基金会管理条例》（国务院令第 400 号）共 4 部。此外，我国还陆续出台了一系列部门规章和行业规范。

1999 年 9 月 1 日起施行的《中华人民共和国公益事业捐赠法》是我国公益慈善事业发展历史的第一项制度性安排，也是我国现代公益慈善事业发展的标志之一。这部法律共有 38 条，内容丰富，涉及公益慈善事业发展的多数内容，对捐赠行为、捐赠财产的管理使用都做了具体的规定，较为系统地规范了公益慈善组织和公益慈善活动。该法的颁布和实施填补了我国公益慈善捐赠方面的法律空白，为相关税法、基金会条例等政

策和立法奠定了基础。

1988年国务院颁布的《基金会管理办法》（国务院令第18号）是我国第一部关于基金会的立法。2000年民政部开始对《基金会管理办法》进行全面修订。《基金会管理条例》（国务院令第400号）在2004年6月正式颁布实施。2004年，民政部根据《基金会管理条例》颁布了《基金会章程示范文件》。2006年财政部出台了《基金会年度检查办法》（民政部令第30号）和《基金会信息公布办法》（民政部令第31号）。

2008年4月民政部颁布了《救灾捐赠管理办法》（民政部令第35号），旨在规范救灾捐赠活动。2008年《中华人民共和国企业所得税法》及其实施条例明确规定符合条件的非营利组织的收入可以免税，首次确定了公益组织的认定标准，并将企业公益性捐赠税前扣除比例进行了调整。2008年12月31日，财政部、国家税务总局、民政部颁布了《关于公益性捐赠税前扣除有关问题的通知》（财税〔2008〕160号），规定了企业、基金会、公益性社会团体的公益性捐赠减免税相关问题。2010年12月20日，民政部通过了《社会组织评估管理办法》（民政部令第39号），自2011年3月1日起施行。2011年4月26日，首都慈善公益组织联合会发布了《慈善公益组织管理流程指引》，这是我国推出的首个针对慈善公益组织规范运作的管理流程。2011年5月18日，民政部印发了《全国性社会团体公益性捐赠税前扣除资格初审暂行办法》（民发〔2011〕81号）。

2016年3月16日，全国人民代表大会通过了《中华人民共和国慈善法》，自2016年9月1日起实施。《中华人民共和国慈善法》的制定，既是我国公益慈善领域具有划时代意义的综合立法，也是整个社会保障体系建设进程中具有里程碑意义的重大事件。因为它不仅为公益慈善事业的健康发展提供了法律依据，而且为多层次社会保障体系的建设提供了动力，开启了中国的"善时代"。表10-1是我国公益慈善事业相关的部分重要法律、法规、规章或行业规范。

表10-1 我国公益慈善事业相关的部分重要法律、法规、规章或行业规范

年 份	法律、法规、规章或行业规范	具体内容	意义	备注
1988年	《基金会管理办法》（国务院令第18号）	明确了基金会的成立条件及基金会改变名称、合并或者撤销程序等	加强对基金会的管理，以利于基金会的健康发展。第一次通过立法的形式明确了基金会的法律性质和法律地位	已废除
1998年	《民办非企业单位登记管理暂行条例》（国务院令第251号）	首次确立了民办非企业单位的法律地位	公益慈善又多了一个新的合法性出口，即民办非企业单位；为民办非企业单位的登记管理提供了法律依据	
1998年	《社会团体登记管理条例》（国务院令第666号）	明确了社会团体的定义、管辖、成立条件等	保障公民结社自由，维护社会团体的合法权益，加强社会团体的登记管理	2016年修订

续表

年份	法律、法规、规章或行业规范	具体内容	意义	备注
1999年	《中华人民共和国公益事业捐赠法》	明确了捐赠、受赠、善款使用、优惠措施等	鼓励捐赠,规范捐赠和受赠行为,保护捐赠人、受赠人和受益人合法权益	
2001年	《中华人民共和国信托法》	明确了信托的条件、委托人的责任等	调整信托关系,规范信托行为	
2004年	《基金会管理条例》(国务院令第400号)《基金会章程示范文件》《基金会名称管理规定》(民政部令第26号)《关于印发基金会登记表格的通知》	明确了基金会登记、名称的管理工作,为基金会制度章程提供范例	为基金会的发展提供了法律依据	
2005年	《民间非营利组织会计制度》(财会〔2004〕7号)	明确了会计核算的对象、要求等	规范民间非营利组织的会计核算,保证会计信息的真实、完整	
2006年	《基金会年度检查办法》(民政部令第30号)《基金会信息公布办法》(民政部令第31号)	明确了信息公布的定义、年检的内容和办法,以及公布信息的具体办法	规范基金会、境外基金会代表机构信息公布活动和管理	
2007年	《中华人民共和国企业所得税法》	明确了企业公益慈善捐赠减免税的条件	规范了公益慈善减免税收管理	2017年修订
2008年	《救灾捐赠管理办法》(民政部令第35号)	明确了捐赠救灾款物的管理、使用,以及组织捐赠与募捐对象等	规范救灾捐赠活动及捐赠款物的管理,保护捐赠人、救灾受赠人和灾区受益人的合法权益	
2008年	《关于公益性捐赠税前扣除有关问题的通知》(财税〔2008〕160号)	明确规定了公益性税前扣除的有关问题	细化了《中华人民共和国企业所得税法》和《个人所得税法》关于减免税的规定,首次确定了公益组织的认定标准	
2010年	《社会组织评估管理办法》(民政部令第39号)	明确了社会组织的评估对象、方法、标准等内容	规范社会组织评估工作	
2011年	《慈善公益组织管理流程指引》	明确了募捐流程、资金管理流程、实施流程和信息披露流程	规范慈善公益类组织的运作、管理,是我国推出的首个针对公益慈善组织规范运作的管理流程	
2011年	《全国性社会团体公益性捐赠税前扣除资格初审暂行办法》(民发〔2011〕81号)	明确了全国性社会团体公益性捐赠税前扣除的资格、对象等	为捐赠税前扣除资格认定的初审工作提供依据	
2014年	《社会救助暂行办法》(国务院令第649号)	规范"临时救助"问题	我国第一部统筹各项社会救助制度的行政法规	
2014年	《关于促进慈善事业健康发展的指导意见》(国发〔2014〕61号)	要求强化行业自律和社会监督,增强慈善组织公信力	第一个以中央政府名义出台的指导、规范和促进慈善事业发展的文件	
2016年	《中华人民共和国慈善法》	规范慈善活动、慈善组织、慈善信托、慈善监管	为公益慈善事业的健康发展提供了法律依据	
2017年	《中华人民共和国境外非政府组织境内活动管理法》	明确了境外非政府组织在中国境内活动的管理	为境外非政府组织在中国境内从事公益慈善活动提供了法律依据	

二、公益慈善制度规范的基本构成

（1）归口管理制度。

现行的《社会团体登记管理条例》（国务院令第 666 号）、《民办非企业单位登记管理暂行条例》（国务院令第 251 号）、《基金会管理条例》（国务院令第 400 号）是有关公益慈善事业的归口管理制度。《中华人民共和国慈善法》规定：设立慈善组织，应当向县级以上人民政府民政部门申请登记。

（2）资金筹集管理制度。

公益慈善资金的筹集管理制度，主要包括《中华人民共和国公益事业捐赠法》《救灾捐赠管理办法》（民政部令第 35 号）、《中华人民共和国慈善法》。

（3）国家监管制度。

国家法律、法规对公益慈善组织及公益慈善活动的环节、过程进行监管、督促。监管主体、客体、方式、内容等相关规定详见前面列举的一系列法律、法规、规章。其中，对公益慈善组织的监管制度主要包括《基金会管理条例》（国务院令第 400 号）、《社会团体登记管理条例》（国务院令第 666 号）、《民办非企业单位登记管理暂行条例》（国务院令第 251 号）和《中华人民共和国慈善法》。

（4）税收优惠制度。

《中华人民共和国企业所得税法》《中华人民共和国企业所得税法实施条例》（国务院令〔2007〕512 号）、《中华人民共和国个人所得税法》《中华人民共和国个人所得税法实施条例》（国务院令第 142 号）、《关于非营利组织免税资格认定管理有关问题的通知》（财税〔2018〕13 号）、《关于公益性捐赠税前扣除有关问题的通知》（财税〔2008〕160 号）、《关于公益性捐赠税前扣除有关问题的补充通知》（财税〔2010〕45 号）、《中华人民共和国慈善法》等。

（5）公益慈善组织的评估制度。

民政部颁布的《社会组织评估管理办法》（民政部令第 39 号）明确了评估主体、客体、程序和评估等级等，对促进公益慈善组织的能力建设、加强内部治理发挥了重要作用。

（6）信息披露制度。

为完善公益慈善捐赠信息公示制度、规范捐赠款物的管理和使用，2011 年 8 月民政部起草了《公益慈善捐助信息披露指引（征求意见稿）》，规定了信息披露的内容、时限、对象、方式等相关内容。《中华人民共和国慈善法》规定了统一发布慈善信息的平台，要求公益慈善组织和慈善信托的受托人应当在规定的平台发布慈善信息。

（7）公益信托制度。

公益慈善资金的信托投资制度主要为《中华人民共和国信托法》，该法第六章第五十九条至第七十三条阐述了公益信托的相关规定。《中华人民共和国慈善法》第五章也规范了公益信托。

三、境外公益慈善组织的管理体制

目前，在我国活跃的境外公益慈善组织越来越多，包括境外基金会代表机构、境外社会团体代表机构及境外组织在我国设立的公益慈善组织。其中，既有以海外华人为主的地区机构，也有本着国际主义精神援助中国的国际组织。从重大自然灾害的捐助，到深入社区的精耕细作的各公益慈善领域，均有境外公益慈善组织的影子。

对境外公益慈善组织（包括聘用外籍人员），我国也建立健全了相应的登记管理机关和业务主管部门。登记管理机关和业务主管部门共同指导境外公益慈善组织遵守中国法律、法规和政策，规范、指导境外公益慈善组织的业务活动及合作项目，负责境外公益慈善组织的设立登记、变更登记、注销登记、人员备案的初审和评审，负责境外公益慈善组织年度检查的初审，对境外公益慈善组织业务活动提供指导和帮助。

各级政府对境外公益慈善组织需要有清晰、明确的态度，它们促进了中国公益慈善事业的发展，带来了国际通行的行业规范及尊重知识、高效管理、有机援助、志愿服务、行业推广等价值观念，但也要警惕境外机构打着公益慈善的旗号从事违反中国法律、法规的事情。

第三节　中西方公益慈善管理制度比较

一、注册模式比较

发达国家或地区公益慈善组织的注册程序比较简单，条件宽松，形式多样，注册的主要目的在于获得税收优惠身份。一般来说，只要符合税法规定的团体都可以申请获得免税资格。例如，在美国，一个组织可以向其所在州的国税局提出注册申请，以确认慈善团体的身份；如果一个组织致力于一些专项领域则不需要向任何政府部门登记；如果一个组织计划从政府部门寻求基金，虽然需要向政府部门登记，但其运营执照不需要向任何政府部门登记或由政府批准。正是这样的注册模式，使得西方社会公益慈善组织数量较多，对社会贡献较大。

我国公益慈善组织注册登记采用的是双重管理体制，即受登记管理机关和业务主管单位的双重管理。注册程序主要包括自我审查、业务主管部门初审、登记主管部门正式审查。整个注册模式明显体现政府意志和政府选择的作用。这种管理方式是按社会团体管理思路进行的。按照规定的注册程序，很多公益慈善组织都会因条件限制而无法注册。目前，全国各地规定新成立行业协会商会类、科技类、公益慈善类、城乡社区服务类4类社会组织，可直接向社会组织登记管理机关依法申请登记，不再需要业务主管单位审查同意；但政治法律类、宗教类、涉外类等社会组织的登记仍由业务主管单位和民政部门双重管理。

二、税收模式比较

对公益慈善活动和公益慈善组织加以管理和调节的最重要方式之一是税收，发达国家和地区的运作是在法律制度框架下通过税收激励实现的。其一，免税条件规定。一个公益慈善组织获得免税资格，必须基于非营利目的，不得为个人谋取利益，不得参与竞选，不得参与实质性游说等。其二，免税资格认定。一般来说，只要符合税法规定的团体都可以申请获得免税资格。在程序上先根据税法条款对公益慈善组织的工作目标进行逐个审查，认定其是否符合免税要求；继而对公益慈善组织的运作过程进行检验，认定其是否违背免税条件，一旦发现问题则不能获得免税资格。其三，有税收优惠待遇的激励，包括对公益慈善组织免除销售税、财产税、增值税、关税及其他直接税收形式等优惠，以及个人所得税豁免待遇。公益慈善组织从事符合该组织慈善性质活动所得的捐赠、权利授予、服务费、投资收入和其他经营收入等一般不征税；但与慈善性质不相关的贸易或商业收入必须依法纳税，法律另有明确规定的除外。个人若向公益慈善组织捐赠则可以从其收入中扣除纳税部分，由此鼓励人们参与各类慈善活动。正是因为税收激励的作用，发达国家民间公益慈善组织非常活跃。

我国公益慈善组织的税收管理效率低，自然人、法人或其他组织的公益慈善捐赠税收激励制度不健全，相关操作不规范，税收优惠特权长期被少数慈善机构垄断。这种格局不仅对公益慈善组织的成长产生了不利影响，而且抑制了企业、个人的公益慈善捐赠热情，导致慈善捐赠在许多情况下是通过个人的道德觉悟，甚至以政治任务或行政方式完成的。

三、监管模式比较

发达国家和地区对公益慈善组织的财务审计和社会监督采取多种监管模式：政府负有监管责任，依靠法律程序落实责任追究，依托慈善信托登记处、慈善信托法律、审计机构等对公益慈善组织内部运作进行监督；公益慈善组织的同行互律、媒体与公众的监督等可约束公益慈善组织的行为，尤其是最具特色的第三方独立评估机制，对于淘汰不良的公益慈善组织、促进公益慈善行业发展起到了很好的监管作用。应该说，多种监管模式在弥补政府监督机制不足及提高监管效率等方面发挥了重要作用。

我国对公益慈善组织的监督、审计采用行政为主的多主体模式。民政部门、卫生行政部门、业务主管部门、审计部门和人民银行都对公益慈善组织负有监督责任。一般来说，民政部门承担依法登记管理和依法监督的职责，卫生行政部门主要针对公共卫生领域的公益慈善组织加以监督，业务主管部门侧重于对公益慈善组织的业务指导和具体的日常管理，审计部门和人民银行重点监督公益慈善组织的财务状况。这种分工理论上是非常明确的，在实践中也能对公益慈善组织的人事和财务状况发挥一定的监督作用，但其操作缺乏协调性。目前，我国公益慈善组织的监管不仅缺乏有效的制度支持，而且行政监督、传统媒体和公众的介入比较有限，这就容易造成监督的随意性、消极性，引发监督失效等问题。此外，有的监督主体往往把监督视为一种权力而非职责和义务，不但不能履行法律规定的监督责任，反而向公益慈善组织收取管理费，甚至挪用善款，把监督责任变为权力寻租行为，从而在不同程度上打击和损害了企业与社会公众投身公益慈善事业的信心及政府机构的社会公信力。

近年来，随着我国新媒体（自媒体）的发展，微博、微信、网络论坛、QQ群、网络新闻评论、贴吧等网络空间发挥了重要的监督作用，它们在揭露一些公益慈善领域的违法、违规等行为方面贡献很大。多起公益慈善相关的违法、违规、失信、失序及政府不作为、渎职、失职行为在微博、微信、网络论坛中被揭露、举报。

本章提要

1. 一般来说，国家关于公益慈善事业的宏观管理制度体系包含国家的宏观管理及激励约束制度，其构成体系主要包括登记注册管理制度、公益慈善资金管理制度、公益慈善组织监管制度、税收优惠制度、信息披露制度及公益信托制度等。

2. 英国的公益慈善监管机制主要是干预型的行政监管模式，通过严格的法律制度框架和相对独立、职能完备、体系健全的行政管理体系进行监管，慈善委员会是英国民间公益慈善组织登记注册监管的一个官方机构；美国的公益慈善监管机制主要是宽进严出型，公益慈善组织注册登记较为简单宽松，并通过税收来鼓励慈善，但评估、监督机制完善、严格；德国的公益慈善监管机制健全，税收优惠政策全面，慈善机构管理体制也一应俱全；新加坡民间公益慈善组织活跃，政府一般不对社团内部进行干预，但有较为严格的社团活动规范；中国香港特别行政区有大量的民间慈善组织存在，特区政府一般不对公益慈善组织的活动进行干涉。

3. 中西方公益慈善管理体制在注册模式、税收模式、监管模式等方面有一些差异。发达国家和地区的公益慈善组织注册程序较为简单，且条件宽松，而我国公益慈善组织注册程序烦琐，很多草根组织难以合法注册。发达国家和地区通过税收来激励公益慈善，我国通过税收激励公益慈善尚有很大的改进空间。发达国家和地区对公益慈善组织的财务审计和社会监督采取多种监管模式，而我国对公益慈善组织的监督和审计采用行政为主的多主体模式。

案例分析

【案例 10-1】世界上第一部慈善法

资料来源：高文兴.《公益时报》，2015-11-11。

1. 英国"三修"慈善法

英国是最早制定慈善法的国家，早在 1601 年英国就制定了世界上第一部慈善法。这部诞生于 1601 年的法律叫作《慈善用途法》（又称《伊丽莎白一世法》），在它的序言部分比较详细地提到了当时英国社会主要的公益慈善行为，其中包括：救济老年人、弱者和穷人，照料老人、受重伤的士兵和水手，兴办义学和赞助大学里的学者，修理桥梁、码头、避难所、道路、教堂、海堤和大道，教育孤儿，兴办和支持劳动教养院，帮助穷苦的女仆成婚，支持、资助年轻的商人、手艺人和体弱年衰者，援助囚犯赎身，救济交不起税的贫困居民等。

应该说，《慈善用途法》序言的这种列举，并不是措辞严谨的法律条款，却第一次在法律中明确了公益慈善事业的主要范围，具有开创性的意义。其深远的影响力，一直持续到了今天，是英国近现代整个慈善法体系中关于公益慈善事业法律解释的历史起点。尽管该序言无意也没有对公益慈善事业做出最终定义，而只希望为法律决策提供指导和法律依据，但它实际上被人们当成了公益慈善事业的定义。

2. "帕姆萨尔裁决"

英国是习惯法国家，法官可以将过去的判例作为审理案件的法律依据。由于法律中没有对公益慈善事业做出明确定义，所以法官要判定一个组织到底是否属于慈善组织，只能根据法律精神、社会的普遍认识和过去的经验来进行。在很长一段时期内，英国法官在判定一个组织是否为慈善组织时，除依据 1601 年《慈善用途法》的序言外，麦克纳坦爵士在 1891 年就"帕姆萨尔上诉案"做出的裁决也成为英格兰及威尔士法官的另一项依据。

1891 年 7 月 20 日，英国议会上院的六名大法官在审理"特殊用途所得税官员诉帕姆萨尔"一案的上诉时，麦克纳坦爵士做了长篇发言，论述了如何从法律意义上正确理解慈善或者慈善用途的问题。当时，人们对慈善的理解是约定俗成的，但追究起来，找不到成文的法律定义，人们的理解似是而非、莫衷一是。麦克纳坦爵士根据 1601 年《慈善用途法》的规定，总结历史经验，提出了四大慈善事业目的，用以说明慈善或慈善用途问题。他提出的四大慈善事业目的是：扶贫济困，推动教育进步，促进宗教发展，任何惠及社区的其他目的。

应该说，与 1601 年《慈善用途法》序言繁杂的叙述相比，这一分类简明扼要、通俗易懂、便于把握，特别是"任何惠及社区的其他目的"，包容性强，可以涵盖很多领域的慈善行为。"帕姆萨尔裁决"对日后英国的慈善法体系和政府相关部门的管理工作产生了巨大而持续的影响。可以说，这一裁决是英国慈善事业法制史上重要的里程碑。

3. 第二次世界大战以后慈善法的发展

进入 20 世纪，英国民间的社会慈善事业得到了长足发展，慈善组织和其他非营利组织已经成为独立于政府和企业的第三部门。它们的存在和活动，深刻且广泛地影响了英国社会及普通民众的日常生活。新的社会实践和新的社会生活，再次对慈善立法提出了新要求。

于是，英国分别在 1954 年和 1958 年制定了《慈善信托法》和《娱乐慈善法》；1960 年出台了《慈善法（1960 年）》，对此前的有关慈善法律进行了高度整合；1992 年出台旨在加强公益慈善事业管理的《慈善法（1992 年）》，次年又加入许多新规定，出台《慈善法（1993 年）》……

这些法律扩大了慈善事业的范围，把有助于社会和公众的休闲娱乐事业，如体育俱乐部等也列入公益慈善事业。但从对慈善定义等问题来看，这些法律还只是在修修补补，并没有什么革命性的变革。对已经陈旧的"定义"进行大胆改革的历史任务，最终是由《慈善法（2006 年）》完成的。

根据《慈善法（2006 年）》的定义，只有那些为公众利益服务的、具备慈善目的的事业才能被认为是民间公益性事业。"具备慈善目的的事业"被定义为如下 13 项：扶贫与防止贫困发生的事业，发展教育的事业，促进宗教的事业，促进健康和拯救生命的事业，推进公民意识和社区发展的事业，促进艺术、文化、历史遗产保护和科学的事业，发展业余体育运动的事业，促进人权、解决冲突、提倡和解及促进不同宗教与种族之间和谐、平等与多样性的事业，保护与改善环境的事业，扶持需要帮助的青年人、老年人、病人、残疾人、穷人或者其他弱势群体的事业，促进动物福利的事业，有助于提高皇家武装部队效率的事业，其他符合本法律相关条款规定的事业。

根据该法律，除豁免的或者其他特定的慈善组织外，任何慈善组织都应进行注册，且须有法律上认可的慈善目的和对象。一旦获得了认可，慈善组织的理事会、理事必须保证所有资源和活动直接指向慈善目的。《慈善法（2006年）》还要求所有慈善组织证明它们在某种意义上能够给公众带来益处。

4.《慈善法（2006年）》的修订特点

《慈善法（2006年）》的修订，不同以往。它是为了适应英国社会慈善组织迅速发展的实际而进行的，不只是对过去的慈善法进行简单的修订，而是历经10余年，对《慈善法（1993年）》进行的一次大修改，以期有效地管理、保护、促进慈善事业的发展。从慈善部门来看，这是一次具有里程碑意义的立法。总体来看，具有以下几个特点。

第一，民间推动，准备充分。《慈善法（2006年）》的修改，是从慈善部门内部开始的，由全国志愿组织联合会率先提出修改建议，再由政府部门审查、咨询，最后通过。应该说，从修改的启动到中间的论证，从总的思路到具体的条款，《慈善法（2006年）》都渗透着慈善部门的努力和心血。在立法过程中，有关政府部门在进行大量调研的基础上，确定了修改的基本思路，并广泛征求各界意见，最后才由政府拿出修改草案。

第二，官民互动，公开透明。修改草案公布后，议会进行了两年半的审议。在此期间，议会、相关政府部门与公众，特别是慈善组织之间，进行了充分的互动。由议会两院的议员和有关法律专家组成的联合委员会，在4个多月的时间内，对草案和有关文件进行了系统而深入的研究，提出了50多项修改建议，英国内政部也就有关问题表明了自己的态度。在英国议会两院审议过程中，议会及时地通过网站、出版物等向公众发布审议的有关情况，英国内政部、英国慈善委员会等相关部门也及时地向公众发布草案修改的有关动态，公众能够了解修改的最新情况，公众和慈善组织的反馈意见也能通过各种途径及时反馈给议会和政府部门，并被吸纳到修改条文中。

第三，立足现实，注重创新。鉴于近年来慈善组织发展的情况，《慈善法（2006年）》在许多方面进行了改革，主要有：首次为慈善事业下了一个明确的法律定义；首次明确了慈善委员会是具有特殊独立性的、主管慈善事业的政府机关，使慈善委员会真正成为享有明确法律地位，并依法有效管理慈善事业的机关；引进了慈善公司这一新的慈善组织形式；设立了慈善申诉法庭，以保护慈善组织的权益；创建了统一的募捐许可制度，以严格规范慈善组织的筹款募捐活动等。

第四，注重效果，抓大放小。抓大放小是英国慈善组织管理的原则，目的是在管理好大型慈善组织的基础上，放松对小型慈善组织的规制，促进其发展，以发挥其在为基层社区和民众提供公共服务方面的作用。为此，《慈善法（2006年）》规定，年收入在5000英镑以下的慈善组织，可选择免于注册；同时，加强了对一些过去免于注册的大型慈善组织的监管。

问题

根据案例材料，阐述英国《慈善法（2006年）》的修订历程对完善我国相关制度的借鉴意义。

思考与练习

一、名词解释

1. 英国慈善委员会
2. 美国首席检察官制度

二、简答题

针对当前我国公益慈善信用危机，简述如何完善公益慈善管理制度体系。

三、论述题

试讨论，西方发达国家的公益慈善管理制度体系对我国的借鉴意义。

参考文献

[1] 刘青琴. 美国慈善公益事业发展的历史演进：文化、制度与国际化——评《美国历史上的慈善组织、公益事业和公民性》[J]. 中国第三部门研究，2017，13（1）：129-135.

[2] 瓮婕. 西方国家慈善监管制度对中国慈善事业的借鉴意义[J]. 现代商贸工业，2010，22（7）：123.

[3] 黄家瑶. 比较视野下的中西方慈善文化[J]. 科学经济社会，2008（3）：30-33.

[4] 凌燕. 我国慈善事业立法的相关研究[D]. 上海：上海大学，2014.

[5] 谭友方. 我国公益慈善组织法律规制研究[D]. 南昌：江西财经大学，2013.

[6] 段豆豆. 我国慈善组织公益捐赠法律规制研究[D]. 昆明：云南大学，2016.

[7] 罗艺. 中国公益慈善事业法律制度的完善研究[D]. 桂林：广西师范大学，2014.

[8] 刘康廷. 论我国公益慈善组织的法律规制——结社自由视角的分析[D]. 太原：山西大学，2013.

[9] 郑功成.《慈善法》开启中国的善时代[J]. 社会治理，2016（5）：30-36.

[10] 郭丹. 我国公益慈善资金的监管问题研究[D]. 长春：东北师范大学，2013.

[11] 万佩佩. 可行性与可达性：社会组织登记注册制度改革——以山东省33家慈善义工组织为例[J]. 学会，2015（7）：49-55.

[12] 熊瑛. 慈善组织的税收优惠政策研究[D]. 南昌. 江西财经大学，2015.

第十一章 公益慈善组织管理制度

知识目标

1. 了解公益慈善组织的设立条件
2. 理解公益慈善组织的登记管理
3. 掌握公益慈善组织认定的条件
4. 熟悉公益慈善组织评估的内容

能力目标

1. 掌握如何进行公益慈善组织的认定
2. 理解和把握我国第三方评估的现状及问题
3. 区分公益慈善组织各监管主体的监管职责

素质目标

1. 理解国家建立公益慈善组织监管制度的意义
2. 理解公益慈善组织管理制度的价值和局限性

第一节　公益慈善组织的设立与登记制度

根据《中华人民共和国慈善法》，慈善组织（本书统称为公益慈善组织）是指依法成立、符合本法规定、以面向社会开展慈善活动为宗旨的非营利性组织。公益慈善组织可以采取基金会、社会团体、社会服务机构等组织形式。因此，关于公益慈善组织的设立，从国家法律层面来看，除《中华人民共和国慈善法》外，还有社会团体、基金会和社会服务机构设立的相关制度规定。本节首先阐述一般性公益慈善组织设立的相关制度，然后分别阐述社会团体、基金会、社会服务机构等不同形式组织设立的制度规定。

一、公益慈善组织的设立条件

公益慈善组织设立的条件，不同国家或地区的规定不完全相同。

在英国，注册公益慈善组织的一般条件如下。①要注册的公益慈善组织须和其他公益慈善组织在工作内容上没有重复。②有自己的管理章程，明确组织的目标及其管理方法；章程可以是理事会的文件、组织规章或相应的法规。③依照《托管人管理法》组成托管理事会；理事会成员应包括来自政府公共部门、所在社区、私人企业部门的代表；理事会成员可直接受雇于公益慈善组织，但不能有其他商业目的。公益慈善组织必须按捐赠人及受益人的最佳利益导向进行运作与管理。

在加拿大，公益慈善组织的注册资格是，必须要以慈善为目的而建立和运作，要将其资源投入慈善活动。为此，一个公益慈善组织必须要经过公益考核，而满足以下条件才能符合公益考核标准：①活动和目标有明显的公益性质；②受益者是全体公众或其中的大部分人，而不是一个局限性的群体或成员间共享私人联系的团体，如需要特定会员资格的社交俱乐部或行业协会；③活动必须是合法的，不与公共政策对立。

根据《中华人民共和国慈善法》，公益慈善组织的设立需要符合以下条件：①以开展慈善活动为宗旨；②不以营利为目的；③有自己的名称和住所；④有组织章程；⑤有必要的财产；⑥有符合条件的组织机构和负责人；⑦法律、行政法规规定的其他条件。按照规定，公益慈善组织的章程应当载明下列事项：①名称和住所；②组织形式；③宗旨和活动范围；④财产来源及构成；⑤决策、执行机构的组成及职责；⑥内部监督机制；

⑦财产管理使用制度；⑧项目管理制度；⑨终止情形及终止后的清算办法；⑩其他重要事项。公益慈善组织根据法律、法规及章程的规定，建立内部治理结构，明确决策、执行、监督等方面的职责权限，不得从事、资助危害国家安全和社会公共利益的活动，不得接受附加违反法律、法规和违背社会公德条件的捐赠，不得对受益人附加违反法律、法规和违背社会公德的条件，以合法有序的方式开展慈善活动。

二、社会团体、基金会、社会服务机构的设立

根据我国公益慈善事业发展的实践，公益慈善组织既有社会团体，又有各种基金会、社会服务机构等公益团体或机构。因此，以社会团体、基金会、社会服务机构等组织形式体现的公益慈善组织，其设立还需要符合社会团体、基金会、社会服务机构等的设立条件。根据《社会团体登记管理条例》（国务院令第250号，2016修订）、《基金会管理条例》（国务院令第400号）、《社会服务机构登记管理条例（征求意见稿）》的相关规定，具体设立条件如表11-1所示。

表11-1　公益慈善组织设立条件比较

社会组织	设立条件
社会团体	（1）有50名以上的个人会员或者30个以上的单位会员；个人会员、单位会员混合组成的总数不得少于50个； （2）有规范的名称和相应的组织机构； （3）有固定的住所； （4）有与其业务活动相适应的专职工作人员； （5）有合法的资产和经费来源，全国性社会团体有10万元以上活动资金，地方性社会团体和跨行政区域的社会团体有3万元以上活动资金； （6）有独立承担民事责任的能力
基金会	（1）为特定的公益目的而设立； （2）全国性公募基金会原始基金不低于800万元，地方性公募基金会原始基金不低于400万元，非公募基金会原始基金不低于200万元； （3）有规范的名称、明确基金会公益性质的章程、组织机构及与其开展活动相适应的专职工作人员； （4）有固定的住所； （5）能够独立承担民事责任
社会服务机构	（1）不以营利为目的； （2）有明确的社会服务范围； （3）有规范的名称、章程； （4）有与开展服务相适应的合法财产； （5）有与业务活动相适应的组织机构、场所、工作人员； （6）有独立承担民事责任的能力； （7）法律、法规规定的其他条件

三、公益慈善组织设立的其他规定

我国对公益慈善组织的会计制度及管理人员、发起人、主要捐赠人的约束条件，以及公益慈善组织的终止条件等方面制定了相关规定。2004 年我国制定颁布了《民间非营利组织会计制度》（财会〔2004〕7 号），该制度采用权责发生制。因不同的会计核算基础导致不同公益慈善组织提供的会计信息不具有可比性，从而缺少统一的财务会计信息标准。因此，2016 年颁布的《中华人民共和国慈善法》规定，公益慈善组织应当执行国家统一的会计制度，依法进行会计核算，建立健全会计监督制度，并接受政府有关部门的监督管理。公益慈善组织还应每年向其登记的民政部门报送年度报告和财务会计报告，报告应当包括年度开展募捐和接受捐赠情况、慈善财产的管理使用情况、慈善项目实施情况及公益慈善组织工作人员的工资福利情况。

《中华人民共和国慈善法》对公益慈善组织的管理人员也有规定，有无民事行为能力或者限制民事行为能力的；因故意犯罪被判处刑罚，自刑罚执行完毕之日起未逾五年的；在被吊销登记证书或者被取缔的组织担任负责人，自该组织被吊销登记证书或者被取缔之日起未逾五年的；法律、行政法规规定的其他情形的，不得担任公益慈善组织的负责人。除此之外，当公益慈善组织有下列情形之一的：出现章程规定的终止情形的；因分立、合并需要终止的；连续二年未从事慈善活动的；依法被撤销登记或者吊销登记证书的；法律、行政法规规定应当终止的其他情形，应当终止其公益慈善活动。

《中华人民共和国慈善法》的上述相关规定是一个公益慈善组织得以合法成立，并开展活动的必备条件，缺乏上述条件，公益慈善组织不能被批准设立。

四、公益慈善组织的登记管理

我国的社会组织统一由县级以上人民政府民政部门登记。公益慈善组织属于公益慈善类社会组织，其登记机关也是依法承担和履行登记职能的民政部门。经合法登记的公益慈善组织，就拥有了法人地位，具备了民事主体的资格，依法享有民事权利、承担民事义务，作为民事主体参加各种活动。公益慈善组织的登记管理制度理顺了公益慈善组织的格局。

根据《中华人民共和国慈善法》的规定，设立公益慈善组织，应当向县级以上人民政府民政部门申请登记，民政部门应当自受理申请之日起三十日内做出决定。符合法律规定的公益慈善组织，准予登记并向社会公告；不符合本法规定条件的，不予登记并书面说明理由。《中华人民共和国慈善法》公布前已经设立的基金会、社会团体、社会服务机构等非营利组织可以向其登记的民政部门申请认定为公益慈善组织。社会团体的登记、变更、注销等管理必须符合《社会团体登记管理条例》（国务院令第 250 号，2016 修订）的相关规定；基金会的登记、变更、注销等管理要符合《基金会管理条例》（国务院令第 400 号）的相关规定；社会服务机构（民办非企业单位）的登记、变更、注销等管理要符合《社会服务机构登记管理条例》《民办非企业单位登记管理暂行条例》（国务院令第 251 号）的相关规定。

我国社会组织的设立一般需要"挂靠"业务主管单位，但近年来已经有了改革。2008 年，深圳市率先对社会组织管理进行探索，对工商经济类、社会福利类、公益慈善类 3 类社会组织实行"无主管登记"；2010 年 2 月，北京市首次明确社会组织"直接登记"试点，中关村园区的社会组织设立可以直接向民政局登记，不再需要挂靠；2010 年 6 月，成都市开展社会组织登记制度改革，当工商经济类和社会福利类社会组织登记时，申请人可直接在登记管理机关办理登记手续；2011 年年初，北京市民政局将试点推广到全市，规定工商经济类、公益慈善类、社会福利类、社会服务类 4 类组织可直接在民政部门登记注册；2015 年 1 月，天津市属民政类社会组织全部实行归口管理，行业协会的脱钩试点工作同步展开；2017 年 7 月，山东省行业科技类、公益慈善类、城乡社区服务类等社会组织实行直接登记的新规定，统一归口民政部门登记体制。这些规定体现了简政放权、放管结合、优化服务的行政管理理念。

第二节　公益慈善组织的认定制度

一、公益慈善组织认定的制度规范

本书第四章已经述及，公益慈善组织是指面向社会开展如下公益活动的组织，包括：扶贫、济困，扶老、救孤、恤病、助残、优抚，救助自然灾害、事故灾难、公共卫生事件等突发事件造成的损害，促进教育、科学、文化、卫生、体育等事业的发展，防治污染和其他公害等，具有公共服务性和非营利性。对公益慈善组织的认定是法律确认的主要形式之一，是对组织已有的法律地位、权利义务及确认事项是否符合法律要求的承认和肯定。对公益慈善组织的认定是对申请者是否具有慈善属性的承认和肯定，未经认定的组织也可以从事公益慈善活动。

公益慈善组织认定制度是对公益慈善组织的认定主体、认定标准和认定程序等进行规范的一系列制度的总称。《中华人民共和国慈善法》（2016年）和《慈善组织认定办法》（民政部令〔2016〕第58号）明确了公益慈善组织认定的相关规定。法人资格的取得程序与慈善属性的确认程序相分离，某个组织在认定之前，须按照其他法律取得民事主体地位。认定制度从表面上看增加了程序，但由于法人登记时无须对慈善属性进行判断，实际上降低了法人登记的门槛，这对解决我国的双重管理难题、法人登记难题等具有重要意义。

二、对公益慈善组织进行认定的目的

对公益慈善组织进行认定，其目的体现为以下两个方面。

（1）划定公益慈善组织与政府、企业和互益性组织的基本边界，实现公益慈善组织的慈善宗旨，这是公益慈善组织实施认定制度的基本目的。从结果导向来看，政府、企业、公益慈善组织和其他非营利组织的良性运行都会产生公共利益，公益慈善组织以外的其他组织也可以从事公益慈善活动，但从不同组织的宗旨和运行过程来看，又各有特点：政府组织以公共权力为手段，以强制求公益；企业组织自愿求私益；公益慈善组织自愿求公益；互益性组织自愿求互益。保持以上几类组织的基本特点和基本边界，是不同类型组织良性运行的前提，而越界会带来组织异化，最终损害公共利益。

（2）公益慈善组织的认定可以破除公益慈善组织申请免税资格的重要障碍。公益慈善组织的认定问题，涉及税收政策优惠问题。非营利组织申请认定的动力在于享有公益慈善组织特有的权利。一个登记为事业单位的社会福利机构只有被认定为公益慈善组织，才能确认其公益捐赠税前扣除资格等；认定为公益慈善组织后，社会组织才拥有了申请免税资格和申请公募资格。当然，认定为公益慈善组织后，社会组织需要承担更多的义务与责任，因为《中华人民共和国慈善法》对公益慈善组织的财务和活动都有更具体的要求。公益慈善组织的认定对税收优惠的具体作用如下。

第一，公益慈善组织的认定是公益慈善组织申请免税资格的基础。在实际操作中，目前没有任何法律文件提供关于"公益性"或"公益慈善组织"的明确界定。因此，地方基层的税务人员无法有效判断申请的社会组织是否符合相关公益性标准，通常通过申请机构所从事的领域、规模大小，甚至与政府部门关系的紧密程度进行判断。为了税务部门操作方便，建立民政部门与税务部门之间有效的沟通协调机制，社会组织及其他非营利组织、非法人社团要申请免税资格，须先进行公益慈善组织的认定。

第二，公益慈善组织的认定是公益慈善组织开放募捐资格的前提。目前，只有公募基金会有公开募捐权。但按照国际经验，认定清楚了"慈善性"的组织都应该有募捐的资格。募捐组织应该包括如红十字会、慈善会、公募基金会及其他取得募捐许可的公益性社会团体、社会组织和非营利的事业单位。但究竟哪些组织是公益性或"慈善性"组织？这就需要对其加以认定。例如，传统民办非企业单位中的医院、民办学校在一般意义上是不可以申请募捐的。

三、认定对象

根据2016年《中华人民共和国慈善法》第十条第二款的规定，在《中华人民共和国慈善法》公布前已经设立的基金会、社会团体、社会服务机构（民办非企业单位）等非营利性组织，可以向其登记的民政部门申请认定为公益慈善组织。民政部门应当在受理申请时效内做出决定，符合公益慈善组织条件的，予以认定并向社会公告；不符合公益慈善组织条件的，不予认定并书面说明理由。

公益慈善组织认定的申请主体是非营利组织，不限于在民政部门登记的社会组织。但是，并不是所有的非营利组织都可以申请认定，非法人慈善团体属于非营利组织的范畴。非法人团体具有合法地位是《宪法》规定的结社自由的应有之义。但在当前阶段，非法人团体并不能申请认定为公益慈善组织。非法人团体应通过《民法典》的制定及《社会团体登记管理条例》等的修正，来明确非法人团体的合法地位，继而赋予其申请公益慈善组织认定的权利。青岛等地近几年对非法人团体实行备案制管理，已经备案的非法人团体如果拥有独立的财产，可以作为公益慈善组织认定的申请人。

四、认定主管部门

对公益慈善组织进行认定的主管部门，不同的国家情况各不相同。在美国，对公益慈善组织进行认定的主体是税务部门。在英国，对公益慈善组织的认定由直接对议会负责的国家慈善委员会执行。在日本，公益慈善组织的认定主要由内阁总理大臣及都道府县知事负责。在我国，根据2016年颁布的《中华人民共和国慈善法》的规定，公益慈善组织的认定主体由县级以上人民政府民政部门担任，具体工作由民政部门内的社会组织管理局或民间组织管理局完成。考虑到民政部门多年来在公益慈善组织登记管理、咨询服务、注销变更、考核评估等方面积累了丰富的经验，因此由民政部门担当公益慈善组织的认定主体具有合理性，也间接降低了行政管理成本。

不过，为保障公益慈善组织认定的客观与公正，民政部门还可组建常设认定机构——慈善认定委员会，将公益慈善组织认定的事实审查交由慈善认定委员会执行。慈善认定委员会的性质应为咨询机关，对民政管理部门负责。慈善认定委员会由民政部门公务员、大学相关学科专业领域的教授、公益慈善研究机构的专家学者、公益慈善领域的社会知名人士、第三方民间评估机构等专业人士共同组成，专职人员、兼职人员各占一定比例。

五、认定条件

非营利组织必须满足一定的条件才能被认定为公益慈善组织。根据各国的实践，公益慈善组织的认定标准建立在独立性、非政治性、公益性、非营利性等原则之上。根据 2016 年颁布的《慈善组织认定办法》（民政部令第 58 号）的相关规定，公益慈善组织的认定条件为：①申请时具备相应的社会组织法人登记条件；②以开展慈善活动为宗旨，业务范围符合《中华人民共和国慈善法》第三条的规定，申请时上一年度慈善活动的年度支出和管理费用符合国务院民政部门关于公益慈善组织的规定；③不以营利为目的，收益和营运结余全部用于章程规定的慈善目的，财产及其孳息没有在发起人、捐赠人或者本组织成员中分配，章程中有剩余财产转给目的相同或者相近其他公益慈善组织的规定；④有健全的财务制度和合理的薪酬制度；⑤法律、行政法规规定的其他条件。其中，认定"合理的薪酬制度"时，应该参照民间企业高管及员工的市场化工资、组织的经营状况和其他情况加以确定。

至于是否"以开展慈善活动为宗旨"，李芳（2017）认为，一方面，申请者的业务活动应属于《中华人民共和国慈善法》规定的慈善活动种类；另一方面，申请者还需要通过公益测试，即以不特定多数人的利益为宗旨。在申请者应满足的慈善活动支出标准中，最重要的是慈善活动年度支出应占年度总支出的 50%以上。建立公益慈善组织认定制度的主要目标是开通公益慈善组织获得税收优惠的渠道，为实现这一目的，公益慈善组织认定应当纳入以上标准，使申请人更易取得公益性捐赠税前扣除资格。例如，日本将公益法人的活动区分为公益目的事业和收益目的事业，收益目的事业不仅在投资范围上有限制，而且在投资比例上必须低于 50%。

《慈善组织认定办法》（民政部令第 58 号）对公益慈善组织认定的否决条件也有明确的法律规定，有下列情形之一的，不予认定为公益慈善组织：①有法律、法规和国家政策规定的不得担任公益慈善组织负责人情形的；②申请前二年内受过行政处罚的；③申请时被民政部门列入异常名录的；④有其他违反法律、法规、国家政策行为的。

六、认定程序

根据《慈善组织认定办法》（民政部令第 58 号）的有关规定，公益慈善组织要申请认定需要通过以下流程（见图 11-1）。

（1）提出申请。申请认定公益慈善组织的基金会，应当向民政部门提交下列材料：①申请书；②符合本办法第四条规定及不存在第五条所列情形的书面承诺；③按照本办法第六条规定召开会议形成的会议纪要。申请认定为公益慈善组织的社会团体、社会服务机构，除上述规定的材料外，还应当向民政部门提交下列材料：①关于申请理由、慈善宗旨、开展慈善活动等情况的说明；②注册会计师出具的上一年度财务审计报告，含慈善活动年度支出和管理费用的专项审计。有业务主管单位的，还应当提交业务主管单位同意的证明材料。

（2）审核申请并表决。民政部门自收到全部有效材料后，应当依法进行审核。情况复杂的，民政部门可以征求有关部门意见或者通过论证会、听证会等形式听取意见，也可以根据需要对该组织进行实地考察。民政部门应当自受理申请之日起二十日内做出决定。申请认定为公益慈善组织，社会团体应当经会员（代表）大会表决通过，基金会、社会服务机构应当经理事会表决通过；有业务主管单位的，还应当经业务主管单位同意。

（3）公布结果。符合公益慈善组织条件的，予以认定并向社会公告；不符合公益慈善组织条件的，不予认定并书面说明理由。认定为公益慈善组织的基金会、社会团体、社会服务机构，由民政部门换发登记证书，标明公益慈善组织属性。

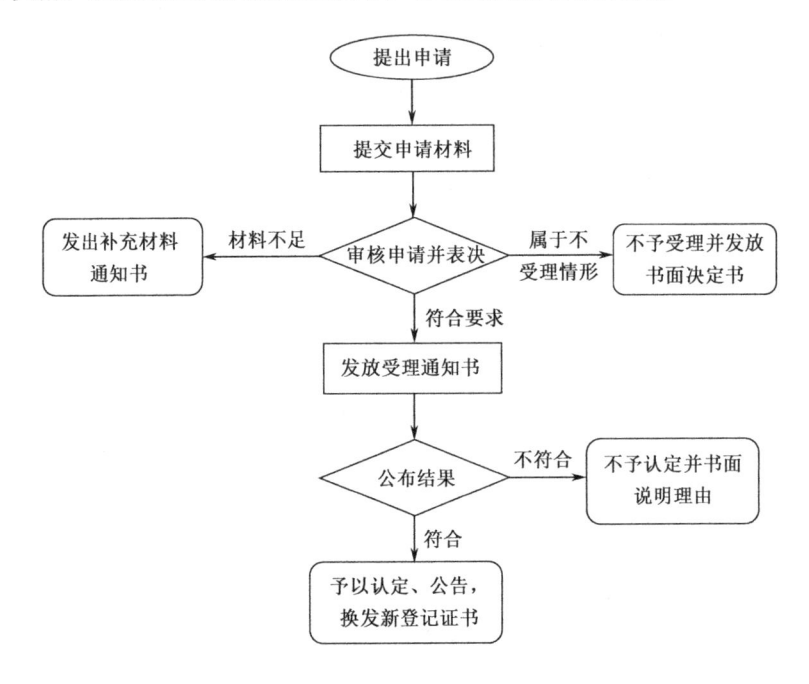

图 11-1　公益慈善组织认定流程

七、造假的处罚措施

我国对公益慈善组织认定造假采取了严厉的处罚措施，根据《慈善组织认定办法》（民政部令第 58 号）的相关规定，基金会、社会团体、社会服务机构在申请时弄虚作假的，将由民政部门撤销对公益慈善组织的认定，并将该组织及直接责任人纳入信用记录黑名单，同时向全社会公布。

八、已认定公益慈善组织的法律地位

公益慈善组织认定是由认定机关对组织的慈善属性做出肯定的行政确认行为。根据现有的法律、法规，公益慈善组织通过认定确认了其公益属性，获得了特定的法律地位，包括享有冠名权、公益捐赠票据申领权、公益性捐赠税前扣除资格确认权、公开募捐资格申请权、政府购买优先权等各项权利。

九、公益慈善组织的终止

公益慈善组织有下列情形之一的，应当终止：①出现章程规定的终止情形的；②因分立、合并需要终止的；③连续二年未从事慈善活动的；④依法被撤销登记或者吊销登记证书的；⑤法律、行政法规规定应当终止的其他情形。

公益慈善组织终止情形出现起三十日内应进行清算，并向社会公告。不成立清算组或者清算组不履行职责的，民政部门可以申请人民法院指定有关人员组成清算组进行清算。清算后的剩余财产，应当按照公益慈善组织章程的规定转给宗旨相同或者相近的公益慈善组织；章程未规定的，由民政部门主持转给宗旨相同或者相近的公益慈善组织，并向社会公告。清算结束后，向其登记的民政部门办理注销登记，并由民政部门向社会公告。

十、公益慈善组织认定的相关公文格式

根据民政部门提供的公文标准，公益慈善组织申请认定时，需要提交符合表 11-2、表 11-3、表 11-4 所列公文格式的申请书和承诺书。

小贴士

申请公益慈善组织认定办事指南

事项名称：公益慈善组织认定

设立依据：《中华人民共和国慈善法》《慈善组织认定办法》（民政部令第 58 号）

申请条件：

《中华人民共和国慈善法》公布前已经设立的基金会、社会团体、社会服务机构等非营利性组织，均可申请认定为公益慈善组织。申请认定为公益慈善组织，应当符合

下列条件：

（一）申请时具备相应的社会组织法人登记条件；

（二）以开展慈善活动为宗旨，业务范围符合《中华人民共和国慈善法》第三条的规定；申请时上一年度慈善活动的年度支出和管理费用符合国务院民政部门关于慈善组织的规定；

（三）不以营利为目的，收益和营运结余全部用于章程规定的慈善目的；财产及其孳息没有在发起人、捐赠人或者本组织成员中分配；章程中有关于剩余财产转给目的相同或者相近的其他慈善组织的规定；

（四）有健全的财务制度和合理的薪酬制度；

（五）法律、行政法规规定的其他条件。

有下列情形之一的，不予认定为公益慈善组织：

（一）有法律法规和国家政策规定的不得担任公益慈善组织负责人的情形的；

（二）申请前二年内受过行政处罚的；

（三）申请时被民政部门列入异常名录的；

（四）有其他违反法律、法规、国家政策行为的。

办理流程：

（一）社会团体应当经会员（代表）大会表决通过，基金会、社会服务机构应当经理事会表决通过；有业务主管单位的，还应当经业务主管单位同意。

（二）社会组织向登记管理机关提交申请材料，登记管理机关在二十日内做出是否认定为公益慈善组织的决定；

（三）认定为公益慈善组织的基金会、社会团体、社会服务机构，由登记管理机关换发登记证书，标明公益慈善组织属性。

办理材料：

申请认定公益慈善组织的基金会，应当提交下列材料：

（一）《慈善组织认定申请书》和《慈善组织认定符合有关规定的承诺书》。

（二）履行内部程序，召开会议形成的会议纪要；

申请认定为公益慈善组织的社会团体、社会服务机构，除上述规定的材料外，还应当提交下列材料：

（一）关于申请理由、慈善宗旨、开展慈善活动等情况的说明；

（二）注册会计师出具的上一年度财务审计报告，含慈善活动年度支出和管理费用的专项审计。

有业务主管单位的，还应当提交业务主管单位同意的证明材料。

表 11-2　慈善组织认定申请书
（适用于基金会）

社会组织名称			统一社会信用代码	
社会组织类型			成立登记时间	
登记管理机关			业务主管单位	
法定代表人			联系电话	
住　　所				
慈善活动领域	□扶贫、济困 □扶老、救孤、恤病、助残、优抚； □救助自然灾害、事故灾难和公共卫生事件等突发事件造成的损害； □促进教育、科学、文化、卫生、体育等事业的发展； □防治污染和其他公害，保护和改善生态环境； □符合《中华人民共和国慈善法》规定的其他公益活动，具体描述为：_____			
章程	核准时间		核准机构	
财务情况	审计机构名称		上年末净资产	_____万元
	上年度慈善活动支出	_____万元 上年度慈善活动支出比例：_____%	上年度管理费用	_____万元 上年度管理费用比例：_____%
申请认定慈善组织履行的内部民主决策程序				
本组织保证《慈善组织认定申请表》内容真实、准确、完整，并承担由此引起的一切法律责任。 　　　　　　法定代表人签字： 　　　　　　　　社会组织盖章： 　　　　　　　　　　　　年　月　日			业务主管单位审查意见： 经办人： 　　　　　　　年　月　日	

表 11-3　慈善组织认定申请书
（适用于社会团体、社会服务机构）

社会组织名称		统一社会信用代码	
社会组织类型		成立登记时间	
登记管理机关		业务主管单位	
法定代表人		联系电话	
住　　所			
宗旨			
业务范围			
慈善活动领域	□扶贫、济困 □扶老、救孤、恤病、助残、优抚； □救助自然灾害、事故灾难和公共卫生事件等突发事件造成的损害； □促进教育、科学、文化、卫生、体育等事业的发展； □防治污染和其他公害，保护和改善生态环境； □符合《中华人民共和国慈善法》规定的其他公益活动，具体描述为：_____		

续表

章程	核准时间		核准机构	
内部治理结构	会员（代表）大会：□有，□无；章程规定____年召开____次，申请前三年按照章程规定是否需要召开：□是，□否；召开情况：____年___月召开，参会____人；（可增减）			
	理事会：章程规定每年召开____次，申请前三年召开情况： ____年___月召开，参会____人；____年___月召开，参会____人； ____年___月召开，参会____人；（可增减）			
	常务理事会：□有，□无； 章程规定每年召开____次，申请前三年召开情况：（选择无，请忽略此项） ____年___月召开，参会____人；____年___月召开，参会____人； ____年___月召开，参会____人；____年___月召开，参会____人； ____年___月召开，参会____人；____年___月召开，参会____人。（可增减）			
	监事或监事会：□有，□无；申请前三年是否按照规定进行履职：□是，□否			
财务情况	审计机构名称		上年末净资产	_____万元
	上年度慈善活动支出	_____万元 上年度慈善活动支出比例：_____%	上年度管理费用	_____万元 上年度管理费用比例：_____%
申请认定慈善组织履行的内部民主决策程序				

负责人

序号	姓名	职务	年龄	当选时间	当选程序
					（可增减）

申请理由：

开展慈善活动的说明：

本组织保证《慈善组织认定申请表》内容真实、准确、完整，并承担由此引起的一切法律责任。 法定代表人签字： 社会组织盖章： 　　　　　　　年　月　日	业务主管单位审查意见： 经办人： 　　　　　　年　月　日

表 11-4　慈善组织认定符合有关规定的承诺书

社会组织名称			
法定代表人		联系电话	
住　所			
是否符合《中华人民共和国慈善法》《慈善组织认定办法》（民政部令第 58 号）等规定的承诺	（一）申请时具备相应的社会组织法人登记条件		□是；□否
	（二）以开展慈善活动为宗旨，业务范围符合《中华人民共和国慈善法》第三条的规定；申请时的上一年度慈善活动的年度支出和管理费用符合国务院民政部关于慈善组织的规定；		□是；□否
	（三）不以营利为目的，收益和营运结余全部用于章程规定的慈善目的；财产及其孳息没有以任何形式在发起人、捐赠人或者本组织成员中分配；章程中有关于剩余财产转给目的相同或者相近的其他慈善组织的规定；		□是；□否
	（四）有健全的财务制度和合理的薪酬制度；		□是；□否
	（五）法律、行政法规规定的其他条件。		□是；□否
有无下列情形的承诺	（一）有法律法规和国家政策规定的不得担任慈善组织负责人的情形；		□有；□无
	（二）申请前两年内曾受行政处罚或者年度检查不合格的；		□有；□无
	（三）申请时被列入民政部门异常名录的；		□有；□无
	（四）有其他违反法律、法规、国家政策行为的。		□有；□无

本组织保证以上承诺内容真实、准确、完整，并承担由此引起的一切法律责任。

法定代表人签字：

社会组织印章：
　　　　　　　　　　　　　　　年　月　日

第三节　公益慈善组织的监管制度

一、监管的制度规范

根据《中华人民共和国慈善法》及 2017 年民政部公布的《慈善组织信息公开办法（征求意见稿）》，国家需要加强对公益慈善组织的信息公开、财务报表和重大活动或项目的监管，促使公益慈善组织更好地发挥公共价值，确保公益慈善事业的公开、透明。

国家对公益慈善组织及其开展活动的监管，主要是对公益慈善组织及公益慈善活动（项目）环节、过程的监视、督促和管理，重点是对捐赠款物的接受、管理和使用情况进行监督。此外，强化对公益慈善组织的监管，还要完善社会监督机制，发挥媒体及社会公众、独立评估机构等的作用。同时，公益慈善组织还要完善内部治理、强化行业自律。

二、监管内容

对公益慈善组织来说，注册管理是国家实施监管工作的基础，注册管理过程其实就是某种意义上的监管过程。登记管理机关对公益慈善组织及其分支机构的设立进行审核登记、年度检查、行政执法，制定选举规程和组织行为准则，推动社会评估和信息公开，督促公益慈善组织规范内部治理，指导其依法、依章程开展活动，扮演着一定的监督角色。此外，公益慈善组织的行业主管部门、业务主管单位在对公益慈善组织进行业务指导过程中，实际上也施加了一部分监管内容。

对公益慈善组织的监管，重点是对公益慈善组织运作过程的监管。政府相关职能部门依法对公益慈善组织的日常运作和重大活动项目进行监督管理，涉及公益慈善组织及其活动过程的信息公开、财务规范的监管、公益活动效果的评估、对公益慈善组织的奖惩等。

（1）公益慈善组织日常行政事务运作的监管。对一个组织日常行政事务的监管是该组织内部的事情，包括通过组织内设的监事会、专职监督员对理事、高级管理人员、员工行为的合法监督，以及公益慈善行业的行业自律。但是，依靠内部监督的效果是有限的，国家有必要通过一些具有威慑意义的法律、法规来约束公益慈善组织内部的日常运作与管理。

（2）对公益慈善组织财务的监管。对公益慈善组织的财务监管是最重要的监管内容。《中华人民共和国慈善法》规定，具有公开募捐资格的公益慈善组织应当定期向社会公开其募捐情况和慈善项目实施情况，还需要公布财务会计报告。除此之外，国家审计、监察部门和政府金融管理机构也需要对公益慈善组织的财务运行状况、收支状况、资金投资经营状况及其风险进行监督、检查、审计、核算，并将真实结果公布在信息平台上。

（3）对公益慈善活动的监督。公益慈善组织以开展公益慈善活动为宗旨，国家或地方人民政府民政部门作为公益慈善事业的行政主管部门，肩负着促进、规范本行政辖区内公益慈善事业发展的职责，并承担着公益慈善活动（或项目）的协助、监督、管理等作用，包括对活动范围、活动形式、活动方式、活动程序及慈善款物募集过程的指导和监督，对公益慈善活动相关纠纷的协调，以及对公益慈善活动实际效果的考核。

（4）公益慈善捐赠过程的监管。《中华人民共和国慈善法》规定，开展定向募捐的公益慈善组织，应当及时向捐赠人告知募捐情况、募得款物的管理使用情况。《慈善信托管理办法》（银监发〔2017〕37号）中也明确提出，捐赠人的慈善信托财产及其收益，应全部用于慈善目的，并与公益慈善组织的固有财产分别管理、分别记账。公益慈善捐赠的监管机制通过对公益慈善资金的使用、救助行为的信息披露和社会公示，把公益慈善资金放在"玻璃口袋"里，接受社会的监督。

三、监管主体

理论上，内部监督是实现公益慈善组织规范化的根本，外部监督是内部监督的延伸。但是，倘若外部监督缺位，内部监督就难以起到有效的约束作用。因此，外部监督制度是公益慈善组织诚信行为的保障。依据《中华人民共和国慈善法》《中华人民共和国公益事业捐赠法》《基金会管理条例》（国务院令第400号）、《慈善信托管理办法》（银监发〔2017〕37号）等相关法律、法规，我国对公益慈善组织的监督和审计可以采用多主体模式对公益慈善组织及其人员、公益慈善活动进行监督。

1. 政府部门的监管

中央和地方各级政府的民政、审计、财政、税务部门及中国人民银行、公益慈善组织的业务主管部门等在其职责范围内对公益慈善组织负有一定的监督责任。一般来说，政府民政部门承担依法登记管理和依法监督职责，业务主管部门侧重于对公益慈善组织的业务指导和具体的日常管理，审计部门和金融管理机构重点监督管理公益慈善组织的财务、投资状况。

（1）民政部门和业务主管部门的监管。

其一，对公益慈善团体的政府监督。属于社会团体的公益慈善组织，登记管理机关履行的监管职责包括：对公益慈善团体的年度检查；对公益慈善团体违规问题的监督检查；对公益慈善团体违规行为的行政处罚。业务主管部门履行的监管职责包括：监督、指导公益慈善团体遵守宪法、法律、法规和国家政策，依据章程开展活动；负责公益慈善团体年度检查的初审；协助登记管理机关和其他有关部门查处公益慈善团体的违法行为；会同有关机关指导公益慈善团体的清算事宜。

其二，对基金会的政府监督。政府（民政部门、税务部门、审计部门及会计主管部门）对基金会监督的主要依据是《基金会管理条例》（国务院令第400号）。具体监督包括：对基金会实施年度检查、日常监督管理，并对基金会的违规行为进行处罚；对基金会（含境外基金会）年度工作报告的审查、监督；对基金会的财务监督、税务监督和会计监督；在更换代表人时的财务审计。业务主管部门通常要指导、监督基金会开展公益活动，并负责基金会年度检查的初审；基金会的年度报告在报送登记管理机关前应当经业务主管部门的审查同意。

其三，对社会服务机构的政府监督。社会服务机构（民办非企业单位）需要接受登记管理机关和业务主管部门的监督管理。登记管理机关须履行的职责有：负责社会服务机构的登记管理、信息公开、监督检查违规处罚等；除此之外，民政部门建立社会服务机构评估、信用记录、年度工作报告、活动异常名录制度，并向社会公开相关信息。业务主管部门履行的职责有：负责社会服务机构设立、变更及章程核准前的审查；监督、指导社会服务机构的正常活动；监督、指导社会服务机构撰写年度工作报告、履行信息公开义务，指导社会服务机构的清算事宜。

其四，慈善信托的政府监督。慈善信托属于公益信托，是指委托人基于慈善目的依法将其财产委托给受托人，由受托人按照委托人意愿以受托人名义进行管理和处分，开展公益慈善活动的行为。根据《慈善信托管理办法》（银监发〔2017〕37号），主要由民政部门和银行业监督机构承担对慈善信托的监督职责。监督内容有：民政部门负责慈善信托备案和相关监督管理工作；与银行业监督管理机构合作建立经常性监管协作机制；民政部门建立统一的信息平台，由受托人发布相关慈善信息。发布的信息包含慈善信托设立情况说明、信托事务处理情况报告、财产状况报告、慈善信托变更和终止事由，以及民政部门要求公开的其他信息。

（2）财政部门、金融管理机构的监管。

公益慈善组织（包括公益慈善团体、基金会、社会服务机构）必须执行国家规定的财务管理制度和财经政策，接受财政部门和中央银行的监督。社会服务机构应按照国家统一的会计制度确定财务制度、撰写财务会计报告，健全内控机制，规范使用票据，接受财政部门的监督。公益慈善资金的投资运营，要符合财政部、中央银行的相关规定。

慈善信托也要受到银行业监督机构的监督。根据《中华人民共和国信托法》《慈善信托管理办法》（银监发〔2017〕37号）的相关规定，银行业监督机构负责信托公司慈善信托业务和商业银行慈善信托账户资金保管业务的监督管理工作，银行业监管机构对慈善信托的受托人应当履行的受托职责、管理慈善信托财产及其收益的情况、履行信息公开和告知义务，以及其他与慈善信托相关的活动进行监督检查。银行业监管机构可以与慈善信托受托人的负责人和相关人员进行谈话，要求就受托人的慈善信托活动和风险管理的重大事项做出说明。

（3）审计部门的审计监督。

审计部门须对公益慈善资金进行审计。首先，根据《中华人民共和国公益事业捐赠法》，受赠人每年度应向政府有关部门报告受赠财产的使用、管理情况，并接受监督，必要时政府有关部门可以对其财务进行审计。其次，《中华人民共和国审计法》规定，审计机关对政府部门管理的和其他单位受政府委托管理的社会保障基金、社会捐赠资金及其他有关基金、资金的财务收支进行审计监督。再次，《审计机关对社会捐赠资金审计实施办法》明确了公益慈善组织接受、分配、使用和管理社会捐赠资金的审计监督实施细则。最后，财政部根据《中华人民共和国会计法》及其他有关法律、法规制定实施的《民间非营利组织会计制度》（财会〔2004〕7号），对在公益慈善资金审计过程中发现问题的处理提供了制度依据。

（4）税务、海关部门的监督。

税务、海关部门的监督，是依据《中华人民共和国企业所得税法》《中华人民共和国个人所得税法》《慈善捐赠物资免征进口税收暂行办法》（2015 年第 102 号）、《中华人民共和国海关法》《中华人民共和国增值税暂行条例》（国务院令第 691 号）、《中华人民共和国公益事业捐赠法》等法律、法规对公益性捐赠所得税税前扣除、公益救济性捐赠所得税税前扣除及其相关管理问题进行监督检查。根据《中华人民共和国慈善法》，对于已经获得公益性捐赠税前扣除资格的公益慈善组织，登记管理机关在年度检查中对照相关规定进行检查。已经获得公益性捐赠税前扣除资格的社会团体，参加年度检查时，在年度工作报告中对接受捐赠情况和公益活动支出进行专项说明，同时提交财务报表的审计报告和公益活动支出明细表的审计报告。

2. 媒体的监督

媒体监督是指报纸杂志、广播电台、电视、网络等新闻媒体对公益慈善活动、公益慈善组织、公益慈善项目等进行监督。媒体监督具有及时、全面、影响大、传播快等特点，是一种重要、有效的监督形式。由于网络、电视、报纸等媒体是公众获取信息的主要渠道，普及范围广、影响大，具有导向作用和威慑作用，因此能够对公益慈善组织的管理者形成强有力的约束。随着网络技术的发展和新媒体的使用，媒体的传播速度和传播广度进一步提升，新媒体具备的开放、参与、共享的特质使得媒体在公益慈善事业的监督中扮演了越来越重要的角色。

3. 捐赠人与公众的监督

公益慈善捐赠人可以是国内外政府机构、企业、事业单位、民间组织、社会团体、个人和国际组织，他们对我国抗灾救灾、社会公益事业、社会慈善事业提供了各种形式的捐赠款物，是理所当然的监督主体。当捐赠人认为公益慈善组织或公益慈善活动的报告不是真实、真诚和可信任的，就会影响到下次的捐赠。而社会公众可以通过政府部门、评估机构和公益慈善组织自身的信息披露情况，并基于社会舆论和其他正当的诉求渠道对公益慈善组织和公益慈善活动进行监督。

4. 第三方独立评估监督

在现代公共治理中，第三方独立评估监督具有重要地位，在弥补政府监管不足、增强社会参与度、提升慈善组织评估专业性方面扮演着重要的角色。建立健全公益慈善组织的第三方独立评估体系和运行机制，通过评估进行分类指导和分类管理，可以规范公益慈善组织的行为，提高其能力水平和社会公信力。成熟的市场经济国家或地区非常重视第三方独立评估监督。例如，美国建立了的第三方独立评估制度，有力促进了公益慈善事业的发展。全国慈善信息局（NCIB）是美国最早成立的民间慈善评估机构之一，其最主要的工作是对公益慈善组织进行评估，帮助捐赠人掌握公益慈善组织的全面信息，使捐赠人（包括公司、基金会、个人）更明智地捐款。我国第三方独立评估机构起步较晚，且已成立的第三方独立评估机构规模较小、人员稀缺，还需要进一步发展壮大。

5．行业互律

公益慈善组织的联合会、协会和行业性社团，通常都制定了共同遵守的道德标准和行为规范，以维护公益慈善事业共同的社会形象，这些行为规范、道德标准和共同宣言构成公益慈善行业的自律规则，起到增强诚信建设、推进行业信息公开、维护公益慈善行业秩序、约束行业内各公益慈善组织、加强对公益慈善活动的监督管理等作用。通过自律规则的约束作用和互律监督，实现联合会的互律、协会的互律和行业性社团的互律。

四、监管困境

虽然我国对公益慈善组织已经建立了一套监管制度和社会监督体系，但是，这套制度和体系并不完备，还存在一些监管难题。

1．分散监管体制导致监督不到位

在分散监管体制下，监督主体责任不清，监督主体多元化和职责分工的不明确，使得登记机关和业务主管部门在监督问题上相互推诿。多元的监督主体增加了监管成本、降低了监管效率。此外，分散监管也增加了公益慈善组织管理者向监管机构寻求帮助或投诉建议的难度。

2．归口管理制度导致监管漏洞

我国对公益慈善组织实行归口管理的制度，但这个制度使某些公益慈善组织和政府主管单位存在某种意义上的行政隶属关系，业务主管部门没有动力和压力去主动监督公益慈善组织，使监督流于形式；甚至当存在公信力危机时，业务主管部门或极力撇清关系，或充当保护伞帮助化解因监督缺失引发的危机和责任。

3．公益慈善组织之间的竞争不足

从我国目前情况来看，我国现有的公益慈善组织良莠不齐，且不少公益慈善组织隶属于行政管理机关，导致公益慈善组织之间的竞争不足、行政化特征明显，导致社会监管困境。

4．信息公开程度较低

我国于2017年正式开通全国慈善信息公开平台，作为统一的信息公开平台用于慈善组织、慈善信托受托人面向社会公开慈善信息。但是，现有的信息公开平台的内容有限，并且没有涵盖全部的公益慈善组织，因此，信息公开力度不强，这进一步加大了监管的难度。

5. 社会监督机制不健全

社会监督机制不健全表现如下：一方面，我国意见反馈渠道狭窄，社会公众拥有网络监督意识，但缺乏实际监督意愿，因此公民参与监督的积极性较低，很少有人会主动提出索阅公益慈善组织财务报表的要求；另一方面，我国当前第三方独立评估机构发展缓慢，难以承担监督公益慈善组织的重任。

第四节　公益慈善组织的评估制度

一、公益慈善组织的评估概述

1. 评估的概念辨析

评估有广义和狭义之分。广义的评估是指评估主体对评估客体价值大小的判断、评价、预测的活动，是人们认识、把握某些事物或某些活动价值的行为。狭义的评估则是指，在一定的时限内，尽可能系统地、有目的地对实施过程中的或已完成的项目、计划或政策的设计、实施和结果的相关性、效果、效率、影响和持续性进行判定和评价。

2. 公益慈善组织评估的概念

公益慈善组织的评估，是指依照确定、规范的方法和程序，由评估机构根据评估标准，对公益慈善组织进行客观、全面的评估，并得出评估等级结论。

按照评估主体不同，公益慈善组织的评估可以分为自我评估和外部评估。自我评估贯穿于公益慈善活动的全过程，但缺乏独立性和客观性，不一定能准确反映公益慈善活动的成果。外部评估是由活动实施者和受众之外的、与公益慈善组织本身无直接关系的民政部门、主管机构及第三方独立评估机构所进行的评估。

对公益慈善组织的评估是指对其组织结构、人员资质、财务状况、活动管理、社会满意度状况和新闻媒体报道情况进行评估测量，向捐赠人和社会公众提供评估报告。其中，政府评估是指由民政部门设立的全国性民间组织评估委员会，依照一定的程序，根据相关指标体系，对包括公益慈善机构在内的全国性民间组织进行全方面、综合的分析和评判。第三方评估是指由第三方独立评估机构对公益慈善组织的相关事项进行评估。第三方独立评估机构,应该是一个独立的社会组织,既不是某个政府组织的附属物,也不隶属于某个基金会或慈善团体。第三方独立评估机构的资金,应来自一些大基金会的联盟。这个联盟给它稳定的资金支持,使之能够以中立的立场对基金会或其他公益慈善组织进行评价、评估。第三方评估的专业性较强,且较为中立、客观、公正,其所出具的评估报告是确定公益慈善组织质量高低的重要标准,也是向公众发布捐助信息的重要渠道。

二、公益慈善组织评估的管理办法

对公益慈善组织的评估起源于国家对民间组织或社会组织的评估。民政部于2006年启动对民间组织的评估工作,先后制定了《关于推进民间组织评估工作的指导意见》和《全国性民间组织评估实施办法》;2010年年底出台《社会组织评估管理办法》(民政部令第39号),并自2011年3月1日起施行,规定在评估期间,评估机构和评估专家有权要求参评社会组织提供必要的文件和证明材料;参加评估的社会组织应当予以配合,如实提供有关情况和资料;社会组织评估经费从民政部门社会组织管理工作经费中列支,不得向评估对象收取。2012年民政部出台了《全国性公益类社团评估指标》,该文件设立了公益类社会团体评估指标体系(见表11-5),依据该体系可以对公益慈善组织进行评估。此外,《中华人民共和国慈善法》提出要建立公益慈善组织评估制度,鼓励和支持第三方独立评估机构对公益慈善组织进行评估,并向社会公布评估结果。

表11-5 全国性公益类社会团体评估指标体系

评估指标	指标包含内容
基础条件	法人资格、章程、登记备案、年度检查
内部治理	发展规划、组织规划、人力资源、领导班子、财务资产、档案管理
工作绩效	公益支出、公益项目、公益服务、公益推广、信息公开、特色工作
社会评价	内部评价、外部评价

1. 评估主体

各级人民政府民政部门设立相应的评估委员会和评估复核委员会。评估委员会负责公益慈善组织评估工作,包括制订评估实施方案、组建评估专家组、组织实施评估工作、得出评估等级结论、公示结果。评估复核委员会负责公益慈善组织评估的复核和举报的裁定工作。评估委员会和评估复核委员会委员由有关政府部门、研究机构、社会组织、会计师事务所、律师事务所等单位推荐,民政部门聘任。评估专家组负责对公益慈善组织进行实地考察,并提出初步评估意见。评估委员会召开最终评估会议须有2/3以上委员出席。最终评估采取记名投票方式表决,评估结论须经全体委员半数以上通过。评估委员会可以下设办公室或者委托社会机构（以下简称评估办公室），负责评估委员会的日常工作。

2．评估对象

《社会组织评估管理办法》（民政部令第 39 号）明确了社会组织的评估对象、方法、标准等。对公益性社会团体、基金会等公益慈善组织进行评估可以参照该办法，评估内容包括基础条件、内部治理、工作绩效和社会评价。对社会服务机构的评估，包括对公益慈善活动及公益慈善资金运用效果进行评估，评估内容包括基础条件、内部治理、业务活动、诚信建设、社会评价。

申请参加评估的公益慈善组织应当符合一定条件：①取得社会团体、基金会或者社会服务机构（民办非企业单位）登记证书满两年，未参加过社会组织评估；②获得的评估等级满五年有效期的。有下列情形之一的，不予评估：①未参加上年度的年度检查；②上年度的年度检查不合格或者连续两年基本合格；③上年度受到有关政府部门行政处罚或者行政处罚尚未执行完毕；④正在被有关政府部门或者司法机关立案调查；⑤其他不符合评估条件的。

3．评估原则

评估中应遵循分级管理、分类评定、客观公正的原则，实行政府指导、社会参与、独立运作的工作机制。评估工作要做到公开透明、客观公正。

4．评估等级

依据《社会组织评估管理办法》（民政部令第 39 号），对公益慈善组织评估结果可以设 5 个等级，由高至低依次为 5A 级（AAAAA）、4A 级（AAAA）、3A 级（AAA）、2A 级（AA）、1A 级（A），等级有效期为 5 年。其中，获得 3A 级以上评估等级的公益慈善组织，可以优先接受政府职能转移、获得政府购买服务资质、获得政府奖励，还可按照规定申请公益性捐赠税前扣除资格；获得 4A 级以上评估等级的公益慈善组织可简化年度检查程序。地方人民政府民政部门将获得 4A 级以上评估等级的公益慈善组织报上一级民政部门审核备案。省级人民政府民政部门将本行政区域公益慈善组织等级评估情况及获得 5A 级评估等级的社会组织名单上报民政部。

获得评估等级的公益慈善组织在开展对外活动和宣传时，评估等级证书可作为信誉证明出示。获得评估等级的公益慈善组织有下列情形之一的，由民政部门做出降低评估等级的处理，情节严重的，做出取消评估等级的处理，并交回评估等级证书、牌匾：①评估中提供虚假情况和资料，或者与评估人员串通作弊，致使评估情况失实的；②涂改、伪造、出租、出借评估等级证书，或者伪造、出租、出借评估等级牌匾的；③连续两年年度检查基本合格的；④上年度年度检查不合格或者上年度未参加年度检查的；⑤受相关政府部门警告、罚款、没收非法所得、限期停止活动等行政处罚的；⑥其他违反法律、法规规定情形的。

5. 评估程序

国家制定了评估基本程序，各地在此基础上参考当地实际情况对评估程序进行了局部调整。以浙江省为例，具体评估程序包括：发布评估通知或公告；公益慈善组织提交自评材料；评估专家组对提交的材料进行审核，如果通过则评估专家组组织实地考察，对公益慈善组织的日常活动进行现场巡视，并审查财务报告和活动报告；评估专家组进行初评打分；评估专家组向评估委员会上报初评结果与评估等级；评估复核委员会进行复审；向社会公示评估结果；通过后向公益慈善组织送达通知书，并向获得 3A 级以上的公益慈善组织颁发证书和牌匾。图 11-2 所示为公益慈善组织的评估流程。

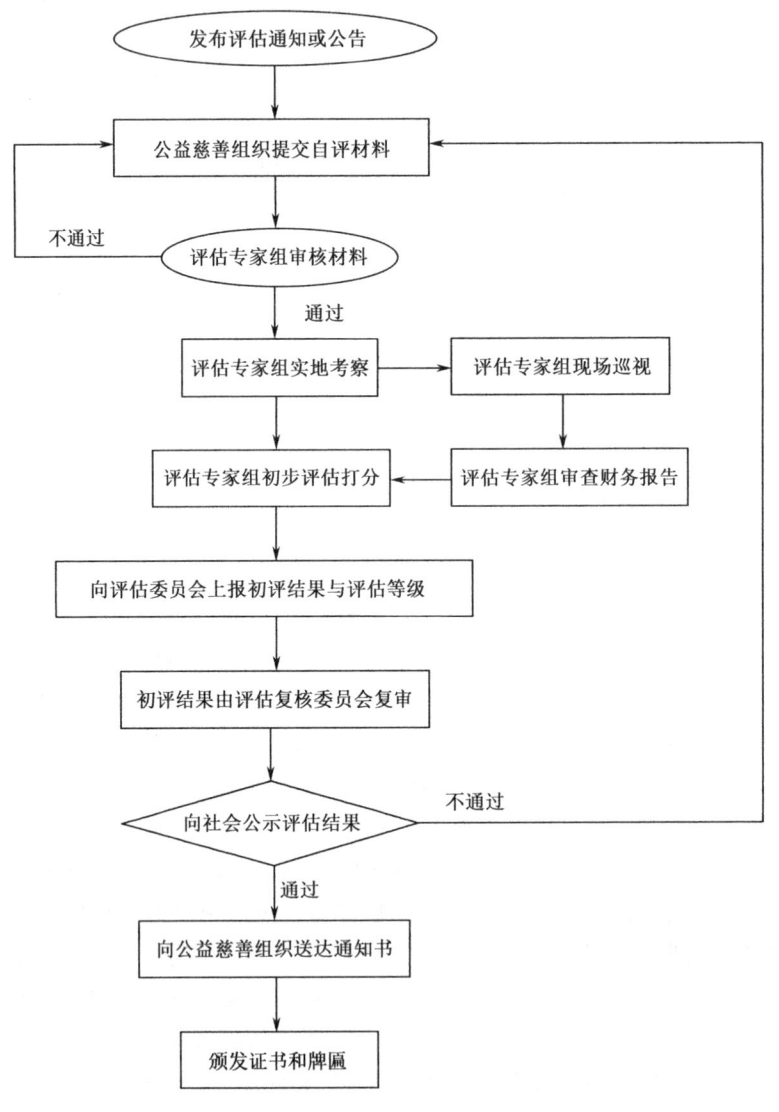

图 11-2　公益慈善组织的评估流程

6. 回避与复核制度

评估委员会委员、评估复核委员会委员和评估专家组专家应当实事求是、客观公正、遵守评估工作纪律、实行回避与复核制度。

（1）回避。参加评估的公益慈善组织可以向评估办公室提出回避申请，评估办公室应当及时做出是否回避的决定。依据《社会组织评估管理办法》（民政部令第39号），评估委员会委员、评估复核委员会委员和评估专家组专家有下列情形之一的，应当回避：①与参加评估的公益慈善组织有利害关系的；②曾在参加评估的公益慈善组织任职，离职不满两年；③与参加评估的公益慈善组织有其他可能影响评估结果公正关系的。

（2）复核和受理举报。依据《社会组织评估管理办法》（民政部令第39号），参加评估的公益慈善组织对评估结果有异议的，可以在公示期内向评估办公室提出书面复核申请。评估办公室对复核申请和原始材料审核认定后，报评估复核委员会进行复核。评估复核委员会听取评估专家组代表的初步评估情况介绍和申请复核公益慈善组织的陈述后，确认复核材料，并以记名投票方式表决，经全体委员半数以上同意则复核通过。在评估结果向社会公示期间接收到举报后，对举报内容认真核实，对情况属实的做出处理意见，报评估复核委员会裁定。裁定结果应当及时告知举报人，并通知有关公益慈善组织。评估委员会委员、评估复核委员会委员和评估专家组专家在评估工作中未履行职责或者弄虚作假、徇私舞弊的，取消其委员或者专家资格，并依法追究其法律责任。

三、第三方评估

1. 第三方评估的意义和价值

第三方评估作为公益慈善组织评估制度的重要参与者，不仅可以提高公益慈善组织评估的效果，还可以为政府的监管分担压力，从而促进公益慈善事业的健康发展。

2. 当前第三方评估存在的问题

我国第三方评估机制还处于起步阶段，目前存在一些缺陷和漏洞。

（1）第三方评估参与度不足。现有的法律、法规没有对第三方的主体资格做出明确界定，虽然《中华人民共和国慈善法》规定要鼓励和支持第三方独立评估机构对公益慈善组织进行评估，但目前普遍施行的《社会组织评估管理办法》（民政部令第39号）仍为政府主导的评估模式，第三方独立评估机构实际上处于边缘角色。此外，第三方独立评估机构在参与评估时，如何协调其与主导性评估主体的政府部门之间的关系，目前也处于制度空白中，严重影响了第三方独立评估机构在公益慈善组织评估中的参与度。

（2）第三方评估公信力不足。当前第三方独立评估机构的社会认可度较低，公信力不足,又没有明确的法律支撑第三方独立评估机构的地位。这种官方认证的缺失使得其实际评估结果无法对公益慈善组织形成有效约束力,也导致了公益慈善组织不愿意接受第三方评估。

(3) 第三方评估选取难度高。公益慈善组织区别于营利组织,具有公共性、非营利性、服务性等特点。但是,专业的第三方独立评估机构大部分是营利组织,更关心组织的投入与产出等直接经济效益,在涉及项目运营的社会效果与影响、组织自身建设和文化价值等方面可能无法对公益慈善组织进行更好的衡量,因此如果第三方独立评估机构选取不慎,也会影响评估效果。

(4) 第三方独立评估机构自身能力不足。现有的专门针对公益慈善组织进行评估的第三方独立评估机构数量有限,规模较小、缺乏专业人才,导致评估结果受到影响。

3. 第三方评估的改进策略

(1) 转变意识,正确看待第三方评估的介入。转变政府职能,深化行政管理体制改革,体现在公益慈善领域就是政府也需要转变传统包揽式的监管模式,鼓励第三方独立评估机构的参与。譬如,可以建立竞争性评估机制,即由政府公布准入条件,凡符合条件的第三方独立评估机构均可报名参加竞争,最后由脱颖而出的第三方独立评估机构承接政府的购买服务。同时,明确第三方独立评估机构评估的法律效力,增强第三方评估的权威性和社会对第三方评估的认可度。媒体进行舆论宣传、正面引导,帮助社会公众加强对第三方评估的了解和信任。

(2) 推进第三方评估的法制化。通过正式法律、法规明确第三方评估主体的权利和义务,形成法律、法规、规章和党的政策文件四位一体的第三方评估制度体系,使第三方评估成为公益慈善组织评估体系的必要组成部分。首先,从立法上确定第三方评估主体的地位,给予其一定评价公益慈善组织的独立性空间;其次,从执法上提高第三方评估主体的权威性,保证第三方独立评估机构作为评估主体享有调查、分析社会组织活动的权利;再次,对第三方评估的程序和内容进行规范,对第三方评估主体的范围、评估指标的选取、评估的注意事项等问题做出规定,使第三方评估有法可依、有章可循。

(3) 提高第三方评估的专业水平。公益慈善组织评估是一个专业性很强、技术含量很高的研究活动。首先,要着力提高内部人员的专业能力,加强对第三方独立评估机构人员专业性的培养和相关评估技能、知识的培训;其次,加强第三方独立评估机构的考核遴选制度建设,遴选优秀的机构对公益慈善组织进行评估;再次,坚持评估的独立性、评估内容与方法的科学性、评估过程的公开性、评估结果的公正性;最后,加强与媒体的联系,扩大影响力,树立公信力,提升社会公众对第三方独立评估机构的认可度。

(4) 强化第三方评估的信息公开。一方面,在技术层面上,利用微博、微信等新媒体公开第三方独立评估机构的注册信息、资质条件、工作业绩、成员资历、财务报告、年度计划等所有可以公开的信息；另一方面，在制度层面上，明确信息公开的内容、程序、主体、时效等，明确对不公开信息或故意错漏信息的处罚措施。

本章提要

1. 公益慈善组织的宏观管理制度体系主要包括设立与登记制度、认定制度、监管制度、评估制度、信息披露制度等。

2. 在改革开放初期，民间组织管理制度以放任发展和分散管理为特点；到20世纪90年代，国家在对社会团体归口管理实践中形成了一种双重管理体制，后来陆续在社会团体、民办非企业单位和基金会的相关规定中以法律、法规的形式加以固化，逐步发展成为我国民间组织管理的一项基本制度。

3. 公益慈善组织的认定制度规范是对公益慈善组织的认定主体、认定标准和认定程序等进行规范的一系列制度的总称。对公益慈善组织进行认定可以划分公益慈善组织与政府、企业及互益性组织的基本边界，实现公益慈善组织的慈善宗旨；还可以破除公益慈善组织申请免税资格的重要障碍，获得政府提供的税收优惠政策。

4. 公益慈善组织的监管是指对公益慈善组织及公益慈善活动环节、过程进行监视、督促和管理，重点对捐赠款物的接受、管理和使用情况进行监督。监管主体包括政府部门的监管、媒体的监督、捐赠人与公众的监督、第三方评估监督和行业互律。

5. 公益慈善组织的评估是指依照规范的方法和程序，由评估机构根据评估标准，对公益慈善组织进行客观、全面的评估，并得出评估等级结论。

6. 正确看待公益慈善组织的第三方评估，将第三方评估规范纳入制度化体系，提高第三方评估的专业水平，强化第三方评估的信息公开，从这4个方面的举措改进第三方评估制度。

案例分析

【案例11-1】揭秘公益圈里的第三方评估：要问责项目效果，更要提升执行能力

资料来源：刘怡仙.《南方周末》，2017年11月23日。

1."耗时又耗力"

"耗时又耗力。"真爱梦想公益基金会副秘书长朱秋霞感慨道。真爱梦想公益基金会是一家专注儿童素养教育、帮助孩子上好学的公益基金会，刚刚结束一项长达3年的项目影响评估，针对其"梦想中心"项目的效果追踪研究（2014—2016年）。项目聘请的第三方独立评估机构为以中国科学院农业政策研究中心、北京大学中国农业政策研究中心、陕西师范大学教育实验经济研究所、斯坦福大学为主的农村教育行动计划（REAP）团队。

因为采用准实验评估方法，朱秋霞需要跟随评估团队实地进行基线调查，了解项目开始前的基础信息，选取对照组，还不能受"污染"，有任何一个实验条件不符合要求，就需要再次选点。评估方最后选定166所样本学校，其中85所为投入公益项目的干预组，81所为对照组。另外，需要多次到现场调研，朱秋霞和项目组人员都要支持配合。

这样的第三方评估主要希望通过科学、严谨的方式，分析"梦想中心"项目对学生身心健康成长的效用及其影响机制。朱秋霞告诉《南方周末》记者，之所以选择第三方评估，一是希望能够清楚地了解所进行的公益项目实际产生的效果，研判公益服务中有哪些需要改进；二是希望提升机构影响力，拓宽基金会与外界沟通的方式。

值得一提的是，这样一份耗时耗力的评估报告花费不低（约400万元），还不包括在评估过程中投入的人力资源和时间成本。但是，朱秋霞认为，对于"梦想中心"这个长达10年的项目而言，这个投入是值得的，它能带来的项目提升远远超过其成本。

如此严谨并投入大量成本的第三方评估在公益领域其实少之又少。国内的评估主要分为项目评估与组织评估，常见的组织评估是政府组织的。2010年12月27日，民政部出台《社会组织评估管理办法》（民政部令第39号），依照评估标准设置了5个等级，获得4A级以上评估等级的社会组织可以简化年度检查程序；获得3A级以上评估等级的社会组织可以优先获得政府购买服务资质、申请政府奖励。

除此之外，更多的评估是针对项目的评估，包括项目的成效、流程管理等问题，也包括上述"梦想中心"项目效果追踪研究这样的项目影响评估——项目对受益对象进行干预以后，发生了哪些改变，观察其影响结果和影响机制。

朱秋霞还从评估的参与方维度分类，认为公益慈善组织的评估应该有4个方面：第一方评估来自公益慈善组织的内部评价，包括组织内部一系列年度目标、关键绩效指标和预算、项目管理等；第二方评估是受益群体的外部评价，有许多关于他们的故事、感受和建议，甚至批评和投诉；第三方评估来自独立团队的评估，捐赠机构会独立邀请评估机构进行项目效果评估，同时也有第三方独立评估机构对治理和管理水准的评估；第四方评估是来自政府和媒体的评估、认可、嘉奖。评估维度多样，评估方式也多样，第三方评估仅是其中之一。

"这些年国际发展潮流趋势发生变化，从传统的单维度技术评估转向参与式的多元化评估。"对第三方评估有多年研究的清华大学公益慈善研究院副院长邓国胜认为，目前更强调参与式评估。这种评估方式让不同的主体都参与到评估中去，组织内部人员、受益人，以及其他利益相关方一起梳理评估，评判哪些做得好、哪些做得不好，组织的能力建设则在评估基础之上进行。这样评估，既能达到监督和问责的目的，又能实现自我学习和改进。

2."既不够重视,也不够了解"

"既不够重视,也不够了解。"壹基金秘书长李劲从基金会角度分析道。许多基金会对项目周期管理的概念尚未建立,而作为管理中重要一环的项目评估自然也不被重视。无论从知识还是意愿的角度,项目评估都是不足的。

倍能组织能力建设与评估中心副主任陈宏乐也留意到,许多基金会成立了筹款部、财务部、项目部,但鲜见评估部门。基金会并不关注项目开始前的基线数据收集(基础信息)、过程监测及结果的评估,而这样一套监测评估机制在国际 NPO 组织中是常见的,甚至是必须要有的。

"这与我们国家整个公益发展水平还很低有关。"李劲分析,公益组织对项目管理的意愿是不足的,依然停留在基本的产出层面,也就是捐了多少间教室、多少个书包,而教室和书包究竟给这些孩子、教师带来什么样的改变,是很难评估的,于是我们不愿面对,也不愿花资源,使评估停留在相当初级的层面。

多位业内人士表示,评估人员资历深厚、评估机制比较系统的评估机构并不多。

邓国胜自 20 世纪 90 年代末开始第三方评估研究,提出了 APC 评估框架,并在清华大学尝试开设评估课程。不过,目前国内评估领域的发展与国外存在很大差距。"既没有评估的学会或协会,也没有评估的杂志,更没有评估的专业人才;既没有评估的基础理论研究,也没有方法的供给。"在他看来,与国外成熟的理论方法供给体系、人才培养体系相比,国内的第三方评估还处于相当落后的状态。

人才是个大问题。如何选取最合适的评估工具,如何制定评估标准,都是极为专业、需要经验与技术的工作。"当过机构领导、从事公益相关工作 5 年以上。"张菊芳认为合格的评估专家应当满足这个要求,否则难以胜任"问诊"工作。

掣肘的是,由于不受重视,第三方独立评估机构没有足够的费用聘请专业的评估人员。张菊芳回忆,倍能组织能力建设与评估中心成立初期给国内的专家费用极不合理,仅按到场的天数计算补助费,不考虑准备时间的成本。那段时间倍能组织能力建设与评估中心面临断档期,一个项目结束不能马上接下一个项目,中间这段时间就没有收入。在好几年时间内,张菊芳只能不停地出差培训以保证机构的运转。

由于管理费用的限制,基金会资助项目也不预留评估费用;直到近年来,评估费用才可以纳入项目经费中,不受限制。2016 年颁布的《中华人民共和国慈善法》进一步规定允许评估费用的产生。这是评估工作的一大利好条件。

多位业内人士表示,第三方评估正逐步受到重视,地方民政系统正逐步将评估费用纳入财政预算,明德公益研究中心项目经理冀岩在与民政系统的合作中观察到,湖南、陕西、四川等地区民政系统都将第三方评估列为系统工作重点,第三方评估在政府采购和等级评估工作中的地位越来越重要。

问题

1. 结合本案例，讨论第三方评估对公益慈善组织的监督作用。
2. 结合本案例，讨论我国第三方评估的制度性缺陷及改进举措。

思考与练习

一、名词解释

1. 慈善信托
2. 第三方评估

二、简答题

1. 简述公益慈善组织的设立条件。
2. 简述公益慈善组织的监管主体及其监管内容。
3.《中华人民共和国慈善法》为什么要对担任公益慈善组织的负责人做出限制性规定？

三、论述题

1. 论述为何要对公益慈善组织进行认定。
2. 论述如何完善公益慈善组织的社会监督机制。

参考文献

[1] 韦祎. 中国慈善基金会法人制度研究[M]. 北京：中国政法大学出版社，2010：88-89.
[2] 葛道顺，商玉生，杨团，马昕. 中国基金会发展解析[M]. 北京：社会科学文献出版社，2009.
[3] 李宁. 关于我国基金会投资问题的探讨[J]. 北京：中国青年科技，1999（3）：34-37.
[4] 李涛. 美国的慈善基金会与美国政治[D]. 北京：中国社会科学院研究生院，2003.
[5] 周志忍，陈庆元. 自律与他律——第三部门监督机制个案研究[M]. 杭州：浙江人民出版社，1999：151-168.

[6] 孙伟林. 基金会指南[M]. 北京：社会科学出版社，2004.
[7] 刘佳. 我国慈善信托监管机制的反思与优化[J]. 当代经济管理，2018（1）：45-50.
[8] 黄玮，张恒军，梁芷铭. 我国慈善组织媒介管理研究——以腾讯公益慈善基金会为例[J]. 传媒，2014（19）：68-70.
[9] 段红梅. 我国政府绩效第三方评估的研究[J]. 河南师范大学学报（哲学社会科学版），2009（6）：41-45.
[10] 姚建平. 中美慈善组织政府管理比较研究[J]. 理论与现代化，2006（2）：63-67.
[11] 亚历山大·戴维森. 中国慈善立法国际研讨会论文集[M]. 北京：中国社会出版社，2007.
[12] 孟令君，王秀江. 中国慈善工作概论[M]. 北京：北京大学出版社，2008.
[13] 侯保龙. 我国民间志愿性慈善组织的困境与政府管理创新——一种善治的话语分析[J]. 湖北社会科学，2010（2）：20-22.
[14] 徐双敏，崔丹丹. 完善社会组织第三方评估工作机制研究——基于5市调查数据的分析[J]. 中南财经政法大学学报，2016（6）：52-57.
[15] 向加吾. 非营利组织问责：逻辑意蕴、困境解析与途径探究[J]. 湖北社会科学，2012（9）：35-38.
[16] 潘旦，向德彩. 社会组织第三方评估机制建设研究[J]. 华东理工大学学报（社会科学版），2013（1）：16-22.
[17] 胡穗. 政府购买社会组织服务绩效评估的实践困境与路径创新[J]. 湖南师范大学社会科学学报，2015（4）：110-115.
[18] 徐双敏，崔丹丹. 民办非企业类社会组织评估现状及其完善研究——以浙江N市"阳光驿站"评估为例[J]. 晋阳学刊，2016（2）：105-113.
[19] 曹天禄. 社会组织评估：困境与突破——以深圳社会组织评估为例[J]. 湘潭论坛，2015（6）：79-85.
[20] 邓国胜. 民间组织评估体系理论、方法与指标体系[M]. 北京：北京大学出版社，2007.
[21] 廖鸿. 中国社会组织发展战略[M]. 北京：社会科学文献出版社，2015.
[22] 高红，张志勤. 备案制与我国基层社会组织发展创新[J]. 青岛行政学院学报，2012（5）：49-53.
[23] 王名，黄浩明. 英国非营利组织[M]. 北京：社会科学文献出版社，2009：96.
[24] NPO信息咨询中心. 非营利组织的治理[M]. 黎佳，译. 北京：中国书籍出版社，2008.
[25] 李芳. 慈善组织认定中的基本法律问题[J]. 北京航空航天大学学报（社会科学版），2017，30（3）：48-54.

第十二章 公益慈善捐赠制度

知识目标

1. 理解公益慈善捐赠
2. 理解公益慈善捐赠人、受赠人
3. 掌握救灾捐赠的组织、救灾捐赠款物的使用等制度规范

能力目标

1. 理解国外公益慈善捐赠制度的经验及启示
2. 认识当前我国公益慈善捐赠制度的不足
3. 理解国内外公益慈善捐赠制度及其差异
4. 掌握完善公益慈善捐赠制度的举措

素质目标

1. 理解公益慈善捐赠的意义和价值
2. 建立正确参与互联网慈善捐赠的意识和素质

第一节 公益慈善捐赠的管理规定

一、公益慈善捐赠的概念

公益慈善捐赠，是指自然人、法人和其他组织基于公益慈善目的，自愿、无偿赠予财产的活动。捐赠人可以通过公益慈善组织捐赠，也可以直接向受赠人捐赠。捐赠人捐赠的财产应当是其有权处理的合法财产，包括货币、实物、房屋、有价证券、股权、知识产权等有形财产和无形财产，所捐赠的实物应具有使用价值，符合安全、卫生、环保等标准。捐赠人捐赠本企业产品或明知所捐赠产品是有瑕疵的，应当依法承担产品质量责任。

二、公益慈善捐赠的制度规范

社会捐赠是保证公益慈善事业发展的主要经济来源之一。为了鼓励捐赠、规范捐赠和受赠行为，以及保护捐赠人、受赠人和受益人的合法权益，促进公益慈善事业的可持续健康发展，我国颁布了一系列关于捐赠的规范性文件（见表12-1）。

表12-1 公益慈善捐赠的主要制度规范

颁布时间	法律、法规、规章	调节内容
1996年	《审计机关对社会捐赠资金审计实施办法》（审行发〔1996〕315号）	规范社会捐赠资金的审计监督
1999年	《中华人民共和国公益事业捐赠法》	为了鼓励捐赠、规范捐赠和受赠行为
2001年	《扶贫、慈善性捐赠物资免征进口税收暂行办法》（财税〔2000〕152号）	规范对扶贫、慈善事业捐赠物资的进口管理
2004年	《基金会管理条例》（国务院令第400号）	规范基金会的组织和活动，维护基金会、捐赠人和受益人的合法权益
2006年	《卫生部接受社会捐赠财产管理暂行办法》（卫办规财发〔2006〕7号）	加强接受社会捐赠财产的管理，充分发挥捐赠资金使用效益

续表

颁布时间	法律、法规、规章	调节内容
2007 年	《中华人民共和国企业所得税法》	规定企业捐赠的税收优惠措施
2008 年	《中华人民共和国个人所得税法实施条例》（国务院令第 600 号）	规定个人捐赠的税收优惠措施
2008 年	《救灾捐赠管理办法》（民政部令第 35 号）	规范救灾捐赠活动，加强救灾捐赠款物的管理
2010 年	《公益事业捐赠票据使用管理暂行办法》（财综〔2010〕112 号）	规范捐赠票据使用管理
2011 年	《中华人民共和国个人所得税法》	规定个人捐赠的税收优惠措施
2016 年	《中华人民共和国慈善法》	规范慈善募捐、慈善捐赠行为
2016 年	《关于公益股权捐赠企业所得税政策问题的通知》（财税〔2016〕45 号）	规定股权捐赠企业所得税政策
2017 年	《中华人民共和国企业所得税法》	规定企业公益性捐赠支出的所得税优惠比例
2017 年	《慈善组织互联网公开募捐信息平台基本技术规范》（MZ/T 087—2017）、《慈善组织互联网公开募捐信息平台基本管理规范》（MZ/T 088—2017）	公布公益慈善组织互联网捐赠的行业标准
2018 年	《公益性捐赠支出企业所得税税前结转扣除有关政策》（财税〔2018〕15 号）	规定企业捐赠的税收优惠措施
2018 年	《关于对慈善捐赠领域相关主体实施守信联合激励和失信联合惩戒的合作备忘录》（发改财金〔2018〕331 号）	规范慈善捐赠诚信行为

三、关于捐赠的原则

根据《中华人民共和国公益事业捐赠法》，国家鼓励自然人、法人或其他组织对公益慈善事业进行捐赠。对于捐赠的工程项目，当地政府给予支持和优惠；国家鼓励公益慈善事业的发展，对公益性社会团体和公益性非营利的事业单位给予扶持和优待；对公益慈善事业捐赠有突出贡献的自然人、法人或者其他组织，由人民政府或有关部门予以表彰。公益慈善捐赠遵循以下原则。

（1）自愿原则。公益慈善捐赠是自愿、无偿的，禁止强行摊派或变相摊派。捐赠的自愿原则不仅包括捐赠人是否实施捐赠的自愿、捐多捐少的自愿、捐赠什么的自愿及如何实施捐赠的自愿，还包括捐赠人有权依法选择受赠对象的自愿，这是实施捐赠的重要前提。

（2）非营利原则。捐赠财产的使用要尊重捐赠人的意愿、符合公益目的，不得将捐赠财产挪作他用，不得以捐赠为名从事任何营利活动。

（3）合法原则。捐赠应当遵守法律、法规，不得违背社会公德，不得损害公共利益和其他公民的合法权益。

> **小贴士**
>
> **理解公益慈善捐赠的合法原则**
>
> （1）所捐赠财产应当是捐赠人有权处理的合法财产；
>
> （2）不得利用慈善捐赠宣传烟草制品；
>
> （3）不得利用慈善捐赠以任何方式宣传法律禁止宣传的产品和事项；
>
> （4）捐赠财产及其增值为社会公共财产，受法律保护，任何单位和个人不得侵占、挪用和损毁；
>
> （5）捐赠活动中的下列行为将被追究法律责任：逃汇、骗购外汇；偷税、逃税；走私；擅自将减税、免税进口的捐赠物资在境内销售、转让或者移作他用。

（4）多样化原则。这是指捐赠财产可以是多样化的形式，包括：以货币（现金或存款）形式体现的款项；股票等有价证券；实物，如汽车、药品、电器、字画、建筑物等；项目捐赠，以一定的款项和实物完成特定项目的捐赠。

四、有关捐赠人的规定

根据《中华人民共和国慈善法》《中华人民共和国公益事业捐赠法》，国家对捐赠人及其捐赠行为做了严格的规定。

（1）捐赠主体。作为捐赠主体的捐赠人可以是自然人、法人或者其他组织。其中，自然人是具有民事权利能力和民事行为能力的境内公民个人、外国人、华侨和港澳台同胞；法人包括企业法人及机关、事业单位和社会团体法人；其他组织是指除自然人、法人以外的各类社会组织，包括境内外的各类民间组织、社会组织、国际组织及外国政府等。

（2）捐赠对象。捐赠人可以选择符合其捐赠意愿的公益性社会团体、基金会等公益慈善组织和公益性非营利的事业单位、社会服务机构进行捐赠，也可以直接向受益人捐赠。

（3）捐赠协议。捐赠人有权决定捐赠的数量、用途和方式，并就捐赠财产的种类、质量、数量和用途等内容与受赠人签订协议。捐赠人开展演出、比赛、销售、拍卖等经营性活动，承诺将全部或部分所得用于慈善目的，应当在举办活动前与受赠人签订捐赠协议，活动结束后按照捐赠协议履行捐赠义务，并将捐赠情况向社会公开。捐赠人与公益慈善组织约定捐赠财产的用途和受益人时，不得指定捐赠人的利害关系人作为受益人。

（4）捐赠义务。捐赠人应当按照捐赠协议履行义务，按照协议约定的期限、方式将捐赠财产转移给受赠人。但是，若捐赠人公开承诺捐赠或签订书面捐赠协议后，经济状况显著恶化，严重影响其生产经营或家庭生活，应向民政部门报告并向社会公开说明，可不再履行捐赠义务。

（5）捐赠工程。捐赠人捐赠财产兴建公益慈善事业工程项目，应签订协议，对工程项目的资金、建设、管理和使用做出约定，且工程质量应当符合国家质量标准。

（6）捐赠纪念。捐赠人对于捐赠的工程项目可以留名纪念；捐赠人单独捐赠或主要由捐赠人出资兴建的工程项目，经民政部门批准可以由捐赠人提出工程项目的名称。

（7）境外捐赠。境外捐赠人捐赠的财产，由受赠人依法办理入境手续及（或）许可证申领手续。华侨向境内捐赠的，县级以上人民政府侨务部门可以协助办理有关入境手续。境外向公益性社会团体和公益性非营利的事业单位捐赠的用于公益事业的物资，可减征或者免征进口关税和进口环节的增值税。

（8）捐赠优惠。捐赠人捐赠其自产或者外购商品的，需要享受税收减免优惠政策的，应当提供相应的发票及证明物品质量的资料。

（9）捐赠反馈。捐赠人有权向受赠人查询捐赠财产的使用、管理情况，有权复制其捐赠财产管理使用的有关资料，受赠人应及时、主动向捐赠人反馈有关情况。

（10）捐赠表彰。对捐赠人进行公开表彰，应当事先征求捐赠人的意见。

五、有关受赠人的规定

1．受赠人的分类

《中华人民共和国慈善法》规定，捐赠人可以通过公益慈善组织捐赠，也可以直接向受益人捐赠；公益慈善组织包括基金会、社会团体、社会服务机构等组织形式。《中华人民共和国公益事业捐赠法》规定，公益性社会团体和公益性非营利的事业单位依法接受捐赠，在发生自然灾害时按境外捐赠人的要求，县级以上人民政府及其部门可以作为受赠人；这里，公益性社会团体是指依法成立的、以发展公益事业为宗旨的基金会、慈善组织等社会团体；公益性非营利的事业单位是指依法成立的、以发展公益性事业的、不以营利为目的的教育机构、科学研究机构、医疗卫生机构、社会公共文化机构、社会公共体育机构、社会福利机构等。另外，根据《卫生部接受社会捐赠财产管理暂行办法》（卫办规财〔2006〕7号）规定，发生重大疫情、突发公共卫生事件等特殊情况，当国内外单位和个人要求国务院卫生行政管理部门作为受赠人时，国家卫生健康委员会可以接受捐赠。基于前述法律、法规、规章的相关规定及我国的具体实践，公益慈善捐赠的受赠人大致可以分为4类。

其一，公益慈善组织。包括：公益性社会团体；基金会；社会服务机构（民办非企业单位），如民间兴办的学校、医院、科研院所、博物馆、图书馆、体育馆、敬老院、孤儿院等从事教育、科学、文化、卫生、体育及其他社会公共福利事业的机构、单位或组织。

其二，公益性非营利的事业单位。包括：大、中、小学等教育机构；科学研究机构；医院、急救中心、乡村卫生所等医疗卫生机构；博物馆、科学馆、展览馆等社会公共文化机构；体育馆、公共健身馆等社会公共体育机构；幼儿园、敬老院、孤儿院、收容站等社会福利机构等。具体包括国家兴办或利用国有资产举办的学校、医院、科研院所、博物馆、图书馆、体育馆、敬老院、孤儿院等从事教育、科学、文化、卫生、体育及其他社会公共福利事业的单位。

其三，县级以上人民政府及其有关部门。县级及以上人民政府及其民政部门、卫生行政管理部门等可以接受捐赠，并依法对捐赠财产进行管理。

其四，个人或家庭。实践中，那些处于困境中或遭遇特别困难的个人或其家庭，可以接受社会的直接捐助或公益慈善组织的扶助、帮助或救助。其中，处于困境中是指处于心理困境中，或无人抚养、赡养或负担的残疾人、失学儿童、孤寡老人、精神病人等；遭遇特别困难，如遭遇重大疾病、重大自然灾害、重大安全事故等天灾人祸。他们可以作为受赠人直接接受来自社会（个人、企业、公益慈善组织或其他组织）的财物捐助、捐赠或帮扶。

2. 有关受赠人的具体规定

（1）受赠人依法接受捐赠和使用捐款赠物。受赠人接受捐赠后，应当向捐赠人出具合法、有效的收据，将受赠财产登记造册、妥善保管。受赠人为公益慈善组织或公益性非营利事业单位的，理应按照合法、安全、有效的原则，实现捐赠财产的保值、增值。对于不易储存、运输和超过实际需要的受赠财产，受赠人可以变卖，对所得收入的使用应符合捐赠目的。

（2）受赠财物的使用。县级及以上人民政府及其部门接受的捐赠，应该按照捐赠协议或捐赠目的使用，也可以将受赠财产转交公益性社会团体或者公益性非营利事业单位，或按照捐赠人的意愿兴办公益慈善事业；不得挪作他用，也不得以本机关为受益对象。

（3）受赠财物的保管。法人单位的受赠人应建立健全财务会计制度和受赠财产的使用制度，强化信息披露，加强对受赠财产的管理，依法接受捐赠人、政府有关部门（含审计监察部门）、社会（公众、媒体）的监督和审计。

（4）受赠财产的变更。受赠人未征得捐赠人的许可，不得擅自改变受赠财产的性质、用途；否则，受赠人要接受相应的处罚。禁止挪用、侵占或者贪污捐赠款物；否则，受赠人被责令退还所用、所得款物，并处以罚款，追究直接责任人法律责任乃至刑事责任。

（5）受赠人的职责。受赠单位的工作人员，滥用职权，玩忽职守，徇私舞弊，致使捐赠财产造成重大损失，由所在单位依照有关规定予以处理；构成犯罪的，依法追究刑事责任。

第二节　救灾捐赠的管理规定

2008年实施的民政部《救灾捐赠管理办法》（民政部令第35号）用以规范救灾捐赠活动，加强救灾捐赠款物的管理，调节"支援灾区、帮助灾民"等行为，保护捐赠人、救灾捐赠受赠人和灾区受益人的合法权益。其适用条件是，在发生自然灾害时，救灾募捐主体开展募捐活动及自然人、法人或其他组织的捐赠活动。救灾募捐主体是指在县级以上人民政府民政部门登记的具有救灾宗旨的公募基金会。各级人民政府民政部门负责管理本行政区内或全国救灾捐赠工作。

需要特别指出的是，自然灾害的救灾活动及其救灾捐赠活动的国家行政管理职能部门主要是国务院及各级地方人民政府的民政部门，但2018年进行的国家机构调整，将民政部的救灾职责整合进新成立的应急管理部，地方机构将做相应调整。因此，救灾捐赠的相关行政管理职责及行政管理职能部门可能也会做相应的调整。但为遵照现行法律、法规或部门规章的文字表述，下文相应的内容继续表述为民政部及民政部门。

一、组织捐赠与募捐

国务院民政部门根据灾情组织开展跨省或全国性救灾捐赠活动，县级以上政府民政部门按照部署组织实施。同级人民政府批准，县级以上人民政府民政部门组织开展本行政区内的救灾捐赠活动，但不得跨区开展。在县级以上人民政府民政部门开展的救灾捐赠活动中，同级人民政府辖区内的各系统、各部门、各单位在本系统、本部门、本单位内组织实施。具有救灾宗旨的公募基金会，依法开展救灾募捐活动，但灾害发生时所募集的资金不得用于增加原始基金。

开展义演、义赛、义卖等救灾捐赠和募捐活动，举办单位应在活动结束后30日内，报当地政府民政部门备案，内容包括举办单位、活动时间、活动地点、活动内容、活动方式及款物用途等。

二、接受捐赠

（1）受赠人和代收人。县级以上人民政府民政部门接受救灾捐赠款物，根据工作需要可以指定社会捐助接受机构、具有救灾宗旨的公益性民间组织实施。乡（镇）人民政府、街道办事处受县（县级市、市辖区）人民政府委托，可以组织代收本行政区内村民、居民及驻本行政区内单位的救灾捐赠款物。代收的捐赠款物应当及时转交救灾捐赠受赠人。

（2）信息披露。受赠人应当向社会公布其名称、地址、联系人、联系电话、银行账号等；接受捐赠款物时，应当确认银行票据、当面清点现金、验收物资；所捐款物不能当场兑现的，当事人应及时签订捐赠协议；捐赠的食品、药品、生化制品应符合国家相关规定。救灾捐赠、募捐活动及款物分配、使用情况由县级以上人民政府民政部门统一向社会公布，每年不少于两次；集中捐赠和募捐活动应在活动结束后一个月内向社会公布信息。

（3）出具票证。受赠人接受捐赠款物后应向捐赠人出具符合国家财务、税收管理规定的接受捐赠凭证，捐赠人凭救灾捐赠凭证享受税收优惠政策。

（4）境外捐赠。民政部负责对境外通报灾情，表明接受境外救灾捐赠的态度，确定受援区域，并负责接受境外对中央政府的救灾捐赠；县级以上人民政府民政部门负责接受境外对地方人民政府的救灾捐赠。具有救灾宗旨的公益慈善组织接受境外救灾捐赠，应当报民政部门备案。外汇救灾捐赠应符合国家外汇管理规定；境外捐赠物资的检验、检疫、免税和入境要按国家规定办；免税进口的捐赠物资不得以任何形式转让、出售、出租或移作他用。此外，民政部统一组织对外援助或实施境外捐赠，统一协调民间国际援助活动。

三、捐赠款物的管理和使用

（1）使用范围。解决灾民衣、食、住、医等生活困难；紧急抢救、转移和安置灾民；灾民倒塌房屋的恢复重建；捐赠人指定的直接相关用途；经批准的其他直接相关开支。

（2）专项管理。受赠人应对捐赠物资分类造册，指定账户进行专项管理。

（3）接受监督。具有救灾宗旨的公益性民间组织应按照当地政府提供的灾区需求，提出分配、使用救灾捐赠款物方案，报民政职能部门备案。救灾捐赠款物的接受及分配、使用情况应按规定的标准进行统计，并接受审计、监察等部门和社会的监督。发放救灾捐赠款物时，应坚持民主评议、登记造册、张榜公布、公开发放等程序，做到账目清楚、手续完备，并向社会公布，捐赠人及县级以上人民政府民政部门会同监察、审计等部门有权进行监督检查。

（4）使用年限。受赠人应严格按照使用范围在本年度内分配使用救灾捐赠款物，不得滞留；确实需要跨年度使用的，应当报上级人民政府民政部门审批。

（5）分配与调拨。跨省或全国性救灾捐赠款物由民政部统一分配、调拨；县级以上人民政府民政部门根据灾区需求统筹平衡和统一调拨分配辖区内救灾捐赠款物，报上级民政部门统计，并遵照捐赠人的意愿使用；或经捐赠人书面同意，由省级以上人民政府民政部门调剂分配。

（6）运输费用。各种调拨的救灾捐赠物资，其运输、临时仓储等费用按照规定分别由受援地区或捐赠人负担，或地方同级财政负担。

（7）变更与变卖。对灾区不适用的救灾捐赠物资，经捐赠人书面同意，按照规定的程序报批并实施变卖，所得款必须作为救灾捐赠款管理、使用，不得挪作他用。可重复使用的救灾捐赠物资，应作为地方救灾物资储备及时回收、保管。

（8）工作经费。各级人民政府民政部门在组织救灾捐赠工作时不得从捐赠款中列支费用；社会捐助接受机构、公益慈善组织，可以依法或依协议在捐赠款中列支必要的工作经费。

四、法律责任

（1）捐赠人应当依法履行捐赠协议或签订补充履约协议，按照捐赠协议约定的期限和方式将捐赠财产转移给救灾捐赠受赠人。否则，受赠人有权依法向协议捐赠人追要捐赠款物。

（2）依法追究挪用、侵占或者贪污救灾捐赠款物的受赠人及其直接责任人的法律责任。

（3）依法追究受赠人或其工作人员因滥用职权、玩忽职守、徇私舞弊致使捐赠财产蒙受重大损失等行为的法律责任。

第三节　中外慈善捐赠制度的比较

一、制度环境的比较

制度环境决定了制度安排的性质、范围和进程；制度安排的演化反过来也会影响制度环境，使制度环境发生适应其发展的变革。相对而言，西方公益慈善事业根植的制度环境主要是道德意识形态和有利于社区组织发展的社会结构。

1. 慈善道德传统

主导型的社会道德构建对于推进慈善捐赠是非常重要的。慈善捐赠行为的动机是人类善良的本性。乐善好施一向被认为是社会美德，古今中外都是如此。道德是一种经过历史积淀的行为规范，具有导向性和约束力；道德劝导人应当用善意爱人，鼓励人们用捐赠去扶危济困，并在社会范围内加以普及。譬如，清教传统使传统的美国人比较务实，具有强烈的社团精神，有结余就有捐赠，愿意为社区或母校做出贡献。

中华民族一直都将"积善积德"作为社会普遍信奉的仁爱道德准则。儒家思想强调民间互助行为——人只有通过帮助他人才能完善和实现自我。不过，今天中国各社会阶层、社会群体的消费习俗和社团传统并不让人乐观，缺乏普遍性的慈善捐赠习惯。中国应将儒家的"仁义"和"以义制利"等优良慈善道德传统融入社会主义精神文明和现代公民意识中，以创造社会性的个人捐赠氛围。

2. 社会结构

西方社会第三部门的社区组织、基金会等公益慈善组织占据了大量社会资金和人力资源，对国家和社会发挥着几乎可与政府和企业部门等量齐观的影响。对于慈善捐赠行为来说，正是由于社区组织的兴起，发挥了作为捐赠人和受赠人之间的纽带作用，建立了有组织、高效率的联合集资募款方式，实现了慈善捐赠行为的社会化、制度化。

相对而言，中国的慈善基金会和其他社会组织发展相对滞后，社会信任度较低，公益慈善的交易成本较高，主要原因是中国的社会环境结构尚不成熟。塞拉蒙指出，"决定第三部门发展最关键的因素是社会组织可以与政府结成的关系。"NPO 在内的成熟的社区组织，只有在政府部门和商业部门高度发展、成熟，形成"市场—政府—第三部门"这样的"大共同体结构"后才能产生。我国由于缺乏这样大的社会环境结构，社会组织与美国社区组织（社会组织）相比表现出一些特有形态（见表 12-2）。

表 12-2　中美 NPO 发展的制度环境和现有状况比较

维　度	比较项目	美　国	中　国
政府维度	具有成熟的政府和市场部门	是	否
	是否限制结社	否	是
	税收优惠程度	高	低
	法律监管是否有效	有效	部分失灵
社会维度	资源丰富和自由度	高	低
社区组织维度	治理结构	完善	缺乏独立性
	管理水平	较高	较低
	理念明确与否	成熟	模糊，尚处于发育中
	主要资金来源	国内捐赠	政府资金或海外
	主要活动领域	扶贫、慈善、环保、人权	扶贫

资料来源：康晓光. NPO 扶贫行为研究[M]. 北京：中国经济出版社，2001。

基于此，既然我国尚难以形成"大共同体结构"的制度环境，社会组织应该以捐赠、扶贫等领域为立足点，发挥自身的能动性和反作用力，走一条具有中国特色的公益慈善道路。

二、制度安排比较

公益慈善捐赠的制度安排对公益慈善事业的发展有不可忽视的影响。相关制度安排主要包括政府对公益慈善组织（特别是基金会）的监管制度、对私人捐赠产生正向激励的税收优惠政策、得到社会认同的捐赠声誉制度。

1. 基金会的监管制度

慈善基金会是欧美公益慈善事业的主要运作方式。一般认为，在公益慈善事业发展过程中，既要通过基金会推动公益慈善捐赠，又要防止基金会打着公益慈善事业的旗号逃税或谋取不正当私利，因此就需要有一套激励与约束相容的制度安排。经过长期实践，美国等西方国家发展了一套相对比较完善的基金会监管制度。但在中国，由于基金会的发展历史较短，对其监管的经验较为欠缺，因此，在发展基金会等公益慈善组织时存在保守倾向，在基金会设立门槛、薪酬政策上也略显苛刻。例如，在《基金会管理条例》中规定：非公募基金会的原始基金不低于200万元，且原始基金必须为到账货币资金。这就使得中小型基金会无法通过注册获得合法地位。

2. 税收优惠政策

最常见的鼓励捐赠税收政策是从应纳税所得额中扣除应纳税所得额的一定比例或数量的公益慈善捐赠额，免除慈善捐赠人的若干税赋。各国在公益慈善减免税赋上的立法精神比较一致。这种税赋设计，考量的是人们会在将一笔钱用于捐赠和保有税后部分所带来的效用之间进行权衡，从而增加做出捐赠决策的概率（人们是为了避税而捐赠），而政府放弃部分税收资源会促进私人捐赠。但美国的经验表明，公益慈善捐赠的发达是"低所得税率"和"慈善捐赠免税"双重政策发力的结果。原因在于，减税使富人和穷人在"经济蛋糕"中得到的绝对数都有所上升，从而可能使富人有更多的钱用于捐赠。这种"增效"作用远超过了由于减税降低人们捐赠的机会成本而产生的"减效"作用。因此，中国如果要促进私人捐赠，也要"降低（个人、企业）所得税税率"和"公益慈善捐赠扣减税"双重考虑，这样才可以大大地促进个人（家庭）和民营企业的公益慈善捐赠。

3. 捐赠声誉制度

公益慈善捐赠声誉制度是指通过授予捐赠人荣誉称号来激励其捐赠行为。美国经济学家 Harbaugh（1998）探索了有关捐赠声誉得益对总效用的贡献，研究表明私人捐赠数额与捐赠所带来的声誉效用正相关，私人捐赠具有声誉动机。例如，美国人校友日聚会时的捐赠常有这样的现象：把捐赠数额为 500~999 美元算作一个声誉等级，那么这个等级中绝大多数捐赠人的捐赠数额都正好是 500 美元，因为额外的捐款并不能给他带来更高的声誉。基于此，欧美国家会根据捐赠数额的大小给予捐赠人不同等级的荣誉。这种做法尤其在美国很多大学中流行。在美国，无论是在公立（州立）大学还是私立大学，私人资本的慈善捐赠都非常普遍，而大学一般会对捐赠人授予名誉称号，"明码实价"地开列某些教席或教学、科研实验大楼、图书馆、艺术中心等建筑物的命名权。欧美大学中这种务实而人性化的做法使捐赠人和穷人的福利都得到了提高。实践表明，捐赠声誉制度有利于实现公益慈善事业的可持续性发展，而其所获得的慈善声誉也推动了企业的发展。

中国的企业家也比较看重捐赠的社会声誉，中国不应回避私人捐赠对声誉的正当追求。因此，我国也有必要借鉴和建立捐赠声誉制度，给予捐赠人相应的社会回报，授予捐赠人、慈善家某种荣誉称号，大幅度地放开公共设施的命名权，让企业家意识到慈善捐赠获得的良好社会形象是最有价值的投资。这就意味着，捐赠人不仅要打破"木秀于林，风必摧之"的滞后观念，更重要的是我国的社会舆论、社会观念也要打破"做好事不应该留名"这样的社会成见及"枪打出头鸟"的社会陋习，充分尊重、保护其合法财产，尊重和保护企业家的创新精神，注重企业家过去、现在和未来对社会的贡献，对企业家做出综合、客观的评价。

第四节　完善公益慈善捐赠制度

公益慈善捐赠是公益慈善事业发展的基石，是进行社会资源再分配的重要手段、方式和途径。公益慈善捐赠制度的完善与否，关系到公益慈善事业能否健康持续地发展。公益慈善捐赠制度是公益慈善捐赠过程中各环节之间相互作用的过程和方式，包括捐赠的动员、捐赠的激励、捐赠的监督等因素。当前，我国公益慈善捐赠动员存在半体制化动员和社会化动员两种方式，这是社会转型期特有的现象；激励机制则可以通过制度化政策规定、物质或精神的奖励对捐赠人的善行给予肯定和鼓励；对于公益慈善资金等善款善物的使用，需要加强内外监督。只有建立规范的捐赠制度，公益慈善事业才会稳步、健康发展。

一、优化公益慈善捐赠的动员机制

当前,公益慈善事业在中国刚刚起步不久,公众的公益慈善意识普遍不强,国家集中和掌握的直接资源十分巨大。面对此种客观现实,如何动员慈善捐赠就显得十分重要。一方面要利用现有组织资源和体制资源进行慈善动员,另一方面要着力建立社会动员机制。

其一,要破除过度行政化倾向,重建社会信任,激发社会力量参与公益慈善事业的活力。转型期的中国社会心态普遍浮躁,一些错误的消费观念长期流行,社会道德在一定程度上存在滑坡现象,对捐赠接受机构的不信任问题普遍存在,这导致不少人在公益慈善捐赠问题上始终处于一种犹豫、观望状态。基于此,对于公益慈善捐赠的社会化动员,应力戒行政命令式,变过去的"以权压人"为"以理服人""以情动人",在方式、方法上敢于探索,善于创新;政府和各类公益慈善组织应当构建媒体宣传网络,唤起公众的公共精神与公益慈善意识,把公众的传统慈善美德和社会责任感充分激发出来,培养慈善捐赠的"拥护群"。

其二,塑造公益慈善组织的良好形象。公益慈善捐赠的社会化动员,不仅要唤起公众的慈善意识、激发公众慈善捐赠动机,而且要重建公益慈善组织的公信力。在慈善捐赠领域,在当前社会公众中还存在"愿为而不为""想为而不能为"的现象。现阶段,腐败行为的高发会让人怀疑善款的去向;一些公益慈善组织对善款的滥用,加剧了社会公众对捐赠的消极反应;公信力的问题始终是各级地方政府及部分公益慈善组织面临的重要问题。为此,构建公益慈善捐赠社会化动员机制,必须塑造公益慈善组织的良好形象,培植公益慈善组织的公信力,建立健全捐赠接受机构(含政府)与公众之间畅通的沟通渠道及灾情困难回应模式,强化更加透明、更加规范、更加法治化的信息披露行为,以取得民众的信任与支持。

其三,推进公益慈善捐赠动员主体的建设。公益慈善捐赠,其动员主体应当从行政化组织(政府或半官方机构)逐步向社会化的公益慈善组织过渡。国家在公益慈善事业发展中的作用主要是完善制度,提供宏观的指导和监督,努力营造公益慈善捐赠的政策、法治环境和社会氛围。至于公益慈善的具体、微观环节,则应该交由公益慈善组织和民间去做。国家应当有一个整体规划,培育慈善意识,营造慈善氛围,构建相关法律法规、优惠政策,扶持慈善机构,促进公益慈善捐赠事业向健康、良性、有序的方向发展。

总之,公益慈善捐赠的社会化动员,需要建立公益慈善组织与公众之间的沟通渠道,发展壮大公益慈善的志愿者队伍,关注当前社会的价值趋向和社会心理诉求,强化对公众的公益慈善意识的宣传、教育,促进社会信任,重建政府及公益慈善组织的公信力。

二、完善公益慈善捐赠的激励制度

公益慈善捐赠的激励制度建设，是指在精神和物质层面，通过一系列政策、制度来激发社会公众的公益慈善捐赠行为，包括健全、完善的公益慈善捐赠法律、法规、规章，以及对公益慈善捐赠主体（捐赠人）进行激励的具体措施、办法。

1. 完善公益慈善捐赠的法制

一方面，要从制度上保障多渠道的慈善捐赠筹资机制，拓宽筹资渠道，着力推进公益慈善组织及其公信力的建设；另一方面，要大力发展基金会，推动建立健康有序的公益慈善捐赠运营机制，让已有资金最大限度地可持续发挥作用。

2. 优化对捐赠人的激励机制

一方面，要切实降低个人（或企业）所得税率，同时强化公益慈善捐赠税收减免，简化减免税收的手续、程序，充分发挥"税式支出"在公益慈善捐赠事业中的重要作用。另一方面，要强化精神激励，从制度上保障独家捐赠的专项基金冠名权、捐赠项目的署名立传权、个人/家族的冠名权，保障"荣誉市民""慈善大使"等称号的权威性和社会威望；保障独家捐赠项目捐赠人的广告或公益广告发布权利；政府对有突出贡献的个人和组织予以表彰，保障表彰的权威性。以此激励更多捐赠人为公益慈善事业贡献更大力量，增强对捐赠人的社会记忆。

三、完善公益慈善捐赠的监督制度

缺乏有效的监督就会滋生腐败。公益慈善事业要成为"玻璃做的口袋"和最干净的事业，任何环节出现问题都会削弱公众的捐赠热情，伤害捐赠人的感情，阻碍公益慈善事业的健康发展。因此，加强监督是公益慈善事业健康发展的内在要求。对公益慈善捐赠的监督分为内部监督和外部监督。内部监督主要以自律和优化内部治理机制为主；外部监督主要是社会监督、捐赠人监督、行业监督和政府监督。

1. 内部监督

公益慈善捐赠的受赠人包括政府及相关部门、公益慈善组织和个人。若受赠人是个人，就需要个人的自律，需要个人凭着良心和操行正确使用捐款。

公益慈善组织是公益慈善捐赠最主要的受赠人。基于此，公益慈善组织不论规模大小、不论是官方还是民间，都必须像上市公司、金融机构一样建立完备的内部治理结构，完善自律、自控机制，培育、增强公益慈善组织自我管理、自我约束、自我发展的能力，包括设立专门的资金管理部门、监事机构、独立核算机构，对公益慈善资金的募集、管理、使用、投资增值、项目运作等活动进行全方位的监督或制约。此外，值得关注的是，2008年4月，由中国扶贫基金会、中国青少年发展基金会、爱德基金会、南都公益基金会、NPO信息咨询中心、上海浦东非营利组织发展中心、友成企业家扶贫基金会、自然之友、地球村等一批非营利组织参与制定的首部《中国公益性非营利组织自律准则》发布，内容包括使命、利益冲突、内部治理、筹资、财务、项目、人员、非营利组织间的协作关系、信息公开9个方面，成为公益慈善组织进行自我监督、自我管理的标志性文件。

此外，县级以上人民政府及其民政部门、卫生行政部门可以作为救灾过程中的受赠人。此时，县级以上人民政府及其民政部门、卫生行政部门也要强化自身的内部监督，强化政府公信力的建设，强化内部权力的制约。

2. 外部监督

外部监督主要包括社会监督、捐赠人监督和政府监督。这3种监督力量同时发挥着作用，共同促进公益慈善捐赠的公开、透明及公益慈善事业的健康发展。

社会监督由媒体（含新媒体）、第三方独立评估机构及公民个人（含社区邻里）三位一体的监督形式组成，在监督公益慈善组织和公益慈善事业方面发挥重要作用。例如，"郭美美事件""河南宋庆龄基金会雕像事件"等多起有损公益慈善声誉、侵害或滥用慈善款物的事件都是由媒体曝光进而引起社会关注的。对于个人为受赠人的，除涉及个人隐私或个人尊严等事项外，社区邻里、社区组织应加强对个人受赠人的关爱与监督。公民个人可以在新媒体上以向有关部门投诉、举报、作证等方式依法发挥正当的监督作用；而由独立的评估机构定期对公益慈善捐赠做出分析和评价，并依法向社会公布，也是一种行之有效的监督形式。

个人（家庭）、企业或其他组织作为捐赠人，对捐赠款物等公益慈善资金拥有知情权，可以依法对公益慈善组织的财务状况及善款使用等信息进行适当的监督。

政府监督是外部监督最具威慑力的环节。虽然公益慈善事业是一种民间行为，但是公益慈善组织登记注册、获得免税资格、获取财政补贴等都离不开政府，而维护公益慈善行业秩序、规范和引导公益慈善事业发展也是政府责任。因此，政府对公益慈善捐赠有监督之责。政府对公益慈善捐赠的监督主要有两种运作方式：一是从制度层面加强对公益慈善组织及其行为的规范和约束；二是从实践层面加强对公益慈善捐赠资金的刚性管理，包括严格公益慈善组织的财务管理程序、加强对捐赠善款的审计（公益慈善资金的使用、投资情况及公益慈善组织高级管理人员、员工薪酬等的审计）、加强受赠人的会计核算工作，以便发现问题并及时查处、纠正问题，防范公益慈善资金不正当使用或流失。

县级以上人民政府及其民政部门、卫生行政部门可以作为救灾过程中的受赠人，此时，应该强化对政府公职人员的纪律检查和行政监督，强化社会媒体及捐赠人、公民个人对政府及其相关公职人员的监督。

总之，公益慈善捐赠是一个从动员到激励再到监督、反馈的互动过程。公益慈善捐赠动员的目的在于唤醒公众的慈善意识和爱心，使公益慈善捐赠由"要我做"变为"我要做"；公益慈善激励制度要鼓励公众捐赠，使慈善捐赠内化为公众自觉、主动的行为；而加强对公益慈善资金使用的监督，是规范公益慈善捐赠行为、维护公益慈善行业秩序的重要举措。当前，中国公益慈善捐赠还存在不少问题，如过度行政化、社会性欠缺、税收减免制度不完善、公众慈善意识欠缺、受赠人自律不足、内外监督机制不健全、公信力不足等，挫伤了公众捐赠的热情。因此，我国的公益慈善事业管理必须正视这些问题，理顺、规范公益慈善捐赠机制。

本章提要

1. 公益慈善捐赠是指自然人、法人和其他组织基于公益慈善目的，自愿、无偿赠予财产的活动。捐赠人可以通过公益慈善组织捐赠，也可以直接向受赠人捐赠。捐赠的财产应当是捐赠人有权处理的合法财产，所捐赠的实物应具有使用价值，符合安全、卫生、环保标准。

2. 公益慈善捐赠应遵循自愿、非营利、合法、多样化等原则。

3. 公益慈善捐赠的受赠人可以分为 4 类：公益慈善组织、公益性非营利的事业单位、县级以上人民政府及其民政、卫生等行政职能部门、个人或家庭。

4. 国务院民政部门根据灾情组织开展跨省或全国性救灾捐赠活动；同级人民政府批准，县级以上人民政府民政部门组织开展本行政区内的救灾捐赠活动，但不得跨区开展；具有救灾宗旨的公募基金会，依法开展救灾募捐活动。

5. 开展义演、义赛、义卖等救灾捐赠和募捐活动，举办单位应在活动结束后 30 日内，报当地人民政府民政部门备案。

6. 公益慈善捐赠制度的立法宗旨是，鼓励捐赠，规范捐赠和受赠行为，保护捐赠人、受赠人和受益人的合法权益，促进公益慈善事业的发展。

7. 制度环境决定了制度安排的性质、范围和进程，制度安排的演化反过来也会影响制度环境，使制度环境发生适应其发展的变革。比较中外慈善捐赠制度发现，西方公益慈善事业的成功建立在道德意识形态、有利于社区组织发展的社会结构，以及健全的监管制度、税收优惠政策、捐赠声誉制度基础上。

8. 公益慈善捐赠制度是慈善捐赠过程中各环节之间相互作用的过程和方式，它包括捐赠动员、捐赠激励和捐赠监督等因素。

案例分析

【案例 12-1】互联网慈善捐赠

材料一："一元购画"项目刷屏微信朋友圈，热门公益活动引发公众捐赠热潮

资料来源：郑津. 天津北方网，2017-08-30，有删节。

2017年8月29日晨，微信朋友圈被"腾讯公益创意项目小朋友画廊活动"刷屏，微信用户只需要通过腾讯公益平台公众号支付一元，"捐赠一元就可以买一幅自闭症、智力障碍人群的画作。"仅仅7个小时就有580万名网友参加捐款，筹集善款1500万元，而关于项目执行机构"WABC无障碍艺途"创始人苗世明的文章的阅读量也超过10万+次。但是，善款后续使用情况、画作是否代笔、资金如何监管等一系列疑问随之而来，而投资商捞钱、分成等质疑让事件迅速反转，甚至有的公众向深圳市公安局举报。

质疑：捐款并非给画作作者

该项目于2017年8月17日发起，募捐目标为1500万元。该活动刷屏后，参与人数、捐款数额飞速攀升。截至2017年8月29日14时20分，捐款金额已达15028994.79元，截至募捐结束，捐款人数超过580万人次。随后，有网友通过微信公众号发出质疑，这1500万元巨额捐款并非捐给画作作者个人，而是捐给"WABC无障碍艺途"，这一点在捐款之前没有得到特别醒目的说明。艺途专项基金（"WABC无障碍艺途"）通过官方微博回应，这项活动旨在为精神智障人群提供艺术疗愈，帮助他们打开心灵。作为资金管理方的深圳爱佑未来慈善基金会在官方微博上回应说，"今天刷爆朋友圈的'小朋友画廊'是我们的。您所支持的画作来自爱佑未来慈善基金会专项基金——艺途专项基金（'WABC无障碍艺途'）。"

腾讯公益回应：善款使用情况将公示

面对质疑，腾讯也做出了回应，这家科技巨头表示，"小朋友画廊"是腾讯公益和"WABC无障碍艺途"联合出品的，并不存在所谓的"投资商"，也并没有任何"分成"。相反，用户所捐赠的款项会被捐赠给患有自闭症、脑瘫、唐氏综合征等智力障碍的特殊人群。

针对网友对捐款用途的质疑，腾讯公益公关部负责人秦川接受采访时称，此次活动的画作由"WABC无障碍艺途"的学员创作，"WABC无障碍艺途"选择50幅画作交给腾讯公益，腾讯公益的H5制作团队又从中挑选了36幅。这些作画的学员来自上海、广州、深圳等多个城市，年龄从几岁到40多岁。虽然他们都是精神障碍、智力障碍或自闭症患者，但其作品和艺术天分让每个看到的人都感动和惊讶。秦川称，用户每购买一幅自闭症儿童的画作，相当于向腾讯公益平台上的"用艺术点亮生命"公益项目进行捐赠。该项目旨在消除社会偏见，帮助患有自闭症、脑瘫、唐氏综合征等智力障碍的特殊人群改善生活、融入社会、实现自我价值。

秦川还表示，这次捐款由"WABC 无障碍艺途"在腾讯公益平台上发起、由具有公募资质的深圳市爱佑未来慈善基金会负责接受善款。同时，为确保后续监督和执行，用户捐赠的善款不会进入腾讯公益，将直接存入接受善款的公募机构账户。

有关项目后续的善款使用情况，秦川称，将在腾讯公益平台上进行定期公示，接受公众的监督和查询(查询路径：打开微信,我—钱包—腾讯公益—个人中心—捐款记录)。用户若关注了腾讯公益微信公众号，也会收到善款执行明细情况的及时推送。

艾媒网查询腾讯公益平台项目列表看到，该项目于 2017 年 8 月 17 日发起，募捐目标 1500 万元；8 月 30 日该活动刷屏后，参与人数、捐款数额飞速攀升。据统计，截至发稿前，捐款金额已达 15028994.79 元，截至募捐结束，捐款人数超过 580 万人次。

材料二："人人公益"上线一月"吸金"超 10 亿元

资料来源：张璐瑶，曾祥龙，黄康灵，吴文俊.《羊城晚报》，2017-04-13，有删节。

2017 年 3 月，广州、佛山两地警方发现多个公司涉嫌利用网络平台，借助爱心公益、慈善互助、慈善基金等形式，组织、领导传销犯罪活动，受害群众遍布全国各地，涉案资金高达数十亿元，仅人人优益网络科技有限公司建立的所谓"人人公益"网络平台上线一个月就吸收资金超过 10 亿元。2017 年 4 月 13 日，广东省公安厅召开新闻发布会透露，广东省公安厅组织全省 21 个地市和北京、浙江、河南等 10 余个省（自治区、直辖市）公安机关同步开展"飓风 5 号"打击网络传销和非法集资犯罪专项收网行动，成功摧毁多个特大新型网络传销犯罪团伙，侦破系列网络传销和非法集资案件 60 余宗，捣毁犯罪窝点 90 余个，查冻涉案账户 700 余个，相关案件涉案金额 40 余亿元，涉及全国 50 余万人。

以"公益"为幌子骗财

广东省公安厅经侦局局长黄守应介绍，2017 年 3 月，广州市、佛山市公安局经侦部门在工作中发现，人人优益网络科技有限公司、迈捷普瑞公司及"百特365"网站等涉嫌利用网络平台，借助电子商务、消费返利、金融互助、爱心公益、慈善互助、慈善基金、高科技生物产品等形式，组织、领导传销犯罪活动，受害群众遍布各地及中国港澳台地区，涉案资金高达数十亿元。其中，仅人人优益网络科技有限公司建立的所谓"人人公益"网络平台，上线一个月就吸收资金超过 10 亿元。

相关线索上报后，广东省公安厅经侦局迅速成立专案组，将该系列案件列为"飓风5 号"专案。专案组发现，这些团伙的犯罪手法主要为利用互联网平台"拉人头"。人人优益网络科技有限公司通过购买"爱心""拉人头"获返利等诱骗方式组织、领导传销犯罪活动；迈捷普瑞公司则利用网络平台以销售所谓高科技生物科技产品为幌子，通过"拉人头""收取入门费""团队计酬"等方式骗财；"百特365"网站则以投资金融、娱乐场、游戏等为幌子，许诺高额投资收益，实则通过"拉人头"入会以得到下线投资收益的形式组织、领导传销犯罪活动。

2017年3月下旬，广东省公安厅指挥全省21个地市公安机关组成91个抓捕小组，分赴北京、浙江、河南等10余个省（自治区、直辖市）和广东省21个地市同步开展收网行动，成功摧毁90余个传销窝点，主要犯罪嫌疑人在行动中悉数落网。

问题

1. 根据上述材料，阐述我国互联网慈善捐赠的问题及成因。
2. 基于上述材料，阐述如何完善互联网慈善捐赠的制度。

思考与练习

一、名词解释

1. 公益慈善捐赠
2. 外部监督

二、简答题

1. 简述公益慈善捐赠的原则。
2. 对比分析中外公益慈善捐赠制度的差异。
3. 简述捐赠声誉制度在公益慈善捐赠中的作用。
4. 简述社会信任和政府公信力如何影响公益慈善捐赠。

三、论述题

1. 阐释如何发展和完善我国公益慈善捐赠制度。
2. 讨论如何动员、激励公益慈善捐赠。

参考文献

[1] 刘澄，刘志伟，叶波. 改进中国慈善捐赠的制度安排[J]. 国际经济评论，2006（5）：41-44.
[2] 张强，韩莹莹. 中国慈善捐赠的现状与发展路径[J]. 中国行政管理，2015（5）：82-86.
[3] 许琳，张晖. 关于我国公民慈善意识的调查[J]. 南京社会科学，2004（5）：89-94.

[4] 吴正锋,许克祥. 我国慈善捐赠制度的改进与完善[J]. 产业与科技论坛,2014(9):39-40.

[5] 黄丹. 当代中国慈善事业发展的战略路径探讨[J]. 社会科学,2003(8):75-79.

[6] 周志忍,陈庆云. 自律与他律——第三部门监督机制个案研究[M]. 杭州:浙江人民出版社,1999.

[7] 蔡勤禹,江宏春,叶立国. 慈善捐赠机制述论[J]. 苏州科技学院学报,2009(2):32-37.

[8] 曲顺兰,王丛,崔红霞. 国外慈善捐赠税收激励政策取向及我国优惠政策的完善[J]. 2016(9):100-111.

[9] 中国社会科学院社会政策研究中心. 慈善蓝皮书:中国慈善发展报告(2017)[M]. 北京:社会科学文献出版社,2017.

[10] 陈劲松. 40部门联手实施慈善捐赠信用奖惩[N]. 人民日报(海外版),2018-03-01.

[11] 黄晓瑞,吴显华. 慈善捐赠的一个政策工具:税收激励[J]. 武汉大学学报,2015(7):28-33.

[12] 赵俊男. 中国慈善事业治理研究——慈善组织、政府、企业的角色定位与行为改进[D]. 长春:吉林大学,2013:150-172.

[13] 董慧凝,周京,赵伟论. 我国慈善组织法人管理弊端及完善途径[J]. 中国行政管理,2013(3):69-72.

第十三章 公益慈善税收优惠制度

知识目标

1. 了解我国公益慈善税收优惠的主要制度
2. 熟悉我国公益慈善税收的具体优惠政策
3. 了解欧美国家公益慈善税收优惠概况

能力目标

1. 明确我国公益慈善税收优惠的主体、对象
2. 说明其他国家或地区公益慈善税收优惠的启示
3. 把握现阶段我国公益慈善税收优惠制度的不足

素质目标

1. 建立税收优惠制度对公益慈善事业发展的价值
2. 用实际行动推动健全公益慈善税收优惠制度

第一节　公益慈善税收优惠制度概述

为促进公益慈善事业的发展，对从事公益慈善活动、参与公益慈善事业的企业、个人或其他法人进行相应的税收减免等，是世界各国通行的做法。税收优惠的相关制度安排是针对公益慈善事业的各种激励举措中最有效的杠杆，因此，公益慈善税制安排成为各国公益慈善相关立法的核心内容之一。对通过捐赠等方式从事、参与或支持公益慈善项目、活动开展的各方主体给予税收优惠也是我国公益慈善实践的重要内容。

一、公益慈善税收优惠的立法现状

20世纪80年代以来，通过税制安排激励公益慈善事业发展的理念逐渐深入人心。据统计，我国针对公益慈善的税收优惠，已有法律、法规及财政部、国家税务总局等部门的规章与规范性文件，再加上一些地方性立法，主要法律文件已超过60部。

我国现行税法关于公益慈善的规定分别体现在流转税、所得税、资源税、财产税和行为税五大税类的具体税种之中。在流转税方面，主要涉及《中华人民共和国增值税暂行条例实施细则》（财政部、国家税务总局令第65号）、《中华人民共和国消费税暂行条例》（国务院令第539号）、《中华人民共和国营业税暂行条例实施细则》（财政部、国家税务总局令第52号）、《中华人民共和国进出口关税条例》（国务院令第392号，2017年修订）等法规、规章，增值税、消费税、营业税、关税等分别对慈善收入、慈善捐赠做了相应的规定。在所得税方面，主要涉及《中华人民共和国企业所得税法》《中华人民共和国个人所得税法》等法律，企业、个人所得税对慈善捐赠做了明确规定。在资源税、财产税和行为税方面，主要涉及《中华人民共和国土地增值税暂行条例实施细则》（财法字〔1995〕6号）、《中华人民共和国契税暂行条例》（国务院令第224号）、《中华人民共和国印花税暂行条例》（国务院令第588号）等法规、规章，土地增值税、契税和印花税等对慈善收入、慈善捐赠做了明确规定。

2016年9月1日《中华人民共和国慈善法》正式实施，其中明确了公益慈善组织、捐赠人和受益人3类慈善活动参与主体享受税收优惠的权利。相关税收优惠条款如下。①公益慈善组织及其取得的收入依法享受税收优惠。②自然人、法人或者其他组织捐赠财产用于公益慈善活动的,依法享受税收优惠;企业公益慈善捐赠支出超过法律规定的,准予在计算企业所得税应纳税所得额时当年扣除,并允许结转以后 3 年内在计算应纳税所得额时扣除;企业境外捐赠用于公益慈善活动的物资,依法减征或者免征进口关税和进口环节增值税。③受益人接受慈善捐赠或者慈善服务,依法享受税收优惠。④公益慈善组织、捐赠人、受益人依法享受税收优惠的,有关部门应当及时办理相关手续。

二、公益慈善税收优惠的基本内容

我国现行公益慈善税收优惠制度,在内容上由以下 4 个板块组成:一是公益慈善组织的免税资格与税前扣除资格的取得;二是公益慈善组织自身活动的税收优惠;三是企业、个人等捐赠人的税收优惠;四是受益人的税收优惠。

(1) 公益慈善组织的税收优惠资格,包括自身的免税资格和向其捐赠的税前扣除资格。公益慈善组织向地方税务主管机关提出免税资格申请,由地方财政、税务部门联合审核确认并定期公布。公益慈善组织的公益性捐赠税前扣除资格,分别向民政、财政、税务部门提出申请,在民政部登记的公益慈善组织由民政部初步审核,民政部、国家税务总局、财政部联合审核;在地方民政部门登记的公益慈善组织的税前扣除资格则由省级民政部门负责初步审核,并由省级民政、财政、国税和地税部门联合审核,由民政、财政、税务部门分别定期公布。2018 年我国启动了新一轮国家机构改革,其中省级和省级以下国税、地税机构正在进行合并,具体承担所辖区域内各项税收、非税收入征管等职责,并实行以国家税务总局为主、以省级人民政府税务部门为辅的双重领导管理体制。国税、地税机构合并后,预期公益慈善组织税收优惠资格的审核、公布会做相应的调整。

(2) 公益慈善组织享受企业所得税、增值税、营业税、契税、房产税等方面的优惠。公益慈善组织取得免税资格后,接受其他单位或者个人捐赠的收入、符合条件的政府补助等收入,免征企业所得税。除此之外,还有关于公益慈善组织自用房产、土地的房产税、土地使用税及车船使用税、契税、增值税等税收优惠的法律、法规。

(3) 捐赠人的税收优惠涉及所得税、印花税、增值税、关税等税种。所依据的制度是《中华人民共和国企业所得税法》(2017 年修订版)及其实施细则、《中华人民共和国个人所得税法》(2011 年修订版)及其实施细则。另外,根据《扶贫、慈善性捐赠物资免征进口税收暂行办法》(财税〔2000〕152 号)等规定,境外捐赠人无偿向受赠人捐赠的物资可享受进口关税和进口环节增值税的减免优惠。

(4)《中华人民共和国慈善法》、《基金会管理条例》(国务院令第 400 号)规定了受益人依法享受税收优惠,《中华人民共和国个人所得税法》(2011 年修订版)也有对救济金、抚恤金等救助性收入税收减免的相关规定。

总体上，现行公益慈善税收优惠制度及其实施，对促进我国公益慈善事业的发展起到了一些积极效果。对公益慈善组织减免税收，也减轻了公益慈善组织的税费负担，捐赠税前扣除激发了社会捐赠意愿，而对受益人的税收优惠也体现了对受益人困境的关注及对其生存权、发展权的尊重。

第二节 公益慈善税收优惠对象

我国对激励公益慈善事业发展的制度设计，主要涉及《中华人民共和国慈善法》《中华人民共和国公益慈善事业捐赠法》《中华人民共和国企业所得税法》（2017年修订版）、《中华人民共和国个人所得税法》（2011年修订版）及相关实施细则。因此，若以税收优惠对象区分，我国现行的公益慈善税收优惠对象主要包括公益慈善组织、捐赠人、受益人（受助人或受赠人）3个方面。

一、公益慈善组织

1. 公益慈善组织收入免税的资格条件

《中华人民共和国企业所得税法》（2017年修订版）规定，符合条件的非营利组织收入列入免税收入。公益慈善组织作为非营利组织的一种，其性质及其取得的收入两方面都必须"符合条件"才可享受优惠。并非经民政部门登记的社会团体或其他社会组织就自然具有免税资格，符合条件的公益慈善组织必须同时符合下列条件：

（1）依法履行非营利组织登记手续；
（2）从事公益性或者非营利性活动；
（3）取得的收入除用于与该组织有关的、合理的支出外，全部用于登记核定或者章程规定的公益性或者非营利性事业；
（4）财产及其孳息不用于分配；
（5）按照登记核定或者章程规定，该组织注销后的剩余财产用于公益性或者非营利性目的，或者由登记管理机关转赠予与该组织性质、宗旨相同的组织，并向社会公告；
（6）捐赠人对捐给该组织的财产不保留或者不享有任何财产权利；

（7）工作人员工资福利开支控制在规定的比例内，不变相分配该组织的财产。

非营利组织免税资格的认定管理办法执行《财政部 国家税务总局关于非营利组织免税资格认定管理有关问题的通知》（财税〔2014〕13号）相关规定。

2. 公益慈善组织取得收入的免税条件

可享受企业所得税免税优惠的收入必须是税收法律、法规列举的各收入类型。公益慈善组织取得收入的免税条件主要包括以下方面：

（1）接受其他单位或者个人捐赠的收入；

（2）除《中华人民共和国企业所得税法》规定的财政拨款以外的其他政府补助收入，但不包括因政府购买服务取得的收入；

（3）按照省级以上民政、财政部门规定收取的会费；

（4）不征税收入和免税收入孳生的银行存款利息收入。

需要说明的是，公益慈善组织从事营利性活动取得的收入一般不列入免税收入范围。

3. 其他方面的规定

其他方面的税收优惠政策主要体现在公益慈善组织和有关社会团体进行与公益慈善事业相关活动产生的部分支出上，如购置和使用房产、土地及车船。

经国务院授权的政府部门批准设立或登记备案，并由国家拨付行政事业费的各类社会团体自用的房产，免征房产税；政府部门和企事业单位、社会团体及福利性、非营利性的老年服务机构，国家拨付事业经费和企业办的各类学校、托儿所、幼儿园，以及疾病控制机构和妇幼保健机构等卫生机构自用的土地，免征城镇土地使用税；企业和其他社会团体将所拥有土地的使用权和房屋的所有权转让给公益慈善组织，可以免征增值税。此外，人民团体的自用车辆、国家财政拨付事业经费单位的自用车辆和用于公益事业的车船，免征车船使用税；社会团体购置土地和房屋用于办公、教学、医疗、科研等活动，可以免征契税，若改变土地和房屋的用途则应补缴契税。

二、捐赠人

我国税法对捐赠人的所得税优惠形式是税基式减免，即捐赠支出可在计算所得税时按规定扣除。这意味着可减免的具体税额与企业适用税率、是否亏损等因素相关，须通过计算才可确定，而非直接在应纳税额中抵减。

1. 企业所得税

《中华人民共和国企业所得税法》（2017年修订版）及其实施细则规定，企业通过公益性社会团体或者县级以上人民政府及其部门救助灾民、救济贫困、扶助残疾人等公益事业的捐赠支出，适用于《中华人民共和国公益事业捐赠法》规定的公益事业的捐赠支出，在年度利润总额12%以内的部分，准予在计算应纳税所得额时扣除；超过年度利润总额12%的部分，准予结转以后3年内在计算应纳税所得额时扣除。

捐赠财产形式多样，包括货币、实物、有价证券和房屋等有形财产和无形财产，其中，股权捐赠是一种新型的捐赠模式，可使受赠的公益慈善组织通过所持股企业的股权分红而持续得到收益，有利于促进公益慈善资金（财产）的保值、增值。根据税收相关法律、法规，企业对外捐赠资产，资产所有权属发生改变应视同销售，按照被捐赠资产的公允价值确定收入。被捐赠的股份如果增值幅度大，捐赠企业则会产生大额的所得税负担，但没有相应的现金流完成缴税义务。基于此，财政部与国家税务总局于2016年联合发布《关于公益股权捐赠企业所得税政策问题的通知》，规定企业向公益性社会团体实施的股权捐赠，应按规定视同股权转让，股权转让收入以企业所捐赠股权取得时的历史成本确定。该规定实际上减免了捐赠人此前就股票增值部分需要缴纳的所得税。

2. 个人所得税

《中华人民共和国个人所得税法》（2011年修订版）及其实施细则规定，个人将其所得通过中国境内的社会团体、国家机关向教育和其他社会公益事业及遭受严重自然灾害地区、贫困地区的捐赠，捐赠额未超过纳税义务人申报的应纳税所得额30%的部分，可以从其个人所得税应纳税所得额中扣除。在计算允许个人所得税税前扣除捐赠支出时，当期扣除不完的捐赠余额，不得转到其他应纳税所得项目及以后纳税申报期的应纳税所得中继续扣除，也不允许将当期捐赠在以前纳税申报期的应纳税所得中追溯扣除。

> **小贴士**
>
> **特殊规定——个人公益性捐赠的税收优惠**
>
> 对个人向中华健康快车基金会和孙冶方经济科学基金会、中华慈善总会、中国法律援助基金会、中华见义勇为基金会、宋庆龄基金会、中国福利会、中国残疾人福利基金会、中国扶贫基金会、中国煤矿尘肺病治疗基金会、中华环境保护基金会、中国老龄事业发展基金会、中国华文教育基金会、中国绿化基金会、中国妇女发展基金会、中国关心下一代健康体育基金会、中国生物多样性保护基金会、中国儿童少年基金会、中国光彩事业基金会、中国医药卫生事业发展基金会、中国教育发展基金会等的公益性捐赠，准予在个人所得税税前全额扣除。

上述政策源于：《财政部 国家税务总局关于向中华健康快车基金会等5家单位的捐赠所得税税前扣除问题的通知》（财税〔2003〕204号）、《财政部 国家税务总局关于向宋庆龄基金会等6家单位捐赠所得税政策问题的通知》（财税〔2004〕172号）、《财政部 国家税务总局关于中国老龄事业发展基金会等8家单位捐赠所得税政策问题的通知》（财税〔2006〕66号）、《财政部 国家税务总局关于中国医药卫生事业发展基金会捐赠所得税政策问题的通知》（财税〔2006〕67号）、《财政部 国家税务总局关于中国教育发展基金会捐赠所得税政策问题的通知》（财税〔2006〕68号）等。

3. 其他方面的规定

房产所有人、土地使用权所有人通过中国境内非营利的社会团体、国家机关将房屋产权、土地使用权赠予教育、民政和其他社会福利、公益事业的，不征土地增值税。《扶贫、慈善性捐赠物资免征进口税收暂行办法》（财税〔2000〕152号）规定，境外捐赠人无偿向受赠人[依法批准成立的，以人道救助和发展扶贫、慈善事业为宗旨的社会团体，或国务院有关部门和各省（自治区、直辖市）人民政府]捐赠的直接用于扶贫、慈善事业（非营利的扶贫济困、慈善救助等社会慈善和福利事业）的物资，减征或免征进口关税和进口环节增值税。

特别地，为支持地震灾后恢复重建，财政部及国家税务总局近年出台过规定，企业、个人等为汶川地震、舟曲泥石流、芦山地震、玉树地震等灾后重建的捐赠，可以在当年所得税中据实全额扣除。单位和个体经营者将自产、委托加工或购买的货物通过公益性社会团体、县级以上人民政府及其部门捐赠给上述受灾地区的，免征增值税、城市维护建设税、教育费附加税，财产所有人将财产（物品）直接或通过公益性社会团体、县级以上人民政府及其部门捐赠给受灾地区或受灾居民所签订的产权转移协议，免征印花税。

小贴士

特殊规定——允许100%全额扣除

除按照12%的比例税前扣除公益性捐赠外，针对特定事项的捐赠，财政部、国家税务总局出台了税收优惠政策，也允许在企业所得税前全额扣除。譬如，根据《国家税务总局关于企业所得税执行中若干税务处理问题的通知》（国税函〔2009〕202号）、《财政部、海关总署、国家税务总局关于支持玉树地震灾后恢复重建有关税收政策问题的通知》（财税〔2010〕59号）和《财政部、海关总署、国家税务总局关于支持舟曲灾后恢复重建有关税收政策问题的通知》（财税〔2010〕107号）及《财政部、海关总署、国家税务总局关于支持芦山地震灾后恢复重建有关税收政策问题的通知》（财税〔2013〕58号）的规定，汶川地震、舟曲泥石流、芦山地震、玉树地震的灾后重建的个人和企业捐赠，可在当年所得税前据实全额扣除。此外，对于上述受灾地区的捐赠物资，也有增值税、城市维护建设税、印花税及教育费附加税等方面的免征优惠。

三、受益人

中国现行税收制度还有关于受益人税收优惠的零散规定。《中华人民共和国慈善法》（2016 年）、《基金会管理条例》（国务院令第 400 号）规定了受益人依法享受税收优惠。根据《中华人民共和国个人所得税法》（2011 年修订版）及其实施细则，国家发放的救济金免征个人所得税；残疾、孤老人员和烈属的所得及其他财政部门批准的所得，其个人所得税也可减免征收。

慈善服务对象、受益人税收优惠的可操作规范，主要体现在汶川地震、玉树地震、舟曲泥石流、芦山地震等几次灾后恢复重建的税收政策方面，对受灾地区企业、个人通过公益慈善组织接受捐赠的款项、物资，免征相应的所得税。

第三节 重点国家和地区公益慈善税收优惠概况

一、美国公益慈善税收优惠概况

美国的税收制度对公益慈善事业发展起到了巨大的支持和促进作用。事实上，政府对于公益慈善组织的监管主要通过税收监督来实现，通过调节公益慈善组织的税收，实现监管、规范其运作的目标。捐赠人、接受捐赠的公益慈善组织均能享受税收方面的优惠待遇。美国联邦、州和地方政府的税法中都存在对公益慈善活动的税收优惠制度：一是对有资质的公益慈善组织的税收优惠；二是对慈善捐赠的税收扣除和税收抵免。

1. 对公益慈善组织的税收优惠

美国政府对公益慈善组织的税收优惠主要体现在联邦税法中，涉及的税种主要有所得税、财产税、失业税等，且主要采取免税办法。我们对美国的失业税可能比较陌生，其失业税免税是指公益慈善组织无须缴纳其他机构的雇主必须按人头向政府缴纳的失业保障税。

符合美国《国内税收法典》规定的公益慈善组织就其收益免缴联邦所得税和州所得

税。除与慈善目的完全无关的贸易和商业收入所得税和私人基金会的投资所得消费税之外，公益慈善组织还免缴联邦所得税和州所得税。对公益慈善组织的具体优惠政策如下。

（1）慈善机构免税资格。美国的法典和规定明确：所有符合501（C）（3）条的机构都被视为私营基金会，应执行私营基金会的规定，除非他们符合公共慈善机构的条件。一般地，是否符合公共慈善机构的条件取决于：机构及其活动的性质；资金来源和比例；与一个或更多具体种类公共慈善机构的关系。美国一般可免征联邦所得税的机构类型包括：促进宗教、教育、医学、科学和其他慈善目的的传统慈善机构，与传统慈善概念联系较多的许多其他机构。一些其他类型的免税机构包括：促进社会福利发展的公益团体、劳工组织、农业或园艺组织、企业联合会、商会和贸易协会，为休闲和娱乐成立的非营利俱乐部，按照收容制度经营的共济组织，某些退休基金、人寿保险协会、公募公司、信用协会及退伍军人俱乐部。此外，附属国有的教育机构、按照501（C）（3）条成立和经营的某类政府机构，及测试公共安全的某些机构也符合公共慈善机构的条件。

除上面提到的基于其类型和活动决定符合条件的机构外，法典和规定明确了另外两种类型的公共慈善机构。一类机构是，至少收到的1/3的基本财政支持来自一般公众、政府机构、某些符合公众支持条件的其他机构，或以上所有机构以捐赠和出让形式的支持；另一类机构必须满足两个条件，不到1/3的财政支持为投资所得或与慈善目的无关的商业活动所得，至少1/3的基本财政支持来自捐赠、会费和机构因为从事公益慈善目的而产生的所得。另外，法典和规定明确的第三类公共慈善机构是通过与另一类公共慈善机构的特殊关系取得其公共慈善身份的，这类机构被称为"支持机构"。

（2）美国慈善税法包含对致力于慈善目的机构的一般性免税。规定明确了术语"慈善"普遍可接受的法律概念，不能对术语有其他狭隘的解释或限制。它包括但不限于：对贫穷或社会地位低下的群体的救济、促进宗教发展、促进科学或教育的发展、促进卫生事业的发展（包括医院）、减轻政府负担及通过建立免税目的的机构推动社会进步的福利事业。

（3）对经过美国国内税务局查实并赋予免税资格的慈善机构所拥有的土地、房产等资产，可以免除土地税和房产税。美国联邦政府和州政府对此都有一定的法律规定，同意公益慈善机构可以不向地方政府上缴财产税。

（4）对符合法典和规定501（C）（3）条款规定的、以慈善为宗旨的非营利组织，其支付给雇员的工资免缴联邦失业税；而其他非营利组织只有年度内对其雇员支付的工资不超过100美元，才能免缴联邦失业税。联邦失业税是美国社会保障税中相对独立的税目，只对雇主征收，雇员不必缴纳。

（5）对凡经过美国国内税务局查实并赋予免税资格的慈善机构，其在从事产品销售或提供服务时，可以不用上缴销售税。

2. 对捐赠人的税收优惠

根据美国税法中的税收优惠政策，实行免税的范围包括所得税、财产税、联邦失业税、销售税；实行税前扣除优惠的包括个人所得税、公司所得税、遗产赠予税。

（1）美国税法规定，法人捐赠人可要求对其任意一年不超过 10％的应纳税收入进行捐赠税收减征。如果捐赠额超过最高减税捐赠额，超出部分可以在接下来的 5 年中进行分摊。

（2）根据美国《税收法典》第 62 条的规定，个人捐赠人在捐赠当年可申请其经过调整后总收入的 50％的应纳税额扣除。在某些情况下，减税的最高限额还可能会从 50％下降到调整后总收入的 20％～30％。如果捐赠额超过了规定的最高减税限额的要求，税收减免最长可延长至 5 年内完成。捐赠人有生之年的捐赠行为受到上述限制，且上述限制仅关乎个人所得税的减免。美国税法中对不动产遗产税的慈善减免没有做出比例上的限制，因而可以从不动产遗产税中扣除全部的慈善捐赠数额。

（3）美国的税法对于不同的赠予形式也采用了不同的优惠待遇，这一点体现了法律对于捐赠行为的引导作用，即通过法规实现对公益慈善事业发展的间接调控。

（4）并非全部捐赠都能被纳入税收优惠范畴。美国财政部收入局 526 号公告内容显示，以下 7 种情况的捐赠不在减免税收范围内：对特定个人的捐赠；对不合格组织的捐赠；自身能得到部分返还或期待获取个人利益的捐赠；以时间或服务为内容的捐赠；捐赠人的个人费用开支；确定捐赠物市场价值而进行评估所花费用；财产部分收益的捐赠。

（5）除税收优惠外，美国税法还通过不同的征税方法实现对基金会的管理。例如，美国《税收法典》第 4940 条规定了对私人基金会的投资净收益征税税率，投资净收益指通过利息、分红、租金和版税获得的收入，包括所有的资本净收入；美国《税收法典》第 4942 条规定了对未能做出相当于其最小投资收益金额的慈善事业支出的私人基金会的征税要求。

二、英国公益慈善税收优惠概况

英国适用统一的税法，各地区的地方性税法除些许的区别外基本一致，其优惠政策主要表现为对慈善团体的税收优惠和捐赠人的税收优惠。

1．对慈善团体的税收优惠

（1）对收入和资本利得免税。

《收入和资本利得税法》505 条款规定，"以慈善为唯一目的"成立的慈善团体从任何个人或信托公司取得的大多数形式的收入（包括来自英国国内和国外的收入）可以免税，但对非英国的慈善团体一般不免税。具体免税收入和所得有：其一，《收入和资本利得税法》505 条款（1）、（2）规定的非贸易收入，包括不动产收入、股息、利息、版税、养老金和扣税捐赠物品等，在大多数情况下，英国不允许对这些收入扣税，如果缴纳了税款也可以由慈善团体要求退税；其二，《利润税法》256 款（1）规定的慈善团体自有资产的资本利得收入。这些免税规定只适用于以慈善为唯一目的的收入和资本利得。

如果在任意会计年度内这些免税额大于或等于 10000 英镑，且超过部分用于慈善目的，这些免税可以扩大到慈善团体发生的其他无免税资格的支出［《收入和资本利得税法》505 条款（3）］。《收入和资本利得税法》506 款对无免税资格支出做了规定：用于非慈善活动的支出；在英国法律或税法管辖范围内的投资和信贷；向海外团体的支付，除非慈善团体能够证明这些钱用于慈善目的。

此外，慈善团体的贸易收入也可以获得税收减免。2000 年发布的《财政法》46 节规定，慈善团体的小额贸易可以享受税收减免，补充了现行慈善团体贸易收入的税收优惠政策，使慈善团体的贸易收入和其他活动都获得免税待遇。主要包括：这些活动的全部营业额没有超过年度限额（除非慈善团体预计这一限额不会被超过）；收入只用于慈善团体的宗旨。

（2）减免流转税优惠。

对英国大多数慈善团体而言，对一些特定产品实行零税率是颇有价值的税收优惠政策。这些特定产品包括：其一，为慈善团体提供的产品，如用于特定人群或非商业目的的建筑物的建设成本、残疾人使用的器材、特殊医用和科研设备、一些类型的广告和印刷成本等；其二，由慈善团体提供的产品，如销售捐赠物品、残疾人使用的器材、书和其他出版物、分配国外捐赠物资等。除了零税率，英国还有一个 5% 的优惠税率，适用于慈善团体用于非商业目的而使用的燃料和电力。

慈善团体开展的活动，有的部分属于非商业活动，也有的完全是商业活动，因此必须对这些活动进行区分，这样才能使他们获得相应的增值税退税。包括：其一，确定非商业活动和商业活动投入货物所负担的所有税额；其二，确定商业活动投入货物所负担的税额中哪些是免税的、哪些是应税的。

另外，慈善团体也可以使用那些不影响其投入货物退税率，并被关税和消费税税务局接受的"特别方法"，包括投入货物的税额、不同活动雇员的数量、不同活动的占地面积、其他产生公平和合理结果的方法。在计算时不必使用同一种方法，但方法一经确定必须坚持使用。如果"特别方法"不能产生合理的结果，关税和消费税税务局会要求慈善团体使用标准方法。

2. 对捐赠人的税收优惠

（1）企业慈善捐赠税收优惠。

英国涉及企业慈善捐赠的主要税种有所得税或公司税、增值税等。英国于 2000 年对关于慈善的捐赠税收政策进行了修订，制定了更便民、有效的激励政策。

其一，在慈善捐赠方面，英国《收入和资本利得税法》257 款规定，向慈善团体捐赠的财产免缴资本利得税，且企业捐赠人可以将向慈善团体捐赠的全部款项从应纳税所得中扣除。

其二，个人或公司对慈善团体进行的赞助，如果该笔赞助完全是为了给公司产品做广告，即存在商业目的，只要该赞助额是公平市场下的合理价格，即使该赞助存在商业目的性质，也可以将该赞助从成本中移除后再缴税；而该赞助额当中超出广告的商业价格的那部分，可以完全被视作慈善捐赠。

其三，在现行资本利得税减免的基础上，个人或企业将股票和证券捐赠或以低价转让给慈善团体，则主要以抵扣的形式提供税收优惠，抵扣数额包括：捐赠的市场价格；该股票或证券相关的处置成本（如经纪人费用）；低于该项捐赠的任何报酬或其他利益。另外，企业捐赠人可以要求在捐赠发生的纳税年度从总收入中扣除相关的捐赠。

（2）个人慈善捐赠税收优惠。

对于个人捐赠，英国采用工资单捐赠方案，在征收收入税之前捐赠额就可以从应纳税工资中扣除。约翰·梅杰在担任首相期间制定了针对个人的捐赠补贴，作为对工资单捐赠方案的补充；后来戈登·布朗担任首相期间取消了先前适用于工资单捐赠的捐赠补贴的门槛；到目前为止，英国税额减免适用于纳税人的任何现金捐赠。

英国对捐赠征收的唯一税种是遗产税，其税率为 40%。捐赠不动产可以获得税收减免的最小额（24.2 万英镑）。

三、德国公益慈善税收优惠概况

1. 对慈善组织的税收优惠

德国税法规定，基于"无私利性原则"注册的公益协会、公益性质基金会是享受税收优惠的法人组织；其他一些私营法人，包括非法人协会、非自治基金会、有限公司、股票公司在满足一定条件时也可以被赋予税收优惠。德国财政法定义了一般或特种公益组织的 3 种类型：①一般公益目的；②为有需要的个人提供慈善服务；③教会目的。其中②、③类型的这两种组织在捐赠时，可以得到更高的税收减免。

德国关于税收的法律主要有《德国税收通则》《所得税法》《公司税法》《增值税法》等，作为非营利性组织涉及的税种主要有公司所得税、商业贸易收入税和增值税等。获得免税资格的慈善组织通常享有以下优惠：免征法人所得税；免除遗产税和捐赠税，在继承遗产后组织的免税身份可以持续 10 年；免除净资产税和商业贸易收入税。

德国的税务局决定慈善组织的税收优惠资格，并对慈善组织进行监督和管理。慈善组织不仅要获取年度免税资格，而且要接受评估（每 3 年 1 次），这是日常的组织和管理。享受税收特惠的组织,还要接受审计部门的审计,主要是重新审查其税收优惠身份。根据审查结果,税务部门可以改变该组织享有的税收优惠身份,必要时可以取消其享有的税收优惠身份。

2. 对捐赠人的税收优惠

德国税法规定,个人和团体从事慈善捐赠后均可要求税收减免。捐赠人把从接受捐赠的组织获得的扣税款证明及纳税申报表一起交给税务部门,就可以把捐赠额从税前收入中按一定百分比扣除,但禁止捐赠人用捐赠换取赞助商的地位或接受相关受赠人的服务。

四、中国香港地区公益慈善税收优惠概况

作为公益慈善事业监管的重要职能部门,税务局在中国香港地区的公益慈善事业发展中发挥着重要作用。中国香港地区政府对公益慈善组织的认定没有统一标准,认定一个组织是否是公益慈善组织不在于其组织名称或法定构成形式,而在于其活动宗旨是否属于慈善性质,譬如,《属公共性质的慈善机构及信托团体的税务指南》明示,有关组织或信托必须纯粹为法理上承认的慈善用途而设立。因此,税务局对公益慈善组织的认定具有重要影响。

一个组织被认定为公益慈善组织,就有税收方面的明显优势,且其社会公信力将大大提高,有利于该组织筹集善款、积聚社会资源。公益慈善组织在接受捐赠的同时,有权利和义务给捐赠人或企业开具相关证明材料。捐赠人或企业凭借相关证明材料申报个人或企业应缴税额,可以得到一定比例的减免,大大刺激了个人或企业参与公益慈善事业。

中国香港地区政府采取税收优惠政策等激励商界及社会人士向慈善团体捐款。其一,在企业捐赠扣除比例上,《税务条例》规定,企业在一个会计年度内,现金捐赠(不包括任何实物捐赠或有价财物的捐赠)给符合规定的机构的款项只要累计总额不少于100元,就可以在计算应纳所得税时予以扣除。其二,在印花税方面,《印花税法》规定,属于馈赠的不动产转让或股票的转让,如果是由有实际权益的人士或登记物主捐赠给公共性质的慈善机构或信托团体,或以信托方式付给公共性质的慈善机构或信托团体的,免予缴纳印花税。

当然,公益慈善组织在取得税务豁免资格之后,还需要接受税务局的定期复查,包括提供相关账目、年报等,复查周期一般为4年。

税务系统对公益慈善组织做出的免税调查也是公益慈善组织定级的重要依据。中国香港地区政府对各类公益慈善组织的监管是分等级的,这也有利于慈善机构完善组织形式、提高组织运营效率。

五、经验与启示

不同国家或地区政治文化背景不同，公益慈善税收优惠的法律条文、税制安排、税收激励的侧重点有所差异，但其慈善税收优惠政策有很多共同的取向，提供了诸多有益的经验。

1. 适度控制与监督，激励与约束相结合

各国或地区对公益慈善组织的税收优惠力度都比较大，对非营利性组织的界定范围十分宽泛，但对公益慈善组织的认定有很多约束性政策，对能否取得税收优惠资格有非常明确和严格的限定，且一般都要对公益慈善组织进行监督评估，确保税收优惠政策不被滥用。公益慈善组织必须对公众公开透明，就接受捐赠的目的、用途等内容接受公共监督。

2. 税收优惠政策保障了捐赠人的正当权利

各国或地区慈善捐赠的活跃和公益慈善事业的蓬勃发展，离不开政府捐赠税收优惠政策对捐赠人予以的支持和有效的引导。一方面，政府减少直接干预捐赠人的捐赠意愿和捐赠行为，保证捐赠人自愿参与慈善的权利；另一方面，政府通过大尺度优惠的税费激励政策、规范行业秩序的法律法规，提升捐赠人参与公益捐赠的意识，引导企业和公民财富向善。

3. 对捐赠人的税收优惠力度大

通常，对捐赠人的慈善捐赠采取的是税前扣除的方式，有的是据实全额抵扣，有的是规定一个扣除限额，但扣除限额通常比较高，且对于超出限额的部分可以向后结转递延扣除，大大吸引了捐赠人的捐赠热情和意愿。另外，政府优先发展的公益慈善行业，税收优惠力度更大。

4. 充分尊重捐赠人的意愿

许多国家或地区的慈善捐赠税收优惠政策对捐赠人的各类捐赠方式秉承了积极的态度，没有过多的限制，方便捐赠人根据自己的实际情况选择捐赠形式，无论是货币还是非货币性财产（如股票、债券、不动产及其他物品等），都能够享受到一定的税收优惠政策。此外，在税收抵扣的核价中，较为完善的估价体系为非货币财产捐赠提供了有力支撑。

5. 充分发挥遗产税在公益慈善事业发展中的作用

许多国家开征了遗产税，除对纳税人有免征额外，还对慈善、宗教、教育、学术捐赠等项目免税。近年来各国对遗产税的起征点、税率等内容也进行了调整，对遗产捐赠给予了很大的税收优惠力度，包括免税或税前扣除等，激励了慈善捐赠，推动了公益慈善事业的发展。

本章提要

1.《中华人民共和国企业所得税法》《中华人民共和国公益事业捐赠法》《中华人民共和国个人所得税法》《中华人民共和国慈善法》等法律的颁布及其实施细则的制定，表明我国公益慈善事业税收优惠制度体系已初步形成。许多关于企业或个人向非营利公益性团体、基金会和政府（及其民政部门）捐赠的给予税前优惠的政策也陆续成型，促进了我国公益慈善税收优惠制度的完善。所有这些，推动了我国公益慈善事业的蓬勃发展。

2. 以税收优惠对象划分，我国现行的公益慈善税收优惠制度主要面向公益慈善组织、捐赠人、受益人。其中，公益慈善组织须满足一定条件后，才能享受税收优惠政策；针对企业和个人捐赠，依法根据实际情况对其进行税收优惠；现行税制对受益人税收优惠的主要方式是对救济金、抚恤金、赈灾资金等免征个人所得税。

3. 从欧美国家，以及中国香港地区的慈善税收制度发展来看，政府对于公益慈善组织的支持方式不尽相同，但价值取向一致。大体上，主要通过两种方式：一是对公益慈善组织进行税收减免，对其活动加以规范，确保资金用于公益慈善事业；二是通过对进行捐赠的企业和个人的减免税规定保证捐赠人的经济利益，鼓励其参与公益慈善捐赠。此外，各国或地区还注重加强税收优惠政策的规范管理，防止税收优惠政策被滥用，以保证税收优惠政策落到实处，真正发挥激励作用，促进公益慈善事业的发展。

案例分析

【案例13-1】公益股权捐赠企业所得税破题，催生大额股权捐赠

材料一：捐价值30多亿元股票缴纳5亿元企业所得税

资料来源：王勇.《公益时报》，2016-05-17，有删节。

2009年2月，曹德旺准备捐出家族持有的福耀玻璃股份中的60%，即35.49亿元等值股票来成立河仁慈善基金会。

然而没多久，他就碰到了税收尴尬，国家税务总局认为，虽然他的捐股是非营利行为，但按照现行法律，在计算了各种免税抵扣后，这笔股权的捐赠仍将产生超过5亿元的企业所得税。

明明是捐赠，却要缴纳巨额税金，让人无法理解，这却是不折不扣的事实。原因就在于当时关于税收的相关规定将股权捐赠视同销售收入。

简单说，如果你把自己所持的股份卖给别人，你将获得收入，除去成本，剩下的就是收入，而这收入就是所得，就要缴纳所得税，企业所得税的税率为25%。收入越高，缴税越多。

国家税务总局《关于企业处置资产所得税处理问题的通知》规定：企业将资产移送他人的下列情形，因资产所有权属已发生改变而不属于内部处置资产，应按规定视同销售确定收入。……（五）用于对外捐赠；……。

股权捐赠尽管实际上没有任何收入，但因为所有权属发生改变，必须"视同销售确定收入"，确定了收入就需要缴纳税金。

这一尴尬的状况，在很大程度上阻止了企业及企业家的股权捐赠。

曹德旺的股权捐赠尽管特事特办，但最终也只是允许曹德旺不必立即缴纳税款，而是在基金会设立后5年内缴齐。

材料二：捐股不再需要缴纳巨额税款

资料来源：王勇.《公益时报》，2016-05-17，有删节。

2016年4月20日，财政部、国家税务总局联合下发了《关于公益股权捐赠企业所得税政策问题的通知》（以下简称《通知》）。按照《通知》规定，股权捐赠产生的巨额所得税终于可以在一定程度上予以税前扣除了。

《通知》第一条规定：企业向公益性社会团体实施的股权捐赠，应按规定视同转让股权，股权转让收入以企业所捐赠股权取得时的历史成本确定。

《通知》第二条规定：企业实施股权捐赠后，以其股权历史成本为依据确定捐赠额，并依此按照企业所得税法有关规定在所得税前予以扣除。

根据这两条规定，首先，股权捐赠可以税前抵扣了。

《中华人民共和国企业所得税法》第九条规定：企业发生的公益性捐赠支出，在年度利润总额12%以内的部分，准予在计算应纳税所得额时扣除。

如果企业的股权捐赠额未超过企业年度利润总额的12%，就意味着可以税前全额扣除。

《中华人民共和国慈善法》规定，企业捐赠额超过当年所得税扣除限额部分可以结转以后3年内扣除。

在这种情况下，如何计算股权捐赠额便十分重要了，而《通知》中以股权取得时的历史成本确定捐赠额的规定在某种程度上是就低不就高的。

一般来说，股权捐赠都是发生在企业发展势头较好的时候，这时企业股价一般较高，至少高于取得股权时的成本，对企业的创始人（机构）来说，其取得成本和捐赠时的股价之间的差距就更大了。也就是说，被全部抵扣的可能性就更高了。

除此之外，这种待遇还有一个前提条件，必须是向我国境内具有接受捐赠税前扣除资格的基金会、慈善组织等公益性社会团体实施的股权捐赠行为。

当然，享受了实际的好处，就再难享受虚名了——对外公布的捐赠额也随之下降。《通知》规定：公益性社会团体接受股权捐赠后，应按照捐赠企业提供的股权历史成本开具捐赠票据。

另外，特别值得称道的是，《通知》在结尾处还明确提出："本通知发布前企业尚未进行税收处理的股权捐赠行为，符合本通知规定条件的可比照本通知执行，已经进行相关税收处理的不再进行税收调整。"

这样一来尚未实施的股权捐赠也有望加速实施，其中就包括腾讯马化腾的股权捐赠。

2016年4月18日，腾讯董事会主席兼首席执行官马化腾宣布，将捐出1亿股腾讯股票注入公益慈善基金。按照当天腾讯股票的收盘价165.7元港币估算，马化腾此次捐赠的股票价值超过160亿元港币，约140亿元人民币。

如果没有2016年4月20日发布的《通知》的规定，那马化腾一旦实际实施股权捐赠，需要缴纳的所得税更加巨大。而现在，有了《通知》的利好政策，其捐赠的财务压力要大大减小，为加速完成捐赠提供了条件。

问题

结合上述材料，阐述公益慈善事业发展和税收优惠制度之间的关系。

思考与练习

一、简答题

1. 比较中国与英国、美国的公益慈善税收优惠制度的异同。
2. 中国公益慈善税收优惠制度还有哪些完善的空间？
3. 从公益慈善事业发展的角度，讨论中国《遗产税法》出台的必要性及目前的障碍。

二、计算题

2017年某居民企业利润总额为220万元，经税务机关审查，符合规定的公益性捐赠支出为50万元。请问2017年度该企业可扣除应纳税所得额多少万元？有多少万元可在以后3年内计算应纳税所得额时扣除？

参考文献

[1] 董苗. 社会公平视阈下我国慈善税收激励政策研究[D]. 延安：延安大学，2017.

[2] 黄晓瑞，张奇林，张郧. 国外慈善捐赠的税收优惠政策研究——回顾与争鸣[J]. 经济体制改革，2016（5）：178-183.

[3] 杨利华. 美国慈善捐赠税收扣除制度的考察与思考[J]. 北方法学，2016，10（03）：67-76.

[4] 栗燕杰. 中国慈善税收减免制度的评估与展望——以慈善立法为背景的研究[J]. 北京航空航天大学学报（社会科学版），2016，29（1）：66-75.

[5] 栗燕杰. 我国慈善税收优惠的现状、问题与因应——以慈善立法为背景[J]. 国家行政学院学报，2015（6）：93-97.

[6] 熊瑛. 慈善组织的税收优惠政策研究[D]. 南昌：江西财经大学，2015.

[7] 郭佩霞. 推动慈善捐赠的税收激励与政策完善[J]. 税收经济研究，2014，19（2）：24-28.

[8] 艾歆，张丽芬. 慈善事业：香港经验及其启示[J]. 贵州师范大学学报（社会科学版），2013（6）：84-88.

[9] 李明星. 企业慈善捐赠的优惠税收政策研究[D]. 杭州：浙江大学，2013.

[10] 赵晓云. 中国慈善捐赠税收优惠政策研究[D]. 重庆：西南政法大学，2012.

[11] 史正保. 我国捐赠税收制度研究[J]. 兰州大学学报（社会科学版），2009，37（3）：82-90.

[12] 谭娟. 促进慈善事业发展的税收政策研究[D]. 长沙：湖南大学，2008.

[13] 陈成文，谭娟. 税收政策与慈善事业：美国经验及其启示[J]. 湖南师范大学社会科学学报，2007（6）：77-82.

第十四章 公益慈善信息披露制度

知识目标

1. 掌握公益慈善信息披露的基本概念
2. 了解公益慈善信息披露的相关制度
3. 掌握公益慈善信息披露的原则、要求
4. 掌握基金会的信息披露规定

能力目标

1. 描述公益慈善信息披露的相关实践
2. 说明公益慈善信息披露中存在的问题、建议
3. 理解区块链技术在公益慈善信息披露中的角色、作用
4. 把握在移动互联网时代公益慈善信息披露制度建设的路径

素质目标

1. 基于社会信任的视角，理解公益慈善信息披露的意义、价值
2. 基于读者自身的视角，把握公益慈善信息披露的意义、价值

第一节　公益慈善信息披露概述

一、公益慈善信息披露的概念

公益慈善信息披露是指公益慈善组织或其他开展公益慈善活动的机构、个人，依法将反映其资金募集状况、资金运用和投资状况、组织经营状况的主要信息，如财务会计报告、各类风险管理状况、内部治理、年度重大事项等，真实、准确、及时、完整地向捐赠人、特定款项的受赠人、政府职能部门及其他利益相关者予以公开的过程。公益慈善信息披露是关系到公益慈善行业健康与稳定的重大问题，是保障公益慈善组织及其他公益慈善参与主体的公信力、持续获取社会和政府支持的重要条件。同时，也有利于从外部（社会和政府监管部门）加强对公益慈善组织或公益慈善活动的监督，促使公益慈善组织完善其内部治理和内控机制，提高经营水平与公益慈善活动绩效。

公益慈善信息披露制度，是为保障公众利益、接受社会公众的监督而依照法律规定必须将公益慈善组织及其他公益慈善机构自身的财务状况、经营状况、高级职员的报酬等信息和资料向登记管理部门和业务主管单位报告，并向社会公开或公告，以使公众充分了解情况，从而接受社会大众监督的制度。公益慈善事业的信息披露问题，事关公益慈善组织的社会诚信和公益慈善事业的整体效率。加强公益慈善信息披露制度建设，会促进整个公益慈善行业资源配置效率的提高，增强行业透明度、公信力，保障捐赠人和受赠者的合法权益，提高社会公众参与公益慈善活动的积极性和广大捐赠人的信任，从而促进公益慈善事业的持续、健康、有序发展。由于公益慈善组织是最重要的公益慈善活动主体，因此本章下文的公益慈善信息披露制度主要是指针对公益慈善组织信息披露的相关制度、规范，其他公益慈善机构、个人的信息披露制度可以参照执行。

二、确立公益慈善信息披露的理论依据

公益慈善组织必须向社会、政府监管部门及其他利益相关者披露相关信息，主要基于以下目的、原因或理论依据。

（1）保护捐赠人的合法权益。保护捐赠人的合法权益是公益慈善组织信息披露的应有之义。要发展公益慈善事业，实现扶贫救弱的慈善目的，就必须保证捐赠人应有的知情权和监督权等合法权益。如果捐赠人的合法权益无法保障，则捐赠人的信心无法建立，从长远来看公益慈善事业也难以发展。对公益慈善组织监管最重要的目的就是保护捐赠人的合法权益，获得捐赠人的信任，进而吸引捐赠人对公益慈善组织持续捐赠和投身到公益慈善事业中，公益慈善组织因此获得发展的持续动力，全身心地投入公益慈善活动，实现公益慈善目的。而要想获得捐赠人的信任，公益慈善组织就要确保捐赠人的知情权和监督权，把相关的信息尽可能全面、准确、真实、及时地向捐赠人披露。例如，在美国，公益慈善组织为了获得捐赠人的信任、获得政府的免税资格，必须向利益相关者披露信息，否则一旦被发现没有履行信息披露义务，公众对其捐赠就会减少。《美国慈善法指南》中专门对公益慈善组织的信息披露义务和内容进行了明确规定。

（2）资源最优配置的要求。为了确保公益慈善资金能够充分运用于公益慈善目的或公益慈善事业，实现公益慈善资源的最优配置，保障捐赠人意愿的实现，也要求公益慈善组织或公益慈善活动主体披露其财务信息，公开善款的使用、流向和剩余慈善资源的去向、用途，确保公益慈善行业的自律、公开和透明。

（3）公平和诚实信用的原则要求。实践中，公益慈善组织和捐赠人之间存在信息不对称问题，公益慈善组织明显处于优势地位，很容易利用其优势地位损害捐赠人的利益。为了使社会公众能够充分了解公益慈善组织，以做出公平的抉择，公益慈善组织必须向其披露相关信息，包括披露公益慈善组织项目合作方的相关信息，以防止关联交易。此外，有时候公众会基于对公益慈善目的的认同而进行捐赠，因此公益慈善组织有义务全面、真实地向社会公开相关信息，如公益慈善组织的基本信息、能证明其具有免税资格的相关信息等。

（4）建立公益慈善公信力的要求。公益慈善组织的公共性和公益慈善目的决定了其必须取得公众信任，向公众负责，为公众披露信息。公益慈善组织和捐赠人实际上存在某种经济交易行为，而交易须建立在相互信任的基础上，要想获得捐赠人的信任就必须满足利益相关者的信息需求，向其披露财务信息、捐赠效果信息等来增强捐赠人和社会公众的信任和支持。

三、公益慈善信息披露的现状

当前，社会公众尤其是潜在捐赠人获取公益慈善组织信息的途径主要是组织或机构的官方网站、网络论坛、官方微博或其他相关微博、公益慈善组织的微信公众号等。不过，网络论坛、博客、微博平台的信息很多是不完善、不健全的，甚至有时候会有大量负面信息，导致真实性难以辨别，各种慈善丑闻事件也层出不穷。规范的内部治理和透明的慈善运作是慈善组织获取、增强和维系公信力的两大支柱。信息披露事关公益慈善行业的公信力，决定了公益慈善事业的发展。因此，建立健全捐赠款物使用、运营的查询、追踪、反馈和公示等信息披露制度，形成对公益慈善资金从募集、运作到使用效果的全过程信息披露机制与制度，具有紧迫性、现实性。

1999 年出台的《中华人民共和国公益事业捐赠法》在信息披露方面规定，"受赠人应当公开接受捐赠的情况和受赠财产的使用、管理情况，接受社会监督。"国家层面出台的其他法律、法规、规章包括《中华人民共和国信托法》《中华人民共和国会计法》《社会团体登记管理条例》（国务院令第 666 号）、《民办非企业单位登记管理暂行条例》（国务院令第 251 号）、《基金会管理条例》（国务院令第 400 号）、《民间非营利组织会计制度》（财会〔2004〕7 号）、《社会团体年度检查暂行办法》（民社发〔1996〕10 号）、《民办非企业单位年度检查办法》（民政部令第 27 号）、《基金会年度检查办法》（民政部令第 30 号）、《基金会信息公布办法》（民政部令第 31 号）等。这些制度对其所指向的组织就信息披露的基本对象、基本程序、基本内容等方面进行了约束。2016 年发布的《中华人民共和国慈善法》从更高的法律层次和更广泛的适用范围明确了公益慈善组织在信息披露方面的相关规定，并就慈善组织、慈善信托之受托人的具体责任、义务等做了规定，弥补了我国在公益慈善组织信息披露方面缺乏位阶较高的法律规范的短板，为信息公开树立了统一标杆。

在公益慈善组织的信息披露实践方面，现实中确有公益慈善组织不积极披露或选择性披露有关信息的情况，存在信息披露内容不全面、信息披露时间不及时等问题，另外，公益慈善资金的流向、受益群体、使用情况、资助效果等基本信息的依法公开也比较缺乏，导致相当一部分社会公众对当前公益慈善信息公开状况不满意。其原因主要有：①公益慈善领域缺乏统一、权威的信息披露标准和标准化的公共信息披露平台，强制性规定不完善，缺乏具体、权威的操作细则，因此也就缺乏信息披露的动力与直接压力，披露信息与否与获得政府的支持（或政府购买服务）无关；②信息都需要一定的成本，但大部分公益慈善组织缺乏信息披露所需的人力、财力和物力投入，除在县级民政部门统一的信息平台上发布的有限慈善信息外，大部分公布的数据、信息不完整、不准确，通常受到社会质疑，甚至有部分公益慈善组织还没有健全的信息网络平台；③社会（含第三方独立评估机构）对公益慈善组织信息披露效果缺乏相关评估。

第二节　公益慈善信息披露的基本规范

一、公益慈善信息披露的基本内容

根据《中华人民共和国慈善法》，除涉及国家秘密、商业秘密、个人隐私的信息，以及捐赠人、慈善信托的委托人依法不同意披露的信息外，公益慈善组织信息披露（向社会公开或定向捐赠人公开）的基本内容包括如下 6 个方面。

（1）接受捐赠机构信息，包括：组织名称、组织的基本情况（年检情况、公募或非公募资质、评估结果、成立时间）、组织章程、组织宗旨，组织的决策、执行、监督机构成员信息（及其重大变更信息），组织业务范围、办公地址、工作电话、处理投诉的联系人和联系方式等，以及国务院民政部门要求公开的其他信息。

（2）募捐活动信息，包括活动名称、活动地域、活动起止时间、募集款物数额、活动目标、募集款物用途、募集款物使用计划、募捐活动合作伙伴、募捐活动方式（义演、义卖或其他）、募捐工作成本及开支情况等。

（3）募捐情况信息，包括接受捐赠款物时间、捐赠来源、接受捐赠款物性质（定向捐赠或非定向捐赠）、接受捐赠款物内容（捐赠类型、捐赠数额）等。

（4）项目实施信息，主要是指捐赠款物使用情况，包括受益对象、受益地区（应注明省、市、县及具体受益地区）、捐赠款物拨付和使用的时间和数额、捐赠活动和项目成本、捐助效果（图片、数字、文字说明）等。

（5）组织财务信息，包括年度工作报告、年度财务会计报告（会计报表、资产负债表、业务活动表、现金流量表、会计报表附注、财务情况说明书），其中具有公募资格的慈善组织的财务会计报告须经审计。

（6）慈善组织、慈善信托的受托人向受益人告知资助标准、工作流程和工作规范等信息。

二、公益慈善组织的机构信息披露

公益慈善组织的机构信息包括公益慈善组织的基本情况、组织章程、理事和高级管理人员的履历、公益慈善项目、会议记录及其他组织信息。

（1）基本情况。公益慈善组织通过向社会公众披露其名称、发起人、设立目的、发展历程、价值观等信息表明自己的身份，可以增加社会公众对公益慈善组织的认同感。此外，还包括组织的办公地址、通信地址、电子邮箱、分支机构及其办公地址等其他信息。

（2）组织章程。组织章程是指公益慈善组织在法定范围内对其成员有约束力的内部规范。公益慈善组织向社会公众披露组织章程后，社会公众能够快速识别与其交易的公益慈善组织，有利于降低交易成本。同时，组织章程对公益慈善组织的组成和职责、管理人员的任职条件和任命程序、议事规则等重要事项做出了具体规定，是公益慈善组织内部治理的根本依据，社会公众可以据此了解公益慈善组织的治理结构，有助于增加社会公众对公益慈善组织的信任。

（3）理事和高级管理人员的履历。一个合格、规范的公益慈善组织，其理事、高级管理人员不仅要有过硬的专业技能,更要有对公益慈善事业的热爱及献身公益慈善事业的激情。披露公益慈善组织理事、高级管理人员的履历,间接地对担任公益慈善组织理事、高级管理人员资质设立准入门槛,有助于保证德才兼备的人进入公益慈善组织,降低公益慈善组织的运营风险和道德风险;同时,消除社会公众顾虑,让公众确信公益慈善组织的理事、监事、高级管理人员是值得信任的,从而增强对公益慈善组织的信任感。

(4)会议记录。会议记录是公益慈善组织决策的客观过程。除涉密信息依法可以不出示外,社会公众、捐赠人可以通过会议记录了解公益慈善组织的内部治理情况。在公益慈善组织决策过程中,理事、监事出席会议的次数、会议发言、投票表决情况等信息,能够反映理事、监事履行其义务的具体情况和勤勉程度,是对理事、监事问责的依据。

三、公益慈善组织运营信息的披露

公益慈善组织披露的运营信息包括项目情况、财务收支明细、个别筹款项目财务报表、关联交易信息、工作人员薪酬及其他运营性信息。

(1)项目情况,包括向社会公众披露项目团队、项目背景、项目计划、项目可行性、项目预期效果、项目进展、已完成的项目效果及其与预计效果之间的比较等。公益慈善组织主要通过公益慈善项目的运作为社会提供公益产品,服务于社会,践行其价值观和宗旨。

(2)财务收支明细。公益慈善组织披露其财务收支明细,目的在于向社会或利益相关者报告整体收支状况。必要的时候还需要对项目成本、管理成本、筹资成本进行公开;同时,为反映公益慈善组织资金使用的效率,公益慈善组织应当披露工作人员薪酬及行政办公支出等。通常,当年度收入、支出、工作人员薪酬及行政办公支出占项目总支出的比例与近几年相关数据相比变动较大时,公益慈善组织必须对引起上述数据变化的原因进行解释,以备问责。社会影响大、数额较大的项目须进行财务审计并予以披露。

(3)个别筹款项目财务报表。编制个别筹款项目经审核的财务报表,有助于提高筹款过程中的透明度。因此,公益慈善组织有时候必须就个别筹款项目编制财务报表,以供公众查阅。筹款额度高、筹款目的明确,并且通过电视、广播、互联网等媒体向社会公众募捐的筹款项目,在筹款项目或者筹款活动结束后一定的期限内,公益慈善组织应当编制经第三方独立审计的财务报表。这些财务报表在所有要项上均应据实、准确无误,披露的内容应当包括总筹款额、筹款的总支出、净收入款项的流向;当有关收入全部或者部分转拨为公益慈善组织的收入时,应当予以明确说明;在项目实施过程中,公益慈善组织应当及时向社会公众、捐赠人如实披露项目资金流向;项目结束后,应当披露剩余资金去向。

(4)关联交易信息。公益慈善组织直接或间接与其理事、高级管理人员或其家庭成员或其任职的其他营利性关联组织（上述人员在该组织担任董事、高级管理人员或者是控股者或者主要受益人）间发生的交易。一般来说，关联交易可以降低交易成本、减少交易费用，因此极易成为公益慈善组织内部人员利益输送的工具。这就要求公益慈善组织披露关联交易的决策过程，并对交易价格等进行解释，以证明关联交易的公平性，消除社会公众的疑虑。

（5）工作人员薪酬。合理的薪酬体系是激发公益慈善组织工作人员的积极性、吸引优秀的人才从事公益慈善事业的重要机制。但公益慈善组织所运营、管理的资金来源于社会捐赠，过高的薪酬设计可能与公益慈善宗旨相悖，其理事、高级管理人员也有可能以高额薪酬的方式侵吞公益慈善资金。因此，公益慈善组织披露理事、高级管理人员薪酬的具体数额及一般工作人员的平均薪酬水平，能够使公益慈善组织的薪酬制度透明化。

（6）其他运营性信息，主要包括财务审计费、法律服务费等市场中介费，以及公益慈善组织外聘专家的咨询费、内部借贷情况等信息。

四、公益慈善信息披露的时限

根据《中华人民共和国慈善法》规定，具有公开募捐资格的慈善组织应定期向社会公开其募捐情况和慈善项目实施情况。其中，公开募捐周期超过6个月的，至少每3个月公开1次募捐情况，公开募捐活动结束后3个月内应全面公开募捐情况；慈善项目实施周期超过6个月的，至少每3个月公开1次项目实施情况，项目结束后3个月内应全面公开项目实施情况和募得款物使用情况。

五、公益慈善信息披露的途径

公益慈善组织为降低成本、提高运作效率、获得社会公众的信任，必须以有效的方式将信息传递给社会公众或其他利益相关者。这就要求公益慈善组织披露信息须具有两个特点：其一，方便获取；其二，规范。方便获取是指公益慈善组织应该采用最便于利益相关者获取信息的方式披露信息，包括在合适的地点以合适的方式公开信息。规范是指公益慈善组织必须按照法律规定和监管部门制定的统一内容和格式制作并披露相关信息。只有公益慈善组织披露信息的内容和格式统一，不同公益慈善组织披露信息的质量才有可比性，规范了信息披露行为。结合目前的经济社会发展状况，满足前述特征的信息披露途径如下。

1. 定期编制的出版物和报刊

公益慈善组织可以适时地将公益慈善组织的基本情况、公益慈善活动项目、慈善资金的使用等信息编制成各类书籍报刊，供利益相关者阅读了解，或在政府认可的报纸上刊登。目前的出版物和报刊主要有《全国性公益慈善组织信息披露监测报告》《中国慈善透明报告》《慈善公益周刊》《慈善会发展报告》《中国社会报》《公益时报》《中国慈善捐赠发展蓝皮书》等。这些提供信息的出版物，为促进公益慈善组织的相关研究、促进利益相关者了解公益慈善组织提供便捷的途径，为推动公益慈善事业发展提供数据支持。

2. 定期召开信息发布会

公益慈善组织可以定期召开信息发布会向公众及媒体发送、传输信息。信息发布会应由权威发言人公开向媒体告知，以保证信息的真实性和权威性。此外，当公益慈善组织面临意外和重大事件时，召开发布会向公众告知或表示歉意，并保证及时解决，这是平复公众疑虑、稳定社会局势的有效方式。有效地披露信息可以帮助新闻媒体对公益慈善组织未来的发展进行评估。

3. 建立官方网站、官方微博和微信公众号

互联网传播信息的高时效性、交互性、超共享性、超时空性、影响面广、可永久保存等特征，决定了它是信息披露最有效、最快捷的方式之一。公益慈善组织应该通过官方网站、官方微博、微信公众号向社会或其他利益相关者披露信息，并保障信息能被检索、查阅、下载。

4. 建立联合数据库或公共数据库

建立联合数据库或公共数据库披露信息，有利于降低公益慈善组织的运作成本，提高信息披露的效率。具体操作方式可以模仿知网等图书检索类数据库，把捐赠人需要披露的信息做成一张表放进相应机构的数据库，供捐赠人免费查阅、下载，并且采用动态披露的方式定期更新信息。

5. 其他可行方式

其他可行方式还包括定期以邮寄或电子邮件等形式，以公益慈善项目报告、专项基金的年度报告等途径向公众、政府或特定的利益相关者披露信息。

六、公益慈善信息披露的对象

1. 捐赠人

捐赠人是指那些以公益慈善组织披露的信息为捐赠依据的自然人、法人或其他组织，他们是公益慈善信息的真正需求者。捐赠人将自己的合法财产交给公益慈善组织管理和开展公益慈善活动，要求公益慈善组织按照捐赠人的意志履行契约，公益慈善组织需要保证捐赠人必要的知情权和监督权等合法权益。基于此，公益慈善组织有义务依法或按照合同约定向捐赠人报告所捐赠财产的用途、去向，以及利用这些财产进行公益慈善活动所达到的实际效果、资金使用效率情况等，从而获得捐赠人的信任，赢得再捐赠的机会。只有积极地向捐赠人披露相关信息，才能保障公益慈善活动有持续的资金，提升自身运营能力。

2. 受助人

受助人或受益人是接受捐赠的人（或组织），或者说是接受公益慈善组织帮助、救助、扶助的自然人（群体）、法人或其他组织。客观上看，受助人得到帮助、救助、扶助情况的好与坏，决定了公益慈善组织宗旨的实现程度。没有受助人存在就无从开展公益慈善项目，因此，公益慈善组织必须依法或根据合约向受助人披露相关信息，以更好地开展公益慈善活动。

3. 政府职能部门

政府职能部门主要包括各级人民政府的民政部门、税务部门、审计部门和其他有关部门。公益慈善组织要按照法律、法规、规章向政府有关职能部门披露信息。

4. 社会公众

社会公众是潜在的捐赠人，决定着公益慈善资金的来源，事关公益慈善项目的运作和公益慈善活动的开展，也事关公益慈善目的、宗旨的实现，与公益慈善组织、公益慈善事业的生存和发展息息相关。只有公益慈善透明才能获得公众信任，只有获得公众持续信任才能获得更多的公益慈善捐赠，而信息披露是实现公益慈善公开、透明的关键。因此，信息披露是公益慈善组织获取社会信任的需要。

5. 志愿者

志愿者是公益慈善事业发展的主力军。志愿者参与公益慈善事业，选择为公益慈善组织工作，其目的不是获取物质报酬，而是出于对公益慈善组织的宗旨、使命或对公益慈善事业的认同。只有声誉优良的公益慈善组织才能吸引更多的志愿者参与服务，而信息透明是公益慈善组织获得、维持良好声誉的必要条件。因此，公益慈善组织有必要依法对志愿者披露公益慈善资金使用情况、受助人的受助情况及公益慈善项目的运作效果等相关信息，通过信息透明来获取声誉和提高社会公信力，吸引更多志愿者的参与，最大限度地调动志愿者的工作热情和工作积极性，更好地提供服务。

6. 项目合作者

很多公益慈善活动或项目的开展，需要来自某个公益慈善组织以外的其他组织或个人的支持和帮助，这些社会支持力量常常构成项目合作者。为了更好地开展公益慈善项目合作，公益慈善组织也有必要向项目合作者披露相关信息。

7. 第三方独立评估机构和信息发布平台

会计师事务所、律师事务所、社会审计机构等第三方独立评估机构和信息发布平台独立于公益慈善组织和政府部门之外，是对公益慈善组织进行有效监督的第三方力量。第三方独立评估机构可以对公益慈善组织对外披露的信息进行二次加工和整合分析，从而较客观地评价公益慈善组织的行为是否合乎法律、法规的规定或公益慈善目的。因此，出于维护公益慈善事业可持续健康发展的需要，公益慈善组织须如实向第三方独立评估机构和信息发布平台披露信息。

8. 媒体

社会媒体在公益慈善行业中扮演着非常重要的角色，是公益慈善组织与外界沟通和交流的桥梁和纽带，各类媒体是很多慈善晚会、慈善发布会、慈善大赛重要的参与者、信息发布者。此外，媒体对公益慈善组织发挥着社会监督作用，媒体也需要公益慈善组织披露相关信息来寻求新闻点，从而制造新闻视角、新闻价值，推动公益慈善事业的繁荣和发展。

七、公益慈善信息披露的要求

公益慈善信息披露，应符合以下的基本要求。
（1）信息披露要及时、准确、完整，确保披露信息的真实性。
（2）选择的信息披露方式应尽量让捐赠人、社会公众及有关单位、组织、机构能够及时、方便、完整地获取和查阅披露信息。
（3）可能危及国家安全、侵犯他人权益或隐私，以及法律、法规规定不予公开的信息可不予披露。公开捐赠人、受助人或受益人的信息，须征得其同意或事先约定。

（4）信息披露主体应制定信息披露工作流程，明确责任主体，使信息披露工作规范化、常态化。

（5）信息披露主体可按重大事件和日常信息分类披露。发生重大灾害、事故及举办重大社会活动、开展重大社会捐赠活动的信息，按重大事件信息披露；一般性公益慈善项目及其活动，按日常信息披露。

八、公益慈善信息披露的原则

1. 真实性

真实性是信息披露的本质要求。让社会公众、捐赠人等获得真实、可靠的信息，并以此为基础做出正确、科学的决策，也是建立信息披露制度的目的所在。真实性原则要求公益慈善组织披露的信息具有客观性、一致性、规范性。其中，客观性是指公益慈善组织所公开的信息内容具有客观性，所陈述的事实必须是公益慈善组织运作或活动过程中确实发生的、客观存在的，而非为获得捐赠或防止社会公众、捐赠人、监管机构问责而编造的事实；一致性是指披露信息的内容与所反映的事实之间具有一致性，符合客观实际；规范性是指公益慈善组织披露的信息内容、格式规范、披露流程必须符合相关法律、法规的规定要求。

2. 准确性

准确性要求公益慈善组织披露信息使用的用词准确、无歧义，避免社会公众的误解。准确性强调信息发布者与信息接收者之间及各信息接收者之间对同一信息在理解上的一致性。判断一种表达是否含糊不清、是否存在误导性，其标准应当来自信息的接收者，而不是信息的提供者。社会个体之间的文化水平、生活背景、语言理解能力、思维方式等的差异是一种客观存在。为防止语义误解，披露信息所使用的语言及其解释，应当以具有一般普通文化水平的社会公众的理解为准。不准确的信息具有两个特征：①多解性，即对于所披露的信息内容可以有多种理解和解释，且都有一定的理由；②非显现性，即所披露的信息在内容上不准确，并不是显而易见的。公益慈善组织披露的信息不得违反准确性原则。

3. 充分性

充分性要求公益慈善组织披露所有可能影响社会公众、捐赠人等做出正确、客观判断的信息，不得选择性披露。为避免对社会公众、捐赠人等造成误导，公益慈善组织既要披露对自己有利的信息，也要披露对其可能造成负面影响的信息，还要披露关于其本身的负面信息。为满足充分性，信息披露须同时符合"质"和"量"两方面的要求。"质"的要求是指所披露的信息应当具有重大性，能够对社会公众是否做出捐赠行为产生直接影响；"量"的要求是指所披露的信息在数量上应当能够为社会公众做出准确判断提供足够的依据。但必须指出的是，充分性原则不是指要披露所有的信息。原因在于，如果要求公益慈善组织披露所有的信息，一方面，会增加公益慈善组织的成本，抑制其信息披露的积极性；另一方面，也会使社会公众置身于巨大的信息洪流中，提高了社会公众收集信息、处理信息的成本，降低了其参与社会监督的热情。

九、基金会的信息披露规定

民政部《关于规范基金会行为的若干规定（试行）》（民发〔2012〕124号）专门对基金会的信息披露做了相关规定。该规定也适用于其他具有公益性捐赠税前扣除资格的社会团体。一些重要规定摘要说明如下。

（1）基金会应当及时向社会公众公布以下信息：发起人；主要捐赠人；基金会理事主要来源单位；基金会投资的被投资方；其他与基金会存在控制、共同控制或者重大影响关系的个人或组织；基金会与上述个人或组织发生的交易。

（2）基金会通过义演、义赛、义卖、义展等活动进行募捐时，应当在开展募捐前向社会公布捐赠人的权利和义务、资金详细使用计划、成本预算；在资金使用过程中若计划有调整，应当及时向公众公布调整后的计划。

（3）基金会通过募捐及为自然灾害等突发事件接受的公益捐赠，应当在取得捐赠后定期在本组织官方网站和其他媒体上公布收入和支出明细，包括捐赠收入、直接用于受助人的款物、与所开展的公益项目相关的各项直接运行费等，在捐赠收入中列支了工作人员工资福利和行政办公支出的，还应当公布列支的情况。项目运行周期大于3个月的，每3个月公示1次；所有项目应当在项目结束后进行全面公示。

（4）捐赠人有权查询捐赠财产的使用、管理情况。对于捐赠人的查询，基金会应当及时、如实答复。基金会的年度工作报告除在登记管理机关指定的媒体上公布外，还应留存于本基金会，接受捐赠人的查询。

（5）基金会应当在内部制度中对下列问题做出规定：各项工作人员工资福利和行政办公支出的支付标准、列支原则、审批程序，以及占基金会总支出的比例；开展公益慈善项目所发生的与该项目直接相关的运行成本的支付标准、列支原则、审批程序，以及占该项目总支出的比例；资产管理和处置的原则、风险控制机制、审批程序，以及用于投资的资产占基金会总资产的比例。基金会的内部制度，应当在登记管理机关指定的媒体或者本组织网站等其他便于社会公众查询的媒体上予以公开。

第三节　完善公益慈善信息披露制度

健全公益慈善信息披露制度，就是要完善或出台使公益慈善捐赠款物公开、财务管理透明、招标采购公开、分配使用透明的相关规定。

一、建立信息共享制度

在明确公益慈善组织的责任与义务的基础上，逐步建立制度化的信息共享制度，这就要求组织配备专人负责交换捐助工作信息，通过网络、机要交换、电话等方式及时进行交流。

二、建立信息报送制度

信息的收集报送和处理应做到经常化、及时化、制度化、规范化。各地及时上报地方掌握的捐助工作动态，月初定期上报上个月社会捐助工作情况，以便各级人民政府民政部门及时掌握辖区内的捐助工作情况。为保证信息披露的及时性，规模较大的公益慈善组织或募捐次数相对频繁、筹款数额巨大、运作慈善项目较多、运作过程中利益冲突明显、社会关注度高的公益慈善项目或活动，应当建立中期报告和临时报告制度，以加强信息披露的监管力度。

三、建立与媒体协议定期宣传制度

应建立与媒体协议定期宣传制度，及时宣传报道各项公益慈善工作。对公众的参与秉持积极、开放态度，支持公众、媒体关于公益慈善组织信息披露的合理、合法要求，支持公众、媒体合法获取公益慈善组织的信息，支持公众、媒体通过法律途径起诉不按规定进行信息披露的公益慈善组织，营造高度信任的公益慈善氛围，用公众、媒体的力量推动公益慈善事业的发展。

四、建立面向特定捐赠人的定向汇报制度

通常，捐赠人更关心公益慈善资金的使用情况。为此，在双方达成一致的基础上，公益慈善组织可以通过定期向捐赠较大数额的捐赠人发送工作简报的方式，向其披露捐款使用情况、项目进展等信息，形成良好的长期合作关系。

五、建立信息披露问责制度

责任制度是权利制度的保证，公益慈善问责是公益慈善监督的必然延伸。公益慈善责任追究制度是与公益慈善权利救济制度相辅相成的，是公益慈善信息披露制度完善的重要一环。应通过建立公益慈善举报、投诉机制，规范公益慈善行政复议制度，完善公益慈善诉讼制度，确立公益慈善赔偿制度等，建立健全并有效落实公益慈善信息披露问责制度。在责任追究方面，公益慈善组织不按规定进行信息披露的，政府主管部门可依法记入诚信档案并公布，年检不予通过甚至予以取缔，并进行相应处罚。相反，对于主动、诚实进行信息披露的公益慈善组织，在政府购买服务时可将其信息披露情况列入评分指标，可获得更多政府购买服务的机会。

六、基于区块链技术打造新型信息披露模式

区块链是去中心化的、分布式的数据基础设施，每个节点（用户）的权利和义务都相等，共同管理、监督整个区块链的运行，共同维护公共账簿。每个节点利用工作量证明（Proof-of-work）、共识等算法将全部交易信息散列后加上时间戳封装成区块，随后快速向全网进行广播，由此形成的区块链可以被视为一个安全性极高的链状数据库。同时，每个节点都保存了区块链数据库中的所有信息，能够很好地防止数据丢失，且每笔交易都是公开、透明的，无论款项大小，都能记录交易的来源和去向。

基于区块链技术的信息披露模式是将捐赠人与受助者直接联系起来进行捐助活动的一种模式。其主要操作流程是：首先，当捐赠人或受助者首次进入该平台时，需要进行信息注册，并提交一系列审核材料以防诈骗，注册成功后，进入该平台；其次，捐赠人进入捐赠平台后，可浏览相应的捐赠项目，选定项目后确定金额并进行捐赠，若余额不足系统会提示进行充值，充值后方可完成捐赠；再次，当受助者需要使用捐款时，需要搜索对应的捐款使用机构，如果捐款使用机构不在平台内部，受助者需要联系该机构，请机构提交相应材料申请加入平台，找到相应的捐款使用机构后，受助者可以使用所获

得的捐款获得相应的服务；最后，当该机构需要为受助者提供相应的服务时，可以直接联系发行商将账户中的余额兑换成现实货币，兑换完成后该兑换记录保存在数据库中。

匹配上述模式，设计一个公益慈善资金流动平台：第一部分是底层，包括存储和区块链，在此基础上进行全网交易及记录；第二部分是上层，包括为用户搭建的应用界面和与底层连接的接口，上层应用通过接口调用与区块链相连，导出交易记录，并向用户提供一系列服务。

第四节　公民参与公益慈善事业的制度设计

公民参与公益慈善事业，是公益慈善信息披露的动力源泉。公益慈善信息披露的根本目标是防范风险、防止腐败现象，以及保障捐赠人、受助者/受益人和社会的利益。有社会公众广泛参与的公益慈善组织、公益慈善行业，能够在很大程度上实现公益慈善的公开透明，显著地降低行业风险，预防和遏制腐败现象，保障捐赠人、受助者/受益人和国家的利益或其他公共利益。

一、强化志愿者组织建设

有效地整合、调动整个社会资源，充分发挥各种社会中坚力量的能动性，是公益慈善事业的人才基础，志愿者组织就起到了这样的作用。志愿者具备为社会提供服务的技能和知识，希望能够尽己之力回报社会。而政府的推动、支持与扶植，不仅对志愿活动的开展有着重要的意义，而且对强化公益慈善的信息披露具有促进作用。完善志愿者注册登记和服务认证制度是实现志愿者组织化和专业化的重要途径，因此，完善志愿者的管理制度，促进公益慈善信息披露，一方面，要完善注册登记制度，这有利于整合人力资源，提高对志愿者的组织管理；另一方面，要完善服务认证制度，这有利于掌握志愿者特殊的专业知识和专业技能，同时激发志愿者的工作热情，提高志愿者服务的效率。

二、推进公民参与的制度化

公民参与的制度化，就是将公民参与作为一种制度设计的原则，赋予其制度效力和法律保障。要保证公民参与的长期有效，制度设计中要充分保障公民利益及其他更广泛的公共利益，关心公共利益的实现和公民意愿的表达，通过公民调查、公民会议、大众传媒、广告宣传和非官方公民复决投票等方式，实现公民参与的目标。

三、保障公民参与的广度和深度

首先，保障公民参与的广度。服务型社会治理模式要求赋予广泛的公民权和民主权利，呼唤新的"公共精神"，这就要求公益慈善事业的参与者不能仅限于那些受过良好教育、有较高经济收入的群体，也应包括低收入群体，使公共利益的表达更具代表性。

其次，提高公民监督意识，加快推进对公益慈善组织运行效果的质量监督，包括募集善款、管理善款和使用善款3个方面。拓宽社会舆论渠道是社会监督日臻完善的途径之一。

四、构建"社会力量—新媒体—慈善组织"互动平台

社会力量与公益慈善组织之间的沟通不畅，会在社会力量参与公益慈善活动过程中竖起一道无形的障碍，导致信息堵塞或无法实现信息共享。新媒体因其强大的传播力、覆盖范围广等特点，为社会力量与公益慈善组织之间的沟通开辟了新的路径。社会力量有权利了解公益慈善组织，而公益慈善组织也有义务在新媒体沟通平台上依法展示相关信息，双方之间可以产生有效的直接沟通，促使社会力量与公益慈善组织之间建立良好的互动模式。

本章提要

1. 公益慈善信息披露制度，是为保障公众利益、接受社会公众的监督而依照法律规定将公益慈善组织及其他公益慈善机构自身的财务状况、经营状况、高级职员的报酬等信息和资料向政府职能部门、捐赠人报告，并向社会公开或公告，以使公众充分了解情况，从而接受社会大众监督的制度。

2. 确立公益慈善信息披露的理论依据包括保护捐赠人的合法权益、资源最优配置的要求、公平和诚实信用的原则要求、建立公益慈善公信力的要求。

3. 公益慈善信息披露的规范包括：信息披露的基本内容；机构信息的披露；运营信息的披露；信息披露的时限；信息披露的途径；信息披露的对象；信息披露的要求；信息披露的原则。

4. 通过建立信息共享制度、建立信息报送制度、建立与媒体协议定期宣传制度、建立面向特定捐赠人的定向信息汇报制度、建立信息披露问责制度、增加罚则、细化奖励等几个方面来完善公益慈善信息披露制度。

5. 公民参与公益慈善事业的制度设计包括：强化志愿者组织建设；推进公民参与的制度化；保障公民参与的广度和深度；构建"社会力量—新媒体—社会组织"互动平台。

案例分析

【案例 14-1】许多不合规公益慈善活动正消费公众爱心

资料来源：平影影. 《法治周末》，2018-01-02。

"一元助 TA 改变命运""听说同一天生日的人冥冥中会有命运的牵绊"……2017年12月23日，许多人的朋友圈被一个名为"同一天出生的你"（也被网友简称为"同一天生日"）的爱心活动刷屏。用户只要在该活动的 H5 页面中输入自己的生日，系统就会出现同一天生日的贫困学生的信息，用户可为其捐赠一元。

该活动页面信息显示，"同一天生日"由深圳市爱佑未来慈善基金会（以下简称爱佑未来基金会）联合"分贝筹"共同发起。其中，爱佑未来基金会是深圳的一家公募基金会，"分贝筹"则是北京零分贝科技有限公司（以下简称"零分贝公司"）与爱佑未来基金会合作推出的微信公众号应用产品，通过互联网信息技术，资助义务教育阶段及高中阶段在读贫困学生。

但很快就有多位网友指出，活动中的贫困学生信息有造假嫌疑。例如，有两个姓名、出生日期不同，但照片显示为同一人；有学生生日为 2009 年 2 月 29 日，但这一天并不存在。有网友统计称类似的问题总计有 6 处。

随后，活动的真实性开始受到大面积质疑，2017年12月26日，深圳市民政局宣布对深圳市爱佑未来慈善基金会立案调查。

虽然至今调查结果还未出来，但众多参与者纷纷表示"伤了心"。法律和慈善领域的专家均认为，随着互联网慈善时代的到来，公益慈善组织应当严格遵守相关法规，决不能屡屡"消耗"公众爱心。

立案调查后首次回应并非诈捐

2017年12月27日，爱佑未来基金会官方微博发布公告，对"同一天生日"H5发表声明并致歉。这是自深圳市民政局决定对爱佑未来基金会立案调查以来，"同一天生日"主办方首次做出公告。

公告表示，所有受助小朋友的信息都是真实的，在"同一天生日"H5中出现的小朋友，都来自"国家建档立卡"贫困户家庭，其个人相关资料均由各地"驻村干部"和"结对干部"（负责扶贫工作的各级别国家公务员）实地走访了解、拍摄并上传；出现同一个学生有两个姓名的情况，甚至出现不存在的出生日期问题，是因为工作人员的"低级错误"所致，基金会没有任何理由可以推脱。

对于网络上"诈捐"的质疑，公告称，"一对一助学"项目确实得到了当地政府机构的支持。2017年4月，爱佑未来基金会与云南省昭通市镇雄县扶贫开发办公室和"零分贝公司"签署三方合作协议，合作推出了"分贝筹"，为云南省昭通市镇雄县辖下的贫困学生筹集生活费及助学扶贫款，其中，受助学生的信息、数据均来自"国家建档立卡"贫困户家庭。

云南省昭通市镇雄县扶贫开发办公室相关工作人员也在接受《中国之声》采访时表示："不存在诈捐，项目有它实际的意义，就是社会扶贫。项目在贫困群众的需求和爱心人士之间架起了一座桥梁，对贫困学生是一个很大的关心和帮助。"

2017年12月28日，爱佑未来基金会再度通过官方微博发表声明，称本次活动共计筹款294万元，所有善款均直接进入爱佑未来基金会账户，善款未使用，资金是安全的；若捐赠人对"同一天生日"仍存有疑虑，可申请退款；相关退款申请核实无误后，爱佑未来基金会将善款原路返还捐赠人。

涉嫌违反《中华人民共和国慈善法》

公开信息显示，依据我国相关法规，若项目面向公众募款，必须由一家具有公募资格的基金会前往"慈善中国"网备案该项目，通过审批后方可上线。

在民政部主办的全国慈善信息公开平台"慈善中国"上，《法治周末》记者查询到，备案名称为"一对一助学"的活动募捐编号为 53440300MJL16079XPA17007，募捐目的是"帮助贫困地区国家建档立卡贫困户家庭6～14岁的贫困儿童，改善学习生活条件"；相关慈善项目是"分贝筹一对一助学"。但截至记者发稿，尚无已募得款项、募捐进展等信息公示。

"虽然爱佑未来基金会已按照法律规定对该项目进行了备案，但整个募捐流程依然涉嫌违反相关法律、法规。"北京市京师律师事务所主任张凌霄指出，依据《中华人民共和国慈善法》的第二十三条、《慈善组织公开募捐管理办法》（民政部令第59号）第十六条规定，公益慈善组织通过互联网开展公开募捐活动的，应当在民政部统一或者指定的慈善信息平台发布公开募捐信息，并可以同时在以本公益慈善组织名义开通的门户网站、官方微博、官方微信、移动客户端等网络平台发布公开募捐信息。

公开资料显示，2016年，民政部指定的首批公益慈善组织互联网募捐信息平台有腾讯公益网络募捐平台、淘宝公益、新浪微公益、新华公益服务平台等13家，其中并没有"分贝筹"。

"'分贝筹'的运营主体是零分贝公司，直白地说，在这次活动中，它只是爱佑未来基金会的合作伙伴、技术支持方，即使真的是'分贝筹'内测时出现了失误，也不能认为爱佑未来基金会可以免责。"张凌霄告诉《法治周末》记者，爱佑未来基金会既没有在13家平台中的任意一家发布公开募捐信息，也没有在自己的官方网站、官方微博上发布公开募捐信息，"在完成备案后，它没有按照法律、法规完成其他的工作，就彻底把募捐活动交给了'分贝筹'，这个操作流程涉嫌违法、违规。"

实际上，人民网曾在2017年12月28日的报道中采访了深圳市民政局党委委员、深圳市社会组织管理局局长凌冲，对方也表示，"同一天生日"是一个网络募捐活动，但"分贝筹"并不是民政部指定的有募捐资格的网络平台；这明显违反了《中华人民共和国慈善法》相关规定，"我们将根据最终的调查结果，对相关各方进行处理。"

"消耗"公众爱心后果严重

《法治周末》记者注意到，在爱佑未来基金会、"分贝筹"甚至深圳市民政局的官方微博下，有大量网友留言，其中，有网友持续质疑该活动的真实性，也有网友认为自己的爱心被"消耗"，甚至有不少网友将其和2017年8月底刷爆朋友圈的"小朋友画廊"一元购画捐赠活动联系起来，称"再也不相信这类捐款活动了"。

公开资料显示，2017年8月17日，"小朋友画廊"所属的"用艺术点亮生命"公益项目上线腾讯公益平台，该项目发起方、执行方为上海艺途公益基金会（WABC），善款接受方也为爱佑未来基金会。当时，该活动的募捐目的、发起机构、方式、流程等信息没有在募捐前明确公示，引起了不少人的质疑。

"中国的互联网慈善发展很快，在这个过程中会暴露出各种各样的问题，有些是无法预料的，有些则是可以预料并应努力避免的。我认为，这个过程对有资格的基金会及捐赠人来说，都是一个不断学习的过程。"北京师范大学中国公益研究院院长王振耀告诉《法治周末》记者，就"同一天生日"这个活动来看，"分贝筹"肯定没有想到一个内部测试竟然能引起这么多人参与，其中的失误竟然造成了如此巨大的影响，他们一来没有经验，二来对互联网慈善的力量并不知晓。

王振耀表示，虽然该活动的确带来了一些消极影响，但是并不能就此全盘否定该活动及活动主办方，"各方应该从中吸取经验教训，引以为戒，否则，网友的爱心和善良真的会被消耗殆尽。"

"近几年涌现的互联网募捐浪潮，催生了'罗尔事件'、一元购画捐、'同一天生日'等。互联网的介入，让慈善成为一种生活方式，甚至一种消费方式，这对公益慈善组织的专业化运营能力提出了更高的要求，对于管理体制、机制也都是一个新的挑战。"张凌霄说，公益慈善组织的信息公开程度将更直接地影响公益慈善组织的筹款能力和声誉，公众拥有的监督权一旦得不到满意的答案，任何一起负面新闻都可能会对整个慈善行业产生极大的杀伤力，甚至波及运营良好、口碑较好的其他公益慈善组织。

问题

1. 结合案例，阐述互联网浪潮下公益慈善信息披露的监管难题。
2. 结合案例，阐述公益慈善信息披露对公益慈善资金的管理和使用的影响。

思考与练习

一、名词解释

公益慈善信息披露

二、简单题

1. 补充公益慈善信息披露的理论依据。
2. 简述公益慈善信息披露的主要内容。
3. 简述公益慈善信息披露的主要方式。

三、论述题

1. 论述我国公益慈善信息披露的难题。
2. 为什么说公民参与公益慈善事业是公益慈善信息披露的动力源泉？

参考文献

[1] 孟令君，王秀江. 中国慈善工作概论[M]. 北京：北京大学出版社，2008.
[2] 杨平. 慈善组织信息披露研究[J]. 会计师，2014（6）：5-6.
[3] 高志宏. 论慈善组织的信息披露及外部监管[J]. 江南大学学报（人文社会科学版），2014（5）：35-39，45.
[4] 匡婕，匡和平. 社会治理语境中公益慈善作用发挥的价值与路径[J]. 中共成都市委党校学报，2017（6）：82-86.
[5] 刘丹. 信息公开：慈善组织公信力建设的着力点[J]. 新闻世界，2015（12）：161-163.

[6] 刘娜. 当前慈善组织公信力的保持：外部监督与内部治理[J]. 河北地质大学学报，2017（2）：73-77.

[7] 倪斯铌. 利益相关者合作逻辑下的中国慈善组织管理模式探析[J]. 辽宁行政学院学报，2013（4）：27-29.

[8] 李新天，易海辉. 公益慈善中的代理问题以及治理——以企业基金会为视角[J]. 浙江工商大学学报，2015（4）：46-54.

[9] 舒岳. 慈善组织内部治理机制与信息透明研究[J]. 商业经济研究，2015（17）：110-112.

[10] 陈晓红. 慈善组织信息披露机制构建：基于利益相关者理论的视角[J]. 湖北行政学院学报，2013（2）：83-86.

[11] 冯翔，郑微微. 论我国慈善信息公开透明机制的完善[J]. 北方民族大学学报（哲学社会科学版），2015（6）：49-51.

[12] 龚家凤. 慈善组织信息披露与审计监督[J]. 现代营销（下旬刊），2015（7）：132-133.

[13] 武靖国，毛寿龙. 从"操作规则"到"规则的规则"——我国慈善组织治理结构的演进[J]. 社会政策研究，2017（2）：72-80.

[14] 刘娜. 中国慈善事业的监管体系研究[J]. 社科纵横，2016（6）：49-52.

[15] 李琪，李劼，朱建明，等. 基于区块链技术的慈善应用模式与平台[J]. 计算机应用，2017（37）：287-292.

第十五章
公益慈善调查与实践案例

知识目标

1. 掌握公益慈善调查的相关知识
2. 掌握公益慈善实践的相关知识

能力目标

1. 掌握公益慈善社会调查问卷设计
2. 理解公益慈善社会实践能力

素质目标

1. 通过案例调查或实践,培养公益慈善精神
2. 通过案例调查或实践,承担社会责任

案例说明

本章主要介绍公益慈善调查与实践案例——《特殊青年婚姻认知与需求状况》,本调查报告是重庆大学公共管理类(行政管理方向)专业选修课"公益慈善事业管理"的社会调查与实践报告,作者为邹晓韵、侯利、李琪、蒙萌、罗雨、李苗苗,他们均为重庆大学公共管理学院2013级行政管理专业本科生。

一、实践背景和目的

1. 实践背景

特殊青年的婚姻问题在特殊教育领域一直是一个非常有争议的问题。虽然在我国现行《婚姻法》及相关法律、法规中，对重度、极重度智力障碍人士的婚姻、生育有明确限制，但对轻度、中度智力障碍人士并无类似限制性规定。在智力障碍人士这个群体中，对婚姻和生育有强烈渴望的恰恰是后者，但是，其婚姻也经常遭到社会各界的诟病。大多数人认为，特殊青年无法理解常人眼中的"家庭""婚姻"概念，难以维持一段正常的婚姻，更不用说有能力生育和抚养自己的孩子了。这几乎成了大家的共识，社会公众理所当然地认为自己的想法是正确的，以至于鲜有人深入研究特殊青年在婚姻生活方面的现实情况，以及其是否有婚姻和生育方面的需求。

从特殊青年父母的表现来看，虽然他们希望自己的子女有一个好的未来，但通常反对他们结婚。即使在较为开放的西方社会，大多数特殊青年的父母对子女的异性交往和两性关系抱着一种矛盾的或很严厉的态度，他们尽量回避和自己的子女谈论这个问题，约75%的父母反对他们的子女结婚、生育，这些父母认为特殊青年缺少为人父母的能力。对特殊青年实施绝育成了父母和机构工作者控制其生育的一种手段。

从特殊青年本身的心理需求来看，虽然家长认为特殊青年不需要爱情，但通过和特殊青年面对面访谈发现，他们实际上对恋爱、结婚及生育都有很大的向往。有调查发现，在成年特殊青年中有的人非常想谈恋爱、组织自己的家庭。

尽管一些中度、轻度特殊青年表现出对婚姻生活的渴求，但特殊青年婚姻获得困难仍是一个不争的事实。对南京市216名特殊青年的调查发现，特殊青年的婚姻获得率仅为12.68%，男性未婚者占96.8%，女性未婚者占80%，特殊青年群体无论性别均存在婚姻获得严重障碍。此外，特殊青年的婚姻与正常人的婚姻相比也面临着更多问题，常见的困难包括收入低、缺少理财能力、存在长期健康问题、就业不稳定，以及亲戚的干扰所引发的冲突等。

2. 实践目的

特殊青年因本身的心智成熟度及社会赋予的责任和角色，并不同于一般人，即使特殊青年成年后拥有正常的生理成熟度，但在价值判断、社会理解、自我照顾能力都明显不足的情况下，要维系一段婚姻、维持一个家庭，比一般人要更困难，往往婚姻中的压力会带给特殊青年更大的创伤和挫败感。因此，我们必须思考的是，特殊青年对婚姻的认知究竟是怎样的；特殊青年的婚姻，究竟是父母的盼望及受传统价值影响所做的选择，还是特殊青年自己的期待；到底怎样的选择才是特殊青年的最佳归宿。调查、分析、研究类似的问题，付出爱与关怀去理解、感受这些特殊青年的生活、尊严和面临的困境，是践行公益慈善事业的重要途径和重要内容。

二、实践内容及过程

1. 实践前的准备

（1）研究主题的确定。

那是一个阳光明媚的下午，我们一组人坐在思群广场的草坪上讨论，到底要研究什么。在否定了棒棒军、三轮车司机、自闭症儿童等提议后，我们确定了一个大方向——研究特殊女青年的婚姻状况。在确定了这个主题后，我们阅读了相关的理论文献，确定了最终的研究主题——特殊女青年的婚姻认知状况。

（2）联系相关机构。

由于我们小组的研究主题是特殊女青年的婚姻认知状况，所以首先要找到这样一些特殊女青年，然后通过对个案的全面了解和研究来深入剖析。但是，仅凭我们6位学生还是比较难找到的，所以试图通过联系一些类似托养院等的非营利组织来找到一些特殊女青年。

正好，由于我们的专业注重实践和调研，大家与许多组织都接触过。所以，就联系了之前做过调研的乐一融合、慧灵等组织，但是都被拒绝了，因为他们觉得这可能会侵犯特殊女青年的隐私。在多方寻求未果的情况下，我们向彭小兵老师求助；彭小兵老师给我们推荐了从事这方面工作的重庆师范大学的邓老师；在联系了邓老师后，他向我们推荐了福泽残障康复托养园，并将该机构负责人唐主任的联系方式给了我们，让我们自己联系。

（3）联系福泽残障康复托养园。

拿到唐主任的联系方式后，我们很快就联系到了唐主任。幸运的是，唐主任没有直接拒绝我们，而是很热心地表示会尽力帮助我们。我们当时觉得这一次应该能够顺利地找到可以访谈的人。果然，不久之后，唐主任就通知我们有一位特殊女青年及其家人愿意接受访谈。同时，唐主任让我们去她的办公室所在地——南坪 V 空间，进行具体的沟通。

2. 第一次实践——南坪 V 空间

时间：2016 年 4 月 15 日

地点：南坪 V 空间孵化基地

南坪 V 空间是一个社会组织的孵化基地，里面囊括许多家社会组织的办公室，当然也包括福泽残障康复托养园。我们约了福泽残障康复托养园的负责人唐主任于 2016 年 4 月 15 日下午 2 点面谈此次调研具体事宜。一进入他们的办公室，最吸引眼球的是墙上贴的大大小小、颜色各异的纸花，这使本来堆满杂物的办公室焕然一新（见图 15-1）。唐主任介绍说，这些花都是机构里特殊青年折的，是拿来义卖的，价格从 5 元到 10 元不等，机构人员教这些特殊青年折花并帮他们推广义卖，收入归这些特殊青年所有。唐主任介绍说这个项目才刚刚开始，处于推广阶段。唐主任接着简单介绍了福泽残障康复托养园的情况，他们的办公室设在南坪 V 空间，疗养机构建在南山植物园，目前机构有十几位特殊青年。

图 15-1 福泽残障康复托养园办公室

在简单说明我们这次的调研计划后，唐主任记录了我们每个人的姓名，并查看了学生证，确认身份后她同意配合我们的调研，但是需要我们提供更详细的调研计划。另外，她还很细心地告诉我们调研计划应该包括哪些内容，尤其是访谈提纲，一定要提前给她看，确定没有问题后才能进行访谈；她还特别向我们强调在访谈时应该用比较专业的说法称呼他们——特殊智力青年。此外，她对我们的访谈也给出了一些建议，例如，访谈时穿统一的工作服、戴工作牌会显得更专业，使受访者更容易相信我们的身份。在近半个小时的谈话中，我们简单讲述了此次需要寻找的采访对象、采访的次数，以及每次采访的人数；唐主任说在联系好采访对象后，根据采访对象的时间再做一定的调整。

第一次见面的主要目的是通过负责人找到合适的采访对象，在谈话结束后我们开始准备唐主任要求的调研计划（具体调研计划见附件 1）。

会面回来之后，小组全体人员召开了讨论会，讨论调研计划应该怎么写。经过充分讨论后，很快形成了调研计划的雏形，并进行了分工，将调研计划进一步完善。调研计划做好发给唐主任后，唐主任很认真地看了调研计划，并从专业角度给了很多建议和修改意见。根据这些修改意见，我们又对调研计划进行了修改和完善。不久，唐主任告诉我们有一位特殊女青年愿意接受我们的访谈。然而，在我们正准备去与特殊女青年及其家人会面时，唐主任又告诉我们那位特殊女青年的家人不同意接受访谈。又过了一段时间，唐主任再次为我们联系了一名叫 Y 的特殊女青年（她曾经结过婚，但婚姻持续时间不长，又很快离婚，男方是一位正常的农村男性）。在经过充分准备后，我们开始了第一次正式访谈——在福泽残障康复托养园采访 Y。

3. 第一次正式访谈

时间：2016 年 5 月 6 日

地点：南山福泽残障康复托养园

2016 年 5 月 6 日上午 9 点，我们一行人从重庆大学出发，辗转换乘轻轨和面包车，历时 2 个多小时，来到南山上的福泽残障康复托养园。当我们站在托养园的铁门外向里看时，发现这个托养园只有两幢小楼和中间的一个小小庭院，面积并不是很大。在门外等了 10 多分钟后，托养园的吴老师来给我们开门，我们正式进入托养园。进去后，我们发现托养园里的人并不多，只看到几个孩子和两三名老师。

在正式与 Y 交谈之前，吴老师先将我们带到了她的办公室。首先，我们向吴老师简单地了解了托养园目前的情况及 Y 的个人、家庭情况；然后，吴老师叮嘱了我们一些注意事项；最后，吴老师将 Y 喊过来，并让我们去二楼的一间小房间进行单独谈话。

这时，我们才第一次见到这位特殊女青年（但是，很有缘的是，邹晓韵和侯利回来之后发现，她们在之前南坪 V 空间的调研中，曾经见过 Y）。Y 看起来只有十几岁（事实上她已经 24 岁了），穿着粉红色的上衣，整个人感觉很开心；她还拿了一篮拼图，说："姐姐，我教你们拼图。"吴老师告诉我们 Y 很喜欢拼图。在我们真正见到 Y 之前，我们虽然猜想她的情况应该并不严重，但让我们惊喜的是——Y 的情况远远好于我们的预期。她会教我们怎么拼图，会叫我们"姐姐"；还能听懂我们的问题，并与我们进行简单的对话。当我们问她有关"男朋友"（或老公）的问题时，她会很开心地对我们说："我老公可好了，他会陪我玩，还会和我一起看电视剧。"在谈到她的（前）老公的家人时，她也会说："他们对我可好啦。"但是，即使 Y 能与我们进行简单的交流，也能给我们描述她与她老公的情况，她却不知道她已经离婚了，在很多事情上也存在记忆缺失或者错乱（吴老师给我们的解释是，Y 对时间不敏感，可能会弄错一些时间或者一些事情）。在整个访谈过程中，Y 一直都表现得很活泼，她会一遍一遍地跟我们说许仙和白娘子，也会缠着我们给她一遍一遍地播放《新白娘子传奇》的歌曲，有时候还会随着歌曲跳舞，Y 告诉我们这些舞蹈是一位大哥哥教她跳的（事后从吴老师那里知道，福泽残障康复托养园是重庆邮电大学的一个固定实践基地，重庆邮电大学的学生经常会来托养园做志愿者，而 Y 口中的大哥哥，就是其中一位经常来托养园的志愿者）。

从整个访谈过程中 Y 对其老公、婚姻的描述中，我们发现其实她并不清楚婚姻的具体意义，也不知道真正的婚姻生活究竟是什么样的。在她的认知里，老公其实就是一个玩伴，一个会陪着她看《新白娘子传奇》、一起跳舞、一起拼图的玩伴（访谈记录见附件 2）。

在结束与 Y 的访谈后，我们又针对访谈中一些不明白的问题与吴老师进行了深入交流。吴老师告诉我们，Y 的前夫之所以会与 Y 离婚，是因为 Y 不愿意与其过正常的夫妻生活，这是因为 Y 不懂这方面的知识，她认为这是对自己的欺负、侵犯。然而，Y 的前夫之所以愿意与 Y 结婚，就是因为想要传宗接代，生一个孩子。吴老师还告诉我们，如今很多特殊女青年的家长想要将她们嫁出去，是想要在自己不能继续照顾她们之前，找好继续为之负责的人，这只是负担的移交，而忽略了特殊女青年的真实情况。

4. 第二次正式访谈

时间：2016 年 6 月 3 日

地点：南山福泽残障康复托养园

第一次的访谈仅仅针对 Y 和吴老师，然而 Y 情况特殊，吴老师所了解的信息有限，还有必要进一步地了解相关信息。我们本想联系 Y 的前夫及其监护人（Y 的父母已经去世，目前 Y 的监护人是她小姨）。然而，由于种种原因，我们并没有如愿说服他们。正好，唐主任对 Y 的情况非常了解，所以我们就约好时间对唐主任进行一次深入访谈。

2016 年 6 月 3 日，重庆市依旧艳阳高照，下午 1 点左右，小组成员辗转 2 个多小时抵达福泽残障康复托养园。当时，托养园大门紧锁，唐主任还没到托养园，园内的吴老师又恰巧很忙，没有时间给我们开门，我们只能在大门口耐心地等待。

10 多分钟后，托养园的一名生活老师急急忙忙地跑来帮我们开门，随她一起的是 Y。我们进园后生活老师就离开了，Y 则热情地将我们带进了另一幢楼的一间小房间里，又热情地请我们坐下，一个劲地问我们这次有没有给她带《新白娘子传奇》的光盘，为什么之前来看她的另外两位姐姐（我们小组的另外两位同学）没有来，看得出来她很喜欢之前陪她玩过的两位姐姐。

吴老师曾告诉我们这类特殊青年的情绪、行为极易受外界刺激，所以，我们简单回答了她的问题后便试图转移她的注意力，避免刺激她的情绪。在这段时间里 Y 仍然对我们谈起了她喜欢的大方、美丽的赵雅芝，又给我们跳起了《新白娘子传奇》里赵雅芝跳的舞，看到赵雅芝的图片还会兴奋地大跳大叫，喜欢赵雅芝唱的所有歌，拉着人陪她一起演"白娘子"。她还告诉我们，她想要成为一名演员，一名像赵雅芝一样漂亮的演员。Y 还和我们聊她看过的电视剧、她喜欢的明星及她园内的小伙伴，缠着我们帮她找她喜欢的照片和歌曲。

等到吴老师忙完手中的工作时已经差不多下午 5 点了，吴老师要带孩子们去超市，唐主任还没回来，我们便决定同吴老师一起去超市。在出门前，我们在一间休息室里看到了其他几个同样有智力障碍的孩子，有的孩子安安静静地坐着看电视，有的孩子嘴里还流着口水。出了园的孩子们兴奋地乱跑，我们不敢大意，只得招呼他们在路边等待落在后面的吴老师；而随同的 Y 则一直在和吴老师说话，间或问我们下次还会不会来看她。到了超市，孩子们便在吴老师的带领下快速地选好了东西，然后结账。这让我们更加清晰地感受到了福泽残障康复托养园对智力障碍孩子的生态化疗养模式——教他们学习融入社会、学习生活自理，而不是像保姆一样照顾他们的生活。

回到托养园后我们又陪孩子们玩了一会，直到差不多 6 点才接到唐主任电话，让我们前往南山公交车站汇合，方便采访完后我们能赶上最后一班公交车下山。唐主任很热情地给我们介绍了一些 Y 的婚姻状况。从唐主任的介绍中，我们了解到 Y 结婚是自己的决定，做出这个决定的原因可能是生活环境的影响，例如，曾经认识的小伙伴结婚了，家人谈论的话题也围绕这方面……这些都潜移默化地影响着 Y 想要结婚的思想。于是，她父母、亲友便张罗着帮她找一个适合与她结婚的对象，而首要的选择便是农村的、老实的、健康的男性，以考察人品为主，其次才是家庭条件（这也是很多特殊女青年结婚对象的首选）。但 Y 毕竟是一个心理年龄只有几岁的人，即使有了结婚的念头，也并不了解结婚意味着什么。她以为有了一个陪她玩的大哥哥，却不懂夫妻之间该有的生活方式，对男方的亲热也会先入为主地以为是对自己的侵犯，会本能地反抗。最终，因为男方无法完成传宗接代的目的导致双方婚姻的破灭。

辞别唐主任后，我们已经错过了末班车，只能乘出租车下山了。在回程的路上，我们谈起唐主任的介绍，每个人都感慨万千。经过这次实践调研，在了解智力障碍女性的婚姻后，我们觉得不管是亲情，还是爱情，抑或友情，我们都应该怀着感恩的心珍惜我们所拥有的一切。

三、实践总结及体会

1. 实践总结

随着"公益慈善事业管理"这门课程的结束，我们这次的调研也进入尾声。从选题到联系对象，从南坪 V 空间到南山福泽残障康复托养园，我们遇到了多次瓶颈，行走了很长的路程。

选题之初，我们小组坐在思群广场的草坪上，讨论自闭症的治疗、特殊人士的就业、日渐紧张的养老问题、流浪动物的收养等。操场上的情侣一对对，恋爱和婚姻在我们的生活中是自然而然、水到渠成的事，但是作为行为能力较为特殊、存在一定障碍的人士，婚姻对他们来讲是否是一件理所应当的事？他们受到的教育、成长的环境与我们大相径庭，婚姻对他们来说是否要困难得多？幸福的婚姻对他们来说是不是难以企及？一位同学给我们讲了她们镇上一对智力障碍夫妻的生活，这使我们对智力障碍人士的婚姻状况产生了极大的兴趣，选题的大方向就这样被确定了下来。

在调研对象的选取上我们遭遇了瓶颈。我们联系了惠灵、乐一融合等非营利性组织，但是考虑到智力障碍人士的隐私，加上我们要做的访谈较敏感，都被拒绝了。就在我们极度失望，转而向彭小兵老师寻求帮助之后，我们找到了南坪V空间的一家在孵NPO——福泽残障康复托养园，也是通过这家NPO，我们的调研才得以顺利开展。

我们第一次去南山福泽残障康复托养园时，初次见面的情形如下：我们在门外，一个孩子在院子里看到了我们，便转过头向屋内用很模糊的音节喊："吴老师！"接着屋子里好几个孩子探出头来看我们，嘴里也咕囔着各种音节。就在这个时候，我们发现托养园里孩子们的生活状态与我们有很大的不同，这似乎是我们从来没有接触过的一个群体。

吴老师是当天的值班老师，她是一名非常细心、专业的老师，她把我们引荐给访谈对象Y，并在访谈前给Y介绍了情况、做了思想工作。在引导Y简单的自我介绍之后，叮嘱了我们几句，她就出去了，在隔壁的房间等待，把时间留给我们。

和Y的交谈，我们是一边玩玩具、一边聊天一点点地推进的。Y是一个经历短暂婚姻的特殊智力女青年，在进入托养园之前，她曾经有过一段3个月左右的婚姻。她对时间、数字不敏感，可以说几乎没有概念，因此对于婚姻的真实情况，能从她口中得到的可靠信息并不多。但从她的口中，我们能得到她对婚姻、她前夫（或者说男朋友）的认知和态度。Y说不清自己的年龄，但是提到男朋友的时候，却能表现出少女的害羞。她不知道自己已经离婚，也不知道婚姻已经过去多久；但在说起男朋友对她"可好了"后，会有一点点小失落地说："姐姐，我也想要一个男朋友。"在和她的交谈中，我们感到她的内心有另外一个世界，那个世界是她的憧憬和想象，是她所能认知范围内美好事物的集合，有对她很好的家人，有一起开心玩耍的、可以完全信任的玩伴，但是有时候她也会接收到现实世界的信息，现实世界中她几乎没有可期待的事物。当两个世界重合的时候，她就会突然变得失落。就好像一个很天真、很活泼的孩子，偶尔有点伤心事。不过，她似乎也会照顾我们的情绪（抑或照顾她自己的情绪），在那样一句失落的话之后，便提到了她喜欢《新白娘子传奇》，喜欢白素贞，喜欢许仙，喜欢跳舞。

Y在跳舞的时候，愿意扮演的角色不仅有女性色彩的白素贞，也有男性色彩的许仙。她跳舞的时候很认真，举手投足之间很有舞者风范，模仿剧中人物的动作惟妙惟肖，甚至也能模仿神态——虽然她的模仿能力很强，但并不能理解每个动作的含义。

模仿但不理解含义这一点，也体现在她的婚姻和感情中。通过采访，我们发现她对"男朋友"和"老公"的含义并不能完全理解，她所说的"喜欢的事"，无非就是老公陪她看《新白娘子传奇》、看她跳舞等，我们发现其实她心目中的婚姻关系与普通人有本质上的区别，"老公"对她而言，其实更像玩伴的角色。而男方如果愿意接纳一位智力障碍的女性，很大程度上基于传宗接代的目的。像Y这种对婚姻和生育没有概念的女性，很明显没有办法顺利地延续这样的婚姻关系。当然，在咨询吴老师之后，我们得知Y的婚姻果然是因为这个原因，才在结婚3个月之后就迅速结束了。

从感性角度出发，我们觉得Y对于数字和时间很不敏感也算是一件好事。她的父母都去世了，母亲健在时给她介绍的"男朋友"也离她而去了，她在一个特殊青年托养园里一点一点地接受治疗和教育，没有亲人的探望和问候。但是，在她幻想的小小的世界里，她还有很爱她的老公，他每个月都会来看她，到过年就会带她回家，她学舞蹈可以跳给他看，他会当许仙，她会像白素贞一样美丽而幸福。

我们去了南坪 V 空间的办公室一次，去了托养园两次，和 Y 接触了两次，和老师们交谈了很多次。这次调研，我们看到了一些在学校看不到、想不到的情景，我们见到了一群我们原本不会想到、注意到的人。他们的心智停留在小孩子阶段，或者心智不健全，这让他们渐渐脱离了正常人的生活轨迹。作为社会中的一个小小的原子，我们对这个社会的全貌知之甚少。我们很幸运，拥有正常的智力和健全的四肢，从小受教育，到现在成为大学生。我们有苦恼，今天担心上课会迟到，明天担心作业写不完，闲暇时还会为渐渐逼近的生活压力感到紧张。我们拥有正常的头脑，却自顾不暇，更别说去了解那群需要帮助的特殊青年了。在刚刚接触到他们的时候，偶尔还会为他们的无忧无虑产生一丝矫情的欣慰，觉得至少他们无忧无虑，但是他们真的想要这样的生活吗？这并不是命运给他们的救赎，他们本应该有生活的基本选择权，就像你我一样。

他们的不幸，对整个社会来说，似乎是那么微不足道的一件事。很多人在学校接受教育，学社会科学、自然科学，但作为同龄人，我们和他们的生活轨迹几乎完全平行。例如，如果没有开设这门课，我们没有被要求走出去调研，抑或我们选择了其他调研对象，如老年人及养老问题，我们就没机会注意到这群特殊青年。这反映了一个问题，社会对他们的关注度远远不够，这是很多因素造成的。结果就是，有些人的处境非常黯淡，而明亮处的人们却根本没有考虑过帮助他们——甚至不知道有这群人，甚至不知道自己的生活已经足以让人羡慕，已经足以支撑他们伸出援手——就像生活在平行世界中一样。

好在有一些社会组织收容他们、治疗他们、尽力让他们回到普通人的生活中，回到普通人的视线中。在调研过程中，我们对福泽残障协会老师们的专业和爱心感到深深的敬佩。他们对特殊青年的社会生活能力进行调整、提高，最终目的是让他们以后的生活有其他社会组织提供的物质基础，或者有一定的经济来源，这相对于单纯地送爱心、经济上的救助，要有价值得多。我们对吴老师的一番话印象很深刻："以前的机构并没有教他们如何在社会上生活，哪些行为是可以接受的，哪些行为是不能接受的，他们应该怎么管理自己的情绪、自己的行为。但是，作为年轻人，最终他们一定是要回到普通人的队伍中去的，这是他们最终要走的一条路，不能让我们的孩子回到社区后没办法生活，因为他们的行为在社会上无法接受。我们希望最终他们会走出去，有能力的家长可以提供物质上的帮助，他们可以自己生活。我们觉得这是最好的状态。"

福泽残障协会这家 NPO 给我们的直观感受，和惠灵、乐一融合是很不一样的。后两者是传统的、庇护式的 NPO，而福泽残障康复托养园的公益慈善理念则更加开放、大胆，他们选择的路也更艰难、更长远。

关于特殊青年的安置问题，一直是社会的难题，或许婚姻是特殊青年的父母为其找到的安置途径，但是，他们对婚姻的需要程度、对情感的把握和处理、对生育子女的认知，是这个途径当前最需要解决的问题。我们深知这个研究在一个学期之内很难做到尽善尽美，这个领域的问题由于合适样本的缺乏，还需要长期的跟踪与观察，因此我们联系了下一届的同学，将同样的课题交给他们，希望能深入地往下做，能得到更多的第一手资料，为特殊青年婚姻状况的了解及相关安置问题的改善尽我们最大的努力。

也愿生活在同一个国家、同一个地球的人们，不要待在平行的舒适区。请走出我们的小世界，看看社会的真实面貌，关注那些特殊人群。毕竟平行的两条轨道，中间有了交集，才能形成社会文明进步的阶梯。

2. 实践体会

侯利

韩寒说："世界上的幸福是守恒的，一群人的幸福必定会导致另一群人的不幸福。"这样想的话，去帮助那些不幸福的人，是不是更是我们普通人的责任呢？关键是我们要找到这群需要帮助的人，而对于怎么看待他们、怎么帮助他们则应该特别谨慎地思考。有一句话叫作"甲之蜜糖，乙之砒霜"，方式不对会适得其反。在调研的过程中，Y要我们给她买她喜欢的 VCD，我们答应了，但后来托养园的老师告诉我们随意地答应他们的不合理需求不利于他们的治疗。由此可见，这个领域缺乏人才的原因如下：首先，关注他们的人不多；其次，能正确、专业地进入这个领域的人更少。我们要解决社会的问题，首先要找到治疗他们的最好方法，其次要找到安置他们的最优方案。从这个角度来讲，这就不仅仅是经济救助那么简单了，无疑任重而道远。

李苗苗

在托养园老师的讲述过程中，我们可以直接地预见他们中大部分人的一生：家里安排结婚，从此就这样过下去，老公善良的可以平安过一生，老公不善良的未来还不可知。听了多少有些伤感，她们什么都不知道，命运一直都在别人手里握着，很少有人能够想到将他们送到托养园学习、成长。从她们被发现是特殊青年后，社会就放弃了她们，似乎她们除了基本的生活需求就别无所求。改变大众的观念是一个漫长的过程，但是希望能有更多专业人士来指导他们的家人、朋友、邻居，为她们建立一个良好的资源网络，使他们能正常生活。每个人都是上帝派来的天使。

邹晓韵

大学期间，大大小小的调研和实践也做了不少，可没有一次像这次这么深刻。开始觉得自己确实应该背负一些东西了，无论对于我的家庭，还是整个社会；也发现自己能够给这个世界带来一些改变。在与 Y 的交谈过程中，她反复说一句："×××对我很好，他们都很好，我很喜欢他们。"虽然我无法理解她所谓的"好"与"喜欢"，但却能明显感受到她的开朗与乐观，以及对这个世界的善意。但这个世界对她却是残酷的，先给了她不健全的身体，又夺走了她的父母，最后老公也离她而去。幸好她现在还感知不到这些，这是众多苦难中唯一值得庆幸的事。在与吴老师的相处中，更深刻地体会到这个领域的工作人员无疑是非常伟大的，她们整日整夜地与这些孩子在一起，事无巨细地照料这些孩子的生活，一点一滴地教他们看书识字、与普通人相处，教他们过正常人的生活。虽然许多社工都说可能一万个人中才有几个成功的案例，但想必这几个成功的案例，一定是她们内心最大的慰藉吧。希望在这些老师与特殊青年艰难地迈出九十九步以后，我们能够走出最后一步来拥抱他们。

罗雨

智力障碍女性的婚姻如何获得？这一直是我们很少关注的问题。在现实生活中，智力障碍的人想要结婚本来就比较困难，智力障碍男性几乎没有结婚的可能，智力障碍女性只能沦为生育或者传宗接代的工具，他们的婚姻本就得来不易，又岂知相守起来同样困难。而对父母来说，生养一个带有缺陷的孩子，我们能想象到的压力恐怕也只有实际的十之一二，就像在调研过程中遇到的那个接孩子回家的父亲，他的表情看起来是沉默而哀伤的。两相比较，作为正常人的我们拥有了美好的生活、善良友好的家人和朋友，却往往不懂得珍惜。希望经过这次调研，对于亲情、爱情、友情，我们都能怀着感恩的心，珍惜我们所拥有的一切。

蒙萌

当我们不去寻找、不去发现的时候，以为世界很美好，以为健康很平常，但去过这些特殊机构、了解了这些特殊人群后就发现，原来健健康康、普普通通就是一种幸福。在这次实践后我深刻地理解了公益慈善的必要性，一个普通的家庭没有能力承担起照顾一个特殊青年一生的重担，特殊青年会成为他们永远的拖累和包袱，这时就需要社会组织的介入，让社会来分担他们的责任和压力。我相信社会上不乏充满爱心的志愿者，但是，如何利用他们的爱心来真正帮助这些特殊青年才是最大的难点。我之前一直认为要想帮助他们就要教会他们基本的生活技能，但通过这次和托养园负责人的谈话我了解到这种直接的教学作用微乎其微，要想帮助他们，应该教会他们使用辅助性的工具。例如，他们不会算数，那我们的主要工作就不是教他们算数，而是教他们使用计算器。另外，我们的不专业可能会导致帮助他们的效果事倍功半，因此不是所有人都适合直接参与公益慈善，更有效率的方法应该是把资源给那些专业的非营利组织，让他们用专业的手段去帮助那些需要帮助的人。

李琪

在进行此次调研之前，我从来没有关注过特殊女青年的婚姻认知问题。首先，我身边很少有这样的特殊群体；其次，我也从来没有真正想到去关心她们的婚姻认知。其实，在当今社会，人们可能和我一样，即使关注这个群体，也只关心她们的物质生活，很少有人去了解她们真实的想法与需求。在这次的调研中，我不仅与特殊女青年进行了面对面的深入交谈，还与此领域的专业工作人员进行了交流。由此，我有一些不一样的体会和感悟。

在平常人看来，特殊女青年的存在可能是负担或者责任，她们的父母可能更多地想在自己不能继续照顾她们之前就将责任移交给别人。所以，她们的父母会尽早安排这些特殊女青年嫁人，以将照顾的责任移交给她们的丈夫。而大家可以想象，那些愿意娶这些特殊女青年的人可能更多是家里条件不怎么好的，甚至自己本来就很难娶到正常女子的。所以，他们愿意娶特殊女青年可能只是为了生个孩子传宗接代，或者只是为了女方可能带来的利益。这样一想，我很怀疑，这真的对特殊女青年好吗？我们是否真的了解特殊女青年的需求？

从调研结果来看，其实每个特殊女青年都有自己的小世界，也有她们的喜好和兴趣。可能对一些特殊女青年来说，她们确实有结婚的需求，那么应该给她们一段婚姻，但是我们也不能忽略她们的特殊性。她们婚姻的维持还需要专业人士的帮助，帮助她们建立一个可以让其正常生活的环境，也就是通过教育身边的人使她们生活得更好。对于那些不适合结婚或者没有结婚意识的特殊女青年，可能不应该强迫她们接受一段婚姻。当然，这对其亲人来说是一个不小的负担，这就需要国家和社会的介入和帮助，也要求大家能够积极地献出爱心。

这次的调研给我的另外一个感受就是社会工作专业知识在公益慈善事业中真的很重要。可能有很多人有爱心、愿意奉献时间和金钱去帮助别人，但是缺少专业知识，不知道特殊群体真正需要的是什么，这样往往并不能达到理想的效果。所以，并不是每个人都适合直接参与公益慈善活动。然而，我国如今专业的社会工作人员还远远不能满足需求。作为公共管理专业、有条件接受专业知识教育的我们，应该更加努力、更加认真地学习相关知识和理论，这样在未来可能从事这方面工作的时候，至少能够更加专业，能真正地了解她们的需求，能在未来做得更好。

附件 1　调研计划书

一、前言

您好！我们是重庆大学公共管理学院行政管理专业的学生，正在进行一项专业课程的调查研究。为了响应我国支持发展慈善事业及在改善民生和创新管理中加强社会建设的号召，我们策划了此次调研。此次调研的目的是了解特殊青年的婚姻状况，明确其需求，以便更好地为特殊青年尤其是特殊女青年提供适宜、满意的公共服务。

此次调研只用于学术研究，在研究中会隐去受访者的所有个人资料，绝无其他商业用途。本着尊重被调研者隐私的原则，在访谈中不会拍视频、照相及录音，我们将努力营造轻松的谈话氛围，使被调研者能够畅所欲言。希望您能开放、真诚地回答我们的问题，积极配合我们的调研。

二、访谈提纲

1. 特殊青年基本情况

（1）特殊青年现在的年龄。
（2）发现智力障碍时的年龄，以及结婚时的年龄。
（3）智力障碍是先天的原因还是后天的原因（如果是后天的原因那结婚时正常吗）。
（4）发现有智力障碍后，根据韦氏智力测量表测出来的 IQ 值为多少？
或以下几个方面的情况。
（4-1）学习方面：记忆力、注意力集中时间、接受新知识能力。
（4-2）概念化技能：接受性和表达性语言、阅读和写作、金钱概念和自我引导；数字概念；抽象性、概括性思维、方向感等。
（4-3）社会技能：人际关系、责任、自我尊重、信任、遵守规则、服从法律和避开危险。
（4-4）实践技能：个人生活自理能力，如吃饭、喝水、穿衣、行走和如厕；使用日常工具的能力，如准备食物、医药护理、使用电话、财务管理、使用交通工具和处理家务；职业技能。
（5）是农村户籍还是城镇户籍，现居住地是农村还是城镇？
（6）父母身体健康状况如何？月收入状况如何？是否有稳定工作？
（7）特殊青年是否享有社会保障？如果有，平均每月可以得到多少资助？
（8）现如今有无基本的生活自理能力？能达到何种程度？身体健康状况如何？

2. 结婚对象基本情况

（1）男方现在多少岁？结婚时多少岁？两人结婚时年龄相差多少岁？
（2）男方的身体健康状况怎么样？智力情况如何？
（3）男方是农村户籍还是城镇户籍？现居住地是农村还是城镇？
（4）男方是否有稳定的工作？如果有，工作地点在哪里？做什么？收入情况如何？

（5）男方家庭情况如何？

（6）男方家庭总人口与劳动力人口分别是多少？

（7）男方父母身体健康状况如何？是否有稳定的工作？月收入情况如何？

（8）男方家庭年均收入大概是多少？收入的主要来源有哪些？

（9）男方是否享有社保？如果有，享有的社保有哪些？

3. 综合家庭情况

（1）两人如何认识对方？

从小就认识，一个地方的？经亲人、朋友介绍？男方主动？女方主动（不知道有没有，感觉应该很少）？

（2）男女双方为什么选择对方？

男：为什么选择女方？满意、看重女方哪些方面或条件？现在觉得怎么样（这个问题是不是不太合适）？

女：为什么选择男方？满意、看重男方哪些方面或条件？现在觉得怎么样？

（3）双方家长的认可程度如何？

男方家长：觉得女方怎么样？在家庭里能承担什么样的劳动？总体评价如何（可分为5级：很满意、满意、一般、不满意、很不满意）？

女方家长：觉得男方怎么样？男方家人对女方怎么样？总体评价如何？

（4）邻居的认可程度如何？

平时是否出现矛盾？生活怎么样（评价）？对男方评价如何？对女方评价如何？

（5）特殊女性青年结婚的礼金或嫁妆状况如何？

特殊女青年结婚的礼金或嫁妆怎么样（物质和金钱）？与同地区一般情况下的礼金或嫁妆相比怎么样？双方家长满意吗？

（6）目前的婚姻状况如何？

（6-1）家庭经济状况如何（家庭主要经济来源是什么？家庭经济状况在同地区处于什么样的水平？日常支出主要为哪几个方面）？

（6-2）是否已经育有子女（子女具体情况：性别、年龄）？如果只有一个孩子有没有计划再生二胎？是否曾经发生过流产现象（这个问题合适吗？）？如果发生过请简述原因？特殊女青年在孕育孩子的时候在哪些方面应更加留意？

（6-3）已孕育的子女状况如何（智力、心理、行为）？

三、具体计划

若开展两次调研，计划如下。

时间	地点	调研对象	调研人员
4月23日	受访者家中	特殊女青年	邹晓韵、蒙萌、李琪、罗雨、李苗苗
5月7日	受访者家中	特殊女青年家庭及其周边环境	侯利、李琪、罗雨、李苗苗

若开展 3 次调研，计划如下。

时间	地点	调研对象	调研人员
4月23日	受访者家中	特殊女青年	邹晓韵、蒙萌、李琪、罗雨、李苗苗
5月7日	受访者家中	特殊女青年家庭	侯利、李琪、罗雨、李苗苗
5月14日	受访者家中	特殊女青年周边环境	全体成员

附件2 访谈记录

一、第一次访谈

（Y：Y；吴：吴老师；我们：调研的同学）

首先，吴老师给我们介绍了主要情况，Y 有过一段短暂的婚姻，离婚的原因"好像是她不愿意发生关系"。然后，吴老师安排我们和 Y 一起玩，一边玩一边问问题（"有过"，已经离婚了。不愿意发生关系。对性是否有认知？）

吴：Y 喜欢玩拼图，所以她提出来和你们一起玩拼图。

（我们一起上了二楼，在一间小房间内，房间里有 1 台电视和 1 台 DVD）

路上吴老师向已经在小房间的 Y 说，采访的姐姐们来了。Y 回答，欢迎哥哥姐姐。吴老师说，只有姐姐，没有哥哥。

吴：介绍一下，你叫什么名字？

Y：大家好，我叫 Y（像小学生一样自我介绍）。

吴：今年几岁了？

Y：今年 6 岁了（对数字没概念）。

吴：来，我们坐。今天我们不上课，姐姐来和你聊一下，行不行？

Y：嗯。

坐下来之后我们赠送小礼物。

Y：哇，好喜欢！哇，很漂亮啊！（有礼貌）谢谢哥哥姐姐！
然后将小礼物转交给了老师（很听话，小学生的行为模式）。
随后吴老师出去了。
Y：哥哥姐姐，我有男朋友（主动提起，应该是吴老师给她说了我们的话题）。
我们：哇，你有男朋友啊？好棒，我们都还没有男朋友呢。
我们：你和你男朋友在一起多久了？
Y：一年，一年零一个小时。
我们：你怎么认识你男朋友的？
Y：我妈妈还在的时候，一开始我就认识。
我们：是你妈妈介绍的，对吧？
Y：嗯。
我们：那你打算什么时候和你男朋友结婚啊？想不想和他结婚啊？
Y：想啊，怎么啦？
我们：打算什么时候结婚呢？
Y：嗯，结了婚的。
我们：结了婚的？那有没有喝喜酒啊？
Y：喝了。嗯，姐姐我想要一个男朋友。
我们：你不是有男朋友了吗？
Y：（岔开话题玩玩具了，沉默9分40秒）……好不好？
我们：好。
中间谈到《勇敢的心》，因为她说她很喜欢霍祥林。
我们：那你男朋友和霍祥林哪个比较帅啊？
Y：嗯……我男朋友。
我们：那你还喜欢什么呀？
Y：还喜欢《天涯赤子心》。
我们：你家离这边远不远啊？
Y：涪陵。
我们：啊？你家那么远啊，那你男朋友家在哪里？
Y：我也不知道。
我们：一般你男朋友来找你吗？
Y：是的。
我们：你去过他们家吗？
Y：去过。
我们：他们家有哪些人？
Y：还有爸爸、妈妈，我也喊爸爸、妈妈（男方家庭成员：父亲、母亲、独生子）。

我们：爸爸、妈妈对你好不好？

Y：可好了！

我们：你们结婚办了几桌酒席？

Y：两桌。

我们：饭菜好不好吃啊？

Y：好吃。过年我要回去的。

我们：你上次回去是什么时候啊？

Y：是我小姨来接我的时候。

我们：什么时候来接你的？

Y：……

我们：过年的时候吗？

Y：嗯！过年的时候。

我们：那你每天都在这里吗？

Y：嗯。

我们：你在这里有没有玩得特别好的朋友啊？

Y：有啊，我老公啊（对老公的认知是"朋友"）。

我们：你跟你男朋友结婚了，所以你现在叫他老公了？

Y：嗯，重庆办的。

我们：那他现在在哪里呀？

Y：在很远的地方，广东。

我们：你去没去过广东？

Y：去过。

我们：去找他玩吗？

Y：嗯。

我们：广东好玩还是重庆好玩？

Y：重庆好玩。有朋友，还有老师陪我。

我们：那你男朋友不陪你玩吗？

Y：陪。

我们：但是喜欢和老师玩，对吧？

Y：嗯。这里有好多老师，他们对我可好了。

我们：这里的同学谁跟你玩得最好啊？

Y：LW 和 MM。

我们：你最喜欢你老公哪点？

Y：不知道。

我们：你老公帅吧？

Y：帅。他经常陪我摆龙门阵。我还有个妹妹呢！

我们：你妹妹几岁了？

Y：14岁。

我们：那你老公有妹妹吗？

Y：没有。

我们：你老公家的房子漂亮吗？

Y：漂亮，比这里漂亮多了。

我们：那你为什么不住在那边呢？

Y：嗯……但是，很远。

我们：你结婚后住在那边，对吧？

Y：对呀。

Y提出跳舞。

我们：你男朋友陪你跳舞吗？

Y：陪。他对我可好了（在Y的主观认知里，老公对她很好。其实，在她的认知里，朋友、老师、男朋友都对她"可好了"。没有对比，可信度有待确认）。

我们：那你喜欢许仙吗？许仙对白娘子好吗？

Y：可好了。

我们：跟你老公对你一样好，对不对？

Y：嗯，我跟潘哥哥说一起演戏。

我们：所以，他演许仙，你演白娘子，对吧？

Y：嗯。

Y跳舞。

Y：姐姐帮我拍照吧，我跟吴老师说我们跳舞了。

Y喊吴老师上来看。

吴老师：姐姐们问了你什么问题啊？

Y：她们问我的男朋友还有没有在？

吴：那你跟你老公跳过舞吗？

Y：跳过，但是不一样的歌曲。

我们：你教他的吗？

Y：嗯。

吴老师：那除了跳舞你们平时还做什么呢？

Y：玩，还有吃饭。

我们：吃饭？是谁做的饭呢？

Y：是我妈妈。我不告诉你，我只告诉姐姐们。

Y：把吴老师推出去。

Y：我跟男朋友一起玩。

我们：一起玩什么呢？

Y：跳舞啊，还和我去解放碑啊（曾经一起出去玩）。

我们：去解放碑啊，那他给你买衣服吗？

Y：买啊。我要听歌。

Y：放白娘子的歌，看白素贞的照片。

我们：你喜欢白娘子白色的裙子吗？

Y：喜欢。

我们：那你结婚的时候有没有穿过啊？

Y：我想！我也想穿这个！

我们：你有穿过吗？

Y：没有（应该没有正式的结婚仪式）。

我们：你认识你老公家的邻居吗（对老公家邻居是什么样的看法）？

Y：认识。

我们：那他们对你好不好？

Y：好啊，他们问我老公愿不愿意娶我，我老公说愿意。

我们：是不是特别开心？

Y：嗯。

我们：是不是第一眼看到你老公就特别喜欢？

Y：嗯，就和喜欢赵雅芝一样（特别喜欢，对相貌的概念清楚与否）。

我们：你最喜欢你老公哪里？

Y：眼睛、鼻子，都喜欢。

我们：你有没有和你老公的邻居摆龙门阵？

Y：有。

我们：你是过年的时候见到你男朋友的吗？

Y：嗯。

我们：是你小姨带你到他家？还是他到你家？

Y：是啊。

我们：你有没有跟你男朋友亲亲啊？

Y 没有回应。

我们：你上过学吗？

Y：啊？

我们：你看得懂书上的文章吗？

Y：啊？

我们：是你小姨介绍你男朋友给你认识的，对吧？

Y：嗯。

我们：是你到他家去的吗？还是他到你家来看你的？

Y：他到我家来看我的。

我们：他妈妈带他到你家来看你的吗？

Y：嗯。

我们：你男朋友亲过你吗？

Y：有。

我们：亲的哪里啊？

Y：没。

我们：没有啊，你亲他吗？

Y：没有，但是我很喜欢他（一直在强调自己喜欢他）！

我们：你害羞啊？

Y：不是。

我们：那为什么不亲亲呢？

Y：不知道（对亲亲没有概念）。

我们：是不想和他亲亲，只想和他玩对不对？

Y：嗯。

我们：你家是在城里还是农村？

Y：涪陵。我有外公、外婆，对我可好了。

我们：他们和你住在一起吗？

Y：嗯，他们割苞谷、做事情。

我们：你有没有割过啊？

Y：我摘秧子，摘了吃。

（A：调研同学；B：吴老师）

A：她说她是今年结婚的？

B：因为她对时间并没有什么概念，她并不知道今天是几月几日。

A：她是什么时候离婚的呢？

B：是前两年的事情了，因为她入园已经两年多了。

A：就是说她在离婚后才过来的。那她的婚姻持续了多久？

B：不是很长，最多一年，很短。

A：她怎么说前段时间她老公才见过她？

B：没有。因为她没有时间概念。在她印象里这件事情是存在的。

A：弄混了是吧？

B：对。她说她春节才回了一趟家。

A：那她看到了什么？

B：也就是说她可能在家里见过这个人。

A：那她老公为什么想跟她结婚呢？

B：这个就要问她的监护人了，因为我们这边的很多信息都是监护人提供的，如情绪、行为问题等。她的一些隐私性问题需要她的监护人提供给我们，我们肯定不能主动去要相关资料。另外，我们学生的日常行为与普通人会有所不同，例如，Y会找你要东西，普通人是不会这样的，但Y就喜欢找别人要东西。

A：哦，这是她的一个习惯。

B：嗯，她的情绪、行为存在一些问题。因为今天想要她出来聊天，所以我拿了一盒磁带，但是今天停电了，这个没法操作；放音乐可以让她的情绪轻松一点。刚才我也尝试问她对于男女方面的看法，她对基本事实知道得比较清楚，只是在时间节点上可能有一点混乱。

A：她一直说她很喜欢她老公，她婆婆那边也对她很好，情况属实吗？

B：她入园的时候我们收集过一些资料，了解到的情况是双方相处上有一些问题，所以男方提出离婚。

A：哦，男方提出的离婚？

B：嗯，对。

A：其实他们结婚是因为想要个小孩吧？

B：对。

A：她刚才说她现在的监护人是她小姨？

B：她还有一个姐姐。

A：同父母的吗？

B：不是，同父异母的，她姐姐在外地打工。

A：同父？

B：对，不是一个父母的。

A：她的父母去世了？

B：对，你们采访时我一直在外面，因为一提到她父母她就会哭。她平时会想她父母，刚进园的时候每天要哭几个小时，后来我慢慢让她接受她的父母在天上，在天上看着她。

A：她父母什么时候去世的？

B：在他们离婚以后、她入园之前。现在她大部分时间都是在我们这边生活的。

A：相对其他孩子来说，她挺大胆的？

B：是的，她胆子有一点大。她跟普通人不一样，她有很多的话，比较喜欢说话。

A：她父母是意外去世的？

B：对。

A：她父母生前没有放弃她，对她很好吧？

B：对，现在每个月她家里还会支付康复费用。

A：是她小姨支付的？

B：对，像春节这样的节假日她小姨也会接她回去。

A：只有春节吗？

B：这个要听她小姨家里的安排，因为她父母不在了，亲戚要看家里的安排。另外，因为 Y 的情绪、行为存在一些问题，她情绪不好的时候会摔东西，放假回去我们都会提醒她的监护人注意她的情绪状态。

A：她的情绪是受什么刺激才会不好？

B：对，外界刺激，再加上她情绪表达方式的不一样，如果她心里有火，而她用说话的方式表达不出来，她就会用摔东西或者打人这种方式让你知道。但是，从各方面来说，在我们这边相对会好一些，她现在也在工作坊做一些女生能做的工作，如做手工花等。

A：就是特别大的那个花？

B：对，她是大明工作坊的一名学员。

A：工作坊是不是在南坪，我记得好像见过她？

B：对，她每个星期都会去那边工作。因为她的能力在园里算相对比较好的，所以我们侧面问了她的想法，看她愿不愿意接受访谈，访谈之后我们还要评估这件事对她的情绪影响有多大。因为她不会把这件事忘了，也不会不再提，她会觉得今天发生了不一样的事情，最高兴的事情就是有 3 个姐姐陪她玩，聊了一些她平时不会和别人聊的话题。

A：你们是要评估她这方面的敏感程度？

B：对。

A：这边下山挺不方便的吧？

B：搭乘公交车可以下山。

A：托养园里没有安排车吗？

B：没有，因为我们托养园采取生态化的疗养模式，就是让他们像普通人一样出行，例如，星期一到星期五他们还要去超市买菜。

A：这算是康复训练吧？

B：对，他们按照正常、普通的模式在生活，还会自己做饭。

A：做这些事情的时候有人跟着他们吗？

B：前期肯定有老师跟着，要看他们哪些环节有问题，需要老师的辅助工作。

A：像她这种情况普通的事情都能做吧？

B：都可以，例如，星期二她要负责到南山的菜市场去买菜。虽然和普通人相比她的思维严谨性没那么强，主要体现在时间和金钱这两个方面。

A：那她买菜的话钱怎么算？

B：我们会做卡片，卡片上面有要买的菜的照片，钱我们按照具体的金额给她，慢慢地她买东西有记忆了，就知道要买什么了。

A：我觉得她记忆能力挺强的。

B：那是她喜欢的事。

A：她喜欢《新白娘子传奇》那个电视剧？

B：就像今天老师说让她自由活动、看电视聊天，可是今天没有电，只好临时性地采用另一个辅助工具了，她就做不好。今天本来要打麻将。

A：打麻将？

B：对，她不像普通人那样打麻将，因为她不知道怎么出牌，她就摸牌把同样花色的放在一起，以她的方式在玩。

A：重庆人也经常打麻将。

B：因为她入园以前家里的人也打麻将，有打麻将这种休闲方式。

A：那她现在有社保吗？

B：这个要问唐主任。教学这块由我负责，行政这块是唐主任负责的。

A：现在园里有几名老师？

B：7名老师。

A：轮班住在这里吗？

B：一般星期六、星期天住在这里。例如，今天值班老师在园里，唐主任在南坪，午休一般住园里。

A：他们入园前受过教育吗？

B：有些孩子受过教育，有些孩子没有，有些孩子在学校待了一段时间。

A：特殊学校还是普通学校？

B：特殊学校，有些孩子在普通学校，但老师管理上可能有点麻烦。

A：Y呢？

B：据说她没有受过教育。

A：她现在基本的自理能力如何？上厕所之类能自己处理吗？

B：都可以。每周有一天是她自己做饭。

A：流程化的事务她都会？

A：你们大概星期几自己做饭啊？

B：不一定，要看活动的具体安排，因为每个月的流程会变，现在是星期三、星期四。但是，下雨的时候孩子喜欢走来走去，我们就会把活动改为休闲活动，让他们自由活动。

A：今天的天气正好方便了我们。

B：因为今天的谈话比较隐私，所以我们让其他学生在那边休息。

A：他们入园的时候有没有进行智商测试？

B：入学流程是唐主任负责的，会收集一些医院的相关检查证明材料。

A：那他们的智商情况我们得问唐主任？

B：如果你们要录制一些视频资料，最好问唐主任，因为这涉及学生的隐私。

A：行。

B：作为她的监护人肯定要保护她的隐私，如肖像权，所有的资料都不能外传。

A：明白。我们就录了一段Y跳舞的视频，是她让我们帮她录的。我们传给唐主任问一下能不能采用，我们后期也可以做一些脸部的处理。

B：可以，最好问一下唐主任，因为这些资料涉及他们的隐私，他们也有自己的权利。今天还好，访谈没有出现大的冲突性事情。

A：咱们托养园和重庆邮电大学等有相关合作？

B：对，每周星期六和星期天，以及助残日、大型活动日他们都会过来。

A：她说舞蹈是志愿者哥哥教她的？

B：对，今天不下雨的话他们也会来，他们昨天也在这边。他们在这边会跳舞、搭积木等。

A：他们每周都会来吧？

B：对，每周。

A：挺方便的。他们的志愿者是固定的吗？

B：没有。重庆邮电大学的志愿者有队长，一般每周来4个学生。我们这边不是全封闭的，学生每天都要走出去，他们还有器材训练、健身房训练，旁边还有书店，我们还考虑在它正式营业以后去联系那边。

A：那个书店看起来挺好的？

B：对，我前两天看到书店已经开始试营业了。因为我们学生白天的活动基本上是在外面的，在园内的活动其实很少，主要是生活自理，如做饭、清洁等。

A：和普通人一样的生活。

B：对。

A：会让他们认识一些常用的字吗？

B：有些孩子认识。因为我们平时有一些课程，如语文，我们会教他们写自己的名字，因为有时会涉及签字之类的事项。

A：还想问一下，在社会技能方面，她与园里孩子们的交往和普通的孩子一样吗？我问她的朋友有谁，她说有一个叫LW？

B：就是刚刚那个男生，穿绿色衣服、坐在最外面那个。

A：为什么他们玩得很好？

B：因为LW不能说话，他更多用手语交流，但是一些简单的话他能一个字一个字地表达出来，他有自己的沟通方式。

A：Y能看懂他的手语吗？

B：可以，因为他们相处的时间太久了。

A：所以就懂了？

B：对，当你还没理解的时候她已经听懂是什么意思了。

A：哦。

B：因为很多时候我们也要配合孩子们之间的相处方式，会注意怎么配合、协调之类。

A：他们会像普通孩子那样有一些情感方面的互动吗？他们的互动有什么方式？

B：因为目前还没有出现你说的这个问题，Y是我们这边最大的孩子，其他孩子只有十多岁。

A：哦，因为她一直说自己6岁，她6岁之前发生了什么吗？

B：没有，因为她对年龄没有很清晰的概念。就像她会数1、2、3、4，但是她对数字没有什么概念，对不上。

A：她是1、2、3、4、5这样数下去？

B：对，我们让他们做综合训练都是从1数到10，因为人最基本的发展是从1到10开始的。对Y来说，经常接触的数字就是1到10。也就是说，她觉得她的年龄是一个中间值，不是最大的。相对来说，她比我们其他孩子要好一些。

A：之后我们还想做相关访谈，想做志愿者方面的工作，我们能到这边来吗？

B：你需要和唐主任对接一下，因为她负责联系志愿者、安排人访谈，以及审核相关资料，你们到时候提前联系唐主任。

A：好的，那我们到时候和唐主任联系。

B：另外，你们调研的内容不能仅从Y的角度理解。特殊青年有什么需要，要大量的数据才能证明，不是一两句话就能证明的，几百个人、几千个人的样本才能说明特殊青年到底有没有情感上的需要，以及他们最好的安置方式是什么。

A：其实我们也想了解这方面的问题，但是我们的案例真的太少了。

B：所以说，我希望你们能走进更多的成年的特殊青年，给我们提供数据方面的支持。

A：可能有点困难，因为很多特殊青年不愿意接受我们的访谈。其实我们之前也找了几位特殊青年，但他们的监护人不愿意接受访谈。

B：因为监护人认为这些内容太隐私了，这些孩子不像普通人，我们不能确定他们会说什么，他们可能会透露一些家庭的相关信息，对很多家庭来说可以接受家里有一个心智障碍的孩子，但是要让一个完全和他们没有关系的人了解他们家庭的很多事情，可能会没办法接受，所以我觉得你们其实真的不错。

A：我觉得您在这方面坚持做了这么久，也挺伟大的。在与唐主任和您的交往中，我觉得你们真的很有爱心。

B：我觉得我们爱心是有的，但专业性可能还要再加强。园里的孩子们找你们要东西，如果我们不管，你出于爱心把东西给他们满足了他们的需要。但是，对于普通人来说，他们不会随便向人要东西。这是一种不适宜的行为，所以说我们需要对这种行为进行调整、纠正。这样他们在和普通人交往时才会没有异样。最终他们一定要回到普通人中去的，这是他们最终要走的一条路，不能让我们的孩子回到社区没办法生活，因为他们的行为无法被社会接受。但是，以前的机构并没有教过他们怎么生活、哪些行为是可以接受的、哪些行为是不能接受的，以及他们应该怎样管理自己的情绪、行为。

A：可能以前的机构想料理好他们现在的生活，而咱们机构想到他们未来的发展。

B：对，因为我们最终的目的是，他们以后的生活有社会组织提供的物质基础，或者有一定的经济来源，他们的生活可以自理，他们可以自己做饭、买菜、坐车。

A：其实这是一件任重而道远的事情。

B：对，这个过程是漫长的，但我们的目标不会因此而改变。所以说我们园里的生活更多是社会融合性的，他们每天都会出园，从园外走回园内，做他们该做的事情。

A：做一个普通人做的事情。

B：对，但是有些家长把孩子送到养老院了。

A：可能是想让他一直在那里待下去。

B：对，但我们的目标是最终让他走出去。因为在能力足够的情况下，如果家长可以提供物质上的帮助，他们就可以自己生活，我们觉得这是最好的状态。所以，我们希望你们的研究报告能为我们提供一些工作、生活之外的东西，如一些情感方面的东西。我们需要大量的数据支持相关的结论，指导我们未来的工作。

A：好。非常感谢您！

B：好。

A：再见。

B：再见。

二、第二次访谈

基本情况：父母均去世；各项费用基本由同父异母的姐姐承担。

入院测评：语言动作、认知、社会交往（结论：Y属于最轻微的智力障碍）。

收费标准：根据综合能力和康复内容确定。课程规划越多，收费越高；在校时间越长，收费越高。

Y的情况：全托养，综合能力最好，课程规划较少。

为了满足Y自身的意愿，父母安排Y与一名农村男性结为夫妻，但由于婚后Y长期不愿与自己的丈夫发生关系，男方提出离婚。之后，Y的小叔试图与男方沟通，但男方的观点是娶妻就是为了生子、传宗接代，既然Y不愿与其发生关系，那么婚姻也就没有继续的必要。

问：为何会有结婚的意愿？

答：受周围环境及社区内同龄人的影响，Y意识到自己应该结婚了，但事实上她对婚姻的实质及相处模式并没有任何了解，因此，在男方希望与其发生关系时，Y 认为是在侵犯自己。

问：Y 的亲属为她寻找对象的标准是什么？

答：农村的普通男性，可以照顾 Y。

问：Y 的亲属是如何找到 Y 的前夫的？

答：通过中间人介绍。

问：为何会选择安排 Y 结婚？

答：目前社会大众的普遍认知是，在自己还有能力照顾的时候就自己照顾，如果没有这种能力了，再考虑安排其进养老院等地方，一般不会想到将其送入疗养院治疗，觉得满足其基本生活需求就行。Y 的家庭之所以选择让 Y 结婚也是出于 Y 有了新的家庭可以照顾她的考虑。

问：在和 Y 的交流过程中了解到，在 Y 的认知中，其前夫对她还是挺照顾的，事实真是这样吗？

答：这个应该是准确的，因为 Y 的家庭条件明显优于男方的家庭条件，在拥有话语权和财权的时候，男方应该不会亏待 Y。

另一个社区家庭案例

与 Y 的情况类似，另一个案例中的特殊女青年寻找的对象也是来自农村的男性，身高不高，五官不端正，但是有一份工作，如今生活得很正常。

问：特殊女青年为什么会结婚？

答：从两个方面分析。①环境。若脱离了环境，这些特殊女青年不会有对未来安置规划的打算，受家庭和社区环境的影响，她们潜移默化地认为自己应该结婚；同时，家庭也会为了监护权的转移，而促使其结婚。②个人。一般 22 岁左右就会开始张罗这些特殊女青年的婚事。

问：您认为特殊女青年是否应该结婚？

答：从个人方面来看，如果到了一定年龄，她们自己有生理方面的需求、与异性接触的需求等，那么是可以考虑结婚的。但是，在结婚以后，大部分家长都会忽视她们的特殊性，认为结婚以后就成正常人，理所应当地生孩子、带孩子、做家务等。但实际上，这些看似简单的事情对特殊女青年来说是有一定难度的，她们的日常生活等不能像正常人一样有序进行，这时家庭就会出现矛盾、冲突。另外，有先天性或遗传性病史的特殊女青年，不建议其进入婚姻状态，这会给原来的和现在组成的家庭带来双重负担。如果生了孩子，孩子可能会夭折，而且特殊女青年可能会在孩子的成长过程中起到很多不好的示范。一般这种家庭的经济条件也不足以满足孩子的生活需求和教育需求，在这种情况下，养育孩子的压力会转移到上一代的家庭中，这个结构并不良性。此外，特殊女青年的丈夫是否善良对他们的未来生活也起着至关重要的作用。

问：特殊女青年的离婚率高吗？

答：一般来说，婚前的约定越严苛（关于财产、照顾的责任等方面的规定），婚姻延续下去的可能性越大，延续的时间越长。但是，其中的不确定因素太多。另外，婚前的约定通常也只是私人约定，并没有经过公证等。

问：您认为，这些特殊女青年在结婚前是否需要相关的培训？

答：这个是可以有的。中国香港地区和中国台湾地区的社工服务就是做这些，利用法律的、社区的各方面资源，帮助特殊青年正常化生活。但是，对特殊女青年直接进行教育培训意义不大，因为她们本身是有障碍的，可以帮助她们建立一个正常生活的资源网络，让她们的生活环境更加良性。

问：怎么判断智力障碍是否会遗传？

答：先天性的可能会遗传，但后天的一般不会，如出生时缺氧、呛水等造成的智力障碍。

参考文献

[1] 汪海萍，陈莲俊. 智障人士的婚姻生育问题[J]. 社会福利，2009（11）：33-34.

[2] DA Alcorn. Parental Views on Sexual Development and Education of the Trainable Mentally Retarded[J]. Journal of Special Education, 1974(8):119-130.

[3] CR Wheeless. Abdominal hysterectomy for surgical sterilization in the mentally retarded: a review of parental opinion[J]. American Journal of Obstetrics & Gynecology, 1975(122):872-887.

[4] 陈莲俊. 上海市成年智障人士性教育状况调查报告[J]. 中国特殊教育，2009（9）：19-24.

[5] 张媛. 智障人口特征及其生存发展：对南京市 216 名智障人口的调查[J]. 南京人口管理干部学院学报，2006（1）：41-45.

[6] 潘璐. 农村智障女性的婚姻获得与权益缺失——对河北省×县两村的田野观察[J]. 中国农业大学学报，2010（3）：107-112.

附录 A
公共管理专业学位教学案例

A-1　案例正文　罗尔事件与公益慈善之殇

摘要：随着移动互联网的发展，网络众筹这种互联网公益慈善捐赠形式在公益慈善救助方面扮演着越来越重要的角色。网络众筹在为传统公益慈善活动带来改变和技术突破的同时，也使公益慈善活动乱象横生，各种网络骗捐、"带血营销"等事件时有发生。如何改变现状、避免公益慈善之殇越演越烈，是政府和公益慈善组织面临的共同问题。案例选取了"罗尔卖文救女事件"，通过对案例的梳理，研究我国目前网络众筹等互联网公益慈善的困境和出路。案例表明，若要使网络众筹等微公益健康、稳定发展，政府须完善相关法律、强化监管机制、提高网民的互联网公益素养，促使网络众筹融入现代公益慈善事业。

关键词：罗尔事件；公益慈善事业；网络众筹；互联网+公益慈善

案例适用课程：非营利组织管理；公共管理学；公共政策分析；公共危机管理；公益慈善事业管理

---

* 本教学案例涉及的所有信息、数据均来自网络上的公开信息。案例部分情节在不改变原意基础上进行了加工处理。案例不用于评价政府绩效和得失，仅供课堂教学讨论和研究。

引言

2016年11月25日，罗尔在个人微信公众号"罗尔"中发布了文章《罗一笑，你给我站住》，该文讲述了自己的女儿因白血病入住医院重症监护病房的危急情况及就医过程中面临的困境。11月28日开始，《罗一笑，你给我站住》这篇文章在微信朋友圈被广泛转发，罗尔与朋友刘侠风创办的小铜人金融服务有限公司旗下公众号"P2P观察"整合罗尔的文章，并开设打赏功能；同时，小铜人金融服务有限公司承诺以文章转发量定额捐赠。深圳小铜人旗下公众号"P2P观察"于27日、28日分别转发了罗尔的文章《耶稣，请别让我做你的敌人》《罗一笑，你给我站住》。此后，这两篇文章在网络空间被多次转发，文章打赏金一度达到上限，最后共计收到打赏金261万元。11月30日，知情人曝出罗尔家境和真实医疗费用，部分网友质疑该事件是营销行为。随后，各大媒体、社交网站以"带血营销"等字眼质问罗尔的募捐行为，一时间引起了社会各界的关注和热烈讨论。本案例对该事件的过程进行详细梳理及分析，讨论当前我国公益慈善事业发展中的种种现实问题，提出规范网络公益慈善活动的建议。

一、案例回放

1. 原创微文走红网络

罗尔，罗一笑的父亲，深圳媒体人，曾任《新故事》主编。在新媒体时代，他的另一个战场是"罗尔"微信公众号，在上面发表自己的小说或随想。

2016年9月8日，罗尔5岁的女儿罗一笑在幼儿园体检中查出血小板偏低，疑似白血病，并于9月10日办理入院。罗尔开始在微信公众号上记录一家人与白血病"战斗"的历程，罗尔一心想着如何给女儿筹钱治病，而对于他来说，他的武器就是写文章。当天凌晨，罗尔在其微信公众号上首发与罗一笑相关的原创文章《我的世界开始下雪》，几分钟后，他收到打赏金100元。通俗来说，打赏金是有人觉得你的文章写得好，可以通过付费表达对你的支持。之后，他将文章名改为《我们不怕讨厌鬼》，展现了一个父亲的无奈、痛苦，文章马上获得了3000元的打赏。罗尔同时在文中写道，"我写作《我们不怕讨厌鬼》，是为了给笑笑祈祷平安，并非筹集医药费，我为笑笑买了少儿医保和商业保险，即使笑笑患的是白血病，医药费也不会给我造成太大的经济压力，请朋友们放心。"这表明医药费没有压力，写文章只是为了给女儿祈祷。随后的几天，罗尔在公众号上陆续发表《笑笑一吻谢亲人》《笑笑爸的机会》《小萌娃笑傲白血病》等文章，文章发到朋友圈后，大家慷慨解囊，为笑笑最初的医疗费提供了保障。

2016年9月12日，罗尔在微信公众号中表示，女儿病情结论未出之前，暂停微信公众号打赏功能，并且宣布将此前文章全部打赏金捐给贫困白血病儿童。次日，发表文章《耶稣，别让我做你的敌人》，文末附言，"前天，一个无钱医治新生儿白血病的母亲，抱着孩子离开了儿童医院。此事促使我决定，将本公众号建成关注白血病患儿群体的平台，所得打赏金用于资助白血病患儿。"此时的罗尔有了成立白血病救助基金的想法，但是有朋友提醒他，若要注册基金，至少要有200万的起始资金，不然会惹麻烦。罗尔想到自己女儿的事还没有解决，不想惹麻烦，因此打消了这个想法。

2016年9月14日，罗一笑被正式确诊为白血病，罗尔恢复微信公众号打赏功能，截至9月21日，关于罗一笑的这几篇文章共收到打赏金3.28万元。此时，罗一笑的病情还比较乐观，罗尔因为前面的文章写了承诺，因此他发表《笑笑爸的遗书》，试图将3万元打赏金捐出，有朋友表示反对，称自己孩子的问题还没有解决，最后只捐了1.2万元（见《笑笑爸的机会》《节日不节日，我们都要快乐》《同舟共济是兄弟》《男人必须学会爱老婆》）。

2016年11月21日凌晨，罗一笑病情加重，进入深圳市儿童医院重症监护室接受治疗。11月25日，罗尔发表了《罗一笑，你给我站住》，文章有些语无伦次，但罗尔却真实地展现了一个父亲的爱和胆怯，催人泪下，意外收到5万元打赏——这是微信每天打赏的极限。很多朋友建议罗尔上网找"轻松筹"筹钱，但是罗尔并没有接受。

2. "指尖公益"危机四伏

《罗一笑，你给我站住》这篇文章让罗尔的一个朋友刘侠风看到了，他是小铜人金融服务有限公司（以下简称小铜人公司）创始人，具有10余年媒体从业经验，曾担任人人聚财媒体总监，号称"懂媒体的人中最懂P2P网贷运营、懂P2P网贷运营的人中最懂媒体营销"，而小铜人金融服务有限公司是一家专注于新金融领域、新媒体运营和数字营销的初创企业，创始团队主要来自新金融企业和知名媒体机构。

罗尔向刘侠风求助，并说明情况。罗尔2002年在深圳买了一套住房，后来又在东莞买了两套住房，价值100万元。罗尔有房有车，不符合救助标准，所以罗尔并不打算公开求助募捐。刘侠风从罗尔的话中听出罗尔这次扛不住了，当他听说罗尔的文章收到了5万元打赏，眼前一亮，决定做一个大胆的尝试，也就是"罗尔卖文，公司捐款，互助多赢"。双方决定，小铜人公司整合罗尔的系列文章，在公司微信公众号推送，读者每转发1次，小铜人公司捐助1元，文章开设打赏功能，打赏金全部给罗尔。从法理来说，这是一个合乎法律的商业行为，罗尔的文章转发提升了刘侠风的商业品牌，商业公司为罗尔付费。在实践中，它不需要大家掏钱捐款，随手转发就可以帮助到孩子。罗尔也觉得可行，这样得来的钱也体面。但是，他们忽视了一点，时代巨变，他的平台不再是一本几十页的杂志，而是一个有数亿用户的移动互联网。有一个描述很形象：老媒体人罗尔，撑着一艘小乌篷船从一个小湖走到陌生的大海，想捕更多的鱼；大海看似平静，但也可能风暴突起，杀机四伏。

拿着罗尔的稿子，刘侠风开始深加工。在描述罗尔的困境时，刘侠风说笑笑在病房每天花费少则1万元出头、多则3万元有余；另外，他还说笑笑一大半费用少儿医保走不了。在他看来，这两个点就是亮点，足以将这篇文章变成一个爆款。但后来事件的演变过程证明，这两个点恰恰是致命的漏洞。

2016年11月27—29日，深圳市小铜人公司旗下公众号"P2P观察"陆续转发罗尔的文章，第一篇文章《耶稣，别让我做你的敌人》开通打赏功能，第一句话便是"他没有选择公益捐款，而是选择卖文，每转发1次就可以获得小铜人公司1元的捐赠"，这条信息非常火爆，迅速蹿红朋友圈，累计打赏金101110.79元。由于打赏太多，被平台屏蔽该功能（见图1）。

之后，"P2P观察"转发《罗一笑，你给我站住》《不能让一个孩子，因为钱而有所闪失》。至此，"P2P观察"收到的打赏、转账总计126508.79元。刘侠风的公司介入之后，募捐的文章发布开始密集起来，接连几天的文章都达到了打赏上限每日5万元。2016年11月29日晚，罗尔的公众号也触及了打赏上限，被暂停接受打赏。

图1　公众号"P2P观察"转发页面截图

由于微信打赏的熔断机制，每日打赏不得超过5万元。数以百万计的热心网友早已按捺不住，11月30日0时30分，打赏金额猛增到100万元。这时的打赏1分钟内就超过了5万元，呈现指数级增长，冲破了微信设置的打赏上限。50分钟后，打赏又多了100多万元，总额已超过200万元。此时罗尔的心情难以形容，他简单算了一下，比起业内每千字1000元的高标准稿费，他为自己女儿写的《罗一笑，你给我站住》一文，打赏金额已是之前稿费的2000多倍。但是，问题来了，这么多钱该如何处理，罗尔连夜找刘侠风商量。

11月30日7时50分，罗尔发布了最新文章，在文中表示："感谢朋友们对小女罗一笑的关爱和支持，目前为止，笑笑所需要的医疗费已经足够，请停止打赏和其他捐助，为笑笑祝福。"

3．真相暴露信任危机

但是，在这之后，事件出现了反转。首先是网友对罗一笑医疗费用的质疑，一位微博医疗"大V"转发的澄清中写道：截至2016年11月底，罗一笑共住院两次，住院总费用合计80336.72元，目录外自费11633.66元，自费比例为14.48%，目录内费用68703.06元[1]。这和罗尔之前所说的医疗费用每天少则1万元、多则3万元的说法相差甚远，医疗费用的负担远不像罗尔所说的那么沉重。网民将罗尔之前撰写的陈述贴到了网上，指

1　数据来源：《罗一笑事件时间线梳理：细数来龙》，http://www.sohu.com/a/120606706_520677。

责罗尔隐瞒事实,刘侠风也亲自道歉,声称他将"上万"听成了"3万",并且表示自己不懂深圳少儿医保报销保障制度,以为这么多年了还和以前自己给父亲看病一样。罗尔也表示看过该稿,但是当时情况紧急,自己看漏了。无论如何,罗尔的形象开始在网友心中崩塌了。其次是对罗尔财产的质疑,有网友"开扒"罗尔名下财产——深圳自住1套房、东莞两套房。经查阅罗尔在2016年7月5日所发的文章,可以看到其名下除深圳、东莞两地3套房产外,还有2辆汽车和1家广告公司。网友开始质疑罗尔本人的作风问题及小铜人公司是否对此事借势营销和炒作。网友观点分成了两派,一派批评罗尔借女儿炒作没有人性;另一派则认为不论是否炒作,孩子的病能够好起来最重要。

2016年11月30日下午,深圳市儿童医院公布罗一笑小朋友的治疗救治费用,罗一笑3次住院费用合计204244.31元,其中,医保支付168050.98元,自付36193.33元。

以下是罗尔和刘侠风面对网上质疑的回应过程。

其一,罗尔首次回应打赏金处理方法。

(1) 除了留下女儿的治疗费用,剩下的打赏金我们今天(11月30日)和深圳市民政部门联系了,希望成立一个救助白血病患儿的基金,如果通过的话,以后会免费提供给其他白血病孩子。

(2) "如果有人觉得被骗,他提出来,我会退还打赏金。"

其二,"P2P观察"发表刘侠风文章《好事做到底,不怕风凉话》,公布了整个募捐活动募集到的具体金额约270万元,还提到了罗尔有3套房,深圳1套,东莞两套,分别为酒店公寓和住宅,总价值100万元,其中贷款42万元,没房产证无法变现。

罗尔在采访中回答如下。

(1) 我的3套房。深圳的房子购于2002年,2004年我和前妻离婚时商定,房子归儿子,随后,我净身出户,房子一直由前妻和儿子居住。2014年,前妻因工作调动,长期居住在福建,而儿子正在冲刺高考,需要人照顾,于是,一直住在单位宿舍的我和妻子、女儿搬回家来。但房子的所有权根据以前和前妻的约定是给儿子的,我没有权利卖。东莞的两套房子,购于2015年,一套是30多平方米的酒店式公寓,另一套是80多平方米的普通住宅,两套房子总价值100万元(其中银行贷款42万元),这两套房子当初是为自己退休养老准备的,但目前我们还没有拿到房产证,不能交易变现,因为与开发商有约定,前5年由开发商经营,以租金抵房贷。

(2) 我与前妻离婚,纯属性格不合,并非因为我有了婚外情。顺便在此感谢前妻对我的宽容,11月30日,风暴乍起之时,她还赶到儿童医院安慰焦头烂额的我。我2004年离婚,2009年才认识现在的妻子,认识两个月就结了婚。

(3) 我名下的公司并非我所有,是给朋友帮忙的,因为朋友的公司需要一个可靠的人作为法人代表。我没投入一分钱,也没有收入一分钱,更没有参与公司经营,只是在必要的时候,把自己的身份证借给朋友用一用。

(4) 2015年年底,我主编的《女报故事》停刊,我每月只能领到基本工资4008元,靠写公众号文章得读者打赏补贴家用,6月16日开通打赏功能后,单篇收获打赏金10~100元不等。

(5) 被人一再引用的"我有3套房、2辆车、1家前程无限的广告公司",出自我公众号的一篇小说（我忘记是哪篇了）。公众号 2016 年 9 月 10 日以前发表的作品，均为小说创作，人物和故事纯属虚构，并非作者自传性作品。

（6）"你们都不关心我的女儿怎么样了，只关心我是不是骗子！"中的"你们"，并不是指质疑的网友，而是指再三追问"我有 3 套房、2 辆车、1 家前程无限的广告公司"的记者。

4. 宣传"闹剧"终将落幕

2016 年 12 月 1 日，罗尔事件的前因后果在网上再度引发讨论，面对舆论的失控，深圳市民政局开始介入调查。下午，"P2P 观察""罗尔"两个公众号联合发表声明，通过文章打赏功能收到的资助 2171110.79 元及小铜人公司捐助的 50 万元在经过捐助人同意的情况下全额捐出，成立白血病患儿救助专项基金。后经深圳市民政局、刘侠风、罗尔、腾讯 4 方协商，将以上两个公众号所获捐助共计 2626919.78 元原路径退还网友。至此，整件事暂时落下帷幕。

2016 年 12 月 24 日，罗一笑小朋友因白血病去世，年仅 6 岁，她的父母希望捐献她的遗体和器官。

5. 罗尔事件的时间轴

表 1 总结了罗尔事件的整个时间轴。

表 1　罗尔事件时间轴

时　间	事　件
2016 年 2 月 29 日	建立"罗尔"微信公众号
2016 年 9 月 1 日	罗一笑小朋友查出血小板偏低
2016 年 9 月 10 日	罗尔发布《我们不怕讨厌鬼》，开始记录与病魔"战斗的历程"
2016 年 9 月 12 日	罗尔表示女儿病情未确诊前，暂停公众号打赏功能
2016 年 9 月 14 日	罗一笑小朋友病情确诊，恢复公众号打赏功能
2016 年 10 月 3 日	罗尔自称经济生活不宽裕、靠老婆接济
2016 年 11 月 16—23 日	罗一笑小朋友病情加重进入重症监护室，罗尔选择网络募捐的方式
2016 年 11 月 25 日	《罗一笑，你给我站住》一文发表，并在朋友圈被疯狂转发
2016 年 11 月 27—29 日	《罗一笑，你给我站住》阅读量破百万，打赏金如大雨倾盆而下
2016 年 11 月 30 日	停止打赏，网友了解到真实情况，罗尔事件成为舆论热点
2016 年 12 月 1 日	罗尔接受采访称将收到的近 270 万元全部捐出或原路径退还
2016 年 12 月 24 日	年仅 6 岁的罗一笑去世，罗尔夫妇希望捐赠她的器官和遗体

二、相关思考

1. "指尖公益"引起的信任危机

我国互联网公益慈善事业正处于初步发展阶段，此时，"指尖公益"难免鱼龙混杂。

因为微博、微信等社交朋友圈有强大的用户黏性，使"指尖公益"的传播类似于病毒式传播，再加上从众效应的影响，很多网民甚至没有搞清楚事情原委及求助者的真实性就盲目跟从。

另外，公众对于困境的理解是"耗尽了私人资源的山穷水尽"，这是一种约定俗成的社会规则，即疾病本身不是向公众募集款项的充分理由，"疾病+贫穷"才是。因此，当个人向公众发出求助信息时，不仅要表明疾病的存在、支出的庞大，还要说明求助人经济窘迫、无力支付。针对这一点，罗尔本身有3套房产、2辆汽车和1家广告公司，先不说这些资产的价值有多少或者能否变现，仅公布这些信息就会让捐赠人认为罗尔并没有到山穷水尽的地步。社会上有那么多患了绝症的儿童，家里一点资产都没有，这才是值得同情的。对这些社会规则的遵守与否，会影响捐赠人的判断，并会对其捐赠行为产生重要影响。虽然求助人对这条社会规则的违反不一定违法，但会受到强大的社会谴责和舆论压力。

除此之外，罗尔和小铜人公司之间有一个附条件的赠予合同，即罗尔所言的"卖文"。但问题在于，若真是带有商业营销目的的"卖文"，那么卖点应该是文章的知识性或者文采，但本案例中文章之所以被大量转发，并非文章自身给予读者的知识增量或者精神满足，而是读者出于对作者处境的同情，这已经将"卖文"悄然改成"求助转发"。该微信公众号还设置了打赏功能，这些打赏金已经不在罗尔和小铜人公司的协议之中了，而是读者对于罗尔"个人求助"的回应。"个人遭遇不幸"容易引发社会广泛同情，但企业借公益或慈善的名义做营销，利用感情的渲染消费他人的不幸，甚至夸大事实、隐瞒事件真实性，就极容易让社会舆论谴责。在整个事件中，起初信息鱼龙混杂，公众认知茫然，网络平台提供的监管信息也非常有限；后来被证实信息失真或有巨大偏差，网民容易产生一种被欺骗感，在这种打击下，难免会呈现不同程度的非理性言论和行为。

总之，虽然近年来网民的公益意识、监督意识有很大提升，但是辨别力弱、权益保护意识不强，且容易受舆论牵引。此时，在某些媒体的推波助澜下，参与者容易盲从，最后造成信任危机，容易从一个极端走向另一个极端。图2呈现了网络信任危机的演化过程。

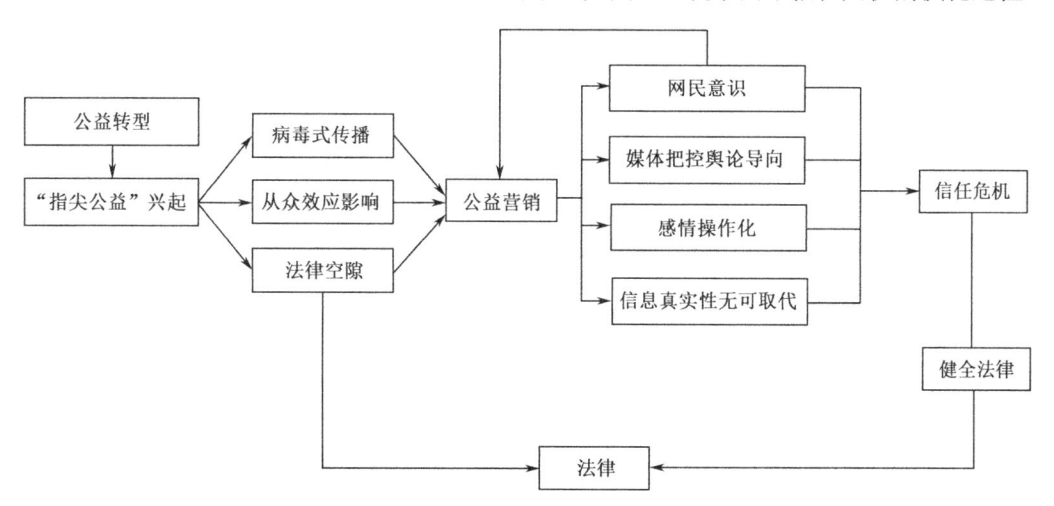

图2　网络信任危机的演化过程

2. 对于罗尔事件不同角度的思考

其一，基于捐赠人的角度思考。为何网络对于罗尔事件的舆论反响如此之大？网民的主要看法如下。

（1）罗尔为女儿治病及募捐的态度存在问题。在为女儿治病期间，罗尔仍然有心情和闲暇广泛接受媒体采访，并解释为什么没有卖房为女儿治病，以及为什么写关于女儿病情的文字。因此，有不少网民愤怒地指出，试问在这个世界上，有什么事情比给自己女儿治病更重要，宁愿为儿子留1套房也不愿意卖房救女，儿子马上要上大学，以后自己挣钱买房也不是不可以，况且罗尔拥有3套房。

（2）罗尔声称文章是将来留给女儿看的，为什么不私藏而向公共空间开放？为什么接受打赏？罗尔曾经在文章中写道，自己写文章只是为了给笑笑祈祷，虽然开设了打赏功能，但自己实际上并不在意这些，只希望女儿平安。但是，他之后的做法违背了这个说辞。实际上，罗尔仍然在不断发文章，而且还与小铜人公司合作进行商业宣传，这是网友不能理解的，只会让网友觉得罗尔是一个虚伪的人。

（3）朋友的公司要罗尔帮忙挂名，是否是无偿挂名？为什么是无偿的，在罗尔的女儿重病需要钱的情况下？网友无法理解。至于说"转发1次给1元"是4个人策划的，网友认为这是罗尔把事情办砸的责任推给朋友，理由是，朋友为罗尔出谋划策，是否采纳这项策划是由罗尔决定的；无论怎么策划，后果都该由罗尔独立承担。不管从法理、情理、道德哪个方面斟酌，都应如此。

综上所述，罗尔的这些表现都在一点一点地消磨网友和捐赠人对他的同情心，最终使网络舆论压倒了同情，罗尔也被推上了风口浪尖，成了众矢之的。

其二，站在罗尔的角度考虑。从罗尔的访谈中可以看出，罗尔在资产方面是存在问题的，引用一句话，"有一定资产，但没有现金，他就是一个伪中产。"现在经济发展越来越快，这种人在城市里有很多，身边没有足够的现金流，资产无法马上变现，一旦出事就会出现资金链断裂的情况。所以，综合完整的信息来看，罗尔可能确实有他的难处。但是，在如今媒体如此发达的时代，许多无良媒体为了吸引网民、增加访问量，经常截取被采访人的语句进行加工处理，信息失真严重，即网友接收到的消息并不一定是真实的、全面的，这就会造成每个人对事件有自己的看法，从而造成网络上的舆论交锋。因此，媒体对于舆论的导向有至关重要的作用，深层次来讲，一些无良媒体也是这次事件的重要推手。

其三，从罗一笑的角度思考。不少网络舆论认为，作为一个才6岁的孩子，没有度过孩子应有的快乐童年，自从诊断出白血病之后，整日缠绵病榻，没有孩子的无忧无虑，无法肆意玩耍，除了病痛的折磨，还有家人的离心，难以看到父亲罗尔在照顾孩子方面尽到了一个父亲应有的责任，他以女儿的重病为由做人情买卖，赚取公众的同情，以获取自己的利益，不由引起众人唏嘘。常识告诉我们，罗一笑小朋友在医院治疗的那些日子里，她最想要的一定是家人的陪伴和关爱，孩子的渴望如此简单、纯粹，可是事情发生后，罗尔频繁参加各种采访，陪伴罗一笑小朋友的时间应该不会很多。公众的情绪因此聚焦于罗尔的欺骗却很少有人在意罗一笑小朋友的病情，但是人性本善，归于天堂的罗一笑小朋友，应该会过得更幸福。

3. 公益募捐系统亟须转型升级

我国的公益募捐也面临着转型升级。个体救助卷入骗捐漩涡，已非个案。类似的募捐争议事件频发，单从社会公众的角度看，这些不诚信事件确实在一次次地消费、伤害人们的爱心，让很多人再也不敢相信网络求助信息。但是，让我们转换一下想法，毕竟骗捐只是小概率事件，个别事件虽然出现反转，但爱心不必反转。实事求是地说，在目前社会保障体系还需要完善的背景下，个人求助募捐对于很多处于困境中的人，是较为有效的个体救济方式，也是公民互助的精神体现，值得肯定。那么，以何种方式进行公益募捐的转型升级，将公益平台、慈善组织和个人救助更好地结合在一起，是社会需要思考的问题。

4. 互联网+公益慈善中的信息不对称

信息化时代同样存在信息不对称。仅依靠个人和一家没有慈善资质的公司发布的两篇公众号文章，就在几天内募捐到200多万元，这既让人见识到网络捐助的蓬勃力量，以及信息化时代网络慈善募捐的优势，也让人充分意识到潜在的风险。罗尔事件之所以反转并遭遇舆论围剿，是由于部分重要的信息未向公众披露。"一方有难，八方支援"是我国社会倡导的传统价值观，向社会求助本无可非议，但前提是信息必须真实。罗尔事件表面上看是沟通不畅通等问题，实则暴露了当前网络众筹募捐体系缺乏必要的、规范的信息证实机制。当前，诚信问题越演越烈，人与人之间的信任正在被蚕食，由欺骗造成的社会事件和案例数不胜数，此时，人们最害怕的就是受到欺骗。罗尔的行为恰恰踩中了这片雷区，而新媒体信息传播的便捷性又正好将这些错误无限放大，才造成了网络舆论围剿的局面。

三、一些启示

1. 强化信息披露，消弭信息不对称

由于认知的局限性、信息的不对称容易滋生欺骗行为。罗尔事件的关键是罗尔在个人求助时没有将自己的情况完整、真实地披露出来，这种藏着掖着的举动造成求助者和捐赠人之间的信息不对称。对于个人求助来说，求助者首先要确保自己的求助信息完整、

真实、充分，并在筹集到足够资金时通过当初发布求助信息同样的途径公布资金筹集完毕的消息。在求助信息的审核方面，个人求助平台至少应该承担形式审查的责任，要求求助信息发布者提供有效的身份证件、病历材料或者其他证明文件、财产状况说明。当网络平台收到举报或者投诉时，应及时采取止损措施，并配合相关部门进行必要的调查与核实。

这意味着，网络慈善还需要专业的公益慈善组织来操作，实现善款的规范使用，净化网络社会风气。总体而言，近年来我国公益慈善组织发展迅速，专业程度、透明度等相对较高，值得信任。

2. 强化互联网公益与传统慈善的互动

近年来发生的一些备受社会关注的骗捐或慈善腐败事件，对公益慈善行业是一种鞭策。一方面，社会应该努力倡导、推进个体求助、募款通过公益慈善组织进行；另一方面，公益慈善组织也应该打造更便捷、更具公信力的募捐渠道，让社会公众能放心地将善款交给公益慈善组织运作，并积极参与善款监督，构建一个良性运行的公益生态。这就需要强化互联网公益平台与公益慈善组织的深度合作，保障互联网公益的灵活性、便捷性，共同促进网络众筹的规范化发展。这对受助人和捐赠人都是一种保护，有助于避免一而再、再而三地消费、伤害社会爱心。

3. 强化慈善社群责任

其实，网民之所以对罗尔非贫困身份的募捐感到愤愤不平，体现的是一种慈善社群责任。在罗尔事件的"故事"营销中，网民打赏了一个经过商业包装的"故事"，好比花钱买了一张电影票看了一个悲剧电影，消费终止于电影结束。消费者所体验的是社会生活中的一种角色，通过市场交换满足个体需求。即使维权、强化个人交易安全，也是一种维护个体利益的行为。因此，对于网民来说，罗尔事件带来的应该是理性，而不是冷漠。我们应该用善意的眼光看待罗尔，罗一笑需要钱是事实，只是数额没有那么大，因此这也算不上骗捐，应该理解为一个救女心切的父亲操作不当的表现，接受了公益营销理念，却忽略了公益营销的客观。回顾整个事件，罗尔的出发点肯定是为了女儿。

此外，罗尔事件之后，网络上出现了"做好人没好报，以后谁还想做好人"等似是而非的说法。但是，这种说法本身是一个假命题，做好事被讹诈，应该竭力还原真相，还好人以清白，谴责无良的讹诈者，而不是反噬"做好人"这个不应受到质疑的命题。

4. 规范网络众筹的发展

网络众筹是新媒体和移动互联网发展过程中兴起的募捐形式，相对于传统慈善组织，它更具有灵活性，是"互联网+"时代不可忽视的慈善力量。增加社会大众对其信任的举措有4个方面。

第一，用法律为道德托底。在网络上利用他人爱心实施非法募捐的行为应受到法律的惩处，还公道于民心。同时，必须不断完善法制，以应对飞速发展的技术、快速变化的社会。

第二，新媒体所属企业应该肩负起社会责任，规范其社交平台的募捐行为，把好信息真实性的审核关，推动募捐之后公益慈善资金使用情况的公开。

第三，网民的网络捐赠也是承担社会责任的体现。每个人，无论自己的善举是否被消费过，都不能对苦难无动于衷，不能给冷漠找理由，不能对社会失去信心，不能失去善良的能力。

第四，公众个人的网络捐助应更加谨慎。面对互联网上纷繁芜杂的消息，每个人都需要独立思考，对一般的事情得按照逻辑思维推算，多方求证，警惕病毒性营销。

第五，慈善是一件专业的事情，由专业机构、专业人士操作才能让人信赖。因此，需要在社会和政府的大力支持下，从民众着手打造属于自己的公正、安全、公信的公益慈善组织。

四、结束语

随着新媒体和移动互联网的发展，网络众筹这种新型公益慈善形式异军突起，逐渐成为传统公益慈善模式的重要补充。但是，网络众筹这种互联网公益形式目前尚处于起步阶段，仍然存在一些风险，灰色地带和不确定性因素较多，面临公信力缺失、监管机制不完善、网络金融安全存在隐患等诸多困境。2016年颁布实施的《中华人民共和国慈善法》也没有对这种新型公益慈善形式加以规范和约束。

网络公益慈善中的诚信问题不解决，同样会扰乱公益慈善秩序，阻碍公益慈善事业的健康发展。如何避免罗尔事件等互联网公益慈善舆情危机的发生，是摆在公益慈善职能管理部门面前的重要课题。首先，需要完善相关法律、法规，明确界定"骗捐"行为及其惩戒规定；其次，完善互联网公益慈善的监督机制，提高网络募捐及捐赠过程的透明度，确保捐赠人捐款的正当用途和合理去处，防止网络公益慈善中的欺诈行为；再次，提升网民的网络文化素养，强化网民对虚假信息的辨识能力，防止掉入网络陷阱；最后，监控网络媒体的舆论导向，培养善良、真诚的网络文化，鼓励网民在正规网络众筹平台捐赠。

问题研讨

1. 根据案例，罗尔事件反映了我国公益慈善事业发展中的什么问题？
2. 根据案例，讨论网络众筹这种互联网公益慈善形式的适应性。

3. 在网络众筹中，新媒体和传统媒体对舆论导向应扮演什么角色？
4. 网络公益平台是否应该取得与传统公益慈善组织一致的准入资格？
5. 讨论互联网+公益慈善的优缺点。
6. 分析如何完善网络公益慈善募捐监督机制。
7. 讨论网络募捐中的信息披露事项。
8. 基于案例，讨论公益营销的监管机制。

A-2 案例教学手册 罗尔事件与公益慈善之殇

一、课前准备

案例教学课开始前一周，任课教师将案例正文分发给班里每位同学。将同学们分组，每组5~6人不等，推举小组长1名。以小组为单位进行任务分配，具体任务如下。

（1）布置学生需要阅读的1~2篇（部）相关论著，包括社会救助、慈善组织和公益组织管理的相关著作，以及《公益时报》《公共管理学报》等重要期刊上经典的相关学术论文。

（2）结合案例，在小组长的组织下，自行确定1~2个角度（问题）对案例进行分析和讨论（可以结合教学案例给定的问题，也可以结合教学案例自行提出讨论问题），形成相对一致的意见，制作PPT，展示讨论结果，表达主要结论和观点。

（3）每组推选一位同学，代表本组同学汇报讨论成果。

二、适用对象

本案例适用于非营利组织管理、公共管理学、公共危机管理、公共政策分析、公益慈善事业管理等相关课程的案例教学。读者群体包括：①公共管理学科的研究生、本科生；②攻读公共管理硕士（MPA）、社会工作硕士（MSW）等专业学位的研究生；③各级党校、行政学院等党政领导干部的高级研究班学员；④公共管理学、公共危机管理、公共政策分析、非营利组织管理等相关课程的任课教师，以及从事社会管理、社会治理、社会工作、危机管理等相关研究的学者。

三、教学目标

（1）本案例需要解决的关键问题是信息化时代网络众筹信息的辨别，以及互联网公益慈善舆情事件的政府治理。

（2）促进互联网公益慈善募捐与捐赠行为的规范化，将个人救助、传统公益慈善组织和移动互联网公益平台有效结合，创新网络社会管理与治理，引导互联网公益慈善的发展。

（3）培养学生对网络社会救助相关信息的获取、加工、管理、表达、交流的能力。

（4）培养学生对网络慈善舆情与危机事件演变、转化过程、路径、结果的察觉、分析、评价和处理能力。

（5）培养学生运用"政策问题构建""政策议程建立""政策评估""政策预测""政策监测"等理论与方法，分析和解决网络众筹乱象等问题，提升学生关于互联网公益管理的理论水平。

（6）提升学生参与公益慈善募捐、规范社会救助行为、解决社会问题、化解社会矛盾、促进社会公正、应对社会风险、维持社会和谐等方面决策能力的提升。

四、要点分析

1. 媒体的舆论导向作用失灵

媒体作为大众监管的执行者，应该具备负责、严谨的精神。在罗尔事件中，我们只找到3家传统媒体发出了中肯、切实、独立的公众媒体声音。相反，网络上充斥着不负责任的自媒体言论，公众媒体擅自用以偏概全的标题来扭曲事实。在罗尔事件中，罗尔与小铜人公司通过文章主动求助的行为，实际上是一种公益营销方式，已经超越了法律上传统慈善救助的领域，至少在"遭遇不幸"的慈善领域不被公众接受和认可。但是，大部分媒体不做深入调查就将其和普通慈善事件相比。所以，当事件反转时，公众更容易失落和愤怒，引发舆情危机。从这个角度来说，新媒体引导公众注意力集中在某个个体上的、情感冲动式的公益参与，在某种程度上扭曲了公益慈善的理念。

网络媒体传播、报道突发事件，能够挖掘事实真相、通达社情民意，起到上情下达和下情上达的作用。就像蝴蝶效应，一段不起眼的网络视频、一篇表示质疑的文章、一个未经证实的传言，都足以掀起一场舆论风暴，甚至造成严重的社会危机。一些网络媒体在报道突发事件时，盲目过早"定性"，其结果可能难以令人信服，还会误导舆论。在新媒体上，操控网络舆论，在网上"先发制人"发布不当言论或以偏概全的言论，把个体事件、普通纠纷或局部问题肆意渲染夸大，引发网络围观，激化不满情绪，导致事件升级的现象屡见不鲜。由于从众心理，不当言论在一个很短的时间段内会迅速成为舆论热点。这时，信息发布、信息来源、信息影响、信息流动的把控变得困难，传统媒体的导向力在网络上失去了优势。

舆情事件具有很强的新闻报道、爆料炒作价值，是网络媒体扩大影响、争夺受众、参与竞争的重要领域。面对激烈的市场竞争、巨大的经济诱惑，在舆情事件发生后，一些网络媒体不能正确把握报道的时机、视角、态度和传播量，为了提高点击率、"抢新闻"、在受众中制造轰动效应，不惜弄虚作假，乱设"议程"，搬弄"是非"，以煽情、刺激甚至捕风捉影、道听途说、以讹传讹的方式招徕受众、误导公众，在社会上造成了不良影响。譬如，为了吸引流量，网络平台经常截取被采访人的语句进行加工处理，导致信息偏颇或失真严重，引发网络舆论交锋，引发互联网舆情事件。因此，需要不断完善网络公益慈善制度。

2. 公益慈善乱象冲击社会信任，造成信任透支

罗尔事件后，新华社发表评论说，"真诚和善良一次次遭遇'套路'，唯利是图背后透支的是整个社会的信用。在传播边界日益消弭的互联网环境下，如何呵护善良不被猎取，是全社会面对的新考题。"罗尔在接受采访时曾经说，他们只关心我有没有3套房，没人关心我孩子的死活。这句话再次引起舆论喧哗，倘若没人关心孩子，那几百万元捐款是从哪里来的？尽管后来罗尔解释说，他说的并不是网民，而是那段时间骚扰他的记者们。但在网络舆情下，罗尔的解释显得苍白无力。

更严重的衍生危害是，当罗尔事件被网民解读为一个在一线大城市有3套房的资深媒体人骗捐时，更容易激发人们联想某些类似的社会不公平现象。于是，有的人或许已经不相信沿街乞讨的是真正的穷人，不相信因为生病而倒在路边的老人，不再搀扶一位摔倒的老人，不再相信这个冷酷的世界。一个父亲对女儿的爱，一个父亲救女心切，我们不应该怀疑，但最可贵的善意和爱，一定是陪伴，一定是保持最基本的纯粹和真诚。对罗尔的质疑声之所以如此猛烈，或许是因为罗尔毁掉了人们的信任。

现实中、网络上的种种公益慈善乱象和骗捐行为，透支了公民对社会的信任，暴露了当前公益慈善募捐体系缺乏必要的信息证实机制。民众对公益慈善组织信任的心理结构包括5个维度，分别是诚信服务维度、公开透明维度、情绪状态维度、推荐意向维度、再捐意向维度。其中，诚信服务维度主要描述受民众信任的公益慈善组织应具备的某些制度特征和服务能力；公开透明维度主要描述公益慈善组织的账目与情况公开的情况；情绪状态维度主要描述民众在与公益慈善组织互动的过程中产生的情绪体验；推荐意向维度主要描述民众对信任的公益慈善组织产生的推荐宣传行为；再捐意向维度主要描述民众对信任的公益慈善组织产生的再次合作的意向与行为。此时，民众对于公益慈善组织是否信任主要取决于两点：第一，该公益慈善组织的制度和章程是否完备、人员素质是否符合要求、承诺是否及时兑现等；第二，该公益慈善组织的财务、活动和救助情况是否公开，并且不存在造假行为。前者属于诚信服务维度，说明该公益慈善组织是否具备募捐和慈善的资质和能力；后者属于公开透明维度，说明该公益慈善组织的资金来源、去向是否合法。这两个维度间存在较强的正相关：一个具备完善规章制度的公益慈善组织，它的账目必然是公开的；而要取得公众的信任，必须要把公益慈善的"玻璃擦亮"。也就是说，"当你从公众那里接受捐款时，你不仅要公开透明、负责任，而且要能够展示出来。"从对公益慈善组织信任的 5 个维度来讲，罗尔事件实际上大大地透支了社会信任，我国对公益慈善事业的潜在伤害是难以估量的。

中国社会是一个低信任度的社会，中国公益慈善组织的信任建设任务更为繁重。中国公益慈善组织应建立信息公开与信息披露制度，制定统一的信息公开标准，规定信息公开的内容、方式和范围等，确保民众的知情权。网民有权对互联网公益慈善的日常运作、服务质量进行监督，了解清楚善款的去向，因此网络求助者要对筹集到的善款数额与详细使用情况依法进行披露，增加公民对公益慈善事业的信任度及社会认可度。

我们不能放任善良被肆意窃取变卖，不能放任一次次的信任被辜负，否则，恶果是整个社会的信任被透支。只有每个人都能真诚、简单地对待别人，才会得到别人善意的回馈与彼此的信任。公益慈善的思想便是发自内心地关爱别人，关爱任何一个人。

3. 对"互联网+"公益慈善模式的反思

虽然骗捐只是小概率事件，但是它带给人们的心灵伤害是巨大的。从社会公众的角度来看，罗尔事件确实又一次让爱心受到伤害，以至于一些人萌发出"不敢相信网络求助信息"的念头。然而，中国公益慈善事业正处于发展阶段，"互联网+"公益慈善难免鱼龙混杂，但不能因噎废食，否定所有的网络众筹行为。个别事件虽然会有反转，但爱心不必反转。

随着移动互联网的飞速发展，网络众筹这种"互联网+"的捐赠形式越来越多地出现在公益慈善救助领域，在为传统公益慈善活动带来改变和突破的同时，也面临着各种未知的风险。如何控制风险，需要对互联网+公益慈善模式进行反思。

一方面，需要肯定的是，网络自媒体平台上的公益慈善行为，在某种程度上更有利于展现公众的"公共精神"。中国社会公众参与公益慈善的意识相当薄弱，传统意义上的慈善救助往往被认为是"政府与有钱人的事"。但是，新媒体和移动互联网的便捷、低成本特征让很多普通人迈开了公益的脚步，有更好的平台、渠道、路径践行公共精神，兑现"一元也是爱"。同时，从求助人的角度来说，传统公益慈善模式效率低下，一旦求助人面临紧急的经济困境，往往受限于信息覆盖人群、救助参与率、捐助金额、捐助时间等因素，资金难以在所需时间内筹集完毕；而在互联网时代，基于移动互联网强大的链接能力，求助人可自主发起求助需求，因而公益慈善呈现强烈的"去中心化"特征。求助信息可在第一时间内到达广大互联网用户，人们的捐助行为可以突破时空的限制，进而借助移动社交网络的力量，使求助信息和慈善项目在网民中产生情感共鸣，从而加速信息传播。另一方面，"注意力经济"致使"真正需要帮助的人总在看不见的地方"，沉默者仍然"沉没"，而花样翻新的求助方式却滚出巨大的雪球，甚至超出了当事者的控制和意料。尤其是，新媒体在极大地降低一呼百应的成本、放大众人拾柴能量的同时，带来更大的信息壁障，让人真伪难辨。

对很多处于困境中的人（家庭）来说，互联网平台上的个体求助募捐是较有效的个体救助方式，也是公民互助精神的体现，值得肯定。但是，我们还需要努力的方向是，在募捐之前和募捐过程中，建立规范化的管理体系，通过专业、规范的公益慈善组织或网络公益平台来操作，从而实现网络众筹善款的规范使用，让更多的求助者受益。

近几年，我国已有很多可信任的公益慈善组织，其专业性、透明性等都完全值得信任，但需要与各互联网企业建立互动合作、相得益彰的合作关系，共同推动互联网公益慈善的发展。同时，政府需要完善网络公益慈善监管机制，培养网民的网络素养，树立健康的舆论导向，共同参与构建一个良性运行的互联网+公益慈善生态，有效避免消耗、伤害社会爱心的事件一再发生，让众筹等互联网+公益慈善融入公益慈善事业的大家庭中来。

4. 完善制度性公益慈善募捐体系

在目前社会保障体系不健全的背景下，个人求助募款对于很多处于困境中的人来说是更有效的个体求助方式，也是公民互助的精神体现。但是，从目前的情况来看，个体求助卷入骗捐漩涡已非个案。因此，需要规范网络募捐体系，有效激励和约束个体求助行为。

当前，网络募捐行为并非无法可依。如果出现了欺骗行为，个人求助行为就触犯法律，可依据《民法》《合同法》《刑法》处分。相对而言，网络众筹等互联网个人求助行为可以通过网络公益平台与传统公益慈善组织的合作，进行有效甄别、监管、跟进，让互联网+公益慈善走上正轨。

首先，公益慈善组织通过全国性的互联网公益传播渠道，联络全国各地的志愿者，哪个地方有求助者提出了求助需求，志愿服务机构就有义务和求助者对接。同时，志愿服务机构还可以安排当地志愿者对求助者的情况加以调查、甄别、核实。公益慈善组织及其志愿者是捐赠人的延伸，可以成为他们的眼睛、手、嘴，到捐赠人不能到达的地方获取真实信息，并通过信息披露平台进行披露；公益慈善组织可以继续跟进募捐进展，包括资金投入、对接医院等。

其次，公益慈善行业应该努力倡导、推进个体求助募捐转向专业公益慈善组织募捐，推动慈善募捐及其管理的规范化发展，通过互联网公益平台建设更便利、更具公信力的公开募捐渠道，让公众放心地将善款交给专业机构，并积极参与善款的募集、使用、去向的监督。

再次，政府应完善公益慈善相关制度，保证公益慈善求助信息的真实性、合法性、有效性，让大众有正确、透明、可信、高效的途径展示爱心，让处于特殊困境的个体或群体及时得到救助。

最后，社会要营造一个让公众乐于参与公益慈善的氛围，让人人拥有一颗"公益心"；网民应提高自身修养，了解自己的行为和贡献的真正价值，通过正确的渠道参与公益慈善事务。

5. 完善"互联网+"公益慈善社会监管体系

网络募捐作为新媒体时代一项典型的公益慈善活动，深刻影响着公益慈善环境、公益慈善组织的公信力和全社会的公共利益。优化对网络募捐的管理，促进互联网+公益慈善的健康有序发展，维护公益慈善组织的公信力，是公益慈善事业管理的基本内容之一。其中，首要任务是明晰政府、互联网平台、公益慈善组织、媒体、受助者、捐赠人、合作伙伴、其他利益相关者等多元主体在互联网+公益慈善中的差别化角色，以及在互联网社会治理中理应发挥的作用。在此基础上，针对不同网络募捐管理事项或环节，探索建立多主体协同治理的网络众筹运行机制。

总体来看，网络募捐应以政府民政部门为指导，公众（网友）、公益慈善组织和第三方独立评估机构参与社会监督，而互联网募捐平台要纳入公益慈善组织登记或管理清单，获得开展慈善募捐活动的准入资格，并承担虚假或违法信息审核失职的第一责任。

网络众筹等互联网+公益慈善活动的监管机制，主要包括社会监督（社会公众、社交媒体）、民政等政府部门行政监督、行业协会及第三方机构（评估、审计等）监督、利益相关者（捐赠人、受助者、志愿者和公益慈善组织工作人员等）监督、互联网募捐平台自律和监督等，以更好地发挥多元社会主体对网络募捐的推动和约束作用。同时，政府也可以设立慈善监督会，通过慈善监督会的专业知识对互联网募捐平台和公益慈善组织指导、评估。

6. 消弭网络众筹的信息不对称

在社会政治、经济等活动中，一些成员拥有其他成员无法拥有的信息，由此造成信息的不对称。在罗尔事件中，捐赠人和受助者之间存在通常难以共享的信息，且罗尔一方信息较多，他掌握着自己的财产信息、医保信息、孩子的健康信息，而社会大众所掌握的信息只有罗尔透露的消息，因此，罗尔和小铜人公司在本次网络众筹中占据有利地位。但是，这种有利地位对于捐赠人来说是不公平的，极容易引起网络舆情。罗尔事件是信息不对称引起的一个典型案例。北京新阳光慈善基金会的发起人、秘书长刘正琛指出："我们建议和鼓励罗尔先生披露收到善款的详细信息、个人经济情况和孩子的治疗情况。为了保护未成年人，可以不公布孩子的姓名。因为孩子感染比较严重，家长要忙着照顾孩子，希望家长朋友的这家公司，能给家长多一些支持，帮助统计和披露财务信息。"以上这些做法都是为了避免信息不对称，而罗尔恰好踩入了雷区，引起了社会舆论的反击。

信息不对称还表现为信息披露不充分。在罗尔事件中，罗尔只提及女儿的遭遇、妻子长期没有工作等信息，却未披露其家庭有房有车，以及白血病女儿的总体治疗费用情况。

那么，如何才能有效避免当今社会网络募捐的信息不对称问题呢？艾瑞咨询分析师李超认为，网络募捐突破了传统募捐的时空限制，传播快、影响大、互动强、效率高，可以及时、有效地为受助者排忧解难。但是，网络的虚拟性和开放性使募捐信息真假难辨，这就需要提供空间服务的网络平台具有较高甄别信息真伪的能力，在信息发布前核实验证，让受助者尽量披露更多的个人信息，并及时公布捐款的使用情况。广东融方律师事务所律师吕胜柱表示，根据国家互联网信息办公室 2015 年发布的《互联网用户账号名称管理规定》的相关条款，平台要对用户实行实名制管理，如果网络平台出现诈骗、诽谤等事故，平台却未提供用户的实名信息，要承担相应责任。随着网络募捐的普及与社会慈善需求的扩大，募捐平台的数量也越来越多。对于网络募捐平台的管理，应从事前监管逐步发展到事中、事后监管。例如，对网络募捐的信息公开和操作规范提出硬性要求，对接公众的知情权和监督权等。

总体来说，除个人需要对社会大众坦诚公开自己的信息以外，政府还需要建立完善的监管体系，规范网络公益慈善平台对受助者（受益人）信息的审核和认证流程，尽量减少捐赠人与受助者之间的信息不对称，才能避免类似罗尔事件及其网络舆情危机的再次发生。

五、课堂安排

课堂安排及教学内容如表 1 所示。

表 1　课堂安排及教学内容

序号	课堂教学内容		所用时间（4 节课，共 180 分钟）	教学节奏
1	破冰活动		10 分钟	调节课堂气氛
2	分发并阅读案例正文材料		10~15 分钟	让学生熟悉罗尔事件的详细经过
3	翻转课堂		15~20 分钟	分小组确定问题，并进行案例讨论
4	汇报交流讨论结果		10 分钟/组	展示各小组讨论情况和基本观点
5	对话式讨论	a. 对舆情事件演变过程的看法 b. 对罗尔"卖文"救女的看法 c. 对事件善款筹集和处理的看法 d. 对互联网+公益慈善的认识 e. 对《中华人民共和国慈善法》出台以来我国公益慈善事业发展状况的讨论 f. 对罗尔事件公信力状况的理解 g. 讨论新媒体网络舆论导向作用 h. 对互联网+公益慈善信任的认识 i. 对近年来公益慈善乱象的看法 j. 对社会信任和信任透支的理解 k. 理解公益慈善的社会治理创新 l. 其他论题	45 分钟	团队实践：围绕课程主旨，预先凝炼方向，通过课堂对话式的讨论或辩论、课后的总结提炼，侧重提高学生发现问题、独立解决问题的能力
6	教师点评		15~25 分钟	对存在问题和未来方向的总结

六、其他教学支持

(1) 案例制作室 1 个，配备课桌、笔记本电脑、书柜、白板、凳椅若干。
(2) 案例讨论室 2 个，配备圆桌、凳椅若干、笔记本电脑 1 台、投影仪 1 台、书柜 2 个、白板及黑板刷各 2 个。
(3) 案例教室 1 个，配置多媒体系统、投影仪、黑板、话筒等现代化电子设备。
(4) 录音及摄像设备各 2 个。
(5) 案例所需支持材料，如附件 1～附件 4 所示。

附件 1 相关法律、法规摘录

一、《中华人民共和国慈善法》（摘录）

第四条 开展慈善活动，应当遵循合法、自愿、诚信、非营利的原则，不得违背社会公德，不得危害国家安全、损害社会公共利益和他人合法权益。

第二十二条 慈善组织开展公开募捐，应当取得公开募捐资格。依法登记满二年的慈善组织，可以向其登记的民政部门申请公开募捐资格。民政部门应当自受理申请之日起二十日内作出决定。慈善组织符合内部治理结构健全、运作规范的条件的，发给公开募捐资格证书；不符合条件的，不发给公开募捐资格证书并书面说明理由。

第二十三条 开展公开募捐，可以采取下列方式：

(1) 在公共场所设置募捐箱；
(2) 举办面向社会公众的义演、义赛、义卖、义展、义拍、慈善晚会等；
(3) 通过广播、电视、报刊、互联网等媒体发布募捐信息；
(4) 其他公开募捐方式。

慈善组织采取前款第一项、第二项规定的方式开展公开募捐的，应当在其登记的民政部门管辖区域内进行，确有必要在其登记的民政部门管辖区域外进行的，应当报其开展募捐活动所在地的县级以上人民政府民政部门备案。捐赠人的捐赠行为不受地域限制。

慈善组织通过互联网开展公开募捐的，应当在国务院民政部门统一或者指定的慈善信息平台发布募捐信息，并可以同时在其网站发布募捐信息。

第三十一条 开展募捐活动，应当尊重和维护募捐对象的合法权益，保障募捐对象的知情权，不得通过虚构事实等方式欺骗、诱导募捐对象实施捐赠。

第七十一条 慈善组织、慈善信托的受托人应当依法履行信息公开义务。信息公开应当真实、完整、及时。

第一百零一条 开展募捐活动有下列情形之一的，由民政部门予以警告、责令停止募捐活动；对违法募集的财产，责令退还捐赠人；难以退还的，由民政部门予以收缴，转给其他慈善组织用于慈善目的；对有关组织或者个人处二万元以上二十万元以下罚款：

（1）不具有公开募捐资格的组织或者个人开展公开募捐的；

（2）通过虚构事实等方式欺骗、诱导募捐对象实施捐赠的；

（3）向单位或者个人摊派或者变相摊派的；

（4）妨碍公共秩序、企业生产经营或者居民生活的。

广播、电视、报刊以及网络服务提供者、电信运营商未履行本法第二十七条规定的验证义务的，由其主管部门予以警告，责令限期改正；逾期不改正的，予以通报批评。

第一百零七条 自然人、法人或者其他组织假借慈善名义或者假冒慈善组织骗取财产的，由公安机关依法查处。

二、其他相关法律政策规定

1.《中华人民共和国合同法》

第五十二条 一方以欺诈、胁迫的手段订立合同，损害国家利益的，为无效合同。

第五十四条 一方以欺诈、胁迫的手段或者乘人之危，使对方在违背真实意思的情况下订立的合同，受损害方有权请求人民法院或者仲裁机构变更或者撤销。

2.《社会救助暂行办法》

第五十二条 国家鼓励单位和个人等社会力量通过捐赠、设立帮扶项目、创办服务机构、提供志愿服务等方式，参与社会救助。

第五十三条 社会力量参与社会救助，按照国家有关规定享受财政补贴、税收优惠、费用减免等政策。

第五十四条 县级以上地方人民政府可以将社会救助中的具体服务事项通过委托、承包、采购等方式，向社会力量购买服务。

第五十五条 县级以上地方人民政府应当发挥社会工作服务机构和社会工作者作用，为社会救助对象提供社会融入、能力提升、心理疏导等专业服务。

第五十六条 社会救助管理部门及相关机构应当建立社会力量参与社会救助的机制和渠道，提供社会救助项目、需求信息，为社会力量参与社会救助创造条件、提供便利。

第六十八条 采取虚报、隐瞒、伪造等手段，骗取社会救助资金、物资或者服务的，由有关部门决定停止社会救助，责令退回非法获取的救助资金、物资，可以处非法获取的救助款额或者物资价值 1 倍以上 3 倍以下的罚款；构成违反治安管理行为的，依法给予治安管理处罚。

3.《刑法》

第二百六十六条 诈骗罪及其量刑处罚

（1）刑法条文。

刑法第二百六十六条【诈骗罪】诈骗公私财物，数额较大的，处三年以下有期徒刑、拘役或者管制，并处或者单处罚金；数额巨大或者有其他严重情节的，处三年以上十年以下有期徒刑，并处罚金；数额特别巨大或者有其他特别严重情节的，处十年以上有期徒刑或者无期徒刑，并处罚金或者没收财产。本法另有规定的，依照规定。

（2）司法解释。

2011 年 3 月 1 日最高人民法院、最高人民检察院《关于办理诈骗刑事案件具体应用法律若干问题的解释》（自 2011 年 4 月 8 日起施行），就办理诈骗刑事案件具体应用法律的若干问题解释如下：

第一条 诈骗公私财物价值 3000 元至 1 万元以上、3 万元至 10 万元以上、50 万元以上的，应当分别认定为刑法第二百六十六条规定的"数额较大""数额巨大""数额特别巨大"。

各省、自治区、直辖市高级人民法院、人民检察院可以结合本地区经济社会发展状况，在前款规定的数额幅度内，共同研究确定本地区执行的具体数额标准，报最高人民法院、最高人民检察院备案。

第二条 诈骗公私财物达到本解释第一条规定的数额标准，具有下列情形之一的，可以依照刑法第二百六十六条的规定酌情从严惩处：

（1）通过发送短信、拨打电话或者利用互联网、广播电视、报刊杂志等发布虚假信息，对不特定多数人实施诈骗的；

（2）诈骗救灾、抢险、防汛、优抚、扶贫、移民、救济、医疗款物的；

（3）以赈灾募捐名义实施诈骗的；

（4）诈骗残疾人、老年人或者丧失劳动能力人的财物的；

（5）造成被害人自杀、精神失常或者其他严重后果的。

诈骗数额接近本解释第一条规定的"数额巨大""数额特别巨大"的标准，并具有前款规定的情形之一或者属于诈骗集团首要分子的，应当分别认定为刑法第二百六十六条规定的"其他严重情节""其他特别严重情节"。

附件2　民政部等四部委关于印发《公开募捐平台服务管理办法》的通知

各省、自治区、直辖市民政厅（局）、通信管理局、新闻出版广电局、网信办，新疆生产建设兵团民政局、新闻出版广电局：

为贯彻落实《中华人民共和国慈善法》，规范公开募捐平台服务，维护捐赠人、受益人和慈善组织等慈善活动参与者的合法权益，促进我国慈善事业健康发展，现将《公开募捐平台服务管理办法》印发你们，请严格遵照执行。

附件：公开募捐平台服务管理办法

民政部　　　工业和信息化部

国家新闻出版广电总局　国家互联网信息办公室

2016年8月30日

公开募捐平台服务管理办法

第一条　为进一步规范公开募捐平台服务，维护捐赠人、受益人和慈善组织等慈善活动参与者的合法权益，促进我国慈善事业健康发展，根据《中华人民共和国慈善法》《国务院关于促进慈善事业健康发展的指导意见》（国发〔2014〕61号）等法律法规和有关规定，制定本办法。

第二条 本办法所称公开募捐平台服务,是指广播、电视、报刊及网络服务提供者、电信运营商为慈善组织开展公开募捐活动或者发布公开募捐信息提供的平台服务。

提供公开募捐平台服务的广播、电视、报刊、电信运营商应当符合《广播电视管理条例》《出版管理条例》《中华人民共和国电信条例》等规定的条件。通过互联网提供公开募捐平台服务的网络服务提供者应当依法由民政部指定,并符合《互联网信息服务管理办法》等规定的条件。

第三条 广播、电视、报刊以及网络服务提供者、电信运营商在提供公开募捐平台服务时,应当查验慈善组织的登记证书和公开募捐资格证书,不得代为接受慈善捐赠财产。

第四条 广播、电视、报刊以及网络服务提供者、电信运营商向慈善组织提供公开募捐平台服务应当签订协议,明确双方在公开募捐信息发布、募捐事项的真实性等方面的权利和义务。

第五条 广播、电视、报刊以及网络服务提供者、电信运营商发现慈善组织在开展公开募捐时有违法违规行为的,应当及时向批准其登记的民政部门报告。

第六条 广播、电视、报刊以及网络服务提供者、电信运营商应当记录和保存慈善组织的登记证书复印件、公开募捐资格证书复印件。网络服务提供者还应当记录、保存慈善组织在其平台上发布的有关信息。其中,登记证书、公开募捐资格证书相关信息的保存期限为自该慈善组织通过其平台最后一次开展公开募捐之日起不少于两年;募捐记录等其他信息的保存期限为自公开募捐完成之日起不少于两年。

第七条 民政部门发现慈善组织在使用公开募捐平台服务中有违法违规行为,需要要求广播、电视、报刊以及网络服务提供者、电信运营商协助调查的,广播、电视、报刊以及网络服务提供者、电信运营商应当予以配合。

第八条 广播、电视、报刊以及网络服务提供者、电信运营商停止为慈善组织提供公开募捐信息发布服务的,应当提前在本平台向社会公众告知。

第九条 鼓励广播、电视、报刊以及网络服务提供者、电信运营商为慈善组织提供公平、公正的信用评价服务,对开展公开募捐的慈善组织的信用情况客观、公正地进行采集与记录。

第十条 个人为了解决自己或者家庭的困难,通过广播、电视、报刊以及网络服务提供者、电信运营商发布求助信息时,广播、电视、报刊以及网络服务提供者、电信运营商应当在显著位置向公众进行风险防范提示,告知其信息不属于慈善公开募捐信息,真实性由信息发布个人负责。

第十一条 各级民政部门依法对慈善组织通过广播、电视、报刊以及网络服务提供者、电信运营商提供的平台发布公开募捐信息、开展公开募捐的行为实施监督管理。慈善组织有违法违规情形的,由批准其登记的民政部门依法查处。

第十二条　国务院及地方各级广播、电视、报刊及互联网信息内容管理部门、电信主管部门，在各自职责范围内，依法对广播、电视、报刊以及网络服务提供者、电信运营商为慈善组织开展公开募捐提供的平台服务实施监督管理，对违法违规行为进行查处。

第十三条　民政部门应当建立健全与广播、电视、报刊及互联网信息内容管理部门、电信主管部门的信息沟通共享机制、信用信息披露机制和违法违规行为协查机制，强化协同监管。

第十四条　本办法由民政部、工业和信息化部、新闻出版广电总局、国家互联网信息办公室负责解释。

第十五条　本办法自 2016 年 9 月 1 日起施行。

附件 3　深圳市儿童医院对罗某笑小朋友医疗救治的情况通报

近日，朋友圈一篇名为《耶稣，请别让我做你的敌人》的文章引发了社会各界广泛关注，许多爱心人士为孩子捐款，社会各界对罗某笑小朋友的病情及治疗费用非常关心。现将罗某笑小朋友的治疗情况及治疗费用通报如下。

一、关于罗某笑病情及医疗救治情况

患儿罗某笑，5 岁 11 个月，于 2016 年 9 月在深圳市儿童医院血液肿瘤科确诊急性淋巴细胞白血病，2016 年 9 月、10 月、11 月 3 次入院接受化疗。11 月 7 日入院后，在治疗期间患儿出现发热、气促、心率快、黄疸逐渐加重等感染症状，于 11 月 23 日转入重症医学科（PICU）。目前，患儿病情十分危重，已明确诊断为急性淋巴细胞白血病、严重脓毒症、脓毒性休克、多脏器功能障碍综合征，正在接受持续呼吸机辅助通气、床旁血液透析滤过（CRRT）等治疗。治疗期间医院已多次组织多学科联合查房，开展病例讨论，为孩子制订了详细、积极的治疗方案，与患儿家长一直保持良好沟通。

二、关于罗某笑医疗费用情况

我院严格执行深圳市社保及物价部门相关收费政策,罗某笑共住院 3 次,第一次住院共 29 天,住院总费用 44375.06 元,其中,医保支付 30730.83 元,自付 13644.23 元,自付比例为 30.75%(自付费用中包含自费药物 2 支国产"培门冬酶"共 8011.74 元,该药为儿童急性淋巴细胞白血病患者一线治疗用药)。第二次住院共 28 天,住院总费用 35961.66 元,其中,医保支付 30987.35 元,自付 4974.31 元,自付比例为 13.83%。前两次住院的医保及自付费用均已结清。第三次住院截至 2016 年 11 月 29 日共 22 天,住院总费用 123907.59 元,其中,医保支付 106332.8 元,自付 17574.79 元,自付比例为 14.18%,第三次费用将于出院时结算。

截至 2016 年 11 月 29 日,3 次住院总费用合计 204244.31 元,其中,医保支付 168050.98 元,自付 36193.33 元,3 次平均自付费用占总治疗费用比例为 17.72%。

罗某笑患儿后续治疗费用,会因孩子的病情发展而变化。对急危重症病人,我院将继续贯彻"先救治后交费"原则予以救治,不会因费用问题影响治疗。

三、下一步治疗方案

目前罗某笑患儿病情危重,2016 年 11 月 29 日,我院组织正在医院工作的"三名工程"加拿大多伦多病童医院血液专科团队(国际公认血液治疗顶尖团队)对患儿病情进行讨论,专家们肯定了之前的治疗方案,并给出了后续治疗建议。我院将继续组织多学科专家联合开展治疗,包括强有力的抗感染措施、脏器功能保护(如呼吸机、血液净化治疗、营养支持等),尽全力对患儿进行治疗。

我们衷心祝愿罗某笑小朋友早日渡过难关。

深圳市儿童医院
2016 年 11 月 30 日

附件4 互联网公益需要注意的一些问题

一、《中华人民共和国慈善法》需要普及

2016年9月1日,《中华人民共和国慈善法》(简称《慈善法》)正式施行,罗尔事件可以说是《慈善法》施行之后一个非常典型的案例,我国的互联网公益在近几年发展迅速,如何将《慈善法》运用到互联网公益中是一个迫切需要解决的问题。《慈善法》规定网络公开募捐的主体必须是慈善组织,目的是确保信息的真实性、善款的公开及善款的后续处理等问题。罗尔没有通过慈善组织筹款,而是与小铜人公司在其公众号上"卖文"营销。虽然罗尔的出发点是救女儿,但他采取了与公众号联合营销的方式,由于缺乏正规慈善组织的把关,他所提供的信息存在瞒报、不实的问题最终受到了人们的批判。由于《慈善法》没有对个人求助进行限制,目的是让个人在遭遇困境时能够向公众求助,而公开募捐则必须通过正规的慈善组织,否则被视为违法行为,罗尔和小铜人公司合作则钻了《慈善法》对个人求助放宽权限的空子,这无疑对今后网络个人求助产生了不利影响。罗尔事件也为公众普及了《慈善法》,只有让更多的人了解法律,才能够更好、更理性地做慈善;同时,我们也要进一步加强《慈善法》的普及,以免再次发生类似事件。

二、保证信息的真实和全面

由于网络传播缺乏把关人,在传播过程中容易夹杂虚假信息,微信朋友圈作为当下最火热的社交媒体之一,虚假信息层出不穷。一方面,微信好友大多是自己生活中的熟人,微信朋友圈大多是自己所能接触到的圈子,在朋友圈转发的信息往往比直接在互联网上发布的信息更能引起关注、传播范围更广、更具有说服力,即使有人不相信,但是迫于周围朋友大量转发的压力,自己可能也会选择转发。另一方面,微信朋友圈的公益信息往往只注重感情的渲染,人们看过之后为之感动并纷纷转发、捐款,通常缺乏理性的思考,这也为一些虚假、瞒报的个人求助提供了可能。由此可见,微信公益的一个重要任务就是保证信息的真实和全面,做到善款公开及剩余善款的处理公开等,只有让微

信公益透明化，才能打消人们对于虚假求助的顾虑，吸引越来越多的人投身到"指尖公益"行动当中。

三、加强监管

加强监管包括媒体平台自身监管和政府监管。首先，腾讯公益需要增强对微信平台的监管，对微信平台求助者的信息进行多方面的审核，通过建立大数据库来完善求助者的信息，确保其信息的完整性和真实性。其次，针对一些受到人们普遍关注的微信捐款，传统媒体和新媒体应及时报道求助人的具体情况、善款的用途及剩余善款的处理情况。第三方的介入能够起到更好的监督作用，罗尔事件正是因为缺少第三方强有力的监督，仅凭罗尔和小铜人公司的微信公众号推文营销，才会导致信息不实、瞒报等问题。再次，微信公益不仅需要媒体平台的监管，也需要政府的监管。针对恶意诈捐等行为，有关部门要严惩。网络虽然是开放的，但却不是完全自由的，在发表言论的同时，还需要履行公民的责任和义务，一旦违法就必然会受到法律的制裁。罗尔虽然还没有构成诈捐行为，但是瞒报信息却产生了严重的信任危机。如果这种行为得不到有力的监管，那么微信朋友圈就会充斥越来越多虚假的、不实的求助信息，一方面透支社会信用骗取人们的善良，另一方面破坏了真正有困难的人通过微信平台发布个人求助信息的渠道。由此可见，建立完善的监督管理体制是微信公益不可缺少的一项措施。

摘自：杨雪莹. 微信朋友圈与互联网公益——以罗尔"卖文救女"事件为例. 《新闻传播》，2017年第15期，24~27页。

附录 B
公共管理学科"案例+情景模拟"教学法

一、概念界定

案例教学法从 19 世纪开始运用于哈佛大学的法学教育,逐渐被引入医学、管理学教学中。在哈佛大学商学院,所有课程都运用案例教学法,而肯尼迪学院 60%的课程运用案例教学法。案例教学法是一种理论联系实际、启发式的、教学相长的教学过程,以案例为基本教材,运用多种形式启发学生思考,对案例所提供的材料和问题进行分析研究,提出见解,做出判断和决策,从而提高学生分析问题、解决问题的能力。与传统的教学方法相比,案例教学法具有以下优势:

(1) 使学生运用理论解决实际应用中的问题;
(2) 使学生具备归纳式的思维方式;
(3) 教会学生在复杂的条件下决策;
(4) 使学生从近期和远期的系统角度进行思考;
(5) 使学生懂得集体判断与决策的重要性。

美国亚利桑那州大学为 MPA 教育实践设计的一种"将真实世界的情景与学生的学习进程相结合"的教学体系,成为国外 MPA 教育采取情景模拟教学法的雏形,此后,哈佛大学肯尼迪学院在很多课程设置中也采用情景模拟教学法。情景模拟教学法就是在课堂教学中将事物与事件的发生、发展过程虚拟再现,根据教学目标的要求,选择相应的案例,通过讨论或角色扮演深化对专业基础知识的掌握、吸收、运用的教学方法。

"案例+情景模拟"教学法,是案例教学法和情景模拟教学法的融合,由任课教师基于一个实际案例模拟一个公共管理决策情景，学生在任课教师的引导下，通过对案例的思考、分析和讨论，就案例所反映的问题及情景做出判断，从而使学生理解和掌握案例情景及其所涉及的公共决策问题，提高学生解决问题的能力。它是一种创造性的教学方法。

公共管理学科的很多课程，如公共危机管理、公共政策分析、公益慈善事业管理等相关课程，都可以运用案例教学法与情景模拟教学法。在公共管理学科的课程教学中积极引入、改进和创新"案例+情景模拟"教学法，可以将情景决策融入案例教学中，学生在学习中不仅可以参与讨论和情景决策，还可以参与案例采集、编写，最大限度地发挥学生的主观性，营造积极思考、开拓创新的学习氛围。这对于增强学生的公共意识和公共精神、提高学生的学习兴趣、调动学生的学习积极性和创造性、培养学生分析解决实际问题的能力、提高公共管理学科教学质量和效果具有重要的意义。

二、公共管理学科"案例+情景模拟"教学法设计

1. "案例+情景模拟"教学法的基本原理

对于公共管理学科来说，情景模拟教学法的内容主要有模拟政府听证会、模拟在线访谈、模拟街道办事处或乡镇政府、模拟民主实践（民主选举）。"案例+情景模拟"教学法是指在确定模拟内容的情况下引入具体的案例，通过同学们参与分析、讨论，最终在模拟环境中做出决策。由此，研究得出实现"案例+情景模拟"教学法的基本原理（见图1）：情景模拟前期准备—案例筛选—案例选定—正式模拟—评价、反馈。

图1 "案例+情景模拟"教学法基本原理

2. "案例+情景模拟"教学法的运作架构

首先，情景模拟前期准备包括确定情景模拟活动、编制活动细化方案、学习基本理论知识。

第一，情景模拟活动的确定。根据上文介绍，在情景模拟前期准备阶段，应根据课堂教学内容、课堂学生规模和学校硬件设施等方面确定具体的模拟场景。

第二，活动细化方案的编制。情景模拟的内容来源于生活中真实的实践活动，但受课堂现实条件限制，教师或者学生应该在遵循模拟场景基本原则的前提下，根据教学的实际情况，编制具体的活动细化方案。活动细化方案包括情景模拟的时间、地点、人员规模、角色的设计和分工、模拟的目的、模拟的预期效果、模拟结束后总结反馈环节的安排等。

第三，基本理论知识的学习。学习的基本理论知识包括课堂教学的理论知识和模拟场景所需的基本知识。课堂教学的理论知识是情景模拟的根本目的之一，能指导情景模拟的发展，缩小模拟结果与预期效果之间的差距。模拟场景所需的基本知识的学习，是课堂情景模拟顺利进行的关键。学习现实活动的流程，也是学生获取知识的一种有效途径，能够让学生对现实活动有更直观的了解。

其次，案例的筛选。丰富的案例资源储备是选择优秀案例的基础，是实施案例教学法的必要条件，选择切合课堂教学内容的案例是案例教学法有效实施的保证。所以，在案例筛选阶段，案例资源的积累和编写、案例的甄选是两个至关重要的环节。同时，所选择的案例应该服务于课堂教学的内容。所有的案例都是为一定的教学目的编写的，选择案例应考虑编写者的着眼点，兼顾所选案例的理论背景、写作风格和篇幅长短。

最后，案例选定、正式模拟。以案例为主的情景模拟，要求教师与学生都要积极参与，也要求共同培养新型的师生关系，即教师在模拟过程中扮演导演、教练、评论员和仲裁者的角色，而学生才是问题的演员、决策者和分析者。在情景模拟阶段，教师与学生要兼顾案例选定和正式模拟，也就是说要注重案例的讨论分析，同时要尽可能地遵循模拟场景应该遵循的议事程序。这样的课堂模拟的是一次具体的实践活动，学生与教师被分配不同的角色。选定的案例是生活中真实的事件，要在这次活动中得到解决该事件的公共政策。所以，案例的正式模拟需要学生在共同分析过程中考虑现实中存在的众多不确定因素，在讨论之后，需要给出一个或者更多的解决方案。当然，这样的讨论没有标准答案，需要教师及时评价、反馈。

三、"案例+情景模拟"教学法的实施方案

经过研究得出，"案例+情景模拟"教学法的实施方案应围绕教学理念、教师能力、课程体系、公共案例、课程模拟、与公共行政机构互动6个方面来设计。

第一，教学理念的构建。"案例+情景模拟"教学法是一种新型的教学方法，教师与学生都要转变观念。教师必须转换传统的思维方式，发挥引导者的作用，在课程教学中，教学理念应该由传统的注重对知识的记忆转向对知识的理解和运用。同时，学生也应该对课堂上的案例模拟教学抱积极的态度，在模拟教学中主动思考、讨论，运用所学

理论知识解决案例中的问题。

第二，提高教师能力。从事公共管理教学的教师要具备一定的公共精神和教学技能。公共精神是公共管理的核心，是公共管理运行过程中必须坚守的精神，在公共管理学科的教学过程中占有不可忽视的地位。公共精神的内涵主要包括民主精神、法治精神、服务精神、自律精神和风险精神。同时，高校应该组织教师参加与"案例+情景模拟"教学法相关的培训项目，并且鼓励教师进入一些公共行政机构感受真实的政治生活。

第三，课程体系的设置。公共管理是一门应用性科学，伴随着新的教学理念，公共管理学科需要构建以实践为中心的课程体系。"案例+情景模拟"教学法要求教师调整教学目标，重新编制教学方案。公共管理学科的教学目标与公共管理专业的培养目标是一致的，都是为社会培养具有公共意识、多学科背景和创新精神的应用型人才。课堂上的案例情景模拟是公共管理实践的一种方式，新的教学方案应该将案例情景模拟列为一项长期的教学计划，与公共管理学科的教学目标相得益彰。在教学方案中，要做到理论知识的传授为情景模拟活动服务，而情景模拟活动的开展能进一步提高学生的专业知识水平。

第四，公共案例的积累与编写。根据哈佛案例写作的启示，案例写作的目的是生动地再现政府机构或官员经常遇到的问题；案例的积累和研究可以借助图书馆的资料，也可以通过实地访谈调查实现；撰写案例的核心任务是提出一个需要学生解决的问题，并为每个案例编制教学计划以引导案例讨论发展的方向。此外，在选编案例的过程中，要兼顾具有地方特色的案例和全国通用的案例，使经典的案例在公共管理学科教学中能够实现共享。

第五，课程模拟。"案例+情景模拟"教学主要分为课前、课堂、课后3个阶段（见图2）：课前准备、课堂创新、课后考核。

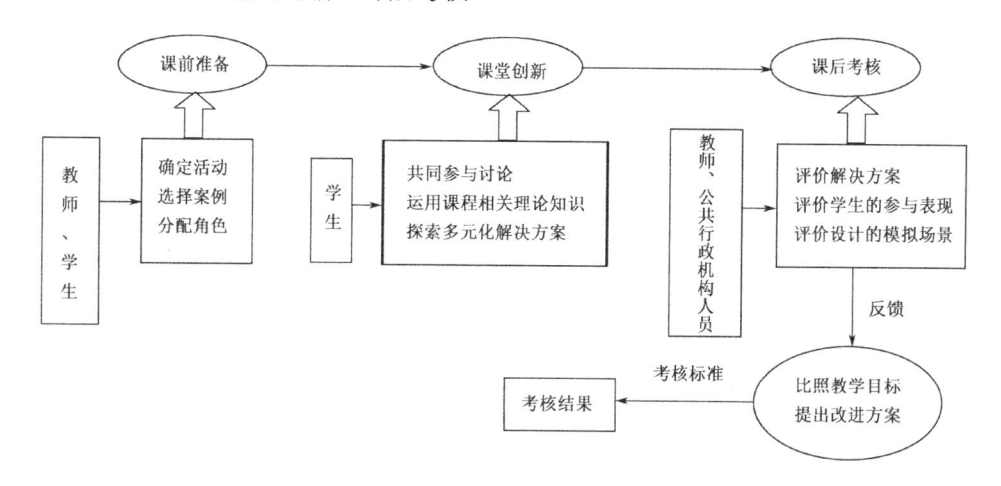

图2 "案例+情景模拟"教学3个阶段

(1)课前准备阶段。课堂开始之前,教师与学生根据实际教学设备确定模拟的场景;根据教学计划涉及的理论知识选择情景模拟涉及的讨论案例;根据同学的性格特征与知识储备情况分配每个人在模拟情景中的角色。

(2)课堂创新阶段。在课堂模拟过程中,教师只充当引导者的角色,学生带着自己的角色参与到模拟情景中,共同讨论案例中需要解决的问题。学生运用课程中所学的理论知识,为案例提出可行的解决方案。但是,这里的解决方案可以是多元化的,应鼓励学生发散思维,在与他人思维的碰撞过程中提出更多的解决方案。

(3)课后考核阶段。课堂模拟后,教师可以参考公共行政机构工作人员的意见,对模拟结果做出评价和考核。在考核时,首先,教师要对学生最终的解决方案做出评价,对所有学生在整个模拟过程中的表现做出评价,对整个模拟场景的设计做出评价;然后,将模拟结果和评价与课程教学目标进行比较,对整个情景模拟提出改进建议;最后,在考核标准的框架下,根据这些表现和评价给出考核结果。

第六,与公共行政机构的互动。与公共行政机构的互动主要是指一些教师来源于公共行政机构,一些教师进入公共行政机构培训学习。学校可以聘请政府部门或公共行政机构中实践经验丰富的工作人员担任兼职教师,或者以讲座的形式请这些人员为学生介绍公共行政管理的实践经验。另外,学校应鼓励公共管理专业的教师进入政府部门积累公共管理的实际工作经验。

资料来源: 彭小兵,符桂清.公共管理学科"案例+情景模拟"教学法研究——基于学生决策能力培养的视角.《高等教育研究学报》,2014年第1期,100~103页。略有删减。